W0045861

Von Brautkrone bis Erntekranz

Mecklenburgerin mit historischer Brautkrone (etwa 1860)
Aufnahme um 1930

Heike Müns

Von Brautkrone bis Erntekranz

*Jahres- und Lebensbräuche
in Mecklenburg-Vorpommern*

Ein Handbuch

HINSTORFF

Meiner Familie
sowie meinen Lehrern
Ulrich Bentzien und Hermann Strobach

Inhalt

Einleitung

Im Zusammenleben von Menschen spielen Bräuche eine wichtige Rolle. Im Zeitalter von Computer und Internet mag dem modernen Städter nicht immer bewußt sein, daß er als Mitglied einer langen Traditionskette, als Träger kulturellen Gedächtnisses handelt, wenn er zu Weihnachten Fichte oder Kiefer schmückt, zu Ostern Eier versteckt, Pfingsten das Haus mit »Maien«, Birkengrün, verschönt oder anläßlich einer Beerdigung dunkle Kleider trägt. Viele Bräuche sind bereits völlig in Vergessenheit geraten oder haben ihre Funktion verloren wie das Herumführen eines aufgeputzten Pfingstochsen durch die städtischen Schlachtergesellen zu Pfingsten, die Heischeumzüge einzelner Berufsgruppen zu hohen Festtagen, das »Heetweckenabschlagen« zu Fastnacht, das »Stüpen« zu Ostern, das Aufputzen der Braut mit einer Brautkrone, Bräuche zur Erleichterung der Geburt oder des Sterbens, das Aufhängen der Nachgeburt des Pferdes in Obstbäumen als Wotans-Opfer und zum Schutz des Viehs, das Überreichen einer Erntekrone an den Gutsherrn oder Bauern als Erntedank und Möglichkeit sprachloser Kommunikation als Bitte für ein Erntefest u. a. m.

Wer weiß noch zu sagen, warum man hier im Norden keinen Karneval feierte, aber einen ausgelassenen Fastlabend, warum sich die Knechte zu Weihnachten verkleideten und Schabernack trieben, welche Gerichte als charakteristisch galten, wie man Haus und Hof vor Schaden schützte? Und wie selbstbestimmt waren Bräuche? Wer ordnete sie an, welche Rolle spielten Kirche und Obrigkeit, wie wirkten Verän-

derungen im sozial-ökonomischen Bereich auf das System der Bräuche?

Saure Wochen – frohe Feste, diese Regel galt wie überall auch in Mecklenburg und Vorpommern, vor allem aber auf dem Lande für seine länger als andernorts durch Leibeigenschaft und Erbuntertänigkeit geprägten Bewohner mit ihrer agrarisch bestimmten Lebensweise. Gerade die Feste halfen, den Alltag zu ertragen, ohne verbale Sprache Empfindungen zu äußern, einen eigenen Humor zu entwickeln.

Dabei wurden die »Hohen Zeiten«, die Hochzeiten sowie Weihnachten, Ostern und Pfingsten, als Krönung des Festjahres empfunden. Und Kronen und Kränze als erhöhende Attribute spielten im Festbrauch eine gewichtige Rolle.

Durch die Erneuerung des Landes Mecklenburg-Vorpommern ergibt sich die Verpflichtung, das Land, das erst 1934 aus den beiden mecklenburgischen Staaten gebildet und mit dem westlichen Teil der preußischen Provinz Pommern zu Mecklenburg-Vorpommern vereinigt, 1952 in Bezirke aufgelöst und seit dem 22.7.1990 als politische Einheit Mecklenburg-Vorpommern wiederhergestellt wurde, als Brauchlandschaft sowohl in seiner Einheit als auch Verschiedenheit darzustellen, seine kulturelle Identität aufzuzeigen. Der Schwerpunkt der Darstellung liegt dabei auf Mecklenburg, das dank der Sammelarbeit von Richard Wossidlo (1859–1939) und durch das Bestehen einer volkskundlichen Arbeitsstelle in Rostock sowie durch Arbeiten aus dem Museumsbereich besser erforscht ist. In Pommern fehlte diese Sammlerpersönlichkeit, so daß vorläufig vergleichsweise weniger Quellen zu Verfügung stehen, etwa die Pommerschen Blätter für Volkskunde, Arbeiten von Karl Kaiser, Schriften von Ernst Moritz

9

Arndt, Reisebeschreibungen. Bis auf Arndt tragen diese Veröffentlichungen, der Zeit entsprechend, mehr beschreibenden als analysierenden Charakter. Dennoch kann an Fallbeispielen Charakteristisches für Vorpommern gesagt werden.

So stellt das Buch in übersichtlicher Form quellengesicherte Beispiele aus den Arbeits-, Jahres- und Lebensbräuchen vor. Zeitlich konzentriert sich die Darstellung auf die Zeitspanne von der Aufhebung der Leibeigenschaft 1820 bis zum Beginn bzw. den Folgen der Industrialisierung zu Beginn des 20. Jahrhunderts.

Die Brauchhandlungen zeigen, daß Mecklenburg und Vorpommern nicht über ein einheitliches und nur schönes Brauchtum verfügten, wie es in der Regel verallgemeinernd in der Brauchliteratur für das Agrarland Mecklenburg mit seinen Dörfern bis zur Industrialisierung beschrieben worden ist. Stadt und Land unterschieden sich deutlich, ebenso Bauerndorf und Gutsdorf, aber auch die Seefahrerdörfer an der Küste und die reichen Bauerndörfer im Südwesten Mecklenburgs. Und dort wiederum entwickelten unterschiedliche Trägergruppen ihre spezifischen Bräuche (Bauern, Knechte, Tagelöhner, Hirten).

Entstehung und Anliegen des Buches

1988 erschien im Hinstorff Verlag Rostock die vielbeachtete »Mecklenburgische Volkskunde«,[1] in der neben der historischen Beschreibung Mecklenburgs und seiner verschiedenen sozialen Gruppen in einem dritten Teil unter der damals üblichen Rubrik »Kulturelles Erbe« auch die einzelnen Sachbereiche dargestellt worden waren. Wie

die anderen Kapitel mußte der Beitrag über die Jahres-, Lebens- und Arbeitsbräuche zugunsten der Gesamtdarstellung auf 16 Seiten beschränkt bleiben. Auch meine Dissertation über die mecklenburgischen Jahresbräuche im spätfeudalen Dorf konnte damals nicht veröffentlicht werden. Das Interesse an Kenntnissen über die traditionellen Bräuche in Mecklenburg-Vorpommern ist jedoch hoch, wie der ehemalige Direktor des Mecklenburgischen Volkskundemuseums Dr. Ralf Wendt wiederholt betonte und geradezu »drängelte«, nun, unter günstigeren Bedingungen, die Arbeit endlich zu veröffentlichen, da eine wissenschaftlich fundierte Darstellung der Brauchlandschaft Mecklenburg-Vorpommern nach wie vor ausstehe.

Teile der überarbeiteten Dissertation bilden also die Basis dieses Buches, erweitert um die Lebensbräuche und den Martinsbrauch, da er gegenwärtig eine Rolle in der Wiederbelebung von Bräuchen aufgrund neuer Nachbarschaften spielt ebenso wie es eine Diskussion gibt um den angeblich immer noch vitalen Glauben an den Germanengott Wotan.

»Brauchforschung tut not«, postulierte 1998 ein bekannter Brauchforscher,[2] und dies auch unter dem Eindruck der in der Brauchliteratur immer noch vorherrschenden Vorlieben für fruchtbarkeitsmagische Herleitungsversuche etwa von Pfingstbräuchen. Diese Notwendigkeit des »Hinterfragens« von Erscheinungsbildern und Wandlungen der Bräuche aufgrund archivalischer Studien, faßbarer Quellen, bestimmte bereits Mitte der 80er Jahre die jetzt vorgelegte Arbeit, die hier durch jüngere Arbeiten zur Brauchforschung aktualisiert worden ist. Dennoch wird mit der Darstellung nicht unmittelbar die Absicht verfolgt, sich in die heute offenbar übliche Grundsatzdiskussion um die Existenzberechtigung des Begriffs »Brauch« einzulassen oder sie zu umgehen, indem anstelle von »Brauch« nun »Ritual« eingesetzt wird oder, noch aktueller, mit Bourdieu von »sozialem« oder »symbolischem Kapital«[3] gesprochen wird.

Denn der Charakter des Buches soll der eines Handbuches in verständlicher Sprache sein. Es will und kann aber keine Vollständigkeit in der Beschreibung sämtlicher regionaler Bräuche bieten und hat auch nicht die Absicht, eine überschaubare Welt mit *»Biedersinn, Dumpfheit und einem selbstgenügsamen Hochmut«*[4] zu beschreiben.

Angestrebt wurde vielmehr, die wichtigsten Brauchhandlungen des Arbeits- und Kalenderjahres sowie des Lebenslaufes als Teil unserer »Gedächtniskultur«[5] unter unterschiedlichen Aspekten darzustellen, den Gründen für ihre oft drastischen Veränderungen beispielsweise durch die Agrarreformen oder Industrialisierung nachzugehen und Interpretationsmöglichkeiten anzubieten. Es geht um die Funktionen der Bräuche, Strategien der Alltagsbewältigung bis hin zu den Möglichkeiten nonverbaler Kommunikation zwischen den sonst oft sprachlos Beteiligten bzw. darum, nach der jeweiligen kulturellen Bedeutung für die Brauchträger zu fragen.

Daß dabei die jeweils korrespondierenden Brauchgruppen die Inhalte und Funktionen des Brauches, seinen Code,[6] beherrschen müssen, damit er seine Bestimmung erfüllen kann, mag ein Beispiel aus dem Bereich des Erntebrauchtums, zeigen:

Das »Streichen« der Mäher gehörte fest zum traditionellen Erntebrauchtum des Gutsdorfes. Häufiger Besitzwechsel, der mit der Kapitalisierung der Landwirtschaft einherging, konnte die Gutsbesitzer der

ländlichen Brauchsprache entfremden. Mancher erlernte sie erst gar nicht, vor allem, wenn er als neuer Besitzer aus der Stadt kam, wie folgender Vorfall, der zum Erlöschen des Brauches auf Gut Blücherhof, (Kr. Waren) führte, zeigt: *»Fabrikherr Wessel ut Hamburg hadd dat Goot Blücherhof köfft. De Meihers fragen bie (den) Diener, ob't erlaubt wier to ›striken‹. De Herr denkt, se willen Streik maken un hett ehr seggt, dor müßt he ihrst mit'n Inspekter räden ...«*[7] Die Unkenntnis des Gutsbesitzers sowohl hinsichtlich der Brauchsprache als auch der Mundart seiner Erntearbeiter, die zur Verwechslung von »(Sensen) streichen« und »die Arbeit verweigern«, »streiken«, führte, verhinderte hier die Fortdauer einer Brauchbasis, eines Gleichgewichtes von Forderung und Erwartung potentieller aktiver Brauchträger und reagierender Brauchadressaten. Puchners Einschätzung der Bräuche als »nonverbales Kommunikationssystem, das der Nichteingeweihte ebensowenig versteht wie ein Sprachunkundiger die Sprache«,[8] kommt dem Problem hier recht nahe, ist aber nicht ganz ausreichend, da die Mehrzahl der Brauchhandlungen durchaus verbale Teile enthält, deren Sinngehalt von einem Nichteingeweihten aber ebenfalls nicht zu entschlüsseln ist.

Die Frage nach den Funktionen der Bräuche erlaubt in der Regel keine eindimensionale Antwort.

Trotz aller sozialer Differenziertheit ist davon auszugehen, daß die Bewohner beispielsweise in Bauerndörfern gewisse grundlegende Gemeinsamkeiten aufwiesen, und zwar sowohl eine für das Brauchtum nicht unwichtige Einheit des Siedlungsterritoriums über einen längeren Zeitraum hinweg als auch ein Gebundensein an ein gemeinsames Gewerbe im weiteren Sinne, die

Landwirtschaft. Die Dorfgemeinschaft war eingebunden in die strukturierende Ordnung des Kalender- und auch des Kirchenjahres, des landwirtschaftlichen Arbeitsjahres sowie des zyklischen Ablaufes der Jahreszeiten, die den Rhythmus der Arbeit und des Feierns, der Anspannung und der Ruhe mit bestimmten. Selbst die Kündigungstermine des Gesindes bzw. der Dienstbotenwechsel waren in diesen Rhythmus integriert. Als Termine galten der Dienstag nach Ostern, der 24. Juni (Johannistag), der 24. Oktober und der erste Wochentag nach den Weihnachtsfeiertagen.

Wenn auch bei allen Menschen das Bedürfnis bestand, einzelne Abschnitte des Jahres und der Arbeit festlich zu markieren, Höhepunkte würdig zu begehen, so trat beispielsweise die »Dorfgemeinschaft« als geschlossene gemeinsame Brauchträgergruppe offenbar nicht in Erscheinung. Selbst wenn einzelne Feste wie Fastnacht, Pfingstbier und Erntefest bis zur Separation und Vererbpachtung nahezu das »ganze Dorf« unter einem Dach vereinigen konnten, so waren bei der Vorbereitung und Durchführung des Festes immer wieder bestimmte soziale Schichten und Gruppen für ihren Brauchbereich, für ihre Interessen tätig. Zweifellos trugen die gruppeneigenen Bräuche dabei zur wechselseitigen »Identitätsbestätigung« bei, wie Ina-Maria Greverus ausgeführt hat.[9]

Zwei wesentliche Funktionen konnten nach erfolgter Brauchausübung als erfüllt gelten: Zum einen konsolidierten sich die einzelnen Gruppen durch ihre jeweiligen Bräuche weiter, indem diese bindend für die eigene, trennend gegenüber der anderen Gruppe wirkten, zum anderen stabilisierte die Summe der Gruppenbräuche das traditionelle soziale Gefüge. Die spezifischen Bräuche der einzelnen Gruppen verklammerten also die Gemeinschaften so lange, bis Veränderungen, namentlich auf sozialökonomischem Gebiet, bestimmte Brauchhandlungen gegenstandslos machten bzw. andere Bräuche erforderten. Nach der Separation kam es beispielsweise, wie zu beschreiben sein wird, zu besonders tiefgreifenden Veränderungen bei den Bräuchen des Bauerndorfes, die auch die einzelnen Trägerschichten weiter trennten: »Ihrst wier dat alltohop, nahst wier ehr (den Bauern) dat to gemein mit jeden, dor fierten de Buern för sick un de Bäudners un de Hüüslers ok tosamen«.[10]

Besonders augenfällig wird diese Tendenz bei Festen, auf die kein Anspruch einer Gruppe etwa aufgrund einer erbrachten Arbeitsleistung erhoben werden konnte (Erntefest, Brakelköst) bzw. bei denen für eine sozial höher stehende Gruppe die Verpflichtung bestand, ein Fest auszurichten. Das Bestreben, kalendarische Einschnitte, kirchliche Festzeiten oder wichtige Arbeitsabschnitte brauchtümlich zu erhöhen, bestand zwar weiterhin, nicht aber das Bedürfnis nach einer gemeinsamen Feier.

So organisierten in vielen mecklenburgischen Bauerndörfern Knechte ihren »Fastelabend« selbständig, und Knechte und Mägde entwickelten dafür eigene spezifische Festbräuche bzw. variierten bereits vorhandene Brauchelemente. Ähnlich veränderte sich das Pfingstbrauchtum: In den sogenannten »Pfingstlauben«, die nach der Separation den Pfingstbaum verdrängten, saßen nicht etwa die einzelnen Bauern mit ihrem Gesinde beisammen, sondern es wurde in den Lauben streng getrennt nach sozialem Rang gegessen, getrunken und gespielt. Dabei stand Kindern, die noch keine Arbeitsleistung erbracht hatten, dieses Vergnügen nicht zu. Sie blieben außen vor. Die Alltagssprache der von Richard Wossidlo Befragten war in der Regel das Niederdeutsche, das hier in den Antworten der Gewährsleute beibehalten worden ist.

Die Quellen

Als Quellenbasis dienten neben Gesetzessammlungen, Gesindeordnungen, zeitgenössischen Zeitschriften, Kalendern und Ortschroniken, Bestände der Stadtarchive, des Mecklenburgischen Landeshauptarchivs in Schwerin, Mitteilungen aus der Korrespondenz Richard Wossidlos,[11] Reisebeschreibungen der schöngeistiger Literatur, besonders von Fritz Reuter. Die Hauptquelle blieb das Wossidlo-Archiv.[12] Das Bildmaterial stammt überwiegend aus Museumsbeständen in Mecklenburg und Vorpommern und eigener Sammlung.

Gerade die handschriftlichen Aufzeichnungen Richard Wossidlos (1859–1939) und seiner Beiträger im Rostocker Wossidlo-Archiv mit Äußerungen von Bauern, Knechten, Tagelöhnern u.s.w. stellen für die Forschung einen Glücksfall dar, da dieses Material keine Wertungen aus der Sicht des Sammlers enthält (der durchaus mythologischen Sinndeutungen anhing), sondern gleichsam Kurzprotokolle einzelner Brauchabläufe aus der Erinnerung und mit den verkürzt wiedergegebenen Worten der Gewährsleute. Wossidlos Fragen – und hier liegen natürlich auch bestimmte Grenzen der Objektivität des Materials – zielten auf die Erkundung eines »Urzustandes«. In den Antworten fixierte er aber faktisch historische Befunde und mittelbar auch zeitgenössische Zustände. Die Mehrzahl der Befunde dokumentiert spätfeudale Zustände und ihre allmähliche Ablösung auf dem Lande; auch dieser Fakt bestimmte die Auswahl.

Vielen Institutionen, Helfern, Gewährsleuten habe ich zu danken.

Das sind neben den Doktorvätern meiner Arbeit Prof. Dr. Ulrich Bentzien, (†) Rostock, und Prof. Dr. Hermann Strobach, Berlin, vor allem meine damaligen Kollegen aus dem Rostocker Wossidlo-Archiv: Prof. Dr. Siegfried Neumann, Ingeborg Müller, Gertrud Hoffmeister (†) und meine Mutter, Ilse von Zansen-Osten (†), die mich geduldig in die Kunst des »Zettellesens« einführten. Außerdem: Dr. Ralf Wendt, Schwerin, Henry Gawlick, Hagenow, Dr. Jürgen Gundlach, Wismar, Idis Hartmann, Oldenburg, Volker Janke, Schwerin, Kuno Karls, Hagenow, Dr. Karla-Kristine Lübeck, Schwerin, Gunther Lübbe, Wustrow, Wolfram Eschenburg, Warnemünde, Pastor Karl Martin Schabow, Eldena, Pastor Peter Wittenburg, Klütz. Zu danken ist dem Institut für Volkskunde Rostock unter seinem jetzigen Leiter Dr. Christoph Schmitt, der Universitätsbibliothek Rostock, dem Landeshauptarchiv Schwerin, dem Mecklenburgischen Volkskundemuseum Schwerin-Mueß, dem Staatlichen Museum Schwerin, dem Mecklenburgischen Wörterbuch unter Dr. Jürgen Gundlach (bis 1992 in Warnemünde), dem Pommerschen Wörterbuch Greifswald, dem Institut für Niederdeutsche Sprache Bremen, der Stiftung Mecklenburg in Ratzeburg und meiner Familie sowie meiner Lektorin Bärbel Mundt für ihre Geduld.

Ein besonderer Dank gilt den Sponsoren, ohne die eine kostengünstige Drucklegung nicht möglich geworden wäre: Alexandra und Edgar Beÿen, Hamburg, Erika von Krell, Hannover und Otto Müns, Berlin.

Mecklenburgisches Trachtenallerlei um 1890, gezeichnet von Albert Kretschmer (1825–1891)
Aus: Albert Kretschmer, Deutsche Volkstrachten, Leipzig 1887

I. Von den schönen Bräuchen und ihren Trägern

»*Mecklenburg ist ein weites Flachland, die Küsten begrenzen Sanddünen, und durch die Mitte zieht sich ein Landrücken nach der Elbe; nördlich aber ist es abgedacht mit vielen Gewässern ohne rechtes Gefälle, daher die vielen Seen. Ein Friedrich[1] hätte längst Kanäle gezogen und trockengelegt – Mecklenburg zählte dann längst, neben Zerschlagung der vielen allzu großen Rittergüter, eine Million Menschen! Überall in Deutschland scheint mir, Viehzucht und Ackerbau ausgenommen, der Kunstfleiß höher zu stehen, der hier nur auf die nötigsten Gewerbe beschränkt ist. Die Hauptausfuhr besteht in Getreide (20 000 Last in guten Jahren), Hafer, Gerste, Butter, Käse, meist nach Preußen und Rostocker Äpfel nach dem Norden, etwas Holz auf der Elbe, Wolle, Flachs, Tabak, Pferde, Schweine, fette Hämmel, Gänsebrüste, Schinken, Würste, Erbsen Linsen etc.; die Ausfuhr soll der Einfuhr im Durchschnitt gleichkommen, wenn die Getreidepreise nicht zu niedrig stehen. Das Volk lebt meist von Kartoffeln, von dürrem Obst, von Weißkraut, Rüben und Pferdebohnen [...]*

Verdammt phlegmatisch, langsam, kalt und schwerfällig erscheint das Volk, wie es bei dem Klima, der groben Nahrung und der Pest der Gesellschaft, den Folgen der Leibeigenschaft, kaum anders zu erwarten ist.«[2]

So beschrieb 1828 der südwestdeutsche Publizist Carl Julius Weber (1767–1827) in seinen Reisebriefen Mecklenburg, eine Einschätzung, die auch von anderen Reisenden geteilt wurde.[3]

1803, noch vor Aufhebung der Leibeigenschaft, charakterisiert der 1796 in Groß Schoritz als Sohn eines leibeigenen Gutspächters auf Rügen geborene Ernst Moritz Arndt mit ähnlichen Attributen die Pommern:

»*Bei der Lage des geringen Volkes läßt sich überall, da die meisten Leibeigenen sind, keine hohe Bildung und Tätigkeit erwarten, weil alles bei ihnen in so engen Schranken verschlossen wird. Dazu kommt noch die klimatische Schwerfälligkeit des Pommers, die wir keineswegs ableugnen können noch wollen [...] Der Pommer ist kalt und langsam, scheint dadurch oft unempfindlich, ist aber im Grunde seines Charakters, wenn man sich die Mühe gibt, mit ihm umzugehen, gutmütig [...] im Ackerbau und bei jeder schweren Arbeit, auf der See und im Kriege tut er auch mehr, als die meisten Deutschen, die ich arbeiten gesehen habe. Man sagt, er sei gefräßiger als der Thüringer und Sachse. Allerdings, aber er arbeitet auch strenger, und sein kälteres Klima ist schon zehrender. – In Rücksicht der Lustbarkeiten geht es bei uns wieder sehr klimatisch her. Weil wir schwer und nicht zu reizbar sind, so muß es uns schon mehr gleichsam durch die Haut und an Kehle und Magen kommen, ehe wir flink und spielend werden können [...] Doch sind die Lustbarkeiten, der Tanz und die Gelage hier lange so häufig nicht, als im südlicheren Deutschland. Hochzeiten, Kindtaufen, selbst Leichenbegängnisse müssen bei uns ein tüchtiges Schmausen haben. In der Regel ist aber in Rügen überall weniger Lust und Spiel unter dem Volk, als in Pommern, weil seine Lage dort trauriger ist.*«[4]

Diese Bemerkungen der beiden Zeitgenossen über die allgemeine Lage der Bewohner des »Platten Landes« zu Beginn des

Richard Wossidlo (1859–1939) vor seiner Zettelkastenwand. Er gilt als bedeutendster Sammler mecklenburgischer Volkskultur.

tur unrettbar verloren gehen könnte. So entstanden Heimatvereine und Geschichtsvereine, die volkskulturelle Äußerungen sammelten und archivierten, zunächst bestimmt auch von den idealisierenden Vorstellungen der Romantik, die in der Vergangenheit das Vollkommene sah. Der falsche Ansatz dabei, bewahrenswerte Volkskultur ausschließlich in der Vergangenheit bzw. in abgelegenen Dörfern zu suchen und von dem Gefundenen aus noch einmal nach Wurzeln in mittelalterlicher Vergangenheit zu »graben«, hat bis in unser Jahrhundert nachgewirkt und den Blick auf die Träger der Bräuche und ihre Funktionen verstellt. Die Städter kamen in dieser Betrachtungsweise kaum ins Bild. Auch der bedeutendste Sammler mecklenburgischer Volkskultur. Richard Wossidlo (1859–1939), ließ sich von diesen Idealen inspirieren, wie u.a. seine Interpretationen vieler Bräuche oder Sagen zeigen mit ihren zahlreichen Hinweisen auf ungebrochene Kontinuität bzw. auf die germanische Mythologie. Da er aber im Gegensatz zu anderen Sammlern seiner Zeit die Fragen nach Erinnerungen an das Alltags- und Festtagsleben seiner Gewährsleute wortwörtlich mitnotierte, dazu auch den Namen, den Herkunftsort, das Jahr, oft auch den sozialen Stand der Befragten, gestattet uns diese im deutschen Sprachraum einmalige Art der Sammlung von etwa zwei Millionen Handzetteln, wie sie heute in den zigarrenkistengroßen Zettelkästen im Institut für Volkskunde (Wossidlo-Archiv) in Rostock zusammen mit dem Briefwechsel aufbewahrt und wissenschaftlich bearbeitet werden, einen entromantisierten Blick auf die Volkskultur etwa von der Mitte des 19. Jahrhunderts bis in die 30er Jahre.

19. Jahrhunderts kontrastieren nun allerdings deutlich zu der harmonischen Darstellung des Dorflebens, wie es von Albert Kretschmer (1825–1891) in seinen »Deutschen Volkstrachten«, die zwischen 1887 und 1890 in Leipzig erschienen, vor Augen geführt wird. Sie korrespondiert mit den Bestrebungen der Volkskunde des 19. Jahrhunderts und in den ersten Jahrzehnten des 20. Jahrhunderts, Volkskultur zu »retten«, aus der Sorge heraus, daß durch Industrialisierung, Urbanisierung und gesellschaftlichen Wandel alte und »schöne« Volkskul-

Brautkrone und Erntekranz – sie versinnbildlichen die »hohen« Zeiten des Lebens-

Die Sachgüter, die Wossidlo auf seinen Sammelreisen erwarb, befinden sich heute im Mecklenburgischen Volkskundemuseum Schwerin-Mueß.

und Jahresbrauchtums, die ersehnte Krönung, einen »runden« Abschluß nach getaner Anstrengung. Denn auf die Heirat lebte jedes Mädchen hin und war bestrebt, rechtzeitig die zur Aussteuer gehörenden Wäschestücke fertig zu weben und mit einem gestickten Monogramm zu versehen, um am Hochzeitstag aufgeputzt mit der vielfarbig glitzernden Brautkrone bewundert zu werden. Und nur nach erfolgreicher Ernte wurde dem Gesinde oder den Gutsarbeitern nach Überreichen des Erntekranzes das ersehnte Erntefest gewährt.

Kranz und Krone begegnen uns zu verschiedenen Abschnitten im Jahres- und Lebensbrauchtum, von der Brautkrone bis zur Totenkrone, von der Erntekrone bis

zum gekrönten Pfingstochsen, je nach Region ausgeschmückt und nach sozialem Vermögen unterschieden. Vor allem dieser Aspekt der sozialen Differenzierung in der Brauchausführung soll in dieser Darstellung Berücksichtigung finden, denn ein einheitliches Brauchtum von Bauern, Tagelöhnern bzw. in Guts- und Bauerndörfern, Seefahrerdörfern oder in den Städten gab es nicht, selbst wenn einzelne Beschreibungen oder bildliche Darstellungen diesen Eindruck aus unterschiedlichen Motiven zu vermitteln suchten. Und das Leben bestand nicht nur aus Festen.

So wie Jahres- und Lebensbräuche in Mecklenburg-Vorpommern auf unserem Titelbild, einer Lithographie aus dem 19.

Warnemünder Brautkrone mit sogenannten »Pierdklappen« über den Ohren

Die verheiratete Frau (hier: Teterower Paar um 1880) trägt eine Haube.

Jahrhundert, für die im Südosten Rügens liegende Halbinsel Mönchgut illustriert sind, erscheinen sie als charakteristische zeitgenössische Bildbotschaft, nach der das Leben des Menschen harmonisch in ewig gültigen Kreisen und Bahnen verläuft: einer unbeschwerten verspielten Kindheit folgen Jugend, Hochzeit, die hier als »Krönung« wirkungsvoll in die Bildmitte gesetzt ist, Berufsleben und Tod.

Das Menschenleben erscheint an den Geburtsort gebunden, die Familie lebt mit allen Generationen unter einem Dach, das hier ebenfalls als zentrales Motiv erscheint. Und schließlich befestigt der Blick auf die Farbgestaltung und Zuweisung der Klei-

dung nach Alter, Geschlecht, sozialer Zuordnung, Brauchanlaß (Hochzeit bzw. Tod) den Eindruck von dauerhafter Gesetzmäßigkeit.

Doch dieses Bild, wie es die Volkskunde unter dem Eindruck des Schwundes liebgewordener Bräuche noch in unserem Jahrhundert unter pflegerischem Aspekt gern vermittelte, täuscht.

Dem Schwinden der Mönchguter Tracht beispielsweise versuchte eine »Ortsgruppe für Erhaltung der Mönchguter Tracht« unter dem Pastor Emil Steurich (1887–1929), tätig auf Groß Zicker, entgegenzuwirken: Mönchguter, die ihre Trachten wieder anlegten, erhielten Prämien.[5]

Einladung

zum

Erntefeſt in Poggendiek.

Nach den Agrarreformen bieten die neuen Bauernhäuser keinen Platz mehr für große Feiern. Sie finden nun im Krug statt. Federzeichnung von August Koepsel, um 1930

1.1 Die Auswirkungen der Agrarreformen auf das traditionelle Brauchgefüge

Eine relativ einheitliche Region bildete Mecklenburg-Vorpommern dadurch, daß die Dörfer im Domanium über Jahrhunderte in bäuerlichem Besitz waren. Aussehen und Kultur der Landschaft wurden durch diesen Faktor wesentlich mitbestimmt.[6]

In der zweiten Hälfte des 19. Jahrhunderts beschleunigte sich der Übergang zur Gutswirtschaft, etwa zwei Drittel des Landes bestanden nun aus nichtbäuerlichen Betrieben mit einer Größe von über 100 ha.

Um zunächst den »Zustand« in bezug auf Größenordnung und Sozialstruktur mecklenburgischer Dörfer in dieser Periode zu demonstrieren, seien die beiden charakteristischen Dorftypen vorgestellt:[7] Es existierten zwei grundverschiedene Typen von Dörfern, die – krasser im Vergleich zu anderen ostelbischen Territorien – in Mecklenburg verhältnismäßig »rein«, unvermischt, vorkamen: 1. Bauerndörfer mit einer größenmäßig differenzierten Bauernschaft und 2. Gutsdörfer mit einem Rittergut (oder einem domanialen Pachtgut) und Landarbeitern, gegebenenfalls einigen »Restbauern«, die das Bauernlegen überstanden hatten. Beide Typen – Bauerndörfer und Gutsdörfer – nahmen etwa je zur Hälfte die landwirtschaftlich nutzbare Fläche des Territoriums ein.

Die Bauerndörfer unterstanden zum größeren Teil dem Landesherrn, gehörten zum sogenannten Domanium, zum kleineren Teil den säkularisierten Klöstern, den Städten sowie den Gutsherren. Den größten Landanteil unter den Bewohnern der Bauerndörfer besaßen jeweils die Vollbauern oder Hüfner, die vom Gutsherrn abhängig waren, d.h. bis gegen 1790/1800 frondienstpflichtig, bis 1820 leibeigen und teilweise einige weitere Jahrzehnte hindurch noch nicht im juristischen Besitz ihrer Stellen. Bis etwa 1875 kam es zur Ablösung ihrer Feudallasten durch Landabtretungen und Geldzahlungen. Sie waren nunmehr »Erbpächter«, Bauern mit einer durchschnittlichen Betriebsfläche von 20 bis 40 Hektar. Die kleinere Gruppe der Viertel- und Halbhüfner (auch »Kossaten«) wurde durch die bürgerlichen Agrarreformen vermindert und größenmäßig weitgehend egalisiert, wobei sie zumeist ebenfalls einen großbäuerlichen Standard (um 20 ha) erreichte. Im Zuge dieser Agrarreformen wurden nicht nur die Eigentumsverhältnisse umgestaltet, sondern auch die Betriebsflächen der einzelnen Bauernstellen, die bis dahin zumeist Gemengelage aufgewiesen hatten, arrondiert und gleichzeitig die Gemeinweiden (Allmenden) aufgeteilt. Während dieser Entwicklung, die in Mecklenburg somit phasenverschoben von etwa 1800 bis etwa 1870/75 andauerte, hörten der Flurzwang im Feldbau und der gemeinschaftliche Weidebetrieb der Dorfherden schrittweise auf.

Als potentielle Brauchträger kamen je ein Kuh- und Schweinehirt dazu, den die Dorfgemeinde unterhielt, sowie – nicht überall – ein Dorfschäfer. Auf den einzelnen Vollbauernstellen arbeiteten außer den Familienangehörigen je zwei bis drei unverheiratete Knechte, ein bis zwei Hütejungen, zwei Mägde sowie – auf größeren Bauernhöfen – ein bis zwei verheiratete Tagelöhner. In Südwestmecklenburg, wo sich die Bauerndörfer besonders konzentrierten und die Stellen oft kleiner waren, stellte vor allem das Gesinde (darunter oft Verwandtschaft des Bauern) die Hauptarbeitskraft dar, weniger die Tagelöhnerschaft.

Seit der Mitte des 18. Jahrhunderts wurden in vielen Bauerndörfern zusätzlich Büdner angesetzt, deren Zahl um 1850/1870 die Zahl der Voll- bzw. Großbauernstellen teilweise schon übertraf, aber nur einen Bruchteil der landwirtschaftlichen Nutzfläche bewirtschaftete. Diese Kleinbauern (unter 5 ha) besaßen normalerweise in sich geschlossene Betriebsflächen, d.h. ihre Äcker und Wiesen lagen nicht im Gemenge wie die der Bauern, und sie besaßen kein Anrecht an der Allmende. Es handelte sich um Familienbetriebe ohne Fremdgesinde und meist sogar mit zusätzlichem Einnahmebedarf aus anderweitiger Tätigkeit, darunter auf den Großbauernstellen (auch Kinderarbeit als Hütejunge u.ä.). Häufig waren auch die typischen Dorfhandwerker wie Schmied und Stellmacher Inhaber von Büdnereien.

Nur einen großen Garten mit Haus besaßen die Häusler, die seit der Mitte des 19. Jahrhunderts in vielen Dörfern angesetzt wurden und ausschließlich auf Lohnarbeit auf Gütern und bei den Bauern, in der Forstwirtschaft und eventuell in nahegelegenen gewerblich-industriellen Betrieben angewiesen waren.

Um sich ein Bild von den Größenverhältnissen der Dörfer und dem Status der als Brauchträger in Frage kommenden sozialen Schichten machen zu können, sei aus 24 Bauerndörfern des südwestmecklenburgischen Amtes Grabow ein typisches Beispiel

Silberne Hochzeit des Herrn Landrentmeister von Oertzen und Gemahlin auf Kotelow. Die »Leute« gratulieren mit einer gebundenen Krone.

errechnet.[8] Demnach bewohnten ein Dorf in dem Jahre 1855 im Durchschnitt 345 Bewohner, darunter

12–13 Vollbauern und Teilhüfner (davon zwei vererbpachtet)
14 Büdner, darunter ein Schmied
5 Häusler
1 Krüger (Gastwirt)
1 Lehrer
1 Pfarrer und 1 Küster (in jedem zweiten bis dritten Dorf)
3 Dorfhirten
jeweils mit Familienangehörigen und ggf. Gesinde.

Das bäuerliche Gesinde solcher Dörfer dürfte schätzungsweise 60–80 Personen umfaßt haben, zuzüglich der Dorfhirten für die Pferde-, Kuh-, Schaf- und Schweineherden.

Im Jahre 1890, berechnet auf der Grundlage von 30 Bauerndörfern des Amtes Grabow-Eldena[9], bewohnten ein durchschnittliches Dorf 349 Menschen, darunter

14 Erbpächter (Großbauern)
15 Büdner, darunter 1 Schmied und 1 Krüger
14 Häusler
1 Lehrer
1 Pfarrer und 1 Küster (in jedem zweiten Dorf)
1 Müller (in jedem siebten Dorf)
jeweils mit Familienangehörigen und ggf. Gesinde.

Die Gutsdörfer bestanden entweder aus einem Rittergut oder einem herzoglichen Pachtgut mit jeweils nur wenigen oder keinen weiteren landwirtschaftlichen Betrie-

21

Blick durch eine Fischländer Bauernhausdiele auf den Saaler Bodden. Gemälde von Elisabeth von Eicken (1862–1940), Mitglied der Ahrenshooper Künstlerkolonie

ben (nicht gelegte Bauern). Hier arbeiteten also Tagelöhner mit ihren Frauen (nach 1850 auch Hofgänger) sowie unverheiratetes Gesinde. Die Handwerker des Gutes waren zumeist unselbständig und zählten teilweise zu den Tagelöhnern.

Im folgenden sind Angaben für ein durchschnittliches Rittergutsdorf (ohne Restbauern) zusammengestellt, errechnet aufgrund von 39 Gutsdörfern des Ritterschaftlichen Amtes Ribnitz in Nordostmecklenburg. Demnach hatte ein solches Dorf im Durchschnitt 114 (1855) bzw. 100 (1890) Einwohner, darunter – geschätzt –

1 Gutsbesitzer
1 Inspektor
1 Meier (später Schweizer) mit Hirten, Mägden usw.
1 Schäferpächter oder Schäfer (in jedem zweiten Dorf)
1 Kutscher
1 Jäger und 1 Gärtner
2 Handwerker
10 verheiratete Tagelöhner
10 Hofgänger
8 Knechte
8 Mägde
1 Lehrer (in jedem zweiten bis dritten

Gutsdorf)
jeweils (außer dem Gesinde) mit Familienangehörigen.

Die Rittergutsdörfer waren nach der Einwohnerzahl durchschnittlich bedeutend kleiner als die Bauerndörfer, besaßen häufig keinen Krug und kaum selbständige Handwerker, auch keine oder kaum Büdner und Häusler. Die Arbeitskräfte kamen zusätzlich aus den landarmen Schichten der domanialen Bauerndörfer, die als Deputatisten oder »Freiarbeiter« auf den Gütern tätig waren, später auch Wanderarbeiter, »Schnitter«. Sowohl in den Bauerndörfern als auch in den Gutsdörfern ist der Anteil der mitarbeitenden älteren Kinder in Rechnung zu stellen, d. h. in den Bauerndörfern besonders der der Büdner- und Häuslerkinder, in den Gutsdörfern der der Tagelöhnerkinder.

Die Analyse der Bräuche und ihres Wandels hat gezeigt, daß die Aufhebung der Hofdienste (verstärkt seit 1763, beendet 1806), die Aufhebung der Leibeigenschaft 1820, die Regulierung und Separation der mecklenburgischen Domanialdörfer (ab 1822), die Vererbpachtung (bis 1875), dazu die allmähliche Technisierung (Einsatz der Mähmaschine etwa ab 1870), das Aufkommen neuer Viehrassen und Kulturpflanzen, die Veränderung des Bauernhaustyps durch den Wegfall der Diele in der zweiten Hälfte des 19. Jahrhunderts, das Eindringen marktorientierter Wirtschaftsverhältnisse überhaupt, wesentliche Teile des traditionellen Brauchgefüges tiefgreifender und umfassender verändert haben, als wichtige politische Ereignisse dieser Zeit es vermochten. Das wird im folgenden dargestellt werden.

1.2 Aufhebung der Hofdienste

Das Fronsystem – die erzwungene Leistung von bäuerlichen Gespann- und Handdiensten für die gutsherrliche Eigenwirtschaft – hatte die Bauernwirtschaften außerordentlich belastet. Nach den allgemeinen Bestimmungen von 1786 hatten Vollbauern beispielsweise auf dem Darß mit »1 Landhufe 4 Tage in der Woche mit 4 Pferden und 2 Leuten Hand- und Spanndienste zu verrichten; Halbbauern mit $1/2$ Hufe mußten mit 2 »Fußgängern« einen Tag in der Woche Hofdienste tun, während jeder Kossät 2 »Rauchhühner« (nach dem Rauchfange, der Herdstelle berechnet) und 12 Pfund Hede abzuliefern hatte.«[10] Als diese Last schrittweise (zuerst im landesherrlichen Domanium, zuletzt im ritterschaftlichen Bereich) durch die Rentenreform der Geldpacht abgelöst wurde, entstanden die Grundlagen für eine ökonomisch selbständigere Entwicklung der verbliebenen Bauernwirtschaften und damit einer allmählichen Emanzipation des Bauern nach »oben« wie auch seiner Abgrenzung nach »unten«.

Unter diesem Aspekt ist ein Wandel bei einem zentralen Brauchkomplex als sicher anzunehmen. Er betrifft vor allem die Heischebräuche, die nach den vorliegenden Quellen eindeutig das Ziel einer Verbesserung der Lebenslage des Gesindes oder der Ausstattung eines Festessens besaßen. Für die Realisierung dieses Heischebrauchtums im Bauernhof scheint die Aufhebung der Hofdienste eine wesentliche Voraussetzung zu bilden. Das Funktionieren von Heischebräuchen verlangt nämlich ein sozialökonomisch-finanzielles Gefälle, das, solange die Hofdienste noch bestanden, zwar vom Bauern zum Gutsherrn oder Pächter bzw. vom Gutsknecht zum Gutsherrn gegeben

Szene vor dem Mühlentor. Das Foto zeigt einen deutlichen Kontrast zu den Trachtenbildern dieser Zeit. Postkarte (Poststempel 1910); Verlag A. Noth, Sternberg i. M.

war, nicht aber vom Bauernknecht zum Bauern. Erlaubte es überhaupt die wirtschaftliche Lage des Bauern, die bereits vor dem Dreißigjährigen Krieg durch relativ hohe Arbeitsrenten gekennzeichnet war und sich nach dem Krieg durch die Festschreibung der zweiten Leibeigenschaft und die Ausweitung der Dienste drastisch verschlechtert hatte, sowohl den Abgabeforderungen des Grundherrn als auch den Heischeforderungen der Knechte zu den Festtagen zu genügen? Das erscheint zumindest zweifelhaft. Brauchadressat konnte normalerweise nur der jeweilige Vertreter der höheren sozialen Schicht (Gutsherr, Pächter, Amtmann) sein, Brauchausübender das Gesinde des jeweiligen Guts- oder Pachthofes selbst, aber auch das bäuerliche Gesinde.

Die These einer jüngeren Zuweisung für das Bauerndorf, nämlich erst in der Zeit nach Ablösung der Hofdienste (damit erst nach 1760, teilweise noch später), wurde auch durch die Beobachtung Hinrich Siuts' unterstützt, der den überwiegenden Teil der Heischelieder erst aus dem 19. Jahrhundert überliefert sieht.[11] Auffällig in diesem Zusammenhang ist ferner, daß ein Teil der bäuerlichen Abgaben an den Gutsherrn oder das Amt zu den Kalenderfesten Fastnacht, Ostern, Pfingsten erfolgte, zu Terminen also, an denen später auch das Heischen durch die Bauernknechte bekannt ist.

Nach Aufhebung der Hofdienste ergab sich ein neues Verhältnis zwischen Bauern und Gesinde. Jetzt ist ein Heischen zu den Festtagen durchaus verständlich. Unter den schrittweise gewandelten Verhältnissen konnte der Bauer zum Brauchadressaten werden, und dies um so mehr, als er und sein Gesinde vom Gutsherrn bzw. Pächter keine Gegenleistung mehr erwarten konnte, etwa Bier und eine Mahlzeit zur Ernte oder die Ausrichtung eines Erntefestes. Auch das bäuerliche Erntefest für das Gesinde scheint also einer jüngeren Tradition anzugehören und mit dem Wegfall des gutsherrlichen Erntefestes für die Fröner, d. h. letztlich mit der Aufhebung der Frondienste, in Zusammenhang zu stehen.

Die Aufhebung der Frondienste enthob die Bauern nun auch der Verpflichtung, eine bestimmte Zugviehart und eine festgelegte Anzahl zu halten. Ulrich Bentzien hat nachgewiesen, daß es nach Ablösung der Frondienste zu einer völligen Spannviehumstellung vom überlieferten Standard (Pferde und Ochsen) zum neuen Standard (allein Pferde) in den mecklenburgischen Groß- und Mittelbauernwirtschaften kam.[12] Dabei war die prozentuale Zunahme der Pferdehaltung begleitet von einem Absinken der absoluten Pferdezahlen, was außer durch den Fortfall des Frondienstes auch durch die gestiegene Leistungsfähigkeit der Pferde gerechtfertig war. Der damit zusammenhängende Fortfall der Ochsenherde machte einen dörflichen Ochsenhirten überflüssig. Diese Tatsache sowie der Fortfall der gemeinsam gehüteten Kuhherde und die Verminderung der Pferdezahlen veränderten das Hirtenbrauchtum, wobei die zu beobachtende Veränderung jedoch im Zusammenhang mit der Einführung der Separation noch wesentlicher erscheint.

Die Ablösung der Frondienste vor und um 1800 bedeutete den ersten Schritt auf dem Wege des feudalabhängigen Bauern zum eigenständigen Landwirt und damit zu

»Morgenidyll in der Mühlenstraße« – das Vieh der Ackerbürger von Strelitz wird vor die Stadt getrieben. Postkarte (Poststempel 1910); Bruno Schurig, Buch- u. Papierhandlung, Strelitz i. M.

seiner allmählichen Ausgliederung aus der Gemeinschaft der feudal Abhängigen (zu der u. a. auch das bäuerliche Gesinde zählte). Sie leitete aber auch den Übergang von der feudalherrlichen Gutswirtschaft zur Junkerwirtschaft ein, die nicht mehr auf Fronarbeit, sondern auf Lohnarbeit basierte. In der Phase dieses Übergangs forcierten Adel und bürgerliche Gutsbesitzer das Bauernlegen besonders stark, weil sie keine Rücksicht auf eine in ihrem Interesse liegende Bewahrung hofdienstverpflichteter Bauern mehr zu nehmen brauchten.

Durch die Legung, Teillegung und Umsetzung entleerten sich die meisten ritterschaftlichen Dörfer von Bauern und wurden mehr oder weniger reine Gutsdörfer mit Tagelöhnerkaten und allenfalls einigen

»Restbauern«. Die weitgehende Liquidierung der ritterschaftlichen Bauern führte in den entsprechenden Dörfern natürlicherweise zu einem Erlöschen der Brauchtraditionen des Bauerndorfes, mögen auch die wenigen (in der Regel drei) Restbauern am Rande der Feldmark weiterexistiert haben. Aus solchen »Dörfern« ist nicht zufällig in Wossidlos Material keinerlei bäuerliches Brauchtum überliefert.

Ernst Moritz Arndt, der sich in seinen Schriften vehement für die Aufhebung der Leibeigenschaft eingesetzt hatte, beklagt in seiner »Geschichte der Veränderung der bäuerlichen und herrschaftlichen Verhältnisse vom Jahre 1806 bis zum Jahre 1816«:

»Die Ausbeute aller unserer Untersuchungen und Betrachtungen wird also endlich diese:

Pommern und Rügen haben zu wenig Bauerndörfer und kleine Grundeigentümer. In Rügen, wie leicht sind die wenigen Dörfer zu zählen! Ja, es gibt Kirchspiele in welchen kein einziger Bauer mehr ist: nichts als Herren und Pächter und abhängige Kateleute [...]Wo nennt man die, welche Bauern erhalten oder geschaffen und nicht vielmehr sie zerstört haben?« [13]

1.3 Aufhebung der Leibeigenschaft

Mit der Aufhebung der Leibeigenschaft endete nicht nur die persönliche Unfreiheit. Sie hatte auch sozialökonomische Folgen, allerdings weniger für die Bauernschaft (die mehr von der Frondienstablösung und der Separation betroffen war) als vielmehr für die Tagelöhner und das Gesinde der Gutshöfe. Ihre Befreiung von der Leibeigenschaft bedeutete zugleich die Befreiung der Gutsherrschaften von jeglicher Versorgungspflicht. Die Folge war, wie Mager diese Tatsache nüchtern benennt, eine *»Notlage der mecklenburgischen Landbevölkerung auf Grund des Befreiungsgesetzes von 1820 und der Armenordnung von 1821«*, [14] denn das Gesetz über die Aufhebung der Leibeigenschaft führte auch die Kündbarkeit des Tagelöhners ein und nahm ihm die Möglichkeit, ein Gewohnheitsrecht auf Arbeit zu beanspruchen. Durch die ungenügende Regelung des Heimatrechtes – der bisherige Gutsherr war nach dem Gesetz nicht mehr verpflichtet, der entlassenen Tagelöhnerfamilie eine Wohnung zu gewähren – bevölkerten vormalige Leibeigene in großer Zahl die Landstraßen. Erschwerend wirkte sich dazu die Bestimmung aus, daß das Heimatrecht erst durch einen zweijährigen Aufenthalt in den Gemeinden erworben werden konnte und fremden Tagelöhnerfamilien dieser Erwerb damit äußerst schwer gemacht wurde. Heimatlosigkeit, Armenkaten, Exil und Landarbeitshaus waren die Perspektiven eines gekündigten Tagelöhners, wenn er keine Arbeit fand. Die Ansammlung von Armut aus der Sicht der Behörden *»zu einem zur Landplage werdenden Bettel- ja Diebsbandenunwesen, dessen man erst in den 30er Jahre Herr zu werden begann«.* [15]

Aus der Sicht der Betroffenen wurden alle verfügbaren Mittel genutzt, um der Armut zu begegnen, und dazu gehörten auch die Versuche, unter dem Schutzmantel des Brauches die eigenen Existenzbedingungen zu verbessern.

Was manchem unkundigen Brauchteilnehmer als alter schöner Brauch vorgekommen sein mag – wie etwa das Sternsingen –, erwies sich in wirklicher Notlage als eines der letzten Mittel zur Sicherung des Überlebens, auch wohl als ein Aus-

Schloß und Bedienstete zu Rabensteinfeld 1910

druck jener Überlebensklugheit, von der sich die Privilegierten nichts träumen lassen.

Unmittelbare Auswirkungen der Aufhebung der Leibeigenschaft auf die Jahresbräuche im mecklenburgischen Gutsdorf lassen sich vorerst nicht nachweisen, mittelbare und langfristige aber durchaus. Prinzipiell stand der Brauchadressat z.B. bei Heischebräuchen ja vor wie nach Aufhebung der Leibeigenschaft in einem sozialen Gegensatz zu den Brauchträgern, den Tagelöhnern, Knechten und Mägden. Solange nun die Besitzer der Güter dem mecklenburgischen Landadel entstammten und noch selbst der ländlichen Tradition soweit verhaftet waren, daß sie die Brauchsprache

der Knechte, Mägde und Tagelöhner verstanden, blieb das traditionelle Brauchgefüge im wesentlichen erhalten.

Häufiger Besitzwechsel des Gutes bzw. der Pächter und Inspektoren, durch die das Gut mehr und mehr vertreten wurde, entfremdete Brauchausübende und Brauchadressaten. So wurden verschiedene Heischebräuche von den Brauchadressaten als »Snurrerkram« abgewertet und verboten.[16] Viele Gutsherren fühlten sich nicht mehr verpflichtet, etwa ein Erntefest oder eine Hochzeit für die auf dem Gut Arbeitenden auszurichten, und versuchten, sich durch erhöhtes Deputat oder Geldbeträge aus dieser Tradition zu lösen. Dort, wo die Gutsherren nicht mehr an gemeinsamen

27

Festen interessiert waren, kam es zu veränderten Festformen, für die dann vor allem die unverheirateten Knechte und Mägde des Gutes die Verantwortung übernahmen. Auch wenn die Tagelöhner sich ihre Feste selbst bereiteten, wurden sie während der Feier zum eigenen Brauchadressaten.

Die Entwicklung von Festen, die auf einem sozialen Gefälle zwischen Gutsherr und Gutsarbeitern basierten, war jedoch noch nicht beendet, sie verlief ungleichmäßig weiter und zeigte sich u. a. abhängig von dem Verhältnis der brauchausübenden Gruppen zueinander, der Größe des Gutes und der Zusammensetzung seiner Einwohnerschaft.

Dort, wo die Güter ihre ursprüngliche Größe, ihren technischen Standard und die Zusammensetzung der Einwohnerschaft über einen längeren Zeitraum bewahrten, blieb das traditionelle Brauchtum über Jahrzehnte in überlieferter Weise erhalten. Dort, wo – besonders durch das »Bauernlegen« bedingt – das Gut sich so vergrößert hatte, daß beispielsweise die Erntemengen nur mit Hilfe von Saisonarbeitern, fremden Arbeitern also, die aus anderen Dörfern und Landschaften (später auch fremden Ländern) gemietet werden konnten, einzubringen waren, veränderte sich das Brauchgefüge im Verlaufe des 19. Jahrhunderts grundlegend.

Das wird, da dieser Prozeß sich nur unmittelbar an die Aufhebung der Leibeigenschaft anschloß, in dem entsprechenden Teilabschnitt zu den »Trägerschichten« weiter ausgeführt.

1.4 Separation

Der einschneidendste Wandel im Brauchgefüge des mecklenburgischen Bauerndorfes wurde durch die Separation verursacht. Sie veränderte vor allem das Hirtenbrauchtum, beeinflußte aber auch andere Brauchbereiche. Ziel der Separation sollte es sein, durch die Aufteilung der Allmende und die Beseitigung der Gemengelage der Felder die Bauernwirtschaften aus dem Flurzwang zu befreien. Die Separation war gewissermaßen die technische Voraussetzung für die spätere Vererbpachtung der bäuerlichen Hufen. Durch Regierungsverfügung vom 4.4.1822 wurde sie in Mecklenburg-Schwerin zum Grundsatz erhoben,[17] aber nicht im ganzen Land zur gleichen Zeit, sondern schrittweise von den zwanziger bis zu den sechziger Jahren durchgeführt. Auf das Brauchtum bezogen, bedeutet dies wieder, daß die Wandlungen nicht pauschal nach einer Jahreszahl abzurechnen sind, sondern nur aufgrund der jeweiligen örtlichen sozialökonomischen Veränderungen. Wo die Separation noch nicht vollzogen war, lagen noch spätfeudale Brauchvoraussetzungen vor, während im separierten Nachbardorf Veränderungen schon eingesetzt haben konnten.

Die Auswirkungen der Separation auf die Bräuche der Hirten

Vor der Separation besaßen die Bauerndörfer jeweils gemeinsame Viehweiden auf dem durch den Ackerbau nicht voll beanspruchten Eigenterritorium. Das waren Dauerweiden, Brachland, abgeerntete Felder und vor allem der Wald. Sie boten Weide für die gemeinsamen Pferde-, Kuh-, Schaf- und

Schweineherden. Zur Weide wurden alle in Herden gehaltenen Tiere der Bauern geführt – dazu gehörten auch Ziegen und Geflügel. Jede Herde hatte ihren eigenen Hirten, der die jeweilige Dorfherde zu hüten hatte. Eine gewisse Ausnahme bildeten die Pferde, die als kostbarster Besitz des Bauern besondere Hut verlangten. Jeder Bauer besaß noch ein oder zwei Hütejungen, die im Sommerhalbjahr tagsüber die Pferde hüteten. Nachts wurden die Tiere von ihnen in die gemeinsame Nachtkoppel getrieben. Dieser Gruppe der Halbwüchsigen – die ältesten waren 18 bis 20 Jahre – stand als Erwachsener der »Panner« oder »Kuhlmann« zur Seite, der die Verantwortung für die gesamte Herde trug und darauf zu achten hatte, daß die Tiere nicht über die Feldscheide kamen und die Hütejungen ihren Dienst nicht vernachlässigten. Als Zustand vor der Separation gab es also eine große Gemeinschaft von Pferdehirten und eine kleinere Gruppe von einzeln arbeitenden Hirten anderer Viehspezies.

Gemeinsame Arbeit und gemeinsame Freizeit der Jungen hatten spezifisches Brauchtum ausgebildet, das bereits den Werktag prägte: Möglichst frei auf dem Rücken der Pferde stehend, versuchte jeder Junge, die Pferde seines Bauern als erster in die Nachtkoppel zu treiben. Niemand wollte der letzte sein, denn dieser hatte dann Extraarbeiten wie das Schließen des Schlagbaums, das Ausfegen der selbstgebauten Laubhütte, das Tragen einer Teerlunte, das Drehen von Peitschen oder Ähnliches zu erledigen. Der scheinbare Besitz an Pferden animierte zu Wettritten. Diese Brauchelemente sind bisher nur aus dem Festbrauchtum der Hirten zu Pfingsten bekannt, sie sind aber, wie beschrieben, bereits im Alltagsbrauchtum vorgebildet.

Die Separation und die aus forstwirtschaftlichen Gründen allgemein erfolgte Ablösung der Waldweidegerechtsame, die Entwicklung der mecklenburgischen Schlagwirtschaft, damit die Einführung der Wechselweide und des Kleebaus entlasteten den Wald von dem Vieheintrieb, brachten aber auch den Wegfall der großen gemeinsamen Pferdeherde und das Aufhören des Pferdehirtenberufsstandes mit sich. Die absolute Anzahl der Pferde war ohnehin schon nach der Aufhebung der Spanndienste zurückgegangen, da nicht mehr so viele Gespanne benötigt wurden. Während sich so zwangsläufig die Pferdehirtenzahl zusehends verminderte, kam es zu einem rapiden Anstieg der Anzahl der Kuhhütejungen, die als große Gruppe nun im Brauchtum an Einfluß gewann.

Während die Anzahl der Pferde zurückging, nahm nämlich die Rindviehstückzahl in den Dörfern kontinuierlich zu, besonders seit die Milchleistung der Tiere sich wesentlich erhöht hatte. Die Kühe wurden jetzt auf der dem einzelnen Bauern gehörenden Weide gehütet, wofür also statt eines Hirten jetzt mehrere Hütejungen im Dorf benötigt wurden. Ein gleichartiges Gruppenbrauchtum wie bei den Pferdehirten konnte sich hier nicht ausbilden, da die Kuhjungen nur dann unmittelbaren Kontakt miteinander aufnehmen konnten, wenn die Weiden der Bauern dicht beieinander lagen. Gemeinsam erlebt und festlich gestaltet wurden aber Beginn und Ende der Sommerweide.

Diese zeitliche Trennung der Brauchschichten erscheint wesentlich, verbindet doch noch 1956 Walter Ihrke in seiner Darstellung der »Pfingstbräuche der mecklenburgischen Hirten« alle ihm bekannten Brauchhandlungen zu einem fröhlichen

Volksfest, das demnach gleichzeitig außerhalb des Dorfes auf der Häg'brak und innerhalb des Dorfes auf dem Anger gefeiert worden sein müßte.[18] Dabei erscheinen fälschlicherweise nicht nur bereits geschwundene Brauchelemente mit jüngeren auf einer zeitlichen Ebene, sondern Ihrke gelangt auch durch fehlerhafte Einschätzungen – wie etwa die Benutzung des Karussels durch Kinder – zu nicht nachvollziehbaren Schlüssen. (Mit dieser Methode der »Brauchanhäufung« steht er übrigens nicht allein.)

Die spezifischen Bräuche der Gemeinschaft der Kuhjungen – wir nennen sie im folgenden so, um Verwechslungen mit dem älteren Status des gesamtdörflichen Kuhhirten zu vermeiden – konnten sich als spezifische Brauchausübung dieser Gruppe erst ausbilden, nachdem die Gruppe selbst im Zuge der Separation entstanden war. Aufgrund der historisch jungen Entstehungszeit ist eine unmittelbare mythologische Herleitung dieses Gemeinschaftsbrauchtums[19] nicht möglich. Allerdings läßt sich das Pfingstbrauchtum der Kuhjungen, auf das wir uns hier als Beispiel konzentrieren, auch nicht allein aus zeitgenössischen Voraussetzungen, d.h. aus dem Aufkommen bzw. der Vergrößerung der Kuhhütejungengemeinschaft, ableiten. Dazu enthält es zu viele überlieferte Brauchelemente, nach deren konkreter sozialer Herkunft zu fragen ist. Offenbar übernimmt es Elemente des Pferdehirtenbrauchtums und paßt diese teilweise den eigenen Bedürfnissen an. Die Bräuche der Pferdehirten waren ja den einzeln arbeitenden Kuhhirten nicht unbekannt geblieben, und zudem werden zunächst ehemalige Pferdehütejungen als Kuhjungen weitergearbeitet und ihre Bräuche natürlicherweise mit eingebracht haben.

Der mit dem Umzug der Kuhhütejungen verbundene Heischegang kann erst nach der Separation mit aufgenommen worden sein – ehemals hatten nur die Pferdeknechte das Recht zu heischen –, denn dem einzelnen Kuhhirten wurde anläßlich der Eröffnung der Sommerweide Essen und Trinken von den Mädchen oder dem Bauern dorthin gebracht.

Auswirkungen, die bis zum völligen Schwund eines Berufsstandes führten, der aber wieder einen Teil seines Brauchtums in den neuen Beruf herübernehmen konnte, zeigte der Wegfall der Waldweide für den Schweinehirten. Das Aufkommen neuer Viehrassen, die jetzt ganzjährig im Stall gehalten und nach völlig neuen Futterprogrammen ernährt wurden, beschleunigte diese Entwicklung. Somit hörte die Tätigkeit des Schweinehirten, der am Anfang des 19. Jahrhunderts die Dorfherden noch in die Wälder zur Eichel- und Bucheckernmast getrieben hatte, um 1870 auf. Ihre im Winterhalbjahr ausgeübten Nebenberufe wie Nachtwächter und »Wettermann« konnten möglicherweise vereinzelt erhalten bleiben, ihre während des Schweinehütens erworbene Fähigkeit, Blasinstrumente zu bauen und zu blasen, mag noch beim sogenannten »Weihnachtsgratulieren der Hirten« wirksam geworden sein.

Ein ähnliches Schicksal erlitt nach der Separation der Gemeindeschäfer, der als Hüter einer großen Dorfherde ebenfalls überflüssig wurde. Im Weihnachtsbrauchtum der Hirten ist das Schwinden des Berufsstandes deutlich ablesbar: Zunächst – vor der Separation – bliesen alle Hirten gemeinsam zu Weihnachten, nach Auflösung der großen Gemeindeherden blies dann nur noch der Nachtwächter, der schließlich sein Horn auch nicht mehr selbst anfertigte, sondern es in der Stadt kaufte. Es entfielen auch die damit verbundenen Heischegänge der Hirten zu Weihnachten und zwangsläufig das Schenken eines eigens für den Hirten gebackenen Gebäckes bzw. Brotes.

Die Betreuung der kleineren einzelnen Herden der Bauern wurde im separierten Bauerndorf allgemein Jugendlichen und Kindern aus der Dorfarmut überlassen. Ihre soziale Position lag wesentlich niedriger als die der vorherigen Gemeindehirten, die stets Erwachsene gewesen waren und bescheidenen Besitz (jeweils ein Tier in der Herde) aufwiesen und einen gemeindeeigenen Katen bewohnten. Die nunmehrigen Hirtenjungen wurden nicht – wie einst die Hirten – von der Dorfgemeinschaft, sondern von den einzelnen Großbauern beschäftigt. Dadurch multiplizierte sich die Zahl der Hirtenjungen, und es entstand eine neue Gruppe. Daß diese Gruppe sich zu einer Brauchgemeinschaft formierte und dabei ältere Brauchelemente aufnahm und umformte, verdient besondere Beachtung, weil auf der anderen Seite die nun selbstbewußter gewordenen Bauern aus den überlieferten Formen des Gemeinschaftslebens herausstrebten.

Die Auswirkungen der Separation auf die Bräuche der Hirten sind sicherlich als die bedeutendste Veränderung im Brauchleben des mecklenburgischen Dorfes anzusehen.

In kleinerem Umfang bewirkte sie auch eine Veränderung im Erntebrauchtum des Bauerndorfes, da sie durch die Beseitigung der Gemengelage den gemeinsamen Erntebeginn der Bauern und somit auch das Einläuten zur Ernte überflüssig machte. Damit entfiel das gemeinsame Heimkommen aller unter Gesang vom Feld, und die Tradition, das Erntefest zum gleichen Termin und an einem Ort zu begehen, lockerte sich. (Erste Ansätze zu dieser terminlichen und lokalen Lockerung hatte es schon nach Aufhebung der Hofdienste und der Leibeigenschaft gegeben.) Noch auffälliger wurde das Verselbständigen, das Ausgliedern aus dem äußeren Gemeindeverband, nach der Vererbpachtung.

1.5 Vererbpachtung

Die »Vererbpachtung« als letzte Etappe der Agrarreformen in Mecklenburg sollte der Verbesserung des bäuerlichen Besitzrechtes dienen, da die Zeitpacht sich als unzureichend für »die Hebung des Bauerntums«[20] erwiesen hatte. Der Bauer konnte Land, Gebäude und Inventar kaufen und wurde bei Zahlung einer jährlichen Summe weitgehend Besitzer seiner Ländereien und seines Hofes, d.h. mit gewissen Einschränkungen selbständiger Landwirt. Ähnlich wie bei der Separation verlief auch hier die Ausführung in Schüben und zog sich über mehrere Jahrzehnte hin. (Das erste Rescript, das die sogenannte Vererbpachtungsperiode offiziell einleitete, stammt vom 4. April 1822, die letzte Erbpachtverordnung von 1867, so daß diese Periode bis in die siebziger Jahre reichte.)

Im Gefolge von Separation und Vererbpachtung entstanden, auch durch gleichzeitig vonstatten gehende Intensivierung der Landwirtschaft bedingt, die sogenannten Ausbauten. Die Gehöfte rückten vielfach auf die separierten Hufen hinaus, so daß es zu einer Auflockerung der geschlossenen Dorfformen kam. (Auf weitere Gründe der Veränderung des Dorfbildes durch Büdner- und Häusleransetzung oder Umlegung kann hier nicht eingegangen werden.) Die neu entstandenen Einzelhöfe konnten sich räum-

Diele eines mecklenburgischen Bauernhauses: Mensch und Tier unter einem Dach

lich mehr ausdehnen, erschienen stattlicher und wurden, »durchweg in Nachahmung des vom Großbetrieb geprägten Bautyps, als kleine Gutshöfe errichtet ... Ihre Nur-Wohngebäude enthielten keine Diele.«[21]

Der Wegfall der Diele war nur das äußere Zeichen für die Unmöglichkeit, fortan in diesen Häusern ein großes Fest wie Fastnacht oder Erntebier mit gemeinsamem Essen und Tanz auszurichten. Der innere Grund war die fortschreitende soziale Abgrenzung der Bauern, die nun den Status eines Erbpächters hatten, gegenüber dem Gesinde. Wossidlos Gewährsleute registrierten diese Entwicklung: »Dat wier all Hand in Hand früher, de Buern un de Deensten. Späderhen würden de Buer hochsnutiger, dor wullen se dat Oornbier nich mihr hebben in

ehren Huus, dor güng't nah'n Kroog.«[22] »In Sabel is dat (Oornbier) toihrst reihüm gahn – naher in 'n Kroog.«[23] Interessant erscheint die Parallele zu den Gütern, nach deren Vorbild die Bauern ihrem Gesinde die gemeinsame Feier durch Geld zu ersetzen trachteten: »Bi 't Oorn bier gew de Buer de Mätens 'n Dahler un de Knechts twee. Fiert würd in 'n Kroog.«[24] Der Zeitpunkt des Wandels blieb zuweilen recht genau in Erinnerung: »in Mönkhagen – so as Sedan«,[25] d.h. 1870.

Das äußere Dokumentieren eines Wohlstands durch den einzelnen Bauern, das Lösen aus der ökonomischen Bindung an den Nachbarn und vor allem die soziale Absonderung des Bauern aus der Dorfgemeinschaft führten diesen Wandel herbei.

Der mecklenburgische Heimatdichter Fritz Reuter und sein »Lowising« 1860. Seine Schriften bilden eine aussagekräftige Quelle für die Volkskunde.

mensetzung der Teilnehmer erfolgte. Fortfallen mußte zwangsläufig in separierten Dörfern der gemeinsame Erntebeginn der Bauern, das Einläuten der Ernte, das gemeinsame Singen während des Mähens und des Heimweges. Dort, wo das Erntefest nicht mehr reihum gefeiert wurde, entfiel auch der Zug mit der Erntekrone zum Hauswirt, der das Fest auszurichten hatte, und damit der Übergabespruch. Durch die historisch relativ kurze Spanne zwischen Aufhebung der Frondienste bzw. der Leibeigenschaft und Vererbpachtung scheint der Zustand eines geschlossenen, Bauern und Gesinde gleichermaßen umfassenden Erntebrauchtums im Bauerndorf doch recht kurz. Er war »rückwärtig« begrenzt durch die noch vorhandene Feudalabhängigkeit des Bauern und »perspektivisch« durch seine Entwicklung zum eigenständigen Landwirt.

Das äußere Zurschaustellen des erreichten Wohlstandes, die Trennung von Wirtschafts- und Wohnbereich beeinflußten auch andere Bräuche, die außer dem Erntefest mit an die Diele gebunden waren.[29] Für den Aufzug des Schimmelreiters zu Fastnacht, Ernte und Hochzeit, das Spiel der Rug'Klaasgruppe zu Weihnachten fehlte in den neuen Haustypen der Platz, so daß die Umzugs- und Spielbräuche auch durch den Fortfall der Diele den Spielcharakter zugunsten des Heischecharakters einbüßten.

Eine Tendenz der Verbürgerlichung bei den wohlhabenderen Bauern, die sich auch darin ausdrückt, daß der geschmückte Weihnachtsbaum in der »guten Stube« seinen Platz findet, daß das »Außen« der weihnachtlichen Dorfumgänge, das vorher als Höhepunkt des Weihnachtsfestes ungeduldig erwartet worden war, nun gegen das »Innen« der bürgerlichen Stubenweihnacht

Statt des vormaligen Reihumfeierns des Erntefestes kamen Erntefeste im Dorfgasthaus auf, aber auch Feiern, bei denen jeder Bauer mit seinem eigenen Gesinde das Erntefest beging.[26] Im Extremfall wurde überhaupt kein Erntefest mehr abgehalten.[27]

Der Abbau der ehemaligen Gemeinsamkeit führte andererseits zum weiteren Aufbau selbständiger Feiern des Gesindes bzw. der Gutsknechte und Mägde. Ein absolutes »Ende einer Entwicklung«[28] scheint allerdings nicht feststellbar, da in den Jahrzehnten der Durchführung von Separation und Vererbpachtung vielmehr ein Wandel der Festformen und der sozialen Zusam-

eingetauscht wird, ist nicht zu übersehen. Der beschriebene, sich fortschreitend entwickelnde soziale Abstand zwischen Bauer und Gesinde führte weiterhin auch zu einem Wandel in der sozialen Zusammensetzung der Spiele u.a. zu Pfingsten: »*Früher sünd de Buerndierns dor twischen wäst, nu ward dat bloß von Deenstbaden makt. De Buerdöchter hollen sick trügg.*«[30] Eine parallele Entwicklung wird es auch bei der Zusammensetzung in den Heischeumzügen gegeben haben; zumindest ist mir mündlich bestätigt worden, daß sich das Heischen für Bauernsöhne nicht mehr geziemt habe.[31]

1.6 Technisierung

Unter dem Aspekt des Eindringens neuer Kulturpflanzen und Feldbaumethoden sowie der ersten Arbeitsmaschinen sind einige Veränderungen im agrarischen Brauchtum zu konstatieren. Allerdings besitzt die Einwirkung der sozialökonomischen Faktoren, die vorstehend erläutert wurde, offiziell den Primat unter den Ursachen des Brauchwandels. Es ist wohl kurzschlüssig, von einem allgemeinen Erlöschen des feudalgesellschaftlich geprägten Brauchtums durch den Einsatz von Maschinen oder das Aufkommen neuer Kulturpflanzen und Viehrassen mit dadurch veränderten Arbeitsbedingungen zu sprechen. Hier ist Hermann Bausinger zuzustimmen, der betont, daß auch ein Blick auf die sozialen Grundlagen nicht das Ende, sondern die Veränderungen der Volkskultur durch die Technik anzeigt und daß sich in den Formen vieles geändert hat; »*aber die Technik löst keinesfalls jegliche Form auf und zerstört sie*«.[32] So führte die Ausbreitung des

Kartoffelanbaus teilweise zur Weiterentwicklung traditionsgebundener Bräuche. Nach Ulrich Bentzien wurde die Kartoffel voll in den Bereich des Volksglaubens integriert, wie er in bezug auf die älteren Kulturpflanzen noch vital war:[33] Saattermine des Getreides wurden zu entsprechenden Pflanzterminen umfunktioniert, und traditionelles Saatbrauchtum ergab mit den einschlägigen Orakeln analoge Brauchhandlungen. Gewährsleute Wossidlos empfahlen, vor dem Kartoffelpflanzen bei »hartem Wind« ein Messer in die Erde zu stecken, entgegengesetzt zur Windrichtung: »*Dat Metz süll de Hardigkeit von de Tüffel nähmen*«[34] – ein Brauch, wie er beim Legen der ebenfalls runden und harten Erbsen bekannt war.[35] Analoges Brauchtum ist auch in bezug auf die »letzte Kartoffel« entstanden, und wer die letzte Kartoffel sammelte, wurde in Anlehnung an die Gebräuche der Kornernte »Kartoffelbuck«.[36]

Auf der anderen Seite verschwanden bestimmte Bräuche mit dem Erlöschen ihrer materiell-technischen Grundlage. Da der heimische Anbau von Flachs extrem zurückging, so daß die aus ihnen gefertigten Waren jetzt einen bedeutenden Einfuhrartikel bildeten, setzte ein rascher Rückgang der Gebräuche um den Flachs ein. Davon war vor allem die »Brakelköst« betroffen, d.h. die gemeinsame Feier und Bewirtung der »Braker« (Flachsbearbeiter und -bearbeiterinnen).

Der auffälligste Brauchwandel aufgrund veränderter agrartechnischer Bedingungen im Gutshof geschah durch den Einsatz von Mähmaschinen seit dem Ende des 19. Jahrhunderts. Diese Novation war offenbar entscheidender als das Erscheinen einer zusätzlichen Gruppe von Erntearbeitern, die nur vereinzelt als Urheber von Veränderungen namhaft gemacht wird. Teilweise überließen alteingesessene Tagelöhner, die sich des devoten Charakters ihrer Heischebräuche schämten, den »Schnittern« das »Binden« des Gutsherrn auf dem Erntefeld. *»Hüüt binnen de Snitters de Herrschaften,* (sien) *eigen Lüüd nich,* (uns) *scheniert dat,* (dat süht) *snurrerhaftig ut.«*[37] Das gemeinsame Singen am Abend nach der Erntearbeit ging dagegen nicht auf die Schnitter über, sondern wurde eingestellt: *»Nahst keem dat mit de Snitters (up), dor wier't ganz vörbi mit dat Singen.«*[38]

Einen tatsächlichen Wandel bewirkte vor allem der Einsatz der Mähmaschine ab etwa 1870 und später des Mähbinders. Durch die Verwendung solcher Maschinen konnten Arbeitskräfte eingespart werden, so daß die zusätzlich während der Ernte beschäftigten einheimischen und fremden Mäher nicht mehr benötigt wurden. Die Arbeitsbedingungen auf dem Felde änderten sich: Die Sense, das wichtigste Erntearbeitsgerät, wurde nur noch zum Anmähen benötigt, wofür eine kleinere Mäherschar ausreichte, so daß die große Brauchgruppe der Mäher nicht mehr das Feld beherrschte. Das Anmähen mußte nach wie vor von Hand ausgeführt werden, da die Maschine Ränder und Winkel nicht erfassen konnte. Mit der Verdrängung der Mähergruppe und des Arbeitsgerätes Sense durch die Maschine schwand auch traditionelles Brauchtum, nämlich das sogenannte »Streichen« des Gutsherrn bzw. des Inspektors auf dem Feld durch die Mäher. Dagegen erhielt sich das »Binden und Lösen« (entgegen der Annahme Bentziens[39]), denn die Gruppe der Binder blieb bestehen und wurde sogar durch männliche Arbeitskräfte, ehemalige Mäher, verstärkt. Vor allen Dingen stand der Bindergruppe nach wie vor der herkömmliche Brauchpartner, der Gutsherr oder ein anderer Feldfremder, gegenüber. Noch 1923 erlebte meine Mutter diesen Brauch auf einem Gut in der Nähe von Stralsund, der entsprechend auf Mecklenburg übertragbar ist. *»Ich traf den jungen Inspektor, der mich aufforderte, mit aufs Feld zu kommen. Man sei beim Anmähen. Draußen war eine Schar Mäher und Binderinnen bei der Arbeit. Sie mähten einen schmalen Streifen, damit der ›Binder‹ (Bindemähmaschine) seine Arbeit aufnehmen konnte. Eine Gruppe Arbeiter kam auf mich zu und band mich mit einer Seidenschleife unter Aufsagen eines Verses.«*[40] (Eine Brauchänderung ist hier allerdings insofern zu registrieren, als in diesem Fall offensichtlich nicht eine Frau das Binden ausführte.)

Während dieser Brauch also bis in das 20. Jahrhundert hinein erhalten blieb, mußte das gegenseitige Beschenken von Mäher und Binderin schwinden, war doch durch das Überflüssigwerden der männlichen Mähergruppe die alte geschlechtliche Arbeitsteilung zerstört worden, so daß für das gegenseitige Beschenken mit Harke und Strauß keine Veranlassung mehr bestand. Wenn die Funktion des gegenseitigen Beschenkens allein auf die Voraussetzungen gegründet gewesen wäre, daß das Arbeitspaar zugleich als ein Liebespaar galt und daß die Erntezeit einen festlichen Charakter besaß, wie Ingeborg Weber-Kellermann sie in den Vordergrund stellt,[41] so hätte m.E. zumindest das Schenken von Harke und Strauß fortbestehen können, während eine »Schann« zum Befestigen an der Sense jetzt tatsächlich überflüssig geworden war. Da es sich aber doch wohl zugleich um einen gegenseitigen »Arbeitsvertrag« handelte, der jetzt fortfiel, da Männer und

Frauen hinter der Mähmaschine gleiche Arbeit als Binder verrichteten (nach Einführung der Bindemaschine änderte sich dieser Zustand wieder), war das gegenseitige Beschenken nicht mehr unbedingt notwendig. Sicherlich wirkten auch das verschärfte Arbeitstempo und die intensivere Ausnutzung der Arbeitskraft unmittelbar brauchzerstörend – wie es auch mit dem Aufhören des gemeinsamen Singens deutlich wird. Die Maschine verlangte einen völlig anderen Arbeitsrhythmus als das vorherige gleichmäßige rhythmische Gehen mit der Sense beim Mähen.

1.7 Die Brauchträgergruppen

Bauern als direkte Aktionsträger

Der materielle Besitz setzte den Bauern an die oberste Stelle des sozialen Gefüges im Dorf. Ein gewisser Besitzstolz und das Bewußtsein, daß andere von ihm abhängig waren, mußten sein Selbstbewußtsein fördern und sein Brauchtum mit formen, denn das Besitzdenken bestimmte das Verhalten der Dorfbewohner zueinander in hohem Maße mit. Die spezifischen Interessen der Bauern, namentlich der Hüfner, einten diese als soziale Schicht und trennten sie gegenüber der Gemeinschaft der Knechte und Mägde, die keinen Besitz zu wahren hatten. Das Streben der Bauern war beispielsweise gerichtet auf gegenseitige Unterstützung, Besitzanspruch und Besitzsicherung, Repräsentation des eigenen Standes. Es richtete sich aber auch auf Geselligkeit und Abwechslung als Ausgleich zur täglichen körperlich schweren Arbeit. So deckte es sich teilweise mit den Interessen auch anderer sozialer Schichten, einige aber galten ausschließlich für die Bauern, wie Besitzanspruch und Besitzsicherung. Sie entsprachen ihren Lebensbedingungen unter spätfeudalen Bedingungen. So war auch ihr Brauchtum diesen ökonomischen Verhältnissen angepaßt und stabilisierte diese. Im folgenden soll das Brauchtum der Bauern nach ihren jeweiligen Interessendominanzen untersucht werden.

Das gegenseitige Aufeinanderangewiesensein, das bedingt war durch die Gemengelage der Bauernäcker, die gemeinsame Allmende und die gemeinschaftliche Hütung des Viehs, erforderte einheitliches Handeln, das durch entsprechendes Brauchtum mitgeregelt war. Das gegenseitige Einladen der Bauern beispielsweise zu den großen Kalenderfesten, das Bierproben, die Pfingstgilden u. a. m. dienten nicht nur der Geselligkeit, sondern auch der Planung des Arbeits- und des Festjahres. Wenn also am Dreikönigstag die Bauern zusammenkamen, um »die Fastnacht zuzuschneiden«, d.h. Ort und Termin der Fastnachtsfeier festzulegen, so erfüllte dieser Brauch hier unter anderem auch die Funktion einer Ordnung des Jahres durch das Brauchtum, das half, den Alltag in der Vorfreude und der Vorbereitung auf das Fest leichter zu bewältigen. Das Fest wirkte dadurch auf den Alltag und dieser wieder auf das Fest zurück.

Die Gemengelage des Ackers machte die Koordination der Feldarbeit nötig; einzelne Arbeitsabschnitte wie der Erntebeginn wurden dabei festlich markiert, womit die Bedeutung des Tages erhöht, die Arbeit besser motiviert und die Arbeitslust gefördert wurde. Auf gegenseitige Unterstützung waren die Bauern auch bei der Planung der äußeren Bedingungen zu den großen Ka-

»Schwarze Bauern« aus der Gegend um Rostock, Schwaan und Doberan. Postkarte. Druck: wie Abb. rechts

»Braune Bauern« aus Demern und der Ratzeburger Gegend. Postkarte. Druck: Julius Simonsen; Kunst- u. Verlagsanstalt, Oldenburg i. Holst.

lenderfesten, an denen sie reihum ihr Haus zur Verfügung zu stellen hatten, angewiesen. In der Ausführung dieser traditionellen Verpflichtung bedienten sie sich aber auch des Brauchtums der Knechte und Mägde. Das heißt, diese hatten das Einladen der Gäste und das Herbeischaffen der Lebensmittel in festlicher Weise zu bewerkstelligen.

Der eigene Besitz bedingte ein Brauchtum, das seiner Sicherung und der eigenen Existenz des Bauern diente. Als besonders charakteristisch für den nichtseparierten Bauern, der noch in »Kommün« wirtschaftete, erweist sich das Festhalten an Bräuchen, die auf Erfahrungswerten vorheriger Generationen beruhten, wie Saatgebräuche,

Obstbaumbescherung, die Viehbescherung, Brauchtum um den Brunnen, das Hausgerät u. a. m. Magisches Brauchtum, das Wossidlo um und nach 1900 für die Verhältnisse etwa um die Jahrhundertmitte noch in überraschend hoher Quantität erfragen konnte, hatte so lange den Vorrang vor technischen Verfahren, wie die alten ökonomischen und sozialen Verhältnisse noch bestanden, an Erprobtem also nichts Äquivalentes zur Verfügung stand. Das Beharren auf den traditionellen Bräuchen innerhalb des Gemeindeverbandes, selbst wenn an die Wirksamkeit dieser Bräuche nicht mehr unbedingt geglaubt wurde, wie aus Wossidlos Aufzeichnungen hie und da ersichtlich, deutet auf einen gruppenpsychologischen Aspekt dieses Brauchtums. Es gab der Gruppe die Beruhigung, alles getan zu haben, was zu tun ist, um Unberechenbarkeiten abzuschirmen. Zum anderen demonstrierte der Einzelne gegenüber der Gruppe sein Anerkennen des Traditionellen und Bewährten, so daß er sich als Mitglied dieser Gemeinschaft bestätigte und auch vor übler Nachrede oder gar Rüge- und Hänselbräuchen sicher war.

Solange der Besuch von Landwirtschaftsschulen oder der Wissenserwerb durch Bücher dem Bauern aus unterschiedlichen Gründen noch nicht in notwendigem Maße möglich war – und nötig schien –, benutzte er den Brauch als bewährte Form der Bewahrung und Weitergabe der sozialen Erfahrungen von Generation zu Generation und von der Gesellschaft an das Individuum. Das Befolgen von überlieferten »Mustern« hatte scheinbar zur Bewältigung von Alltag und Festtag und vor allem zur Sicherung der Existenz bisher ausgereicht. Zu bedenken ist sicherlich auch, daß die Entwicklung modernerer Arbeitsmethoden in der Landwirtschaft oft rascher vonstatten ging, als eine Angleichung der Bräuche an die veränderten Gegebenheiten möglich war.

Ein Wandel in der Anwendung magischen Brauchtums zeichnete sich verstärkt nach der Auflösung der alten Feldgemeinschaft ab, aus der auch durch Separation und Vererbpachtung zunächst einzelne und später immer mehr Bauern ausgegliedert wurden. Jetzt, als Besitzer in sich abgeschlossener eigener Stellen, war der Anreiz gegeben, etwas Neues auszuprobieren, um etwa den Ertrag des Ackers zum eigenen Nutzen zu steigern. In der Zeit der Hofdienste war der Bauer von allen agrartechnischen Fortschritten zurückgehalten worden. Zudem hatte er damit rechnen

müssen, durch eine erlangte Verbesserung z. B. der Bodenfruchtbarkeit auf höhere Pacht gesetzt zu werden, »er tat also seinem Acker nur, was er muß oder was nothwendig erforderlich ist und wovon er weiß, daß er seine Mühe und Kosten noch vor Ablauf des Contractes wieder heraus bekommt«.[42]

Das gruppenspezifische Brauchtum der Bauern entsprach zwar den Interessendominanzen der einzelnen Mitglieder, strahlte aber nicht auf das öffentliche Leben des Dorfes aus, so daß hier die Bauern als Gruppe aktiver Brauchträger kaum zur Geltung kamen. Ihre Bräuche dienten der Repräsentation der Bauernschicht, unterstrichen ihr Wertgefühl, erhöhten ihr Selbstbewußtsein. Dazu sind u. a. zu rechnen: die Teilnahme an den Pfingstgilden, verschiedene Rechte, wie zu bestimmten Festtagen Bier brauen zu dürfen oder ein Fest mit öffentlicher Musik zu veranstalten. Das Repräsentationsstreben der bäuerlichen Brauchträgerschicht äußerte sich seit dem letzten Drittel des 19. Jahrhunderts auch in der Teilnahme an Reiterspielen wie dem Tonnenabschlagen, das vorher Angelegenheit der Knechte gewesen war.

Äußerlich wurde der soziale Status an den Festtagen gebietsweise durch das Tragen einer Tracht unterstrichen und allgemein durch eine differenzierte Sitzordnung in der Kirche und zu Hause beim Festmahl demonstriert.[43]

Unterzieht man das Brauchtum der Bauern einer allgemeinen Wertung, so ist festzustellen, daß es den mehr konservativen Bestandteil des Brauchlebens ausmachte. Es verlieh ihm gewisse kulturelle Akzente, wirkte als unentbehrliches Bindeglied zu anderen sozialen Gruppen, aber auch als trennende Scheide gegenüber diesen.

Bräuche der Büdner

Die seit der Mitte des 18. Jahrhunderts und verstärkt seit etwa 1850 zusätzlich angesiedelten Büdner (Kleinbauern) wurden als Brauchträger so gut wie gar nicht aktiv. Das nimmt nicht wunder, besaßen sie doch eine separierte Ackerfläche, die nicht im Gemenge wie die der Voll- oder Großbauern lag, so daß sie auf gegenseitige Unterstützung nicht in dem umfassenden Maße angewiesen waren wie diese. An der Allmende hatten sie ebenfalls kein Anrecht, so daß auch hier gemeinsame Überlegungen an bestimmten Terminen, die sie hätten festlich gestalten können, entfielen. Da es sich bei ihren Wirtschaften um Familienbetriebe ohne Fremdgesinde handelte, kamen sie auch als passive Brauchadressaten nicht so sehr in Betracht wie die Bauern. Ausnahmen bildeten hier Anlässe, an denen die Knechte oder die Kinder auch diese Häuser in den Umgang mit einbezogen. Zur besonderen Repräsentation bestand innerhalb der dörflichen Hierarchie ebenfalls kein Anlaß. Ihre Feste feierten die Büdner unter sich, ohne vorher Heischegänge im Dorf zu veranstalten.

Das faktische »Null-Brauchtum« der Büdner im Jahreslauf ist gleichwohl sehr bemerkenswert, weil es ein indirektes Indiz für die Verwurzelung des bäuerlichen Kalenderbrauchtums der Übergangsperiode in der feudalzeitlichen Tradition bäuerlicher Wirtschaft und Lebensweise darstellt und auch direkt das Fehlen entsprechenden Brauchtums aus der »Traditionslosigkeit«, d.h. dem historisch bedeutend späteren Aufkommen der Kleinbauernschaft im mecklenburgischen Dorf, erklärt. (Dasselbe gilt in noch höherem Maße für die historisch junge Gruppe der Häusler.)

Knechte und Mägde als Aktionsträger

Die Knechte und Mägde, besonders die unverheirateten, sowohl des Guts- als auch des Bauerndorfes treten im Vergleich zu anderen potentiellen Brauchträgerschichten als agilste Brauchträgergruppe in Erscheinung. Das mag u.a. dadurch bedingt sein, daß sie noch nicht »seßhaft« waren, keine Verantwortung für eine Familie, für das Gedeihen von Haus und Hof trugen. Durch ihr Dienstverhältnis war für ihren Nahrungsbedarf und ein Dach über dem Kopf gesorgt. Die Planung des Arbeitsjahres und Sorgen um die Wirtschaft belasteten sie nicht, so daß ihnen im Grunde ein viel größerer Aktionsradius verblieb, um ihre Bedürfnisse und Ansprüche mittels des Brauches anteilig befriedigen zu können. Das bedeutete allerdings nicht, daß es sich um eine fröhliche Schar junger Leute handelte, die unablässig darauf sann, wie das Jahr am effektivsten brauchtümlich zu gestalten sei.

In der Realität stand das Gesinde in einem ständigen Existenzkampf, in Sorge um Arbeit, Wohnrecht, Heiratslizenz, wovon u.a. Auswandererzahlen in unserem Untersuchungszeitraum beredtes Zeugnis ablegen.[44] Es erscheint also wesentlicher, den jeweiligen Brauch stets in den entsprechenden Wirklichkeitsbezug zu setzen, anstatt ihn als »schönen Brauch« in allen möglichen Varianten zu beschreiben. In der Regel sind es nämlich ausgesprochen reale Anlässe und Hintergründe, die eine Brauchhandlung provozieren, mit benennbaren Erwartungen und Intentionen der Brauchträgergruppe, keinesfalls eine »zeitlose Sehnsucht nach einem goldenen Zeitalter, nach Harmonie«, wie Richard Wolfram noch 1972 meinte.[45]

Im Brauchleben des Dorfes erfüllten die Knechte und Mägde wichtige Funktionen:

Büdnerei um 1920

1. Sie wirkten als lebendiges Kalendarium des Dorfes, indem sie als Gruppe oder als Einzelperson durch eine sichtbare Aktion auf den Festtag aufmerksam machten. Es wurde entweder durch die Knechte zu dem jeweiligen Fest eingeladen oder durch eigenes Brauchtum – etwa einen Heischeumzug mit Requisiten, ein Umzugsspiel mit Verkleidungen, gruppenspezifische Spiele – auf den Kalendertag hingewiesen.

2. Durch ihre Rolle als agierende Brauchträger bei den Umzugsbräuchen beteiligten sie indirekt das ganze Dorf, weil auf ihrem Gang jedes Haus mit einbezogen wurde und die Brauchadressaten sich zu einer Gegenreaktion genötigt sahen. Sie brachten lebendige Unruhe, vermittelten

Festerwartung – auch durch ihre langdauernden Vorbereitungen – und machten die Mühen des Arbeitsjahres erträglicher. Denn: »*Die immerwährende grobe Knochenarbeit und der gänzliche Mangel an erfrischender und geistlicher Kost machen eben den Menschen seelisch und körperlich … stumpf und steif.*« Dieser Erstarrung, die ein Landarbeiter in Ostelbien empfunden hat,[46] wurde damit entgegengewirkt. Das Gesinde wirkte aktivierend auf das kulturelle Leben des Dorfes, wobei man sich natürlich der Begrenztheit dieser Kultur bewußt sein muß.

In ihrem Wirken als aktive Brauchträger waren die Knechte und Mägde Organe sozialer Aufsicht, indem sie zu bestimmten

Terminen die pünktliche Erledigung termingebundener Arbeiten wie das Umgraben des Gartens bis zum 1. Mai, das Aufspinnen des Flachses und der Hede bis zum Dreikönigstag kontrollierten und ein Nichteinhalten durch Rügebräuche straften. Regelmäßigkeit und Fleiß wurden so gegenseitig im Interesse eines reibungslosen Arbeitsjahres anerzogen.

Unter dem Schutz der Maske, die ausschließlich von Knechten angefertigt und getragen wurde, konnte eine gewisse Selbstjustiz ausgeübt werden, besonders zu Weihnachten, wenn sie, durch die Maske unerkennbar, in den Häusern ihrer belohnenden und strafenden Aufgabe nachgingen: *»De Mätens, dee de Knechten nich hebben utstahn künnt oder dee sik wat hebben to schulden kamen laten, hebben se haugt mit de blanken Roden, dat se schriet hebben …«*[47]

Um die Qualität seines eigenen Lebens zu erhöhen, war das Gesinde in höherem Maße auf Bräuche angewiesen als beispielsweise die Bauern und Büdner. Das vielzitierte patriarchalische Verhältnis zwischen Bauer und Gesinde, das sich äußerlich in der Anrede, »Vadder« gegenüber dem Bauern, »Mudder« gegenüber der Bäuerin, ausdrückte, verschleierte bereits stärker ausgeprägte soziale Gegensätze, die sich dann mit der völligen Kapitalisierung der Landwirtschaft weiter verschärften.

In Mecklenburg schränkten die in den Jahren um 1860 verfügten Gesindeordnungen die persönlichen Freiheiten des Dienenden weiterhin auf das äußerste ein. Der Knecht durfte sich beispielsweise »ohne Vorwissen und Genehmigung … *vom Hause nicht entfernen, auch bei desfallsiger Erlaubniß nicht über die gestattete Zeit ausbleiben …«*[48] Im Bauernhaus standen Knechte und Mägde ohnehin unter ständiger Aufsicht des Bauernehepaares, da in dem einzigen größeren Raum der Abend gemeinsam bei nützlicher Beschäftigung verbracht wurde. So boten Feste nicht nur gesuchte Kommunikationsmöglichkeiten, sondern auch Freiraum, sich altersgemäß auszutoben. (Der Begriff »Ventilhandlungen«[49] scheint hier treffend.)

Die für das Gesinde ungünstigen Lohnaussichten, wie sie die Gesindeordnungen festlegten – *»Die Vereinbarung über den Dienstlohn kann eine stillschweigende sein«*[50] und sich sogar auf Beköstigung allein beschränken –, mußten die Brotherren animieren, den Lohn auf dem Mindestmaß zu halten, das Gesinde dagegen anregen, immer mehr Möglichkeiten zu suchen, die Existenzgrundlage durch das »legale« Mittel des Brauches zu verbessern, indem beispielsweise die Heischeumzüge über die Dorfgrenze hinausgeführt wurden.

Ein weiterer Anlaß, Bräuche zur eigenen Lebensverbesserung zu nutzen, ergab sich für das Gesinde aus der Tatsache, daß die Eheschließung von dem Erwerb eines Wohnsitzes abhängig gemacht wurde, der äußerst schwer zu erlangen war. So suchte das Gesinde, das sich ja in der Überzahl aus Männern und Frauen in heiratsfähigem Alter zusammensetzte, mit Hilfe des Brauches Möglichkeiten, sich gemeinsam zu vergnügen und auch sexuellen Freuden nachzugehen. Beliebt war alles, was die Sinne erregte, wie das Schlagen mit Ruten zur Fastnacht, das Einreiben der Scham der Mädchen mit Nesseln beim »Bunten Wasser« zur Erntezeit, Pfandspiele, bei denen geküßt wurde, Tanzen, wobei derbe Texte zu den Tanzmelodien keine Seltenheit darstellten, Auftritte maskierter Personen wie des »Schimmels« oder des »Dr. Eisenbart«, die die Anwesenden mit doppeldeutigen Liedern belustigten. Als Folge von erschwerter Heiratserlaubnis und vorehelichem Geschlechtsverkehr registrierte man eine ungewöhnlich hohe Anzahl unehelicher Kinder. Mager benennt nach A. Lette, Vertheilung des Grundeigenthums, Berlin 1858, Zahlen, wonach es 1851 in Mecklenburg 260 Ortschaften gab, in denen mehr als ein Drittel, und 209 Ortschaften, in denen mehr als die Hälfte aller im Jahre geborenen Kinder unehelich waren, während in weiteren 79 Ortschaften sämtliche Geburten unehelich waren.[51]

Das Brauchtum des Gesindes war vielseitig und erfüllte verschiedene Funktionen wie beispielsweise die Ausbildung von Kraft und Gewandtheit, die gegenseitige Erziehung, das Vermitteln von Erfahrungen und das Erlernen von Autoritätsempfinden, Gruppenbestätigung und Repräsentation.

Die Rolle der Tagelöhner im Brauchleben des Dorfes

Zwei Einschätzungen des Wertes bzw. Unwertes eines Tagelöhners aus zeitgenössischer Sicht mögen als Ausgangspunkt dienen:

»*Was hatte dagegen der Tagelöhner im (Bauern-) Dorfe zu bedeuten! Sein Beruf galt zwar gerade nicht für einen verachtenswerten, aber der eigentliche Wert seiner Arbeit für die Erhaltung des Ganzen wurde in seinem Dorfe auch nicht mehr erkannt als anderswo. Von bessergestellten Leuten wurde der Arbeiter durchweg angesehen wie ein Mensch, auf den man nicht viel Rücksicht zu nehmen braucht. Im Dorf begrüßte man sich freilich allgemein mit*

ihm, wenn man mit ihm zusammentraf, denn man kannte ihn ja, sprach auch wohl ausnahmsweise ein freundliches Wort mit ihm über das Wetter oder sonst nahe liegende Angelegenheiten, aber weiter gab man sich nicht mit ihm ab.«[52]

»*Der Gutsherr ist seines Tagelöhners Gerichtsherr, Polizeiherr, Grundherr und Dienstherr und es wäre gewiß ein Wunder, wenn der Mensch im Tagelöhner gegen solchen vielfachen Herrn zu seinem Rechte käme; er ist zur Sache geworden und erscheint dem Gutsherrn nur lediglich aus dem Gesichtspuncte der Wirthschaftsunkosten, also als ein nothwendiges Übel, als ein leidiger Mitesser, dem er nach der goldenen Regel, mit möglichst geringen Kosten einen möglichst großen Ertrag aus seinem Gute zu erzielen, nur gerade das Nothdürftige zufließen läßt. So sind diese Menschen, ganz und gar von der schwersten körperlichen Arbeit in Beschlag genommen, jedem anderen Streben als dem auf das tägliche Brod gerichteten, fremd und gehen bei alledem, da sie jeden Augenblick aufgekündigt werden können, einer unsicheren Zukunft entgegen …*«[53]

Nach diesen Zeugnissen aus einem Bauern- bzw. einem Gutsdorf, die das alltägliche Leben unter oft unwürdigen Bedingungen belegen, wären brauchtümliche Aktivitäten dieser besonders hart ausgebeuteten Sozialschicht im Dorf kaum zu erwarten. Doch nahmen auch die Tagelöhner ihren festen Platz im Brauchleben ein, wenngleich mit weit weniger Resonanz als die Gruppe des Gesindes, und dieses aus folgenden Gründen: Die Tagelöhner waren verheiratete Leute mit beschränkter Mobilität, stetiger Gefährdung des Arbeitsplatzes und damit der »Dienstwohnung« sowie äußerst geringem

Lohn. Sie lebten im Bauerndorf zersplittert, was mögliche Brauchaktivitäten weiter einschränkte, im Gutsdorf dagegen in relativ geschlossenen Katenzeilen, wodurch die Kommunikation formal gefördert wurde. Ihr geringer Verdienst reichte nicht für die Extraaufwendungen, die viele traditionelle Bräuche erforderten. Für die großen Feste beispielsweise, die Gelder für Beköstigung und Musik verlangten, kamen sie als Ausstatter nicht in Betracht. (»Austbier« bezahlten die Knechte, »Fastlabend« die Mägde.) So feierten sie ihre Feste entweder unter sich in bescheidenerem Rahmen, oder sie waren gar in die Rolle des inaktiven passiven Brauchteilnehmers, des »Tokiekers«, gedrängt: »*De öllst Knecht güng mit'n Töller rüm ... jede Diern gew dree Mark, de Tokiekers 10–50 Pennig ...*«[54] Auf den Gutshöfen konnten ihnen die Feste »verabreicht« werden: »*De Herr gew Fastlabend, wenn wi em beden.*«[55]

Wenn auch der Aufwand für die eigenen Feste im Vergleich zu den Festen der beweglicheren bzw. sozial besser gestellten Brauchgruppen viel bescheidener blieb – »*Een hadd 'ne grot Kist mit Semmel besorgt, dat verköfft he denn an de annern, een köfft den Kaffee, de Kosten deelten se sik.*«[56] –, so ist die Untersuchung dieser Feste einschließlich der »Socken- und Slarpenbälle«, soweit es die wenigen Quellen zulassen, doch recht aufschlußreich in Bezug auf das im Dorf existierende »eigene« Kulturgut.

Diese Feste vermittelten zudem das Bewußtsein der Zugehörigkeit zu einer zwar armen, doch nicht geistig stumpfen Gruppe, die bemüht war, in ihren Grenzen festgestaltend zu wirken.

Alle Belege Wossidlos, die Auskunft über die Träger der Umzugsbräuche oder der Vorbereitung und Durchführung von Festen geben, nennen immer wieder nur Knechte und Mägde. Vor allen Dingen die Knechte scheinen ein auf Traditionen beruhendes Recht gehabt zu haben, die Verantwortung und Ausführung für einen großen Teil der Kalenderfeste zu übernehmen. Dennoch waren die Tagelöhner nicht nur als inaktive Zuschauer, sondern auch als indirekt Beteiligte durch einen für sie bezeichnenden Umstand einbezogen: Da sie im Gegensatz zu den Knechten und Mägden normalerweise über eigenen Wohnraum verfügten, wurde dieser zuweilen als gemeinsamer Kommunikationsort genutzt, vor allem, wenn es um aufwendige Requisitenherstellung (etwa für die Weihnachtsmasken) ging oder um das Binden der Erntekrone.[57] Als reagierende Brauchadressaten konnten sie darüber hinaus, falls sie eine Wohnung in einem der Gutskaten besaßen, bei Umzügen der Hirten und des Gesindes in die Brauchgemeinschaft einbezogen werden.

Brauchaktiver traten sie – im Bewußtsein ihrer Unentbehrlichkeit – während der Erntezeit auf. Ingebor Weber-Kellermann hat die Brauchhandlungen der Erntearbeiter ausführlich untersucht,[58] wobei sie allerdings als Brauchträgergruppe allgemein ohne weitere Differenzierung die Erntearbeiter benennt, die Brauchanteile der Tagelöhner und des Gesindes also nicht im einzelnen unterscheidet. Nach Wossidlos Belegen zeichnet sich eine brauchtümliche »Arbeitsteilung« zwischen Tagelöhnern einerseits und Knechten und Mägden andererseits ab. Die Tagelöhner zeigen sich im Brauchtum, das direkt an das Feld gebunden ist, am agilsten. Sie stellten den Vormäher bzw. die Vorbinderin, in der Regel ein verheiratetes Ehepaar, das am längsten im Dorf wohnte.

Diese beiden gaben den Rhythmus der Arbeit an, legten die Pausen fest, dirigierten das »Streichen« und das »Binden«, sprachen das Mäher- bzw. Bindegedicht oder stimmten das Mäherlied an. Das Binden und Überreichen der Krone oblag dagegen den Mägden und Knechten, der Vorknecht eröffnete auch beim Erntefest mit der Gutsherrin den Tanz, während wiederum der »Statthöller«, der erste Tagelöhner, für das Einschenken der Getränke die Verantwortung zu tragen hatte. Nach der Erntezeit scheinen die Brauchaktivitäten der Tagelöhner zu erlahmen. Ihre Hochstimmung, die sich aus den mit der Ernte einhergehenden Vorfreuden auf bessere Entlohnung und Beköstigung ergeben hatte, war verflogen, und die täglichen Mühen des Existenzkampfes traten wieder in den Vordergrund. An der Festerwartung und Vorbereitung, die die Knechte im Herbst schon an das nächste Fest, an Weihnachten, denken ließ, hatten sie aus Gründen ihrer sozialen Stellung bzw. ihrer Armut kaum Anteil.

So verhinderte ihre Armut vielfach auch den Zugang zu den landesüblichen familiären Festspeisen, die man etwa zu Fastnacht oder Weihnachten aß. Wollten die Tagelöhner zu einem besonderen Essen an den Festtagen kommen, so veranstalteten sie in der Regel nicht selber Heischeumzüge, sondern schickten ihre Kinder, wobei möglicherweise traditionelle Schülerbräuche ausgenutzt wurden wie das »Fastlabendlopen« der Kinder und zu Weihnachten das Kurrendesingen. Für letzteres gibt es bei Wossidlo nur noch sechs Belege.[59] Die Kinder, die zu diesen Anlässen herumzogen, waren immer Kinder der Dorfarmut, den Bauernkindern wurde es mit wachsender sozialer Differenzierung von Hause aus nicht mehr erlaubt, an diesen Heischeumzügen teilzu-

nehmen. So erweist sich das ehemals weit verbreitete Fastlabendlaufen der Kinder in unserem Untersuchungszeitraum nicht mehr als fröhlicher Kinderbrauch, wie Wossidlo ihn in einer Veröffentlichung mit romantisierendem Enthusiasmus beschrieb:

»*Mandags wir de Kinner ehr Löperdag, ganz Päul* (Poel) *würd' aflopen, so berichten die Alten, in jedem Hause standen Duwwelsemmeln und Kringel für die Kinder bereit, wo die Twälen* (Verzweigungen der Äste) *nicht ausreichten, wurde die Bäukertasch … oder ein Sack zu Hilfe genommen*.«[60] Seine eigenen handschriftlichen Aufzeichnungen belegen den Brauch vor allem als Mittel, dringend benötigte zusätzliche Nahrung zu erwerben. »*Weck hadden de lütten Kinner up'n Arm, dee gor nich lopen künnen, dee süllen ja ook Semmel kriegen*«;[61] »*Wi Lütten hebben oft krapen, weil wi nich mihr gahn künnen.*«[62] Auf Poel liefen die Kinder der Dorfarmut am Vormittag die Dörfer Gollwitz, Vorwerk, Niendorf, Malchow, Fährdorf und am Nachmittag den südlichen Teil mit den Dörfern Weitendorf, Brandenhusen, Wangern, Timmendorf und Neuhof ab.[63] Daß dieser Marsch eine erhebliche körperliche Anstrengung für die Kinder zu meist noch kalter Jahreszeit bedeutete und sicherlich nicht nur aus Freude am Brauch, sondern auch im Auftrag der an zusätzlichen Lebensmitteln interessierten Eltern ausgeführt wurde, scheint gewiß.

Armut als ein Triebmittel des Brauches wird auch in den wenigen von Wossidlo notierten Belegen zum Kurrendesingen deutlich. Überdeutlich wird der soziale Hintergrund in folgendem von Wossidlo notierten Dialog zwischen einer Dobbertiner Klosterdame und einem Kurrendesänger: »*Wi güngen all mit 'n Kantor na Dobber-*

Verkleidete Knechte heischen mit ihrem »Dorfinstrumentarium« um Lebensmittel.

tin un süngen vör de Hüser, de Klosterda-
men un de Beamten, dat würd all afsungen
... Ick güng up hölten Tüffel. Dor frög mi
de een Dam: ›Bist du so aus Goldberg ge-
gangen?‹ – ›Ja.‹ – Dor kreg ik 'n Poor Knee-
stäwel.«[64]

Existenzsorge, Kündigungsangst, die möglicherweise kürzere Verweildauer in den
Dörfern, das Fehlen eines passenden Brauchadressaten, geringe materielle Mittel belie-
ßen die Tagelöhner in einer insgesamt weniger aktiven Rolle. Wo es möglich war,
beteiligten sie sich am Brauchleben des Dorfes.

Als weitere Ursache für die vergleichsweise geringeren Aktivitäten der Tagelöhner ist auch die Tatsache zu sehen, daß es

sich hier um eine historisch relativ junge
potentielle Brauchträgerschicht handelt, so
daß ihnen im Gegensatz zum Gesinde auch
entsprechende Traditionen fehlten.

Festzustellen ist, daß für das Brauchtum
zu den Kalenderfesten nicht nur die Bauern, die in der älteren Literatur das Dorf
repräsentieren, verantwortlich waren. Das
Brauchtum des Dorfes im Übergang zum
Industriezeitalter zeigt sich an bestimmte
soziale Gruppen gebunden, die Addition
der Einzelaktivitäten und die dazugehöri-
gen Reaktionen der Brauchadressaten ergeben erst das Kalenderbrauchtum eines Dorfes. Bräuche sind also keinesfalls nur als
bunte Farbe im grauen und eintönigen Dorf-
alltag zu werten.

Zu den Brauchadressaten zählten noch um 1900 auch die Adligen auf den Gütern. Hier: Carl von Zansen-Osten und Gemahlin, geb. Planck Edle zu Planckenburg, um 1900 in Demmin

In den Städten erhob das Bürgertum zunehmend kulturellen Führungsanspruch. Hier: Salon einer Sternberger Bürgerfamilie 1822

2. Dreikönigstag

2.1 »Ich komm' mit mien Stern ut Morgenland …«

Als Epiphaniastag war der 6. Januar neben seiner Funktion als Jahresarbeitsbeginn zunächst ein kirchlicher Feiertag, an dem in der Westkirche (nachdem die Feier der Geburt Christi auf den 25. Dezember verlegt worden war) das »Fest der Erscheinung des Sterns«, die Anbetung des Kindes durch die Drei Weisen aus dem Morgenland, begangen wurde. Diese Heiligen (Kaspar, Melchior, Balthasar) konnten kraft der Abenteuerlichkeit des Geschehens – Entdeckung des Sterns, Zusammentreffen mit Herodes, Anbetung und Beschenkung des Kindes – besonders volkstümlich werden, wozu auch die bildliche Gestaltung beitrug, die den Gläubigen in vielen mittelalterlichen Kirchen vor Augen stand.

Einen unmittelbaren Ausgangspunkt für die Bräuche am Dreikönigstag bildeten wahrscheinlich kirchliche Epiphaniasfeiern, bei denen die gabenspendenden Könige durch Priester dargestellt wurden und die Gemeinde ihrerseits Gaben zu spenden hatte. Nach diesen Vorbildern entwickelten sich geistliche Volksschauspiele, die sich in Mecklenburg nicht direkt nachweisen lassen, die aber auch hier die Quelle für den Brauch des Dreikönigsumzugs gebildet haben dürften. Der Feiertag hatte an Bedeutung gewonnen, nachdem die Reliqien der Heiligen Drei Könige, Caspar, Melchior und Balthasar, die der Legende nach dem neugeborenen Jesuskind kostbare Geschenke (Gold, Weihrauch und Myrrhe) gebracht hatten, nach Köln überführt worden waren

Heimfahrt der Heiligen Drei Könige zu Schiff. Teilstück aus dem Altar der ehemaligen Rostocker St. Johannis-Kloster Kirche aus dem 15. Jahrhundert. Im Hintergrund sind Stadtmauer und Kirchen von Rostock zu sehen.

und seit 1164 dort aufbewahrt werden. Auf vielen Altären und Gemälden diente die Darstellung der »Weisen aus dem Morgenland«, die schon früh zu den Heiligen Drei Königen geworden sind, als eine Verkündigungsrolle, indem sie die Inkarnation, Gottes Erscheinen in menschlicher Gestalt, vergegenwärtigen.[1] Oft werden sie stereotyp in drei Lebensaltern dargestellt als Könige aus den bis zur Entdeckung Amerikas (1492) bekannten drei Kontinenten Asien, Afrika und Europa.

Nach dem biblischen Bericht des Evangelisten Matthäus wurde durch das Erscheinen des Sterns die Geburt Jesu, des Messias, bestätigt und damit die »*vorherrschende Auffassung seiner Zeit im mediterranen*

Raum, die bis zum Spätmittelalter fast un-
angefochten galt, daß zwischen Gestirnen
und menschlichem Einzelschicksal, zwischen
Gestirnen und Weltgeschichte sogenannte
Sympathien wirkten«.[2] Als »Stern des Königs der Juden« gab er Hoffnungshinweise
auf den Messias, wie der Evangelist Matthäus berichtete: »Siehe, der Stern, den sie
im Morgenlande gesehen hatten, zog vor
ihnen her, bis er über dem Orte, wo das
Kind war, ankam und stillstand. Als sie den
Stern sahen, hatten sie eine gar große Freude. Sie traten in das Haus und sahen das
Kind mit seiner Mutter Maria, fielen nieder
und beteten es an.«

Aus kirchlichem Brauchtum und den
Volksschauspielen übernommen wurden
die Verkleidung, der Stern, andere Requisiten, die Wechselreden und Gesänge, wie sie
ähnlich, teilweise sogar wortwörtlich, aus
Regionen mit einer entsprechenden Volks-
schauspieltradition überliefert sind. Alle
Nachrichten aus dem 16. Jahrhundert nennen arme Schüler als Brauchträger[3] der
Volksschauspiele mit Heischebrauchcha-
rakter, die weniger mit der Absicht einer
Verkündigung, sondern vor allem genutzt
wurden, um durch Nebeneinnahmen die
kärglichen Lebensverhältnisse zu verbessern.

Der früheste mecklenburgische Beleg für
das Sterntragen reicht noch in das Refor-
mationsjahrhundert zurück, aus dem Gryse
1593 – bestimmte Traditionen des »Antichristlichen Pawestdoms« (Papsttums) ta-
delnd – u.a. berichtet: »Ock lopt men also
denn ummeher spokende mit einer thoge-
richteden Sterne und drifft sonst menniger-
ley gökelyen.«[4] Damit ist der Brauch in
Norddeutschland bereits ein Jahr früher
unliebsam aufgefallen als in Hildesheim,
wo es in einem Ratsverbot 1594 heißt:

»Heute am 3. Januarii 1594 ist berathen
von dem erbaren Rath der Stadt Hildesheim, weil etliche des Abents mit dem Stern
ümbgangen und gesungen und fürn Jahr
allbereit verbotten das selbezu hinterlassen,
das solliches nochmals nit geschehen, sondern verpleiben solle. Und wofern sie solliches auf beschehenens verwarnen nicht
achten würden, ist dem Marktvogte bevoh-
le sie anzunehmen und in den Ziegenbock
zur haft zu bringen.«[5] Weitere Erwähnun-
gen sind in städtischen und landesherrlichen Verboten aus dem 17. und 18. Jahrhundert enthalten. Bereits 1606 erließ der
Rostocker Rat »Verordnungen wegen Abschaffung des bey dem heil. Christfest ge-
bräuchlichen Umtragen des Sterns und anderen abergläubischen Spiels«; 1654 und
1659 gab es erneut Verbote »wider das
verbotene Umbtragen des Sterns«.[6] 1682
verordneten die Landesherren die »Abbe-
stellung der ärgerlichen Mummereien zur
Weihnachtszeit«, wobei unter anderem
wiederum das »Umbtragen eines Sterns«
Anlaß zur Rüge war.[7] Nachdem die Verbote offenbar nicht den gewünschten Erfolg
erbracht hatten, erließ man auf Landesebe-
ne 1774 schließlich eine »Constitution«, mit
der u.a. der Dreikönigstag als kirchlicher
Feiertag überhaupt abgeschafft wurde, da
an diesem Tag und ähnlichen als überholt
angesehenen Feiertagen »die Gottes-Häu-
ser ohnehin fast von niemanden besuchet,
hingegen allerley Unordnungen in Müßiggang und in den Wirthshäusern betrieben zu
werden pflegen …«[8]

Nähere Informationen über den Brauchablauf enthält eine Beschwerde des Pfarrers
Michael Freud in Kuppentin (Kreis Lübz),
der 1684 über »unsinnigen und verdamm-
lichen Aberglauben, Abgötterey, Gottlosig-
keit und Ohngötterey der heutigen Welt«

klagte und u.a. schrieb: »*Es schläget sich jährlich (am Heil. drey Könige Tage vorzüglich) eine Rotte zusammen, um schändlichen Gewinnes willen, kömt des Tages über in keine Kirchen und gehet bey Nacht mit dem Stern, mit einem tölpischen und gottlosen Rumpelreigen oder abgöttischen Gesang und Liedern in Städten und Dörfern herum, daß sie Geld haben, damit sie hernach zu saufen haben.*«[9]

Diese frühen Mitteilungen über Termin und Ort der Brauchhandlung (Dreikönigstag, nachts; Städte und Dörfer), über ihre Träger (eine Gruppe) und deren Requisit (Stern) sowie über den Ablauf (Lärmschlagen, Singen, Geldsammeln, Umtrunk) werden durch Belege ergänzt, die Wossidlo durch mündliche Befragungen ermittelt hat und die teilweise bis in die Zeit vor 1850 zurückreichen.

Die Belegdichte ist relativ gering (einige Orte der Insel Poel, einzelne Belege aus Hasselförde, Ganzlin, Jabel, Malchow, Schwerin, Waren, Gr. Gievitz), obgleich Wossidlo sich für den Brauch nachweislich (unter dem Gesichtspunkt möglicher Reste eines Volksschauspiels) interessiert hat und sein Interesse durch die Anfrage Wetters bei dessen Materialsammlung für eine Dissertation wachgehalten wurde.[10] Demnach dürfte der Brauch um die Mitte des 19. Jahrhunderts in Mecklenburg nur noch sporadisch geübt worden sein. Nach Wossidlos Mitteilungen an Wetter sind um 1850 noch in Ganzlin (Kr. Röbel) drei Männer als drei Weise aus dem Morgenland mit einem haspelartigen Gestell, in dem ein Licht brannte, von Ort zu Ort gezogen.[11] Auch in Jabel, Malchow und umliegenden Ortschaften sind nach einer Nachricht von 1895[12] »früher« drei verkleidete Männer mit einem beweglichen Stern gesehen worden. Eine wei-

Die Drei Weisen aus dem Morgenlande; Altar der Kirche zu Gnoien

tere Nachricht über eine Dreiergruppe (etwa 1845) stammt aus Hasselförde (Kr. Neustrelitz)[13].

Genaueres wird in Wossidlos Poeler Aufzeichnungen, die allerdings bereits einzelne Sternträger betreffen, über das Aussehen ihres Sterns gesagt: Der Stern war aus einem Siebrand gefertigt, mit Papier und Bildern ausgeklebt und an einem langen Stab befestigt, innen brannte ein Talglicht. »*Grot Stiern as ('n) Wagenrad mit luter Blank utputzt wier twischen twei Staken anbröcht; de een dreiht, de anner höl dat, ornlich mit 'ne Well mit fien Draht.*« – »*He hadd 'n Säbenrand, dor wieren Trallingen an, dat he dat umdreihgen kann*«. – »*De Stiern wier 'n Rand von 'n Säw' mit Papier un Biller, oewer an'n langen Stäl. Binnen wier 'n Talglicht.*«[14] Für andere Ausstattungsformen wie Dreikönigskasten oder

49

Herodes-Kasten mit Puppe, Krippenhaus, Wiege mit Puppe und ähnlichem fehlen Belege. Sie können aufgrund der bisherigen Erkenntnisse der Brauchforschung in Mecklenburg auch nicht vermutet werden,[15] eher schon die musikalische Begleitung des Gesanges durch einen »Rummelpott«. Bei diesem Volksmusikinstrument handelt es sich um ein Gefäß, über das eine Schweinsblase gezogen worden war, durch deren Mitte ein Stock rhythmisch bewegt wurde, so daß ein eigentümlich schnarrendes Geräusch erklang.

2.2 Die traditionelle Dreiergruppe löst sich auf

Eine Individualisierung des Brauches, der in der Regel von Erwachsenen zwecks Aufbesserung ihres Einkommens in der verdienstärmeren Winterzeit ausgeführt wurde – die Berufe der von Wossidlo noch erfaßbaren »Sternmänner« waren Landarbeiter, Kuhfütterer, Knecht und Schuster[16] – muß in Mecklenburg bereits zu Beginn des 19. Jahrhunderts eingesetzt haben.[17] Nach der Aufhebung der Leibeigenschaft 1820, die finanziell vor allem den Tagelöhner traf, der nun kündbar geworden war, kein Gewohnheitsrecht auf Arbeit und kein Heimatrecht mehr besaß, vollzog sich ein unter diesem Aspekt zu beachtender Brauchwandel. Er forderte zwangsläufig auch eine Veränderung des traditionellen Liedanfanges des Dreikönigsliedes, das sich ja immer auf drei Personen bezieht.[18] Der »Sternkieker« in Seedorf auf Poel (um 1835) begann deshalb sein Lied mit den Worten: »*Ich komme mit mien Stern ut Morgenland*«.[19] Da ein Spielbrauch mit Dialogen von einem einzelnen Sänger nicht mehr ausführbar

war – Dreikönigsspiele sind bisher in Mecklenburg nicht direkt nachweisbar, wären aber möglich gewesen, da Reste des Spiels in einzelnen Liedern wiederkehren[20] –, veränderte sich auch das gesamte Repertoire. Wesentlich für die Funktion des Auftritts am Dreikönigstag scheint zudem, daß in der Regel den Schluß des »Programms« ein gesungener Neujahrswunsch bildet, der als Motiv auch zu anderen Terminen wiederkehrt, beispielsweise in den Erntekranzsprüchen. Gustav Harder, der bis kurz vor seinem Tod 1880 mit einem beleuchteten und beweglichen Stern, in den er in den letzten Jahren Bilder eingeklebt hatte, herumzog, sang, nachdem der Stern mit den Worten »*Sternlein, ach Sternlein, bleib nicht stille stehn, wir müssen heute abend noch weiter gehn*« in Bewegung gesetzt worden war:

> »*Ich wünsch dem Herrn einen vergoldeten Tisch,*
> *auf allen vier Ecken bratne Hühner und Fisch,*
> *und mitten darein eine Kanne mit Wein,*
> *da mögen die Herren recht fröhlich bei sein*«.[21]

Solche Grundtypen wie dieses Heischelied wurden auch zu anderen Gelegenheiten des Kalenderbrauchtums von den Brauchträgern aufgrund der Variabilität des Typs bevorzugt benutzt, da »*die locker gefügten und aus variablen, austauschbaren Verspaaren der heterogensten Herkunft zusammengesetzten Heischeverse … weitgehende Variation und auch Um- und Neuschöpfungen in der Form einfacher Stegreiftechnik ermöglichen.*«[22] Es wurde so ohne weiteres möglich, mit dem Sternsingerlied sowohl das Epiphaniasfest anzuzeigen als auch zum »Neuen Jahr« zu gratulieren. Diese Kopplung zweier Brauchhandlungen unterschiedlicher Terminzugehörigkeit war hier zudem deshalb anwendbar, weil mit dem 6. Januar, nach einer Zeit der Arbeitsruhe, den sogenannten »Zwölften«, das Arbeitsjahr wieder begann und eine ältere Funktion des Dreikönigstages – die des Jahresbeginns – noch im Bewußtsein von Brauchträgern und Brauchadressaten vorhanden war.

Die Lockerung des Brauchtermins, die Individualisierung, das Fehlen von Kostümen, der Übergang vom Spiel- zum Singebrauch und schließlich das starke Überwiegen des Heischeelementes sind Charakteristika für das Erlöschen der überlieferten Brauchform und den Übergang zu einer gewandelten Form, die nur noch zum Broterwerb dienen muß.

Nach den wenigen Belegen bei Wossidlo war eine soziale Zuordnung der Brauchträger nicht möglich bzw. ein Rechtsbrauch für eine bestimmte Gruppe nicht mehr auszumachen. Es ist aber anzunehmen, daß dieser Brauch, wie in anderen Landschaften zu dieser Zeit auch, von Ärmeren, beispielsweise Landarbeitern genutzt wurde, um sich einen Festanteil zu sichern.

2.3 Das neue Arbeitsjahr beginnt für jeden nach seinem Stand

Der 6. Januar galt traditonell als neuer Arbeitsbeginn. Die Bauern einiger Dörfer feierten den Dreikönigstag denn auch nach wie vor als Jahresbeginn, indem sie erstmals im neuen Jahr zu gemeinsamen Schmausereien zusammenkamen. Belege dafür liegen allerdings nur noch vereinzelt vor, da der Brauch in der von Wossidlo erfragten Zeit bereits im Schwinden begriffen war. »Heilig Drei König is fiert worden vör min Tiet [ca. vor 1850], de Buern sünd tohop kamen.«[23] Neben der Pflege der Geselligkeit diente diese erste bäuerliche Zusammenkunft vor allem dem »Zuschneiden der Fastnacht«, d.h., daß am 6. Januar bereits das nächste in Aussicht stehende Fest, nämlich die Fastnacht, vorbereitet wurde. Dabei ging es vordringlich um die Festlegung des Termins und den Ort, möglicherweise auch um die Bestellung der Musiker aus der benachbarten Kleinstadt, weniger um die inhaltliche Gestaltung, für die zu Fastnacht das Gesinde die Hauptverantwortung übernahm. Für die Bauern wurde durch diese erste Zusammenkunft der 6. Januar gleichsam zum Starttag für das zu bewältigende Arbeits- und Festjahr. Hinter ihnen lagen die gefürchteten »Zwölften«, d.h. die zwölf Tage zwischen Weihnachten und Epiphanias, die in ganz Europa (les Douze jours, i Dodici giorni, The Twelve days) besonders auf dem Lande als kritischer Zeitraum angesehen wurden. Eine Unzahl von Verboten – wie nichts auszuleihen, nicht zu waschen, zu spinnen, kein Ackergerät draußen stehen zu lassen – waren (nach reichlichen Belegen Wossidlos)[24] von den um die Sicherheit von Haus und Hof besorgten Bauern streng eingehalten worden. Jetzt, nach dem 6. Januar, durften Arbeiten innerhalb und außerhalb des Hauses verrichtet werden, alles geriet wieder in Bewegung, so daß dem Dreikönigstag eine Anfangsstellung zukam, die mit einer Zusammenkunft der Bauern festlich markiert wurde.[25]

Für das Gesinde brachte der 6. Januar einen ersten »Kontrolltermin«: Bis zu diesem Zeitpunkt sollten die Mädchen die Hede aufgesponnen haben. Diese Forderung dürfte darin begründet gewesen sein, daß von diesem Termin an das Weben zu erfolgen hatte, eine Arbeit, für die die Mädchen das jetzt wieder zunehmende Tageslicht nutzen sollten.[26] (Ein offensichtlicher Widerspruch in der Terminangabe soll hier zumindest genannt sein: Da während der »Zwölften« das Spinnen nicht erlaubt war, mußte die Spinnarbeit eigentlich schon bis Weihnachten verrichtet sein, der 6. Januar galt also nicht als Arbeitsschlußtermin, sondern als Arbeitsanfangstermin für einen neuen Arbeitsabschnitt.) Die Kontrolle wurde von Knechten ausgeführt, die als »Fru Gaud« (Gode, Wode, Waud)[27] verkleidet – Gesichtslarven, Hede, alte Kleidung, große Hüte galten als übliche Requisiten – in die Spinnstuben bzw. einzelne Bauernhäuser eindrangen und den Wocken überprüften. Fanden sie auf ihm noch Hede vor, so beschmutzten sie ihn mit Pferdeäpfeln oder Asche. Zuweilen wurde ein Korb mitgeführt, der der Aufnahme geschenkter Naturalien aus den Bauernhäusern diente – sicherlich ein Indiz dafür, daß diese Kontrollfunktion dem Interesse der Bauernfamilie, fleißige Spinnerinnen auf dem Hof zu haben, entgegenkam. Mit der Abnahme der eigenen Flachsverarbeitung im Zuge der allmählichen Aufgabe autarker Wirtschaftsführung mußten die Bräuche um den Flachs zwangsläufig schwinden. Etwa bis 1880 scheint der Kontrollbrauch der Knechte allerdings noch recht vital; Wossidlo notierte noch 60 Belege, nach denen »Frau Gode« personifiziert am 6. Januar bei den Spinnerinnen erschien.

Die von einigen Brauchforschern angenommenen mythischen Beziehungen des Brauches sollen an dieser Stelle nicht erörtert werden.[28] Aus dem mecklenburgischen

Ein Wossidlo Zettel:
»De jung' Welt
glöwt dor jo nich mihr
an – dee glöben jo
an keenen Gott mihr.
Ik weit ok nich
ob 't 'n Gott
gifft – oewer wi hadden
doch de Lihr.«
(Gottes Wort, die Lehre als Richtschnur, H. M.)
(undatiert, unlokalisiert)

Material der untersuchten Zeit geht eindeutig hervor, daß sich die Knechte zwar einen latent noch vorhandenen Volksglauben zunutze machten, aber selbst keinesfalls mehr in ihm befangen waren. Anders sind die Personifizierung dieser einst – und teilweise immer noch(!) – gefürchteten Erscheinung, ihre unverhüllte Benennung und die distanzierte Berichterstattung nicht erklärbar.

3. Fastnacht

Fastelabend bezeichnet in Mecklenburg den Vorabend, d.h. den letzten Tag vor der Fastenzeit und damit eigentlich nur den Dienstag vor Aschermittwoch. Fastelabendfeiern konnten aber bereits weit früher im Jahr stattfinden. »*Fastel-Abende, sogleich nach dem heiligen drey Königs-Fest anheben …*«, heißt es 1742,[1] und es werde »*auch dem Sonntag Estomihi, zu samt allen folgenden Tagen biß auf den Sonntag Invocavit, der Namen von Fastnacht und Fastelabend gegeben, und solche gantze Woche durch, Fastelabende gehalten.*«[2]

Über den Ursprung des Begriffs Fas(t)nacht bestehen nach wie vor Meinungsverschiedenheiten, die wohl schon aus dem Grunde noch Diskussionsstoff bieten, weil die Verfechter der jeweiligen Schreibweise aus dieser den Inhalt des Festes zu erklären suchten und suchen. Die Herleitungen reichen dabei von sogenannten mythisch-magischen Wurzeln, alten Festen der römischen Antike, christlichen Einflüssen bis zu Ableitungen aus mittelalterlichen Fest- und Trinkgelagen.[3]

Ohne den Frühbelegen über die Herausbildung von Fastnachtsbräuchen hier bis ins Einzelne nachgehen zu können, ist zumindest feststellbar, daß es im Mittelalter gewisse überregionale Entwicklungslinien gegeben haben muß. So besteht für die jüngere Forschung kein Zweifel daran, daß sich ein Teil der Bräuche an den Tagen und Wochen, die der kirchlichen Fastenzeit voraufgingen, entwickelt hat, ein Brauchtum, »*das mit der kirchlichen Fastenzeit entstanden ist*«.[4] Beide Brauchformen, Karneval und Fastnacht, stammen also keineswegs

aus vorchristlicher Zeit, sondern fungierten als »Schwellenfest« vor dem Anbruch der vierzigtägigen Fastenzeit vor Ostern, die mit dem Aschermittwoch beginnt.[5]

3.1 Was die niederdeutsche Fastnacht von der oberdeutschen unterscheidet

In den evangelischen Kirchenordnungen des 16. Jahrhunderts finden sich zahlreiche Fastnachtsverbote. Von den Pastoren im Herzogtum Pommern wurde beispielsweise 1559 verlangt, daß die Pastoren am Fastnachtssonntag aus der Genesis die Historien von der Sündflut und von Sodom und Gomorrha vorlesen sollten, damit das Volk lerne, »*dat düvelsche wesen des olden heidenschen vastelavendes to vormidende*«[6]. Und 1590 zählt der »Visitations-Abschied« von Stolp in Pommern die Fastnacht zu den »*schandbaren Lastern*«, die »*mit ernster Strafe*« geahndet werden sollen.[7]

Eine verengte Bewertung des Fastnachtsbrauchtums als vorweg genommene Reaktion auf die österliche Fastenzeit allein erscheint angesichts der Fülle und Vielfalt des Brauchtums jedoch nicht annehmbar. Fastnacht hatte nämlich neben seiner kirchlichen Bedeutung auch Relevanz als wichtiger Termin im Wirtschafts- und Rechnungsjahr sowohl in der Stadt als auch auf dem Lande. Bis zum Fastenbeginn sollten Pacht, Zinsen und Abgaben erledigt sein.[8] Zu Fastnacht besaßen dementsprechend auch einige Berufsgruppen das Recht, Gaben zu sammeln oder zu empfangen.[9] In der mittelalterlichen Stadt nutzten Kaufleute und Handwerker innerhalb ihrer Gilden den Fastnachtstermin zur Rechenschaftslegung und zur Wahrung gemeinsamer Interessen, wobei bei ihren Zusammenkünften auch

Geselligkeit gepflegt wurde.[10] Es gab spätestens seit dem Mittelalter etliche Ansatzpunkte für die Herausbildung bzw. Weiterentwicklung von Fastnachtsbräuchen, die sich modifiziert auch in protestantischen Ländern teilweise bis weit in das 19. und 20. Jahrhundert erhalten haben. Daher muß hier Meisen widersprochen werden, der die Gestaltung von Fastnachtsfeiern den Bewohnern der protestantischen Länder nach der Reformation abspricht, »*nachdem die Fastenzeit durch die Reformation mit ihrem Gegensatz gegenüber dem Katholizismus ihre Bedeutung für die protestantische Kirche verlor*«.[11] Gerade die Tatsache, daß sich ein großer Teil der Brauchelemente in protestantischen Ländern, darunter Mecklenburg, so lange halten konnte, während andere Elemente nach der Reformation nur für die katholischen Länder relevant blieben und weiter entwickelt werden konnten, spricht dafür, daß der Katholizismus nicht allein prägend auf das Fastnachtsbrauchtum gewirkt haben kann.

Den heterogenen Herleitungsversuchen der Fastnacht bis in die Gegenwart, besonders in der Literatur, die sich fast ausschließlich auf oberdeutsche und rheinische Gebiete beziehen, entspricht auch die Vielfalt der der Fastnacht zugeschriebenen Funktionen. Da geht es im »*Vokabular der Fastnachter*«,[12] wie Köstlin ironisierend schreibt, beispielsweise um »*Aggression und deren Abbau wie deren Stau, das Unbewußte, das Über-ich, Humanisierung*«,[13] andernorts um eine Ventilfunktion, »*die die Möglichkeit eines kurzfristigen Ausbruchs aus den Ordnungen und Normen des Alltags*«[14] bietet, oder »*das Moment des Widerspenstigen, Widersprüchlichen*«.[15]

So farbschillernde Funktionsgewänder läßt sich die Fastnacht in Mecklenburg keinesfalls und besonders nach der Reformation nicht mehr anpassen. Diese sind m. E. ohnehin nicht gültig für alle Regionen und historischen Zeitläufe mit ihren unterschiedlichen Brauchträgerschichten.

Was die niederdeutsche von der oberdeutschen Fastnacht auf jeden Fall unterscheidet, ist nicht das Fehlen glänzender Kostüme, Masken und festlich beleuchteter Parketts, wie Ihrke, der die letzte zusammenfassende Darstellung mecklenburgischer Fastnachtsbräuche in einem Aufsatz 1960 gab,[16] herausstellte (dafür lassen sich auch in mecklenburgischen Städten Belege finden,[17] in den Dörfern etwa um Köln und München wiederum sicherlich nicht), sondern der fast völlige Verzicht auf parodistische oder komische Brauchelemente, die das Gelächter der Brauchadressaten hervorrufen sollten.

3.2 Fastnacht in den Städten

»*Die Fastnachtsschwärmer scheuen sich nicht für Gott oder Menschen, saufen sich voll und gießen das Bier rein wie die Kuh das Wasser …*«

Erste Nachrichten über städtisches Fastnachtsbrauchtum in Mecklenburg sind nachlesbar in den »Aufzeichnungen der Gewohnheiten der Stadt Schwerin« (1514),[18] die für Rat und Bürgertum unterschiedliche Rechte und Pflichten in den »Fastelabendkumpanien« benennen: »*Die radt hefft de kumpenie vnd Gilden laden tho sick etlicke vormagen borger vnnd dar tho ist nicht fryes, man eynn ider betalt vor sick suluezt, eyn so vele als de ander, vnnd hebben dar tho X oder XII tunnen bier vnd die kumpanye holden sie noch eynander.*«

*»Item die burger hebben ock vastelauen-
des kumpanie vnnd geuen man vnd frouwe
eynn schepel geraten, den multedt die jen-
nige, die de kumpanye den vastelauendt des
jars in synem huse hefft.«*[19]

Ebensolche Geselligkeiten begingen auch
die Handwerker zu Fastnacht in ihren Gilden. Die »Wantschnider Gilde« in Gnoien
beispielsweise zählte 1513 nach einem Bericht des herzoglichen Sekretärs Monnick
15 Mitglieder.[20] Sie kam zu Pfingsten, Weihnachten und zum Fastelabend zusammen.
Fastelabend wurde drei Tage gefeiert, dazu
stellte man vier Tonnen Bier bereit. Bei den
Gnoiener Wandschneidern bezahlte jeder
einen Anteil zum Fest, bei den Schuhma-
chern mußten neu Hinzugekommene mehr
Bier, Naturalien und Geld aufbringen als
die anderen Mitglieder der Gilde.[21] Gilde
wurde reihum in den Häusern der Mitglieder gehalten.

Leider ist den Angaben Monnicks nicht
zu entnehmen, ob es in den Gildehäusern
ähnliche Bräuche zu Fastnacht gab wie etwa bei den »Zirkelbrüdern« in Lübeck,[22]
die zu Fastnacht »vastelauentsdichter« wählten.[23]

Diese gewählten Fastelabendsdichter hatten als Mitglieder ihrer Gesellschaft die
Aufgabe, ein Fastnachtsstück zu schreiben,
das dann öffentlich aufgeführt wurde. Von
1431–1479 sind die Titel und die Autoren
bekannt.[24] Völlig auszuschließen ist dieser
Fastnachtsbrauch für Mecklenburg nicht,
da sich im 1520 begonnenen Gildenbuch
des Röbeler Wollenweberamtes das Frag-
ment eines Fastnachtsspiels befindet, das
Lisch für das literarische Produkt eines
Mitgliedes dieser Gilde hält[25] und das nach
seiner Ansicht auch von den Röbeler Woll-
machergesellen aufgeführt worden ist. Ein
Verbot der Fastnachtsgilden von 1516 blieb

– wie auch später – erfolglos.[26] Einige Verbote sind aufgrund ihrer Brauchbeschreibung
für uns informativ wie eine Anordnung der
Rostocker Bursprake [ursprünglich Ver-
sammlung der Bürgerschaft, später eine
Sammlung von Verordnungen, die an bestimmten Tagen in Rostock, zunächst am
22. Februar (Petri Stuhlfeier) und am 1.
November (Allerheiligen), von der Laube
des Rathauses durch den Bürgermeister
verkündet wurde]. 1567 wurde beispielsweise durch die Rostocker Bursprake »bi
straffe des rades« ausgerufen: *»Dat kei-
mant mith unwantliken kleideren oder vor-
deckedem angesichts schal vastelavent
gan«* … *»noch in den schuttingen lagen
edder krogen mit worpel, karten oder son-
sten dobbelen oder spelen …«*[27] 1582
beschloß der Rostocker Rat, das bisher
übliche »Fastelabend-Saufen« und die großen Gastereien einzustellen.[28] Dennoch
ging das städtische Fastnachtstreiben weiter, wie aus den Verboten im »Abschied der
Kirchenordnung von 1620« hervorgeht.[29]

Die Geistlichkeit eiferte selbstverständlich auch von den Kanzeln »wider das bar-
barische Wesen, gegen den Fastnachtsteu-
fel.«[30] *»Die Fastnachtsschwärmer scheuen
sich nicht für Gott oder Menschen, saufen
sich voll und gießen das Bier rein wie die
Kuh das Wasser«.*[31] Lassen sich aus frühen
Belegen gewisse Brauchelemente, die dann
auch im 19. Jahrhundert eine Rolle spielen,
wie gemeinsames Sammeln zum Festmahl,
Biertrinken, Fastnachtsverbände (bei sozialer Trennung), jährlich wechselnde Verantwortlichkeit, Verkleiden, Vermummen, Tanz,
Würfeln, Kartenspiele, Fastelabendlaufen,
»Umlaufen«, ablesen, so macht der dama-
lige Rostocker Professor J.P. Schmidt (1708–
1790) auf einen weiteren typischen Fastnachtsbrauch aufmerksam: Fremden und

Bekannten brachte man am Fastnachtstag einen Strauß von Hülse (Ilex), Buchsbaum oder Tanne, einen »grünen Fastelabend«, oder man pflanzte Tannen vor die Häuser,[32] »und mit dem Bringen des grünen Frühlings ... verband sich bald der in Nord- und Mitteldeutschland bis in die jüngste Zeit bewahrte Heischebrauch«,[33] mit Fastnachtssprüchen um Eier, Wurst, Schinken zu bitten.

Bestimmte Berufsgruppen besaßen sogar eine Gerechtigkeit, zu Fastnacht Gaben sammeln zu dürfen: »Wie denn auch die Müllergesellen auf Fastnacht nicht weiter, als nach altem Herkommen, nur blos bei den Bäckern und Brauern herumzugehen Erlaubniß haben«;[34] in Warnemünde ging der Nachtwächter mit einem kleinen Tannenbaum umher, um Gaben zu erbitten.[35] In Wismar durften zu Schmidts Zeiten nur Schoppenbrauer, Träger, Müllerknechte, alle Bäcker und Brauereiknechte nach einem Senatsbeschluß von 1739, der sich mit einer alten Gerechtigkeit, nämlich dem Fastelabendgehen der Ratsdiener befaßte, zur Fastnacht sammeln, während das Sammeln für andere Berufsgruppen (z. B. Küster, Ratsdiener) für Neujahr festgelegt, für Holzsetzer, Kornträger, Dreckfahrer, Stadtsoldaten u. a. dagegen gänzlich verboten wurde.[36]

Schmidts »Fastel-Abends-Sammlungen« nennen an charakteristischen Fastnachtsbräuchen für das 18. Jh. noch: 1. die Ausrichtung eines Gastmahls mit Heetweggen (kreuzförmigen Brötchen aus feinem Mehl und Milch, trocken oder beschmiert oder in siedender Milch abgekocht), mit Eiern, Butter und Gewürz zugerichtet, als Vorkost des Fastel-Abend-Schmauses. Dabei konnten nach Schmidt weiter gereicht werden: Schweineschinken, Mettwürste, geräuchertes Ochsenfleisch. Als Fastnachtsbräuche nennt Schmidt ferner: »Heetweggen abzu-staupen, und sich mit Fastel-Abends-Ruhten untereinander zu beschenken, sich in vielerlei Gestalten zu verkleiden; auch mit Spielen und Tantzen zu belustigen.«[37]

Schmidts mißbilligende Bemerkungen zum »Heetweckenabstäupen« machen den Brauch für uns überschaubar. »Da kommen die jungen Kerls denen Mägden am Fastel-Abends-Morgen, gantz frühe, vor dem Bett, und streichen dieselbe ... so lange, zur Lust, mit Ruthen, biß sich diese verbindlich machen ... sothane Streiche, mit einem Heetweggen Schmauß ... zu vergüten.«[38]

In der Brauchausführung zeigen sich soziale Differenzierungen. Standespersonen oder Leute »eines ehrbaren Wandels« begnügen sich damit, einander scherzhaft auf die Finger zu stäupen oder sich mit Ruten aus Silberdraht zu beschenken.[39]

Städtische Berufsgruppen pflegten im 19. Jahrhundert außerdem eigene Fastnachtsbräuche. In der Schweriner und Neubrandenburger Gegend schlugen die Müllergesellen ihre Mehlkunden mit einer bebänderten Haselrute, einem Vogelbeerstrauch bzw. Myrten- und Lorbeersträußen. An einen Umzug der Tuchmachergesellen, der von einem als Bären verkleideten Gesellen angeführt wurde und der für seine Kunststückchen bei jedem Meister der Zunft einen Taler erhielt, konnte sich auch noch einer der Gewährsleute Wossidlos erinnern.[40] Einen Umzug der Zimmerleute (etwa 1854) sah ein Warener: »Enen Sagbuck släpten se, dor würden weck up führt ...«[41]

Allmählich zog sich das städtische Fastnachtstreiben in die Tanzsäle zurück,[42] nur wenig erinnert nach 1850 noch an einstige Gebräuche: »Heute (1875) gibt es zur Feier von Fastnacht nur noch Heißwecken und Milch, welch' Brauch sich ja in fast allen Städten Mecklenburgs erhalten hat.«[43]

Einladung des Plattdeutschen Vereins »Unkel Broesig« aus Rostock zur »Fastelawendskumpanei«, auf der man die traditionellen Bräuche in folkloristischer Manier nachspielte.

3.3 Fastnacht auf dem Lande

Daß auch die Dörfer Fastnacht feierten, belegt die Polizei- und Landesordnung von 1572, die tadelt, »*das auf den Dörfern ... zwischen den Weihnachts feyrtagen und der Fastnacht etzliche Nacht und Abendtantze gehalten werden und das sich die iugent versamblet.*«[44]

Von seiten der Geistlichkeit wurde eine Fastnachtsprügelei zweier Dorfpastoren, die man auf der Güstrower Generalsynode 1659 behandelte, zum Anlaß genommen, in einem herzoglichen Erlaß von 1661 zu verordnen, daß die »Bacchanalia«, Umlaufen, Fressen, Saufen, »einmahl gantz abgeschaffet seyn«.[45]

Auf dem Lande gehörte der Fastelabend bis zur Mitte des 19. Jahrhunderts zu den Hauptfesten des Jahres. Noch um 1860 währte in den Dörfern um Rostock die Feier von Mittwoch bis Sonntag,[46] im Ratzeburgischen eine ganze Woche hindurch.[47]

3.4 »Dat wir all' Hand in Hand früher, de Buern un de Deensten ...«

Bis in die jüngsten Veröffentlichungen hinein herrscht der Eindruck, daß die Hauptverantwortung und Durchführung des Festes bei den Bauern gelegen habe. Der hauptverantwortlichen Trägergruppe des Fastnachtsfestes, nämlich der Gruppe der Knechte und Mägde, wurde bislang zu wenig Aufmerksamkeit geschenkt, so daß es notwendig erscheint, die Aktivitäten der Trägerschichten sozial exakter zu fassen:

Am Sonntag vor Fastnacht versammelte der Dorfschulze alle Bauern auf seinem Hof, und dann wurde bestimmt, wer von ihnen diesmal nicht nur seine Diele, sondern alle Räumlichkeiten, dazu auch das Geschirr und was sonst noch nötig war, für den Fastelabend zur Verfügung stellen sollte,[48] *»denn nur wirkliche Hauswirte, d. h. Vollbauern, waren berechtigt, eine öffentliche Tanzmusik zu halten«.*[49] Dabei war es üblich, daß Erntebier und Fastelabend niemals in einem Jahr in demselben Hause stattfanden, sondern *»umgingen«*[50]: *»Dat Fastbier hadden de (8) Halfbuern, de twee Pier hadden, Austbier de (12) Vullbuern, de vier Pier hadden.«*[51]

Die Angabe eines Beiträgers: *»Austbier betahlten de Buern, Fastelabend de Knechts allein«*[52] ist nach vorliegendem Wossidlo-Material – 588 Belege aus 201 Dörfern und Kleinstädten – keine Ausnahme. Außerdem darf die in der Literatur anzutreffende Annahme, daß Bauern und Gesinde – also das gesamte Dorf – wie eine große Familie zusammen feierten und somit alle Beteiligten gleichen Anspruch auf Essen, Tanz und andere Vergnügungen hatten, bezweifelt werden. Dazu blieb – neben möglicher weiterer sozial differenzierter Sicht – bisher ungeklärt, wie und ob überhaupt auf den Rittergütern Fastnacht gefeiert worden ist, darüber fehlen Belege.

Die ersten Vorbereitungen begannen oft schon am 6. Januar: *»Heiligen Drei Könige würd de Fasnacht tosnäden«*,[53] *»Knechts snackten dat mit de Buern af«.*[54] Unter *»Zuschneiden der Fastnacht«* verstand man die Absprache der nötigen Vorbereitungen. Die wortwörtlich genommene Version des Zuschneidens, wahrscheinlich einen Hänselbrauch, notierte Wossidlo in Teschow: *Wenn de een Buer 'ne groot Hägenschier (Hekkenschere) hadd, würd' ('n) Deenstjung na em utschickt, he süll de Hägenschier halen, se wullen de Fasnacht tosniden.«*[55]

Am Sonntag oder Sonnabend vor Lichtmeß (2. Febr.) – *»bi Lichtmissen rüm«*,[56] *»in de Lichtmissen Woch«*[57] – begannen die Festtage. Meist band man sich aber nicht an die Lichtmeßwoche, sondern *»sagte den Fastelabend an«*, wenn *»rusiges, kaltes Wetter war, weil an solchen Tagen ja doch nicks maakt warden künn«.*[58] Neben dieser praktischen Erwägung war der Termin auch von der Abkömmlichkeit der Musiker abhängig.

Daß schon an diesen ersten Vorbereitungen die Knechte nicht unwesentlichen Anteil hatten, bezeugt ein Bericht von 1859 aus einem großen mecklenburgischen Bauerndorf, in dem die Großknechte, in deren Händen die Besorgung des ganzen Festes ruhte, als Herolde, Zeremonienmeister und Vortänzer der Feierlichkeiten charakterisiert werden.[59]

Im allgemeinen sagten, nachdem der Termin der Feier feststand, Grotknecht oder Grotdiern, deren Bauer *»dat Faslam innahmen hett«*, den Fastelabend etwa mit folgenden Worten an: *»Ick sall grüßen von Vader un Mauder, un wat Ji nich taum Fastelabend 'n bäten rümkamen un uns Koem un Beir vertehren helfen wullt«.*[60] Buddin erlebte noch 1888 die Ansage durch einen *»Fastnachtsbitter«* auf geschmücktem Roß;[61] auch in Müritz wurde zum *»Seefaslabend«* durch einen Fastnachtsbitter eingeladen.[62]

3.5 Festvorbereitung im Bauerndorf

Da ein Haus nicht das ganze Dorf beköstigen konnte, wurden die Ausgaben verteilt. Im Festhaus buk man Brot und schlachtete ein Schwein, wie es treffend bei Brinckman im »Vagel Grip« heißt:

> *»Hurra, nu is dat Fastelnacht,*
> *nu gifft dat frische Kost.*
> *hurra, nu is uns' Fettswien slacht,*
> *dor hängt hei an den Post!«*

Die Nachbarn mußten Korn oder Mehl zum Backen und Gerste oder Malz zum Bierbrauen beisteuern.[63] Nach dem Bericht aus dem oben erwähnten (nicht mit dem Namen genannten) Bauerndorf hatte jeder »Hauswirt« (Vollbauer) eine Mettwurst von sieben Fuß Länge, die eigens aus zusammengenähten dünnen Därmen für dieses Fest verfertigt wurde, einen geräucherten Schinken von sieben Pfund, sieben Pfund Butter und 28 Eier zu liefern.[64] Für das große zu erwartende Eßgelage reichten aber diese Vorräte, die außerdem durch die Heischegänge der Knechte ergänzt wurden, nicht, sondern man sammelte noch Geld. 1859 verteilten sich die Ausgaben in ebendemselben Bauerndorf so: »*Jeder Hauswirth eines Bauernhofes zahlt in der Regel 2 Thaler, jeder Großknecht einen halben Thaler, der Mittelknecht acht bis zehn Groschen, der Pferdejunge vier bis sechs Groschen. Auch die Einlieger in den Dorfkathen können, wenn sie wollen, das Fastelabend mithalten und zahlen dann gewöhnlich den gleichen Betrag wie ein Mittelknecht.*«[65] Aus der Stadt besorgten Bäuerin und Großknecht nach demselben Bericht noch zwei Tonnen Bier, zwei Anker Kornbranntwein, Reis, Speck, Hering, Käse und Stuten (Heiß-

wecken) und acht Flaschen Rotwein für die Ehrengäste. Nach einer anderen Quelle holten die Knechte allein die nötigen Vorräte aus der Stadt.[66] Zum Helfen wurden dann oft noch die Mägde der benachbarten Bauernhäuser geschickt, so daß man nach den Darstellungen tatsächlich den Eindruck gewinnen könnte, den auch Wossidlo immer wieder zu vermitteln sucht: »*Dat wier all' Hand in Hand früher, de Buern un de Deensten*«.[67] So schreibt auch Ihrke: »Die Ausgaben für Musik, Speise und Trank werden von den Teilnehmern gemeinsam getragen ..., diese Feststellung kann, im ganzen gesehen, verallgemeinert werden.«[68]

Die Mitteilung Wossidlos über den mecklenburgischen Südwesten, daß dort die Kosten des Festes von den Mädchen bestritten wurden,[69] hält Ihrke für eine Ausnahme,[70] doch hat es überregionale Parallelen gegeben.

Wenn es in dem Zeitungsbericht des Norddeutschen Korrespondenten von 1859 hieß, daß die Einlieger in den Dorfkaten mitfeiern könnten, wenn sie wollten (es wird mit ihrer Mitwirkung also nicht unbedingt gerechnet), so tritt hier das Problem sozialer Differenzierung bereits andeutungsweise zutage. Deutlicher wird es aus verstreuten Bemerkungen einiger Gewährsleute Wossidlos:

> »*Hier wurden früher Katenfastelabend, Knechtsfastelabend, Buernfastelabend gefeiert*«;[71] »*de Knechts hadden Fastbier*«; »*De Buern geben dat för die Deinstlüd, de Katenlüd fierten unner sik*«;[72]

> »Burfaslam« und »Daglöhnerfaslam« kannte auch der Südwesten Mecklenburgs, beide seien ausgestorben, nur der »Junglüdsfaslam« sei am Leben geblieben.[73]

3.6 »Fastelabend up den Busch …« – Heischebräuche der Knechte

Am Morgen nach der ersten durchtanzten Nacht begann der feierliche Umzug der Knechte durch das Dorf. Dieser Umzug galt als Privileg der Knechte: »*Wi Buernjungens löpen näbenher.*«[74] Die Musikanten gingen voran, ihnen folgte ein Knecht mit einer großen, reichbebänderten Flasche, aus der er zuweilen ein Glas spendierte, es folgten – hier läßt sich wohl verallgemeinern – Knechte mit Gaffeln (langen Holzgabeln), Harken und großen Körben (Buttkiepen). Den Beschluß machten zwei Knechte, die unaufhörlich mit Peitschen knallten. Andernorts erschienen die jungen Burschen im Sonntagsstaat und mit Immergrün am Hut, oder sie trugen bebänderte Mützen und ein Buchsbaumbouquet an der Jacke. Allgemein zogen sich die jungen Leute festlicher an. Vor jedem Bauernhaus baten sie mit unterschiedlichen Heischesprüchen um Wurst, Schinken, Butter, Eier, z. B.:

Fastelabend up den Busch,
hebben S' keen Ei, denn gäben S' mi
'ne Wurst,
laten S' mi nich to lange stehn,
ik mööt vor Dag' noch wider gahn.[75]

Die Bauern reichten Koem und Bier herum, dann ging es weiter.

Die vor der Reformation bezeugten und oft gerügten Vermummungen sind in den Fastnachtsbräuchen des 19. Jahrhunderts nur noch selten belegbar. Ein »Eiersnurren« mit Anklängen an karnevalistische Ausgelassenheit wird aus Neuhof (Poel) beschrieben. »*Vier Knechts güngen mit 'ne grot Kiep rüm, dor seet de Hahn in, een*

von de Knechts, as wenn de Kluck uppe Eier sitt. He (der Knecht) keek haben rut, dörch de Ösen … wiren poor Staken stäken, so drögen de vier Knechts em uppe Schuller, denn kreih he as 'n Hahn, denn kem de Buerfru mit 'ne Schört vull Eier rut …«[76] Für eine Verkleidung als Hahn gibt es noch zwei weitere Belege;[77] ein Bär ging in Renzow im Zuge mit.[78] Ein alter Mann erinnerte sich noch:

»In ohlen Tieden … tröcken sick de Mannslüd Frugenskleeder an, orre sei kiehrten sik taum wenigstens de Jack un de Kips üm. Weck harrn sick mit Stroh 'n Puckel stoppt, un weck makten sick ut Flass 'ne Prück (Perücke), *dei sei mit Hahnenfeddern upmutschten …*«[79]

Doch liegen im Vergleich zu anderen Fastnachtsbräuchen wenig Belege über Verkleidungen vor. Vermummungen als Ausdruck von Sozialkritik, wie sie zum Beispiel im Kölner Karneval häufig sind, finden sich in folgenden Belegen in Ansätzen: »*As Fasslabend wäst (wir), hebben se eenen Buern as Großherzog utkledt un up 'n Släden* (Schlitten) *sett't, de wir 'n bäten dummlich. Wilhelm Johann nennten se em.*«[80] Nachdem alle von den Knechten »erheischten« Vorräte in das Festhaus getragen worden waren, begannen die Mägde dort mit den Vorbereitungen zum abendlichen Festschmaus.

3.7 Abendliche Vergnügen im Bauernhaus

Abends galt es im Festhaus pünktlich zu sein. Wer nicht rechtzeitig kam, wurde mit Musik »uppe Ledder« herbei geholt. »*Dor müßt he sick mit'n Hinnelsten upsetten un denn betahlen, denn künn he rafstiegen*«,[81]

Maskenball in Hagenow-Heide um 1926

oder man zeigte dem Verspäteten »'ne Koembuddel mit 'ne Sleif; he müßt ok betahlen för de Musikanten.«[82]

Die Plazierung beim Festmahl und auch die Folge der Gerichte zeigen soziale Differenzierung: Auf der Diele saßen Knechte und Mägde, oft auch Söhne und Töchter des Hauses und aßen Roggen-Feinbrot und »Stuten« sowie gekochte Würste, während Bauer und Bäuerin mit bevorzugten Gästen im kleinen Zimmer neben der Döns »Knakenpeiter« (gestopften Schweinemagen), Schweineschinken, Spickgans, Rauchfleisch verzehrten und Rotwein und Mengen stark gesüßten Kaffees tranken. Auf diese Fastnachtsgerichte[83] – typisch auch Schweinskopf mit Langkohl – folgten Heetweggen, als alte christliche Fastenspeise früher in Kreuzform gebacken.[84] Von allen Festteilnehmern wurde das mit viel Zucker aus den gesteften Eiern bereitete Eierbier getrunken.

Nach der Viehfütterung durch die Knechte begann in der Dämmerung auf der Diele der Tanz, wobei der Tanzboden dort oft vorher noch präpariert worden war: Es »würd Raps upstreut«, »würd nattspritzt« u. a. m.[85] Musikanten aus der Stadt (Trompete, Klarinette, Violine) spielten auf, der »Brummbaß« wurde mancherorts vom Kuhfütterer oder »kunstverständigen« Nachtwächter übernommen. Bei starker Kälte saßen die Musiker in Hafersäcken, oder »de Blasinstrumente würden an 'n Aben hängt, dat se nich infrieren deden«.[86] Tänze wie Katt und Muus, Bummelschottsch, Winkerschottsch, später am Abend die »Bunten« gehörten unbedingt zur Fastelabendfeier.

Im Wechsel von Essen, Tanz und Kartenspielen (letzteres bevorzugten meist die Älteren) verlief der Abend, bis als Attraktion des abendlichen Vergnügens der »Schimmel« (ein Festrequisit auch anderer Bräu-

»Grotvatertanz« (oben) und »Schausterdanz« (unten); Holzschnitte von Wolfgang Bergenroth (*1893 in Parchim; † 1942 in Ludwigslust)

che) auf der Diele seinen Umritt hielt. Es war üblich, daß er mitunter zwar an hübsche Mädchen Äpfel und Nüsse, sonst aber viele Schläge mit der Peitsche austeilte. Sein Aussehen erhielt er durch ein Gestell aus Stäben, meist Siebrändern, das mit einem Laken umhüllt war. Zwei kräftige und gewandte Knechte krochen darunter und bildeten so die Füße, ein dritter saß oben. In der einen Hand hielt er eine Kiepe mit Früchten, in der anderen eine kurze Strickpeitsche. Zuweilen hatte er sich Gesicht und Haar mit weißem Mehl angepudert. Wenn der Reiter dazu noch ein weißes Hemd trug, bildete er mit seinem Pferde eine völlig weiße, riesige Gestalt, die sicherlich einen unheimlichen Eindruck hinterlassen konnte. Im Ärmel des Schimmelreiters ließ sich auch noch eine Flasche verbergen, aus der er zum Schluß seines Auftritts die Versammelten besprengte. Zuweilen begleiteten den Reiter auch weitere Maskierte wie z. B. der »Dr. Eisenbart«: »*Eisenbart red up 'n Schimmel*« und versprach: »*Ich mache, daß die Blinden gehn und die Lahmen wieder sehn*«.[87] Dieser Ankündigung konnte eine längere Ansprache folgen, die mit allerlei Scheingelehrtheit und deftigen erotischen Anspielungen gewürzt war. In den Sprechpausen zwischen den einzelnen kurzen Szenen bliesen die Musikanten, während der Reiter des Schimmels um eine Stärkung bat:

> »*Meine Herrschaften, jetzt hab ich*
> *eine kleine Bitte*
> *um drei kleine Schnäpslein, einen für*
> *meine Brust*
> *und zwei für meinen Schimmel, denn*
> *er hat*
> *hinten und vorne Durst.*«[88]

Daraufhin wurde das Laken vorne und hinten hochgeklappt, und die beiden Schimmelspieler und der Dr. Eisenbart tranken. Schimmel und Eisenbart konnten auch im Umzug der Knechte mit auftreten.

Zwei Fastnachtsbräuche brachten am Fastelabend weiteres Vergnügen, nämlich die Bullenvadderwahl und die Krönung des Snutenkönigs, des mecklenburgischen Prinz Karneval.

3.8 Der mecklenburgische Prinz Karneval

Die Bullenvadderwahl, bei welcher der Bullenvater, d. h. derjenige gewählt wurde, der das Jahr über den Ortsbullen halten mußte, ist bisher nur durch Mussäus für Warnemünde belegt,[89] schon durch Barnewitz auch hier nicht mehr, und Ihrke gibt keine Quelle an – somit scheint dieser Brauch im

späteren 19. Jahrhundert nicht mehr existiert zu haben bzw. überhaupt untypisch geworden zu sein. Ein Grund dafür liegt wahrscheinlich in den Fortschritten der Viehzucht, die es nicht mehr zuließen, den wertvollen Zuchtbullen des Dorfes einem beliebigen Bauern anzuvertrauen.

Auch das Einkaufen in die »Snutenlad'« gehört im 19. Jahrhundert wohl nicht mehr zu den charakteristischen Fastnachtsbräuchen. Bei diesem Brauch wurde ein »Snutenkönig« – der Teilnehmer mit der längsten Nase – ermittelt. Das »Schuwmaat« (Schiebemaß) zum Messen der Nasenlänge lag zusammen mit dem »groot Swinsledderbauk« in der Snutenlad'. Waren die Maße im Buch eingetragen, so wurde der Snutenkönig – von Marie Peters als mecklenburgischer Prinz Karneval bezeichnet – mit einem umgekehrten »Reis'rock«, bei dem die rote Futterseite nach außen gekehrt war,[90] und einer Erbsstrohkrone geschmückt. Nach Wossidlo mußten sich die jungen neuzugezogenen Bauern in Kraak in die Snutenlad' einkaufen, die beim Gastwirt oder einem anderen Dorfbewohner verwahrt wurde.[91] Die Redensart von Menschen mit großer Nase, »dei möt ok in de Snutenlad'«,[92] erinnerte später noch an den ehemaligen Brauch.

3.9 Das Stüpen – Ein »Fruchtbarkeitsritus«?

Zu den landläufigsten Bräuchen zählte zweifellos das Heetwecken-Abschlagen bzw. -Abklopfen. Es wurde entweder nach dem Festmahl im Morgengrauen des Aschermittwoch von den jungen Burschen veranstaltet, indem sie – mancherorts noch mit Larven – unter Lärm und Geschrei in die

63

Kammern der Mädchen drangen, sie mit rotbebänderten, oft auch knospenden Rutenzweigen schlugen, bis die Mädchen sich durch Heetwecken und Kaffee auslösten.[93] »De Mätens sünd pietscht worden.«[94] Dieser Brauch konnte auch am Morgen des Fastnachtsdienstags stattfinden,[95] so wie es bereits Schmidt für das 18. Jahrhundert vermerkt.[96] Sicherlich spielte auch hier die unterschiedliche Beliebtheit der Mädchen eine nicht unbeträchtliche Rolle, so daß das »Stüpen«, wie der Brauch in Südostmecklenburg genannt wurde, auch als Rügebrauch ausgeführt werden konnte: »Ick stüpe di, ick stüpe di, de leiwe Gott, dee bäter di.«[97] Als Rügebrauch ist wohl auch anzusehen, wenn Knechte den Mädchen, »de se nich so woll wäst sünd, 'ne Barkenrod mit 'n Zettel mit allerlei Schimpwürd« am Fenster ihrer Kammer befestigten.[98] Die Art der Rute war abhängig von ihrem Verwendungszweck (Schlag- oder nur Schmuckelement) und dem Personenstand.[99] Zum Heetwecken-Abstäupen nahm man ein Bündel Birkenzweige, das vorher zum Knospen gebracht und mit roten Bändern geschmückt worden sein konnte.

Der Schlag mit der Rute gilt in der Literatur nach wie vor als Vegetationsritus. Die Geschlagene sollte fruchtbar sein. Ob dieser Inhalt den Brauchträgern im 19. Jahrhundert etwas bedeutete, ist freilich zu bezweifeln; in den mehrere hundert Belege umfassenden Aufzeichnungen Wossidlos (der selbst die Deutung als »Lebensrute« akzeptiert hat) gibt es keinen entsprechenden Hinweis. Aber auch für frühere Zeiten sind Zweifel anzumelden. Sie ergeben sich u. a. aus der Variabilität des Brauchtermins. Kube hat darauf hingewiesen, daß das Stüpen sowohl in der Weihnachtszeit als auch zu Fastnacht wie zu Karfreitag/Ostern stattfinden konnte, und die Verbreitungsgebiete der Termine zu mittelalterlichen Erzbistumsgrenzen in Beziehung gesetzt.[100] Wenn bei gleichartiger Brauchstruktur der Termin aufgrund von kirchlichen Kalenderreformen wandelbar ist und sogar auf den Tag der unschuldigen Kindlein (28.12.) fallen kann, an dem Fruchtbarkeitswünsche zweifellos weniger angebracht sind als etwa in der Vorfrühjahrszeit, so möchte man auf einen anderen oder zumindest zusätzlichen Motivkomplex schließen. Er ist m. E. im erotischen Bereich zu suchen (und zwar durchaus abseits vom Motiv der Fruchtbarkeit oder Fortpflanzung, die der Bauernmagd in ihrem ledigen Status durchaus unerwünscht sein mußte). Der Brauch war jedenfalls nicht allgemein »unschuldig«, worauf auch einige Äußerungen von Wossidlos Gewährsleuten hindeuten, sondern häufig handfest erotisch. Das Rutenschlagen wirkte sexuell erregend. Darauf hat schon Schmidt 1742 aufmerksam gemacht, indem er nicht nur die »gar unanständige ärgerliche Weise« des Rutenschlagens und die »schändlichen Entblößungen« der »Mägdeleiber« rügt, sondern ausdrücklich hervorhebt, das Streichen mit den Ruten geschehe »zur Lust«. Bezeichnenderweise ist der Auszug aus Schmidt in dem oben zitierten Artikel »Fastelabend« des Mecklenburgischen Wörterbuchs an gerade diesem Punkt verkürzt – ein interessantes Streiflicht auf die prüde Haltung der Nachwelt, die die derbe Sinnenfreude der jungen Leute aus der Geschichte des Dorfes eliminierte.

Andererseits soll nicht behauptet werden, daß das erotische Element bei jedem Brauchträger eine Rolle spielte. Hier ist auf die Gruppe der Kinder zu verweisen, die den Brauch ebenfalls ausübte. Die Kinder benutzen etwa 30 cm lange feine Besenreiser, mit bunten Wollfäden gebunden und Zweig für Zweig mit Silber- und Goldpapier behangen.[101]

Als Kinderbrauch ist das Stüpen auch in den Städten geübt worden. Fritz Reuter aus Stavenhagen (geb. 1810) hat es in seiner Erzählung »Dörchläuchting« in Neubrandenburg, seinem zeitweiligen Wohnort, angesiedelt: »… tau Fastelabend wiren de leiwen Nigenbrambörger Kinner vör Dau un Dag' … in de Hüser rinnerlopen un hadden ihrsame Börgers un dugendsame Husfrugens ut de Bedden rutgestüpt, un ok de Herr Konrekter hadd sick mit Heitwekkens losköpen müßt von de blankupputzten Barkenrauden.«[102]

Wo die Rute nicht zum Stüpen genommen wurde, hing sie, mit bunten Bändern geschmückt, in der Stube; sie galt auch als Fastnachtsgeschenk für junge Mädchen und Kinder.[103]

3.10 Der Knechtsfastelabend

Das Gesinde der Bauern erwies sich nach dem bisherigen Quellenmaterial als eine äußerst brauchaktive Gruppe, die durchaus auch in der Lage war, den Fastelabend selbständig vorzubereiten und durchzuführen. Für Groß Laasch liegt eine Schilderung vor: »Dat würd hier früher ümmer so fiert: Fastelabend betahlten die Frugens un Dierns und Ohrnbier (Erntebier) die Kierls.«[104] Spielten mittags die Musikanten vor dem Krug drei Tänze auf, so galt dies als Beginn des Fastelabends. Auf das geblasene Signal abends gegen 23 Uhr setzten sich alle »Frugens un Dierns« im Krug so hin, daß sie in der Mitte eine Fläche freiließen. Hatten die Musiker nun das bekannte »Freut euch des Lebens« gespielt – dabei durfte niemand

tanzen –, so kamen fünf Knechte in feierlichem Zug herein: »Dei ierst mit 'ne Buddel un 'n Glas, un jede Frugensperson kreg 'n Sluck. Dei tweite harr 'n Talglicht up', ne Buddel, dat brennt, dei drütte harr 'n Töller, dei vierte wedder 'n brennend Licht up 'ne Buddel, dei lüchten beid', dat dat Geld ock richtig rupkem nah den Töller. (Jeder künn gäben soväl as hei wull). Un dei föfte kem werrer mit Buddel und Glas un schenkt jeden einen in, för dat wat se gäben harrn.«[105] Zum Zeichen der Herrschaft der Frauen befestigten die Feiernden im Anschluß an diese Zeremonie einen »Slarpen« an der Saaldecke. Solange, wie dieser dort hing, durften nur die Frauen die Männer zum Tanz auffordern.

In Picher[106] wählten die Knechte im Krug vier »Fastelabendwessers«, das waren meistens die beiden ältesten und die beiden jüngsten unverheirateten »Jungkierls«. Sie berieten den Termin und sagten dann den Fastelabend an, indem sie Birkenruten mit rotseidenem Band am Abend vorher austrugen,[107] bezahlten später die Musik, erledigten alle Vorbereitungen und hatten schließlich die gesamten Rechnungen vorzulegen.[108]

Konnten bei den Knechtsfastelabenden die zeitliche Ausdehnung und der materielle Aufwand auch nicht mit dem Bauernfastelabend mithalten – in Teschow beispielsweise erhielten die Knechte vom Bauern jeder nur zwei Eier für das Festhaus mit,[109] in Vipperow »ne Matt Molt« (Malz),[110] in Doberan immerhin eine Kiepe mit Naturalien –,[111] hatten Knechte bzw. Mägde auch die Kosten für die Musik allein zu tragen[112] und wurden sie mit ihrer Feier überhaupt in den Krug verwiesen,[113] so entbehrte der Knechtsfastelabend doch nicht einer spezifischen Festlichkeit.

Von Selbstbewußtsein zeugt die Tatsache, daß auf den Knechtsfastelabenden eigene Bräuche gepflegt wurden. Dazu sind beispielsweise das Erscheinen in festlicher Kleidung,[114] das Ausschmücken des Saales (wobei im Südosten das Anhängen eines Pantoffels oder Taschentuches als Zeichen der Mädchenherrschaft üblich war),[115] das feierliche Bezahlen durch die Mädchen und das »Quittieren« durch die Knechte mit einem Trunk oder Überreichen von Heißwekken[116] zu zählen.

Vereinzelt ist belegt, daß die Bauern und Büdner als Gäste auf dem Knechtsfastelabend willkommen geheißen werden konnten.[117]

Nicht nur das Gesinde feierte mancherorts allein, auch die Fastnachtsfestlichkeiten der Büdner und Katenleute begannen, sich mit zunehmender sozialer Differenzierung aus den vorher wohl überwiegend gemeinsamen Feiern herauszulösen: »De Katenlüd fierten unner sick«; »de Büdners hadden dat Fridags un Sünndags«; »Fastnacht in'n Katendörp wier eenen Dag.«[118]

Die Größenordnung der Ortschaften scheint einen nicht unwesentlichen Einfluß auf die Ausführung eines speziellen Festes der Knechte und Mägde ausgeübt zu haben. Die ausführlichsten Berichte über Knechtsfastelabende stammen aus Groß Laasch und Picher, den größten Bauerndörfern des mecklenburgischen Südwestens. Hier lebte eine größere Anzahl von Knechten und Mägden, so daß dort für die Vorbereitung und Ausrichtung des Festes mehr potentielle Brauchträger bzw. Initiatoren zur Verfügung standen als anderswo und auch eine Finanzierung des Festes leichter zu garantieren war.

Die Gutsherrschaften sind nach unseren Belegen nicht zu Initiatoren von Fastnachts-

bräuchen geworden und zeigten sich auch wenig an der Ausrichtung von Fastnachtsfeierlichkeiten für die Landarbeiter interessiert.

Für mehrtägige Festlichkeiten mit Vorbereitung, Umzügen, Festgelage gibt es überhaupt keine Belege, auch eine ausführliche Schilderung irgendeines Brauchablaufes liegt nicht vor. Auf drei Gütern war nur noch ein Heischespruch bekannt, in zwei Fällen wurde noch »gepietscht« bzw. um Eier geschnurrt. In Sarmstorf feierten noch die Kätner unter sich (inwieweit materielle Unterstützung vom Gut gegeben wurde, ist nicht ersichtlich); in Rogeez gaben die Mädchen einen Ball, dabei tranken sie Grog in der Spinnstube, jeder Teilnehmer bezahlte 5 Schilling.[119]

Viermal werden Verkleidungen genannt: ein Hanswurst, Doktor Eisenbart, ein Bär, doch haben wir es hier – da die Maskierten allein auftreten – schon mit den letzten Resten eines Fastnachtsbrauchs zu tun, wobei in diesen Fällen wohl nur noch versucht worden ist, mit Hilfe der Verkleidung Geld einzutreiben.

Möglich und zu überprüfen wäre, ob die Gutsherrschaften sich auch als Zeichen der Distanz gegenüber den Landarbeitern an Tanzvergnügen zu Fastnacht in der Stadt beteiligten.

Dort nämlich konnten sie »gehobeneren« Vergnügungen nachgehen, ihre Kostüme bewundern lassen, sich zur Musik der neuesten Gesellschaftstänze drehen sowie nach Bewerbern für die unverheirateten Söhne und Töchter Ausschau halten. Der mecklenburgische Dichter John Brinckman läßt auf dem großen Maskenball zu Fastnacht in Rostock (die Handlung spielt zwischen 1855 und 1860) jedenfalls auch einen Junker mittanzen.[120]

3.11 Fastnacht auf den Gütern

Nur 28 der 588 von Wossidlo zum Fastnachtsbrauchtum aufgezeichneten Belege beziehen sich auf Gutsdörfer. Hier waren offensichtlich Fastnachtsbräuche um die Mitte des 19. Jahrhunderts schwach entwickelt bzw. – soweit es sich um vormalige Bauerndörfer handelte – mit der Entwicklung zu Gutsdörfern geschwunden. Es entstanden neue potentielle Trägerschichten wie Tagelöhner und Deputatisten, die entsprechende Traditionen des Bauerndorfes nicht fortsetzten.

3.12 Örtliche Sonderfeiern der Seeleute

In Dörfern und Städten, deren Bevölkerung in hohem Maße aus Seeleuten bestand, bildeten sich berufsgebundene Feiergemeinschaften, die wiederum eine starke soziale Differenzierung aufwiesen. Eine gemeinsame Feier aller Dorfbewohner konnte nur dort stattfinden, wo auch annähernde soziale Gleichheit herrschte. Das war beispielsweise in den Ostseedörfern Graal und Müritz der Fall. In Müritz wurden 1815 mecklenburgischen Matrosen die Ländereien des ehemaligen Domanialpachthofes als Büdnerland ausgetan.[121] In Graal lebten 18 Büdner, in Müritz 19 Büdner. Mit Ausnahme von je einer Vollbauernwirtschaft fehlten in diesen Dörfern also die Bauern.[122] Auch Kapitäne waren in diesen Dörfern nicht ansässig. Der Festverlauf in Graal ist durch Mitteilung eines ehemaligen »Schänkers« recht anschaulich mitgeteilt worden:

Montag (1. Tag):
Abends Einkauf in Rostock (z.B. Zucker, Zigarren)

Dienstag (2. Tag):
Abendliches Kaffeebrennen im Festhaus.

Mittwoch (3. Tag):
Junge Burschen hauen Holz, das von den Mädchen in vorgeschriebener Form, nämlich vierkantig, in der Küche des Festhauses gestapelt wird.

Donnerstag (4. Tag):
Einladen durch Musik, Kaffeetrinken um 16 Uhr, 24 Uhr Punsch, 4 Uhr morgens Kaffee, Schluß 7 Uhr. Für das Verabreichen der Getränke werden zwei Schänker gewählt, denen die Mädchen als Zeichen ihrer Würde einen Strauß mit langen seidenen Bändern überreichen.

Freitag (5. Tag): wie Donnerstag

Sonnabend (6. Tag): Ruhetag

Sonntag (7. Tag):

Nachklapp: »*Denn güngen de beiden Schänkers rüm bi de Verheurat'ten un sammelten Geld, jeder gew na Belieben bi de jungen Lüd'.*«[123]

Beide Dörfer luden sich zum Fest gegenseitig ein. Auch die Einkäufe in der Stadt wurden gemeinsam erledigt und Ehrlichkeit dabei vorausgesetzt: »*In de Tasch stäken, dat fööl keenen in.*«[124]
Für das Schmücken von Festhaus und Straße waren sich die Seeleute der Hilfe ihrer »Berufskollegen« sicher: »*Wi leihten uns Flaggen von de Dierhäger Schippers.*«[125]
Daß gemeinsames Feiern sonst nicht die Regel war, zeigen Beispiele aus anderen Orten mit deutlicher sozialer Differenzierung: »*To den Seefohrerball hier in Kirchdörp*

67

würden de Buern nich inladen, ok keen Knecht. In Wustrow geben de Schippers, de Stüerlüd' un de Madrosen jeder 'n Ball för sick in 'n Winter.«[126] In Rostock fanden öffentliche Tanzveranstaltungen für die Matrosen statt; für die Kapitäne wurden sie von den Schiffergesellschaften gegeben.[127] Viele dieser Seemannsbälle fielen in die Fastenzeit: »De Schipperstimmerlüd' hier in Wismar fierten Fastelabend ehr Quartal in de Garwerstraat«; »Fastelabend hebben de Seelüd' hier in Dierhagen dull fiert.«[128] (Wismar hielt außerdem einen »Fastnachtsmarkt«, der als Kram-, Vieh- und Pferdemarkt galt.)[129] Einen »Seefasselabend« feierte auch Klockenhagen,[130] wahrscheinlich auch Körkwitz und Dändorf, die sich im 19. Jahrhundert, zur Blütezeit der Segelschiffahrt, zu typischen Seefahrerdörfern entwickelt hatten. Sehr wahrscheinlich geschah auch das Gabensammeln bei Kapitänen und Reedern mit einem Schiffsmodell, das als Sammelbüchse diente und mit »Taxbom« (Eibe) geschmückt war, für den Seemannsball zur Fastnacht. Ein »Fastnachtsball up dat Schippergelag« wird dazu auch noch bei Brinckman für Rostock erwähnt.[131]

Einerseits führte die Berufsgemeinschaft zu spezifischen Festbräuchen: Schmücken von Festhaus und Straße mit Schiffsflaggen wie in Graal, Dierhagen, Bartelshagen, Geldsammeln mit einem Schiffsmodell, ein Schiff als Festrequisit überhaupt (»Dor wier' Kranz rundrüm, de Nocken bekränzt un dor Lichter upstäken. Nachts Klock twölf würd dat Schipp daalfiert mit Musik un na 'ne Stund' wedder upheißt. Dor würd bi sungen: Matrosenleben, das heißt lustig sein – denn würd rümdanzt üm dat Schipp, de Kinner danzten mit«).[132] Andererseits führte die abgelegene, isolierte Lage

mancher Küstenorte dazu, Bräuche zur Fastnacht länger zu bewahren, wie es bereits für den Brauch des Sternsingens auf Poel festgestellt worden ist.

3.13 »Fastelabendlopen« der Kinder und Erwachsenen

Das »Fastelabendlopen« hat sich auf Poel bis weit in das 19. Jahrhundert erhalten. Typisch für diese Insel war das Laufen mit einem Dornbusch, auf den die Kinder das Erheischte hängten, nachdem sie, vielfach unter Rummelpottbegleitung, ein auf das Heischeinstrument bezogenes Lied vorgetragen hatten: »Goden Abend, Fastelabend hinner'n Duurnbusch, ick gah hüt abend von Hus to Hus …«[133] War kein Dornbusch zur Hand, gingen Kinder, ab und an auch noch Erwachsene,[134] mit »'ne Wiedentwäl«[135] (z.B. 1860 in Kirchdorf).[136] Um die Gaben besser transportieren zu können, hatten die Kinder die Rinde vorher »afschrapt«, so daß u.a. die Semmeln leicht auf den Stock gespießt werden konnten, oder in einen Stock noch Nebenzweige eingebohrt. Als Sammelergebnis hingen Heetwecken, Semmeln, Speck, auch Sachgeschenke wie beispielsweise eine »wollene Haube«[137] auf den Zweigen. Dieser Brauch erinnert an den Bericht des Böhlendorfer Pastors,[138] wonach die Kinder »lange mit grünem Laube bewundene Stecken tragend, in den Häusern herumgingen«, und an das Herumgehen des Warnemünder Nachtwächters, der mit einem kleinen Tannenbaum um Gaben bat. Auch der sicherlich noch ältere Brauch der Überreichung eines grünen Busches zum Fastelabend klingt hier an.

Wenn dieser Tag auch ortsweise schulfrei war – »Mandags wir de Kinner ehr Löper-

Die feingemachten Kinder in der Stadt um die Jahrhundertwende lernten die Heischebräuche nicht mehr kennen: Kinderbild meines Vaters mit seinen Geschwistern 1900 (oben rechts); Kinderbild meiner Mutter, Rostock 1911 (unten)

Das Heischen zu Fastnacht war für ärmere Familien oft überlebenswichtig. Die Gaben wurden von den Kindern auf einen mitgebrachten Zweig gehängt bzw. in ein Tuch eingeschlagen. Hier: Ein Kind aus Loosen 1930

dag«[139] –, so handelte es sich bei der Trägergruppe dieses Brauches nicht ausschließlich um Kinder. Wossidlo vermerkte, daß die Fastnachtsreime zum Teil ursprünglich von Erwachsenen gesprochen, dann aber auch von Kindern übernommen worden seien.[140]

Dagegen galt folgender Spruch nur für Erwachsene:

*»Fastelabend hickel up'n Strich,
ach, Moding, sünd di de Titten noch
witt?
Ach ne, ach ne, mien gode Gast,
dee sünd so swart as 'n Teerquast!«*[141]

In unserem Untersuchungszeitraum waren jedoch die Kinder bereits die Hauptträger des »Fastelabendlopens«. Die sozialökonomischen Aspekte dieses Wandels sind bereits erwähnt worden.

Die Fastnacht in Mecklenburg erweist sich nach den vorliegenden Brauchformen für unseren Untersuchungszeitraum als völlig säkularisiert. Selbst die durch den Kirchenkalender vorgegebenen Termine werden nach dem Ermessen der jeweiligen Festgemeinschaft selbständig verändert. Charakteristisch scheint die fast ausschließliche Beschränkung auf die Bauerndörfer zu sein. Dabei zeichnen sich Tendenzen zu einer Ausgliederung der Nichtbesitzer (Gesinde, Tagelöhner, Matrosen) aus der gemeinsamen Feier ab.

4. Ostern

Vor der Christianisierung Europas wurden bereits Frühlingsfeste gefeiert, die den Sieg der Sonne und der lebendigen Natur über den kalten und tatsächlich oft todbringenden Winter zum Inhalt hatten.

So wird eines der Hauptfeste der Kirche nicht allein von Bräuchen mit christlichen Vorstellungen geprägt. Der Gedanke des werdenden Lebens bestimmt die Bräuche dieser Periode, sie symbolisieren Leben, Licht und Wärme.

4.1 Palmsonntag und Karwoche

Der Palmsonntag mit seinem freudigen Charakter steht vor dem Beginn der stillen und traurigen Karwoche, der sogenannten »Stillen Tied«.

An die ehemals mit kirchlichen Vorstellungen verbundenen Bräuche zu Palmsonntag erinnert im überwiegend protestantischen Norden nur noch die Benennung des Tages. Sie rührt von den Palmen her, mit welchen die begeisterte Menge Jesus bei seinem Einzug in Jerusalem als Befreier der unterdrückten Juden von den Römern empfing: »*Sie nahmen Palmzweige, zogen hinaus, um ihn zu empfangen, und riefen: Hosanna! Gesegnet sei der, der kommt im Namen des Herrn, der König Israels.* (Johannes 12, 13) An diese Ereignis erinnert die katholische Kirche bis heute mit der »Palmweihe«. In Norddeutschland ersetzten Kätzchen der Salweide und Birkenzweige die Palmen. Bei den Protestanten nahm später der »Palmbusch« auch Gestalt und Bedeutung der segenspendenden Rute an, deren

Christus auf dem Palmesel. Mittelalterliche Holzskulptur, unlokalisiert

Verwendungszweck sich allerdings im 19. Jahrhundert auf die Osterfesttage verschob.

Prozessionen am Palmsonntag, bei denen Palmen und Esel als Requisiten unerläßlich waren, haben – nach allerdings bisher spärlichen Quellen – vor der Reformation auch in Mecklenburg stattgefunden.[1] Dafür spricht eine in einem 1516 gebundenen Buch abgedruckte Dienstaufgabe des Bälgetreters zu St. Marien in Wismar, der zu Palmarum den »ezel umme tho theende«[2], also einen hölzernen Esel, auf dem eine Christusfigur saß, vor dem Gottesdienst herumzuziehen hatte. Nach Kuhn/Schwartz soll das Fest in

71

Kreuzigungsgruppe aus dem Altar der Kirche zu Pinnow bei Schwerin

Norddeutschland damit begonnen worden sein, »*daß ein Esel ausgeputzt wird, auf dem ein Reiter sitzt, dieser wird in der Stadt unter großem Jubel umhergeführt, und dann zieht alles hinaus auf die Wiese. Den Beschluß machen Tanz und andre Ergötzlichkeiten.*«[3] Dieser Beleg scheint auf Mecklenburg-Vorpommern für unseren Zeitraum allerdings nicht mehr zuzutreffen, und auch in den katholischen Landschaften finden sich die »Palmesel« nur noch in den Museen.

Im Volksbrauch spielte der Palmsonntag bereits seit dem 18. Jahrhundert keine wesentliche Rolle mehr. Er verblieb als ein Festtag im kirchlichen Raum, wo seine Bedeutung sogar erhöht wurde, weil durch eine Verordnung von 1774[4] zusätzlich »Marias Verkündigungsfest« auf den Palmsonntag gelegt worden war. Trotz dieser kirchlicherseits erfolgten Verlegung beharrte der Bauer übrigens auf dem 25. März als »Ploog-Marien« oder »Hoeker-Marien«, an dem er in traditioneller Weise erstmals den Acker pflügte.[5]

4.2 Palmsonntag und Konfirmation

Dagegen wirkte sich eine kurz darauf folgende kirchliche Maßnahme stärker auf das Volksleben aus: Seit 1778 segnete man in Mecklenburg die Konfirmanden am Palmsonntag ein.[6] (Als erstes deutsches protestantisches Land hatte Hessen 1574 die Konfirmation eingeführt.) Die Konfirmation bedeutete die Aufnahme des getauften Jugendlichen in die Kirchgemeinde und den Abschluß der Kindheit für die 14 bis 15jährigen. Denn für die meisten Kinder fielen Konfirmation und Schulentlassung zusammen, und es begann das Erwerbsleben, oft

verbunden mit einem Ortswechsel.[7] Diesem ernsten Anlaß gemäß erschienen die Konfirmanden in Zylinder und Frack, die Mädchen aus wohlhabenden Familien in Kleidern aus schwarzer Seide und einem großen Umschlagtuch.[8] Die aufwendige Ausstattung dürfte zunächst wohl mehr für die Stadt charakteristisch gewesen sein, später ist die dunkle Kleidung in variierter Weise für Stadt und Land bis in die Mitte des 20. Jahrhunderts nachweisbar. Auf jeden Fall unterstrichen die Auswahl der Kleidung und die dunkle Festfarbe die Exponiertheit des Tages. Leider existieren hinsichtlich der Ausgestaltung dieses für die Jugendlichen so bedeutsamen Tages keine volkskundlichen Quellen aus unserer Region, die bis in die Mitte des 19. Jahrhunderts zurückreichen. Als Familienfest mit Geschenkfülle, wie heute üblich, ist die Konfirmation jedenfalls nicht begangen worden, da den Kindern solche Aufmerksamkeiten noch nicht zustanden. Als Zeichen des Erwachsenseins, der beginnenden beruflichen Ausbildung bzw. des Dienstes erhielten die Jungen jedoch eine lange Hose, die Mädchen ein längeres schwarzes Kleid. Und die Eltern, die es sich leisten konnten, ließen ihren Konfirmanden beim städtischen Fotografen ablichten.

In seinem berühmten Roman »Kasper-Ohm un ick« (1. Auflage 1855) beschreibt John Brinckman den Konfirmationstag von Andreas, der wohl als charakteristisch für die Jungen von der Küste gelten darf, die nach der Konfirmation mit der Seefahrt begannen:

»Ick wir dunn all an dat Buttend' von min föfteinst un se dunn grad viertein Johr un saeben Wochen. Ick süll den annern Dag mit den Emanuel, Kaptein Bradhering, in See ... De gesamte werte Familie wir

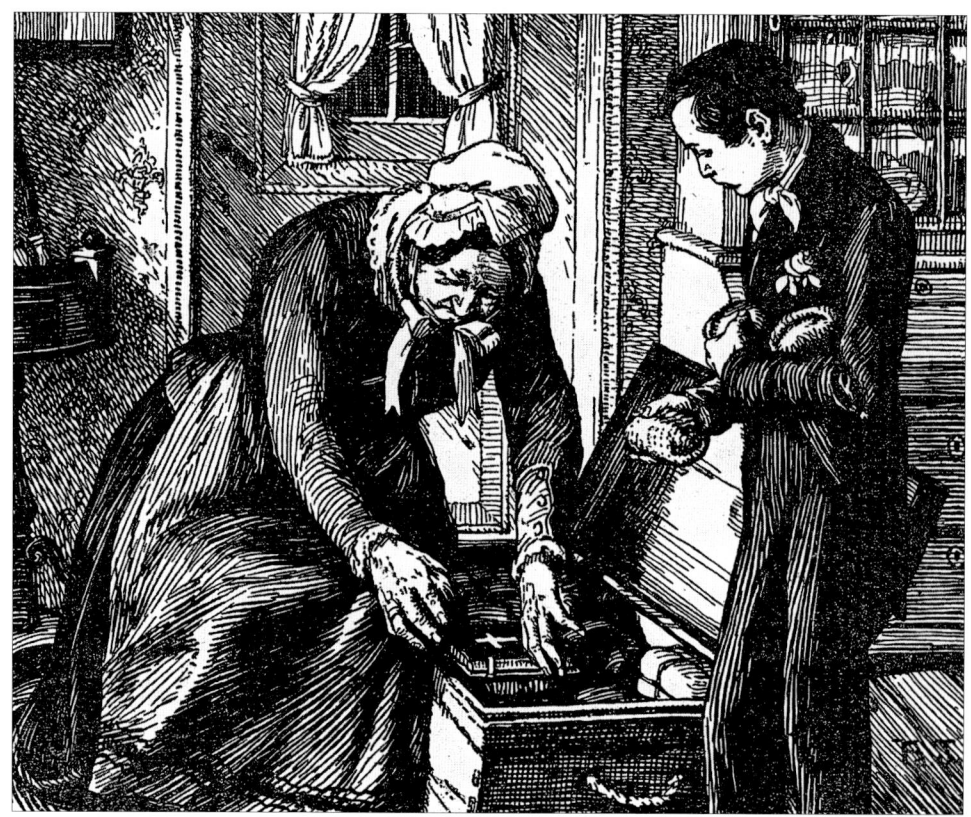

Andrees wird konfirmiert. Holzschnitt von Adolf Jöhnssen (1871–1950) zu John Brinckmans »Kasper-Ohm un ick«, Rostock 1855, S. 164

nämlich mit in de Kirch un nahsten bi uns to Middag … Dat wir jo min Ihrendag. De Stimmung wir aewerall sihr irnsthaftig. Vel spräken würd aewer Disch bi minen Ollen nich, un glik nah den Koffe führt' ok all den Barnstörper sin Bänkwagen wedder vör, un denn säd Kristoffer-Ohm to mi:

»Na Bengel! Denn schick di ok, un wenn Du nahsten so wid büst, denn reed ick Di 'n Sößteinstel, dor hest Du min Hand up!« Oll Mähne=Tanten stök mi stillswigens 'n Lübsches Markstück in de Hand. Kasper= Ohm hadd mi in de Kirch un aewer Disch

schaarp up den Kiker nahmen hatt, aewersten nicks seggt … Un dunn müßt Kasper=Möhme ok noch ehren Semp dorto gewen: »Wenn mich Dich die bösen Buben locken, dann folg mich ihnen man liebersten nich, lieb Andreeßing … Als wi nahsten alleen wiren, dor säd min Oll to mi: »Du hest nun de Slüngeljohren achter Di, Andrees! Dat ick Bradhiringen nich aewer Di klagen hüren doh, dor richt Di nah!«

Die Mutter nimmt den Konfirmanden mit in die »Achterstuw«, sie kann zunächst vor Rührung nicht sprechen, meint schließ-

Konfirmandinnen um 1890 in Teterow

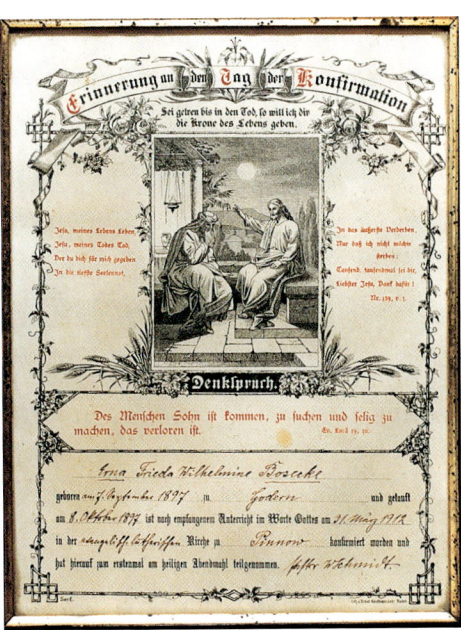

Gedruckter Konfirmationsspruch aus Pinnow 1912

lich aber: »*Na, Kind, Du versteist mi ahn Würd! Un nu tell mi Din Seestrümp in Din Seekist mal to.*« Und in die Seekiste hat sie ihr eigenes Gesangbuch obenauf gelegt, das den jungen Seefahrer begleiten und schützen sollte.

Nicht Geschenke gelten in dieser Darstellung als das Wesentliche, sondern die aufmerksame Wahrnehmung der Eltern und Verwandten durch Blicke, Gesten und Worte, die der Konfirmand durchaus als Würdigung seines jungen Erwachsenenlebens und zukünftigen Arbeitslebens empfand. Und erst dann war mit Belohnung zu rechnen, wenn er sich »geschickt« hatte, also fleißig und arbeitswillig gewesen war, dann sollte ihm ein Sechzehntel des Schiffes zustehen.

Ein gedruckter Spruch, den der Pastor für alle in Dorf und Stadt bereit hielt, erin-

nerte an den Tag der Konfirmation, die Beendigung der Kindheit.[9] Das Buchsbaumsträußchen, das noch bis etwa 1960 mit einem weißen Spitzentaschentuch auf das Gesangbuch gebunden wurde und sich so von der dunklen Kleidung abhob, kann als ein letztes Relikt des Palmbusches gelten, der Maiglöckchenstrauß weist symbolisch auf Maria als »reine Himmelskönigin«.

4.3 Gründonnerstag

Die dem Palmsonntag folgenden Tage der Karwoche sind in Mecklenburg im Gegensatz zu katholischen Landschaften, wo noch am sogenannten »Krummen Mittwoch«, an dem sich Judas erhängt haben soll, Brauchhandlungen ausgeführt wurden, nicht

mit spezifischen Bräuchen begangen worden. Festlicher verlief der Gründonnerstag. Kirchlicherseits war er der Tag des Abendmahls bzw. »dies absolutionis« (Tag der Lossprechung), denn am Gründonnerstag wurden die seit Aschermittwoch aus der Kirche ausgeschlossenen Büßer, die »Greinenden« (Weinenden) wieder in die Kirchengemeinde aufgenommen. Von den kirchlichen Gebräuchen dieses Tages soll das Bestimmungswort »Grün« herrühren. Die Volksethymologie unterlegte dem Wort »Grün« einen anderen Inhalt:
Am Gründonnerstag wurde als erste »grüne« Nahrung ein Gericht aus neunerlei Kräutern, der »Gründonnerstagskohl«, auf den Tisch gesetzt.[10] Die Zusammensetzung der Kräuter für das Gericht variierte. Genannt werden in den Quellen u.a. Nessel, Scharbockskraut, Melde, Hederich, Senfkraut, Quecken, Graswurzeln, Gundermann, Schafgarbe, Gänseblümchen, Kuhblumen, Erdbeerblätter.[11] Als Hauptbestandteil des »Nägenkohls«[12] soll die »Dunnernettel«, die große Brennessel, genommen worden sein.

Der Sternberger Pastor David Franck sah in dieser Gewohnheit in seinem 1758 erschienenen Buch »Altes und Neues Mecklenburg« noch eine ältere Erinnerung an heidnische Bräuche, besonders an den Thor, den Herrscher über Wolken und Winde, dessen altgermanischer Name Donar lautete:
»Vom Thor kommt auch noch her, daß man am grünen Donnerstage sich einen grünen Kohl vornehmlich von jungen Nesseln kochte, und also des Thor's Abendmahl hält. Es ist sodann mancher der Meinung, wann er an diesem Tage, da Christus das Heilige Abendmahl eingesetzt, nicht Kohl sollte mit Nesseln essen, daß es üm sein Leben wohl so gefährlich stehen mögte, als wie üm die Seele dessen, der ein (ist) Verächter des heiligen Abendmahls.«[13]

Nach den Belegen im Wossidlo-Archiv läßt sich selbstverständlich eine direkte Erinnerung nicht mehr belegen, obwohl regelmäßig in der Brauchliteratur versucht worden ist, solche Kontinuitäten herzustellen. Und ob derartige Gerichte von allen Bevölkerungsschichten in dieser Weise genossen wurden, ob man nicht vielmehr Ärmere in dieser Tradition bestärkte, dafür fehlen Belege.

Überhaupt dominierte als »grüne« Nahrung sicherlich schon vor 1850 der Grünkohl, da sich Kräutersuppen und Kohl von jungen Nesseln bisher nur aus der Literatur belegen lassen,[14] während Wossidlo als Gerichte nur Grünkohl, Sprutenkohl (aus Schößlingen der alten Grünkohlstrünke)[15] und Spinat notiert hat.[16] Dieses erste grüne Gericht nach dem von der Ernährung her vitaminarmen Winter sollte Gesundheit für das ganze Jahr verleihen, in Analogie zur wieder grünenden Natur den Menschen wieder erneuern. Analogiedenken und Empirie also bildeten die Grundlage der Gründonnerstagsbräuche.

Gründonnerstag bedeutete einen Neubeginn im Sinne der »Rites de Passage«, den auch der Bauer einhielt:

»Früher, als die Feier des Gründonnerstags auf die Stunden von 10 bis 12 vormittags festgesetzt war, sah man alle Bauern am Gründonnerstag Morgens um 6 Uhr mit Wagen, Pflug und Egge aufs Feld ziehen, wo sie bis 9 Uhr arbeiteten. Mochten nun die Pferde den ganzen Winter im Stalle zugebracht haben oder nicht, am Gründonnerstag holte sie der Bauer aus dem Stall und arbeitete mit ihnen. So war es noch vor etwa 12 bis 15 Jahren (1860, H.M.) Seit-

dem die Arbeit gesetzlich bis 12 Uhr Mittags verboten ist, ziehen die Bauern nach dem Gottedienst mit ihren Pferden aufs Feld. Wer an dem Tag nichts auf seinem Akker thut, hat keinen Segen in dem Jahre; arbeitete er aber, so grünt nicht nur das Feld, sondern auch Menschen und Thiere sind gesegnet.« [17]

Der Sorge um eigenes Wohlergehen und das der ganzen Wirtschaft entsprangen weitere brauchtümliche Handlungen wie das Verstecken eines Hühnereies auf dem Hausboden als Schutz vor Blitzschlag sowie mancherlei Arbeitsverbote (ähnlich wie in den Zwölften). [18]

Brotbacken und Wäschewaschen waren verboten, weil man glaubte, daß der aufsteigende Rauch den Regen für das ganze Jahr vertreibe. Feldarbeit dagegen war erlaubt. So bildete sich die Meinung, daß man an diesem Tag Kohl pflanzen müsse: »Planten un Seihn an' Gräundunnerstag hett Däg' (Erfolg).« [19]

Wenn in der Literatur der Gründonnerstagskohl als Rest alter Opferbräuche [20] und die erste Feldarbeit als magische Handlung bewertet werden, so sind doch wohl die natürlichen Wurzeln dieser Anschauungen nicht zu übersehen. Es ist verständlich, daß der Körper nach der vitaminarmen Winterkost nach Grünem verlangt. Außerdem entsprach die Kost sowohl den Bedingungen der vorherigen Fastentage als auch denen vor der Saatzeit, in der das benötigte Korn aufgrund dcs geringen Ertrages der alten Feldwirtschaft knapp war. Die Bearbeitung des Bodens in dieser Zeit forderte die Notwendigkeit, und wie bei anderen neu zu beginnenden Tätigkeiten während des Wirtschaftsjahres suchte der Bauer einen festlichen Anlaß.

4.4 Karfreitag –
»Stillen Friedag stünn' de Sünn still«

Der Tag trug in Mecklenburg allgemein die Bezeichnung »Stillen Fridag«. Seine Ruhe durfte durch keine gröbere Haus- oder Feldarbeit gestört werden. Vor allem die Dorfbevölkerung glaubte, daß die Natur Anteil nähme am Kreuzestod Jesu, dessen figürliche Darstellung mit der Dornenkrone auf dem geneigten Haupt in fast jeder Kirche die Predigt an diesem höchsten Feiertag der evangelischen Kirche bildhaft begleitete. »Die Blumen lassen die Köpfe hängen«, »die Sonne verdunkelt sich«, »Stillen Fridag stünn de Sünn still«, [21] heißt es zum Zeichen der Mittrauer vielfach.

Analog zu anderen Feiertagen wie den Zwölften durfte nicht gesponnen, genäht, gestickt und keine Wäsche aufgehängt werden; wer an diesem Tage nähte, der nähte sich die Himmelstür zu. [22] Die Begründungen entspringen auch hier wieder Vorstellungen des Volksglaubens, sind aber stärker christlich geprägt. Die recht große Anzahl entsprechender Belege (80), die Reaktionen der Dorfbevölkerung auf das Karfreitagsgeschehen beinhalten, scheinen hier für eine weithin erhaltene Volksfrömmigkeit zu sprechen, die anläßlich anderer christlicher Festtage weniger in Erscheinung tritt.

Der Würde des Tages entsprach dunkle Kleidung beim Kirchgang, der mancherorts am Karfreitag sogar zweimal unternommen wurde. (Ich erinnere mich, daß uns Vorschulkindern noch um 1950 beim Karfreitagsgottesdienst in der Rostocker Nikolaikirche die dunkle Kleidung der Gemeinde und der ungcwohnte Anblick des Zylinders meines Vaters und ebenso die entsprechende Kopfbedeckung der Rostocker Männer, die »etwas auf sich hielten«, Furcht einflößten.) Die Feiertagsspaziergänge wurden von den Städtern ebenfalls in Gehrock und Zylinder unternommen.

In den Kirchen schwieg die Orgel, die Altarflügel blieben geschlossen. Die Kinder, die zu Ostern eingeschult werden sollten, nahmen am Nachmittagsgottesdienst teil, »damit sie gut lernen« und »klug werden«.[23] Lautes Herumtollen war den Kindern am Karfreitag verboten. Für die Erwachsenen galt in den Krug zu gehen oder Karten zu spielen als unschicklich. Dieses Verbot scheint besonders auf dem Lande und speziell bei den Bauern nicht auf Gegenliebe gestoßen zu sein bzw. mehr Wunsch der Kirche gewesen zu sein als Realität, sammelte doch Richard Wossidlo allein 246 Fassungen der Sage, wonach sich der Teufel zu den Bauern gesellt, die am Karfreitag oder nach der Beichte dem Kartenspiel frönen und dafür mit sichtbaren Zeichen bestraft werden:

»He hett all de Buern dat Knick ümdreiht; dee een is blind worden, een hett nich gahn künnt, een hett nich hüren künnt: enen Fähler hebben se all dree krägen; Teekent hett he de Buern all.«[24]

Und bei Karl Bartsch, der die ihm mitgeteilten Sagen, Märchen und Gebräuche 1876 herausgab, ist nachzulesen:

»An einer Wand der Kirche zu Rhena sieht man Blutflecken, die, so oft sie auch übertüncht wurden, immer wieder vorkommen. Man erzählt, daß, als Rhena noch ein Nonnenkloster war, einmal am Charfreitag in einem Seitenschiff ein Geistlicher des Klosters und ein Laie Karten spielten. Plötzlich erhielt der Laie von unsichtbarer Hand eine Ohrfeige, daß Blut und Gehirn an die Wand spritzten und er todt niedersank.«

Das Erzählen und Weitergeben solcher Sagen ist von der Kirche eher gefördert, denn untersagt worden, halfen sie doch, den Einfluß der Kirche zu befestigen.

Auch die Seeleute achteten die Karfreitagsruhe und setzten die Flaggen ihrer Schiffe auf Halbmast. »Alle Flaggen würden upheißt von acht bis zwei up 'n halven (Mast).«[25]

Am Karfreitag aß man zwar kein typisches Gericht wie an den anderen großen Festtagen, aber es wurden wegen des Fleischverbotes in der Fastenzeit bestimmte Gerichte wie Eierkuchen, Pfannkuchen, Reis, Pudding, besonders aber Fisch bevorzugt. Eine Ausnahme bildet der Hecht – *»denn er trägt das Leiden Christi im Kopf, das sogenannte Hechtkreuz«*.

4.5 Das Osterfest

Das Osterfest als Fest der Auferstehung Christi wird von der Kirche traditionell an dem Sonntag begangen, der dem ersten Vollmond nach Frühlingsanfang (21. März) folgt. Doch ist dieses brauchreiche Fest nicht allein christlicher Tradition zuzuordnen, sondern es hat seine Wurzeln auch in Frühlingsfeiern vor der Christianisierung Mitteleuropas. Bis dahin sollen nach der Literatur die Germanen Frühlingsfeste zu Ehren der Göttin Ostara gefeiert haben. Nicht ohne Grund also hatte die Kirche 325 auf dem Konzil zu Nizäa ihr wichtigstes Fest in die Jahreszeit der schon in vorchristlicher Zeit begangenen Siegesfeiern des Frühlings über den Winter gelegt. Sie verband so geschickt die christliche Freude über die Auferstehung mit dem im Frühling zu beobachtenden Naturphänomen der aufsteigenden Sonne. In diese Freude mischte sich das natürliche Bestreben der Menschen, alle Voraussetzungen für ein fruchtbares, ertragreiches Wirtschaftsjahr zu schaffen. Mit der Sorge um die Wirtschaft erhielt die Osterzeit neben der kirchlichen Ausprägung somit vor allem einen produktionsregulierenden Charakter, der sich auf Vieh, Acker und Haus bezog. Aber auch der eigenen Gesunderhaltung wurde gerade zu Ostern Beachtung geschenkt, der Körper wurde »fit« gemacht für das neue Arbeitsjahr.

Die Herkunft des Wortes Ostern gibt jedoch bis in die Gegenwart Rätsel auf. In einem jüngsten Herleitungsversuch wird Ostern nicht mehr, wie in der Brauchliteratur üblich, mit der Deutung von Jacob Grimm und einer angeblichen germanischen Göttin »Ostara« in Verbindung gebracht. Und schon gar nicht mehr mit der Himmelsrichtung Osten, in der der Aufgang der Sonne zu beobachten ist, die nach der traditionellen Überlieferung über die Auferstehung Christi drei Sprünge machen soll. Die jüngste Veröffentlichung sieht eine direkte Verbindung zwischen der pluralischen Form »ze den ostern« und einer Wortfamilie »austr« in den nordgermanischen Sprachen, in der Wasser und das Begießen als wesentliche Elemente gesehen werden. Das Wort Ostern soll sich nach dieser Beweiskette vor allem auf die Taufe beziehen.[26] Eine eindeutige Klärung wird sich kaum noch herbeiführen lassen.

Die volkssprachliche Bezeichnung des Festes in Mecklenburg lautete während des 19. Jahrhunderts in der Regel »Ostern«, womit sich der in Norddeutschland jüngere Terminus durchgesetzt hatte. Das ältere Wort »Paaschen« (vom jüdischen »Passah«, der Feier zum Gedächtnis an den Auszug der Kinder Israel aus Ägypten), das von westfälischen Siedlern während des Mittelalters aus der Kölnischen Kirchenprovinz

mitgebracht worden war, starb als Simplex allmählich aus, erhielt sich aber in einigen Komposita wie »Paascheier«, »Paaschbarg«, »Paaschappel« noch bis in die Zeit um 1900.[27]

Nach christlichem Verständnis folgt der »Stillen Zeit« die fröhliche Osterzeit, denn Jesus hat durch die Auferstehung den Tod überwunden. Die Kirche betonte den heiteren Charakter des Osterfestes noch bis zum 18. Jahrhundert gern mit einer Predigt, in der die Gemeinde mit derben Geschichten als Kontrast zur Passionszeit bewußt zum Lachen gebracht wurde. Dieser Brauch ist als »Ostergelächter«, als »risus paschalis«, bekannt. Es ist allerdings von den Reformatoren als Unsitte getadelt worden. Innerhalb der Festtagsdramaturgie auch außerhalb des kirchlichen Raumes aber tragen die Osterbräuche nach wie vor einen unbeschwert fröhlichen Charakter.

Das Geschehen der Osterzeit führten Schüler und Bürger in den mittelalterlichen Städten als Volksschauspiel auf den Marktplätzen auf. Besondere Bekanntheit erlangte dabei das Redentiner Osterspiel: Ganz bedenkenlos hatte der Autor, vermutlich der Zisterziensermönch Peter Kalff 1464 von dem Hof Redentin bei Wismar, das an das Doberaner Kloster gefallen war, die Handlung in seine vertraute mecklenburgische Umwelt verlegt, wenn während des Spiels von den Grabwächtern Wismar, die Insel Poel und die Ostseeinseln Hiddensee und Moen in der Ferne gesehen werden. Frische und Spannkraft erhielt das Passionsspiel, indem sich der Autor der unterhaltsamen Gestaltungselemente und dramatischer Effekte der Fastnachtsspiele bediente und turbulente Szenen einbaute. Dazu gehört ein Streit zwischen Johannes dem Täufer mit seiner Kamelhaut und dem Teufel, der

Illustration von Fritz Koch-Gotha (* 1877 in Eiberstädt; † 1956 in Rostock) zur »Häschenschule« von Albert Sixtus. Die bunten Osterhasenbilder von Koch-Gotha zu den Texten von Albert Sixtus trugen zur Verbreitung des »Osterhasen« erheblich bei.

diese Haut gern zum Schutz gegen Regen haben möchte, so daß ihm Johannes einen Schlag auf den »Schinken«, den Hintern androht, oder die Jagd der Helfer des Teufels auf Lügner, Ehebrecher, betrügerische Kaufleute, Räuber, die den maroden Zustand der Welt vor Augen führt.[28] Der Prolog des Spiels wendet sich an »arm« und »reich«:

> *Swiget al gelike,*
> *beide arm unde rike!*
> *Wi willen ju ein bilde geven,*
> *Wo sik van dode heft upgeheven*
> *Godes sone Jesus Krist*
> *De vör ju gestorven ist.*
> *Wo de upstandinge is geschen,*
> *Dat möge gi alle gerne sen.*

> Schweiget alle gleich,
> beide arm und reich!
> Wir wollen euch ein Bilde geben,
> Wie sich vom Tode erhoben zum
> Leben
> Gottes Sohn, Herr Jesus Christ,
> der für euch gestorben ist.
> Die Auferstehung, wie sie geschehn,
> Das mögt ihr alle gerne sehn.[29]

4.6 »Ostereier gew't nich, as ik jung wier«

> *Seht, wie ihre Augen strahlen,*
> *wenn sie lernen Eier malen!*
> *Jedes Häslein nimmt gewandt, einen*
> *Pinsel in die Hand,*
> *färbt die Eier, weiß und rund, mit den*
> *schönsten Farben bunt.*
> *Wer's nicht kann, der darf auf Erden*
> *Nie ein Osterhase werden.[30]*

Brauchtum zu Ostern assoziiert aus heutiger Sicht Vorstellungen wie Osterhase,

Osterei, Eier färben, Eier verstecken, Familienfest. Diese Brauchelemente spielten allerdings im 19. Jahrhundert in Mecklenburg/Vorpommern noch keine wesentliche bzw. eine andere Rolle. Als 1923/1924 der Karikaturist und Buchillustrator Fritz Koch-Gotha (geb. 1877 in Eiberstädt bei Gotha, gest. 1956 in Rostock) die Verse der zum Kinderbuchklassiker avancierten »Häschenschule« von Albert Sixtus (1892–1960) über das Hasenleben von Hasenhans und Hasengretchen illustrierte und dem Hasen wie selbstverständlich die Funktion des Eieranmalens zuwies, waren gefärbte Eier als Osterüberraschung für Kinder vom angeblich eierlegenden Osterhasen in Mecklenburg zu Ostern gerade erst zögerlich im städtischen Brauch in Mode gekommen. Dazu beigetragen haben neben Werbebildchen der Schokoladenindustrie selbstverständlich auch ihre süßen Fabrikationsprodukte wie etwa die Erzeugnisse der Schokoladen- und Zuckerfabrik Holtfreter und Alert in Rostock.

Zunächst galt Ostern, wie es Belege aus dem 16./17. Jahrhundert zeigen, als wichtiger Termin im Wirtschafts- und Rechnungsjahr. Landesherren, Pfarrer und Küster bezogen zu diesem Termin Hebungen, wobei neben Geld und Naturalien vielfach Eier bezeugt sind.[31] Für die Herausbildung von Bräuchen um die »Ostereier« (die von den »Eiern zu Ostern« abzusetzen sind) scheinen dabei zwei Faktoren nicht ohne Belang: 1. In keinem der Belege ist bei den Eiern zu Ostern von gefärbten oder geschmückten Eiern die Rede.[32] Auch die Eier, die die Hirten als Teil ihres Lohnes erhielten, blieben ungefärbt.[33] 2. Spätestens seit dem 18. Jahrhundert schwanden Abgaben in Form von Naturalien und damit auch die Eiergaben zu Ostern mehr und mehr, so

Ostereier müssen sich deutlich von gewöhnlichen Eiern unterscheiden.

berg so lange halten konnte, hängt mit der Geschichte der Stadt zusammen, war Schönberg doch seit dem 13. Jahrhundert Residenz der Bischöfe.[35] Und da der Schönberger Bischof zu Lübeck Beziehungen unterhielt, fühlte er sich wiederum verpflichtet, von seiner bischöflichen Meierei aus jährlich zu Ostern Osterfladen nach Lübeck zu schicken, deren Gewicht 1755 immerhin jeweils 30 Pfund, ab 1812 jeweils 15 Pfund für die vier Lübecker Bürgermeister betrug. Noch bis 1945 blieb dieser antiquierte Brauch als charakteristischer Teil österlicher Abgabe- und Spendenpflichten bestehen.

Auch Gryse nennt 1593 die Osterfladen und ebenso bunte Eier im Zusammenhang mit kirchlichen Gebräuchen: »Up Paschen hebben de gewyheden Osterfladen und brunen Eyer dat Fest zyren möten.«[36] Neben den rechtlichen Abgaben an (ungefärbten) Eiern zu Ostern werden mithin kirchliche Gebräuche um das Ei als weitere Quelle für die Ostereier zu benennen sein. Parallelbelege aus anderen Landschaften bestätigen, daß dem Ei im Kirchenbrauch hoher Wert beigemessen wurde. So führte die Kirche um 1200 die Benedictio ovorum, die Weihe der Eier, an Ostern ein.[37] Freunde und Verwandte beschenkten sich im Anschluß an die Weihe mit geweihten Eiern oder Fladen.[38]

Die makellose Form des Eies, das Wunder des in ihm verborgen ruhenden Lebens, das gut als Symbol des christlichen Auferstehungsglaubens dienen konnte, animierte etwa seit dem 17. Jahrhundert auch in Deutschland die Phantasie von künstlerisch Begabten zur Verzierung des Eies oder zu eiähnlichen Darstellungen.

Als Zeichen der Freundschaft und Zuneigung färbte und verteilte man die Eier auch im klösterlichen Bereich, mitunter auch an

daß dadurch in der österlichen Brauchstruktur eine Stelle für neues bzw. modifiziertes Brauchtum frei wurde. So waren einige Dörfer bereits 1628 nicht mehr grundsätzlich verpflichtet, an das Amt Eier zu liefern, während sich die Naturallieferungen an Küster und Pfarrer länger behaupteten. Beispielsweise erhielt der Schönberger Organist noch 1912 Ostereier und einen Osterfladen von 12 Pfund, sein Vorgänger im Amt dagegen von 1834 an regelmäßige Naturallieferungen, u.a. Korn, Brot, Malz, Eier, Würste, Backpflaumen, Flachs, Holz, Wachs und Stubensand.[34] Daß dieser Brauch sich gerade in Schön-

Bedienstete, Handwerker, Tagelöhner.[39] Im katholischen Fulda wurde um 1770 am Palmsonntag ein Esel mitgeführt, in dessen »*Hintern (anus) … fromme Weiber die gefärbten Eier für ihre Kinder (legten), welche dadurch so gut geweiht waren.*«[40] Kinder als Empfänger von bunten Eiern werden also relativ spät genannt.

Die mecklenburgischen Belege für das Schenken von Eiern an Kinder bzw. das Verstecken und Suchen decken sich mit Wildhabers Einschätzung, der betont, daß bei den älteren Bräuchen um das Ei nie vom Verstecken und Suchen und ebenfalls nie von einem ausdrücklichen Geschenk der Eltern an ihre Kinder die Rede gewesen sei.[41] Seine These überzeugt, wonach »*diese Art von Schenken … offenbar erst dann in wirklich größerem Ausmaß möglich werden (kann), wenn die Abgabeverpflichtungen nicht mehr in ihrer alten Stärke bewußt sind und wenn die Frage der Beziehungen zu den Kindern und ihrer Erziehung neu gestellt wird.*«[42]

So kann es nicht wundernehmen, daß das Osterei erst seit dem 18. Jahrhundert in deutschen Landschaften weite Verbreitung findet; in Mecklenburg ist es noch in der ersten Hälfte des 19. Jahrhunderts kaum bekannt. »*Ostereier gew't nich, as ik jung wier*«, bekannte ein Gewährsmann Wossidlos 1928.[43] Auch Verzierungen wie Bebilderung, Wachsauflagen, Beschriftung, Gebrauch von Salzsäure, um auf dem gefärbten Ei mit einer Stahlfeder Verse und Bildkonturen herauszuschreiben u.a., waren in Mecklenburg noch völlig unbekannt. Wenn Eier gefärbt wurden, dann mit den Mitteln, die ohne besonderen Aufwand zur Verfügung standen: Kaffee und Zichorie zum Braunfärben, Heu für grüne, Zwiebeln für gelbe Farbe. Weitere Färbemittel

waren »Brunholt«, Petersilien- oder Selleriekraut sowie Kattun.[44] Zur Verzierung wurden einige Eier »*mit Kahl (Kohle) answart't oder mit Papier bunt makt*«.[45]

»*De Nam würd upschräben mit 'n beten Seep*«;[46] in diesem Fall blieben die Namen weiß. Das Färben mit natürlichen Mitteln – Kaffee, Heublumen, Zwiebelwasser – wird auch aus Dörfern Tirols und der Steiermark mitgeteilt,[47] ebenso aus Estland[48] und den Niederlanden.[49]

4.7 Der Hase als Eierbringer

Als ältester Beleg für den Hasen als Eierbringer wird in der Literatur gern ein Bericht des Heidelberger Mediziners Professor Georg Frank von 1682 zitiert:

»*In Südwest-Deutschland, in der Pfalz, im Elsaß wie auch in Westfalen werden diese Eier die Haseneier genannt. Man macht dabei einfältigeren Leuten und kleinen Kindern weis, diese Eier brüte der Osterhase aus und verstecke sie im Garten ins Gras, ins Gebüsch u.s.w. man will sie so von den Buben um so eifriger suchen lassen, zum erheiternden Gelächter der Älteren.*«[50]

Relativ spät erst taucht auch der Hase als Eierbringer zu Ostern in Mecklenburg auf. Ältere Gewährspersonen Wossidlos konnten sich nicht an einen Osterhasen erinnern, insgesamt werden dem Explorator nur 12 positive Antworten gegeben.[51] »*Die alten Leute bei uns auf dem Lande wissen nichts vom Osterhasen*«,[52] bestätigen auch weitere Quellen noch zu Beginn des 20. Jahrhunderts. Im mecklenburgischen »Voß-und-Haas«-Kalender, der in seinen Monatsbildern sonst vielfach auf entsprechendes Brauchtum Bezug nimmt und dessen Hauptpersonen Hase und Fuchs sich ja ge-

Metallform der Bäcker für Schokolade in Form einer »Hasenpost«

radezu für eine entsprechende Bildgeschichte angeboten hätten, taucht ein entsprechendes Bild erst im Kalender von 1930 auf;[53] »schon« 1906 allerdings bringt der im Charakter ähnliche mecklenburgische »Vagel-Griep«-Kalender im Ostermonat ein Gedicht, in dem Osterhase und Verstecken von Eiern Erwähnung finden.[54]

Es spricht im Grunde für die nüchtern beobachtende Landbevölkerung, daß sie sich den Hasen als Ostereierbringer aus eigener Empirie nicht »aufschwatzen« ließ. Zudem blieb bis auf Ausnahmen in den Gutshäusern und reicheren Bauernhäusern der Landbevölkerung der Zugang zu den gedruckten Postkartenmotiven oder Pappmachéeiern mit Osterhasenmotiven, städtischen Gebildgebäcken mit Hasenmotiven noch verwehrt. Eine regelrechte Hasenmode hatte Ende des 19. Jahrhunderts eingesetzt, indem man naturgetreu geformte Hasen bekleidete und die Ordnung der

menschlichen Gesellschaft auf sie übertrug[55] bzw. durch sie karikierte wie in der erwähnten »Häschenschule«.

Auch hier erscheint m. E. wiederum Wildhabers These am überzeugendsten, wonach »der Osterhase auf Grund des für die Ostereier bekannten und belegten Brauchtums gar nicht alt sein kann, weil es für ihn früher keine Möglichkeit gab, eine Rolle im Brauchtumsablauf zu übernehmen«.[56] Ein ähnliches Auffüllen einer Leerstelle im Brauchtum wird später bei der Einführung des Weihnachtsbaumes zu beobachten sein.

Warum nun aber wurde ausgerechnet der Hase als Eierbringer ausersehen?

Wenn die ungewöhnlich bunten Eier Wunderbares enthalten oder bewirken sollten, konnten sie auch nicht von einer normalen Henne gelegt worden sein, sondern eher von eierlegenden Vögeln wie dem Kuckuck in der Schweiz, in Holstein und Sachsen war es der Hahn. Genannt werden auch Kranich und

Auerhahn und sogar der Fuchs mit »Voss-eiern«. Durchgesetzt hat sich der Hase. In der Literatur wird dafür eine Vielzahl von Gründen, die für uns heute kaum noch ent-schlüsselbar sind, angeführt. Offenbar proji-zierte man auf ihn Wünsche nach Fruchtbar-keit und neuem Lebensgefühl.

In Byzanz war der Hase in der Tiersym-bolik ein Symbol für Christus. Er gehörte zu den symbolträchtigen Tieren in der Mythologie: Er galt als heiliges Tier der germanischen Frühlingsgöttin Ostara, als Fruchtbarkeitssymbol war er der Liebes-göttin Aphrodite zugeordnet. Die Römer sahen in ihm ein Symbol der Fruchtbarkeit, denn die Häsin gilt als außergewöhnlich fruchtbar, sie kann zur gleichen Zeit emp-fangen und gebären. Schönheit und Potenz erhofften sich die Römer durch den Ver-zehr von Hasenbraten: Eine Portion Ha-senmagen, von einer Frau verzehrt, sollte Mutterfreuden bewirken; wurde das Mahl von einem Manne verzehrt, so sollte es ihn befähigen, Söhne zu zeugen. Bei vielen Völ-kern sitzt der Hase im Mond, Mondphasen symbolisieren Tod und Auferstehung.

Drei Hasen zeigen die Mondphasen auf dem Halberstädter Marienteppich von 1510 an, ebenso bei den drei rotierenden Hasen am Dom zu Paderborn, und der Hase sitzt auch auf einem elsässischen Wirkteppich von 1540 am Grabe Christi. Wie bei den Eiern animierte der Hase früh zu künstleri-schen Spielereien. Bei diesen sogenannten Drei Hasenbildern sind die drei sitzenden oder laufenden Tiere so zueinander in Beziehung gestellt, daß ihre sechs Ohrlöffel sich zu einem Dreieck von nur drei darge-stellten Ohren vereinigen. Die zahlreichen frühen Scherzbilder belegen bei allen iko-nographischen Deutungsversuchen über ei-ne Darstellung der Dreieinigkeit auch, wie

Specksteinmodel der Bäcker für einen Marzi-panosterhasen

volkstümlich der Hase bereits gewesen ist.

Norbert Buske machte jüngst auf eine theologische Deutung aufmerksam: die Schwäche des Hasen (Hasenfuß) sinnbild-lich für die Schwachheit des Menschen, der seine Zuflucht zum Felsen der Kirche neh-men soll. Die Schwäche des Hasen läßt ihn zum Helden der verkehrten Welt werden, wo der Schwache siegt und der starke Böse unterliegt.[57]

Doch alle Herkunftstheorien, die die Be-fähigung des Hasen zum Eierlegen, Färben und Überbringen von Eiern mit Kontinui-tätstheorien aus frühesten Jahrhunderten nachzuweisen suchen, überzeugen im Grun-de nicht.

Man wird nur festhalten können, daß der Hase sich im Frühjahr gern menschlichen Behausungen näherte, wo er sich Nahrung, z. B. Kohl, erhoffte, daß er von Kindern ob seines Aussehens und seiner Possierlichkeit geliebt wird und schnellfüßig davonsprin-gen kann, so daß Kinder glauben konnten, er habe zuvor etwas versteckt.

Kinder wurden im 19. Jahrhundert an-stelle von Gesinde oder Würdenträgern ge-nerell zu Geschenkempfängern zu Ostern und Weihnachten, so daß Parallelen der

85

Funktionen von Osterhase, Christkind und Nikolaus augenfällig sind.

Es soll nun von Bräuchen zu Ostern die Rede sein, die im Untersuchungszeitraum im mecklenburgischen Dorf vital waren.

Mit einem »Paascheieressen«, bei dem Bauer und Gesinde gemeinsam am Abend vor Ostern aus einer großen Schüssel nach Belieben Eier verzehren konnten, stimmte man sich auf den mit Freude erwarteten Ostersonntag ein.[58] Oft kam es dabei zu regelrechten Wettessen. *»Ick heff dat mal beläwt, dat een acht* (Eier) *upäten ded.«*[59] Diese Paascheier waren wahrscheinlich – im Gegensatz zu den am Ostersonntag verschenkten – ungefärbt.

Der Ostersonntag bedeutete das Ende der vierzigtägigen Fastenzeit. Nach den alten Fastenvorschriften galt das Ei bis Ostern als verbotene Speise,[60] so daß sich dieses Paascheieressen möglicherweise aus ehemaligen kirchlichen Vorschriften erklären läßt. Ränk weist darauf hin, daß das Osterei »bei der bäuerlichen Schicht mehr als Speise und Kraftspender denn als eine traditionelle Schmucksache galt«.[61]

Am Ostermorgen war bereits die Zeit vor Sonnenaufgang bedeutungsvoll. Junge Mädchen holten für sich und das Haus Osterwasser. Sollte die Wirksamkeit des geschöpften Wassers erhalten bleiben, so mußten bestimmte Regeln beachtet werden. Eine bestand darin: *» Up 'n ihrsten Osterdag vör Sünn'upgang möt man fleeten Water halen ... gegen 'n Strom möt dat füllt warden, un ›im Namen Gottes‹ möt man dorbi seggen.«*[62] Der Grundtyp eines solchen »Schöpfspruches« lautete:

> *»In Gottes Namen schöpf ich dich,*
> *in Gottes Namen brauch ich dich,*
> *es ist das wahre Jesublut,*
> *es ist für allen Schaden gut.«*[63]

Diese beschwörende Formel, deren textliche Grundlage wohl in der religiösen Dichtung bzw. den kirchlichen Abendmahlstexten des Karfreitages zu suchen ist, gab der Handlung sicherlich verstärkten symbolischen Charakter. Der feierliche Ernst wird dadurch unterstrichen, daß die Formel durchweg hochdeutsch lautete. Allgemeiner aber galt, daß das Wasser, welches für Gesundheit, ein gutes Flachsjahr, Schönheit, gegen Sommersprossen, Schimmeln von Brot und »Durchliegen« von Kranken seine Wirkung tun sollte, unbedingt schweigend von den Mädchen geschöpft werden mußte. Mit dem Osterwasser besprengte man die Schwelle des Hauses, Kinder wurden damit getauft, Bier daraus gebraut, das angeblich das ganze Jahr über nicht verdarb; die Bäuerin nahm es zum Backen, die Schäfer tränkten ihre Schafe mit Osterwasser. In verkorkten Flaschen im Haus aufbewahrt, hielt es sich das ganze Jahr. Der Brauch des Osterwasserholens war in Mecklenburg im 19. Jahrhundert weit verbreitet; bei Wossidlo finden sich allein 188 Belege.[64] Die das Jahr über aufbewahrte Osterwasserflasche weist möglicherweise ebenso wie das Besprengen des Hauses zumindest in die vorreformatorische Zeit zurück, d.h. auf Zeremonien in der katholischen Kirche mit dem dort verwendeten Weihwasser.

Gesundheit und Schönheit suchten junge Mädchen auch in einer anderen Form des Umgangs mit Osterwasser. Sie wuschen sich morgens in Tau, Regen oder Schnee, der sich in den Leinentüchern sammelte, die sie in der Osternacht ausgelegt hatten.[65]

Der äußeren Reinigung folgte die innere, die im Gegensatz zu den vorherigen, mit Wasser verbundenen Bräuchen von Männern, Frauen und Kindern aller Altersstufen ausgeübt werden konnte. Ein am frühen

Morgen auf nüchternen Magen genossener Apfel sollte Gesundheit und Schönheit bringen, eine Praktik, die jedoch im Vergleich zum Osterwasserholen während des 19. Jahrhunderts bereits im Schwinden begriffen war. Wossidlo notierte nur noch 16 Belege, darunter die bezeichnende Aussage: *»Mit den Osterappel is't nich mihr so as früher.«*[66] Auch in Mecklenburg war möglicherweise der Apfel in vorreformatorischer Zeit zur Weihe mit in die Kirche genommen worden, so wie es Montanus für die rheinischen Gebiete beschreibt.[67] Wossidlo notierte nur noch einen Beleg in Malzow, wo man einen Apfel mit in die Kirche nahm. Da das Dorf unweit von Schönberg, dem ehemaligen Bischofssitz liegt, könnte es sich hier wiederum um ein katholisches Relikt handeln. Verbindung zu kirchlichem Brauchtum zeigt sich jedenfalls noch in der vereinzelt vorkommenden Bezeichnung *»Jes'appel äten.«*[68] Allgemein aber war im 19. Jahrhundert das Osterapfelessen in Mecklenburg nicht mit religiösen Vorstellungen verbunden. In Woldegk schnitt man vor dem Verzehr die Anfangsbuchstaben der Geliebten in die Apfelschale.[69] Um die Osterzeit waren Äpfel meistens schon rar, so daß sie in Viertel geschnitten wurden, damit auch jeder ein Stück bekam. Dafür gab es einen speziellen »Osterapfelschnitt« *»De Appel ward in Kluften snäden, jeder kricht een.«*[70] In der Lübtheener Gegend erhielt jeder Dienstbote vom Bauern am Ostermorgen einen Apfel.[71]

Der Beobachtung der Sonne schenkten Stadt- und Landbewohner am Ostermorgen besondere Aufmerksamkeit. Die Sonne solle Ostern tanzen oder drei Sprünge aus Freude über die Auferstehung machen. Sie scheine Farben zu werfen, goldene Kugeln könne man herausfallen sehen oder sogar ein Osterlamm in der Sonnenscheibe erkennen. Eltern demonstrierten ihren Kindern dieses »Naturwunder« in einem mit Wasser gefüllten Eimer, der unter dem »Vörschuer«, dem Raum unter dem vorspringenden Dach des Bauernhauses, aufgestellt war. *»Morgens Klock dree kröpen wi rut. Vadder säd: Kiekt, de Sünn danzt! Dee rangelt denn hen un her.«*[72] Manche sahen durch ein schwarzseidenes Tuch oder durch eine Zaunritze. Befand sich ein Hügel in der Nähe des Dorfes, so wurde von dort aus der Sonnenaufgang gemeinsam beobachtet:

»De Knechts güngen all den Barg rup, passten up, dat de Sünn danzen ded; Klock vier löpen Knechts un Dierns na den Barg un keken in de Sünn.«[73]

Das Wissen um dieses »Osterwunder« war in unserem Untersuchungszeitraum offenbar weit verbreitet (66 Belege im WA). Da jedoch eine Anzahl der Aussagen von Wossidlos Gewährsleuten schon im Konjunktiv gemacht und mehrfach physikalische Ursachen für das Phänomen gesucht wurden, deutet manches darauf hin, daß man an die tanzende Ostersonne nicht mehr allgemein glaubte. Eltern nahmen den Brauch zum Vorwand, um ihren Kindern ein Vergnügen zu machen, Knechte und Mägde, um gemeinsam etwas zu unternehmen.

Gryses (1553) und Laurembergs (1635) Mitteilungen über den Brauch ist bereits eine kollektive Seite der Brauchausübung zu entnehmen:

Nach Laurembergs Schilderung *»pflegen Alte und Junge deß Abends wann die Sonne wil untergehen, fürs Thor spatzieren; mit großen hauffen, und zusehen, wie die Sonne tantzet.«*[74] Gryses Beschreibung ist auch deshalb interessant, weil in ihr – außer auf die gemeinsame Brauchausübung – auch

Karl Müller, Jg. 1921, vor seinem »Osterhasen-nest« in Schwerin

auf mögliche Wurzeln des Brauches verwiesen wird:

»*Des Mandages in den Paschen ghan de meisten lüde na Emahus spatzeren, und dat nömen se festum spacimentorum oder Spacimenta holden, vorfögen sick hen in de negesten Veltkercken, beth so lange de Sönne will nedderghan, na welckem Sonnenspil men dessülven avendes mit avergelövischen ogen schowet, darna geidt man hen dar de Wyn unde dat Beer am besten ys, unde leth dat Hendeken baven den kop ghan.*«[75]

Auf einen »Emmausgang« der gesamten Bevölkerung eines Dorfes oder einer Stadt weist auch Meertens für die Niederlande hin und bringt ihn in Verbindung mit einer älteren Ostermontagsprozession,[76] womit wiederum die Ursprungszeit des Brauches in katholischer Zeit zu suchen wäre.

Ostersonntag war für die erwachsene Dorfjugend jahreszeitlich der erste Anlaß, sich außerhalb der Häuser wieder zu treffen.[77] Dieses erste Treffen entsprach sicherlich zunächst dem Bedürfnis nach Kommunikation der Jugendlichen ohne beaufsichtigende Beteiligung der Älteren. Es war zu diesem Fest auch nur im Freien möglich, da der Bauer oder Gutsherr zu Ostern keinen Festraum mehr zur Verfügung stellte. Das Bedürfnis, Ostern gemeinsam festlich zu begehen, es herauszuheben aus der Reihe der Werktage, führte auch zu dem Bestreben, gemeinsame Erlebnisse zu schaffen, die in dieser noch kühlen Jahreszeit vorwiegend in Bewegungsspielen bestanden; sie sind für viele Landschaften typisch.[78]

In 40 Belegen aus 37 Dörfern und Kleinstädten wurden Wossidlo in 28 Fällen Ballspiele genannt. »*Ostern wier Hauptball-fest.*«[79] Solche Ballspiele waren: Ballsoeg, Fett und Mager, Sössball, Klippball. Die Bewegungsspiele hießen Buck, Trünneln, Blindekuh, Drüddenjagen, Hahnslagen, Knurr, zum Möllermal laufen, Kükerewi. Das »Schiwel-Schlagen« spielte man ebenso wie das »Trunneln« in zwei Parteien. »*Jede Reih makte sik 'n Schiwel (Scheibe) trecht ut Holt, … de eenen schiwelten hen, dee anner slögen den Schiwel wedder her, so schiwelten se ümmer to, dat wier de Vörklang to Ostern.*«[80]

Diese Spiele fanden auf der Dorfstraße oder auf dem Dreesch (Grünbrache), auf einer Wiese oder im Wald statt. Es wurde nicht nur gespielt, sondern auch gemeinsam gesungen und bereits der Festplatz für die Pfingstbelustigungen vorbereitet[81] oder die Pfingstlaube gebaut.[82]

Spiele und Festvorbereitungen machten hungrig: »*Wi leten uns 'n poor Höhnereier gäben von uns' Öllern; 'n ollen Grapen würd ut de Smäd mitnahmen, denn güng 't rut uppe Weid.*«[83]

Wenn die Alten bei den Wett- und Geschicklichkeitsspielen nur zusahen – »*de Ollen keken to, un de Jungen ballten*«[84] –, so bedeutete dies keinen direkten Ausschluß aus der Gemeinsamkeit. Sie waren – wie auch mancherorts die Frauen und Mädchen – passive Brauchteilnehmer, denen von der Jugend Kraft, Schnelligkeit, Geschicklichkeit und Beweglichkeit nach der durch den Winter erzwungenen Ruhepause demonstriert wurde. Körperliches Leistungsvermögen mußte für das beginnende Arbeitsjahr wieder auf den erforderlichen Stand gebracht werden, und vielleicht konnte man sich durch diese »Zurschaustellung« auch für den bevorstehenden Dienstbotenwechsel empfehlen. Daß die Burschen die Gelegenheit nutzten, den Mädchen zu imponieren, versteht sich von selbst.

Dieser Aspekt der »Wiederbelebung des Körpers« scheint wesentlicher und natürlicher zu sein als die Versuche, den »Spieltag«[85] mit Überbleibseln heidnischer Kultgebräuche zu erklären,[86] wonach z.B. das Ballspiel als Analogiezauber für das Aufsteigen der Sonne anzusehen sei.[87]

Wie schwer solche Erklärung zu halten ist, zeigt sich auch an Wossidlos Deutungsversuch der beim Trünnelspiel verwendeten Holzscheibe als Symbol der Sonnenscheibe, denn diese wird ja nicht hochgeschlagen, sondern aus dem Dorf herausgetrieben. Bedenkt man dazu, daß diese Spiele nicht nur in Ballspielen bestanden und sie nicht bei Sonnenaufgang, sondern während beider Ostertage vorgenommen wurden, außerdem mit keinerlei symbolhaften Handlun-

gen verbunden waren, so wird diese einst weitverbreitete Brauchdeutung wohl anfechtbar. Die Spiele stellten vielmehr vor allem eine gewissermaßen sportliche festtägliche Belustigung der Jugend dar.

Die Dorfjugend erscheint zu Ostern auch als Brauchträgergruppe des schon von der Fastnacht her bekannten »Stüpens«, das sich im Vergleich zur Fastnacht allerdings auf wenige Gebiete, besonders das ehemalige Land Stargard (Mecklenburg-Strelitz), beschränkt.

Knechte und Mägde »stüpten« sich untereinander in den Gesindekammern, wobei wiederum das schon zu Fastnacht erwähnte erotische Moment eine wichtige Rolle gespielt haben dürfte. Zu Ostern sind allerdings größtenteils nicht die Knechte und Mägde Hauptträger des Brauches, sondern die Kinder. Diese »stüpten« die Erwachsenen mit Birken- oder Weidenruten, die vorher zum Grünen gebracht worden waren. »*Dat Stüpen hebben de Kinner maakt, wat Nawerslüd un wat Fründschaft wier …, denn kregen se Eier.*«[88] Die Kinder weckten auch die Eltern mit einem Rutenschlag auf die Bettdecke, dabei sagten sie Stüperverse auf, z.B.:

> »*Stüp, stüp Osterei,*
> *giffst du mi keen Osterei,*
> *slah ick di dat Bett entwei.*«[89]

Aber nicht nur Verwandte und Freunde wurden gestüpt, auch bei den Bauern des Dorfes und auf dem Gutshof versuchten die Kinder ihr Glück, wobei sie das Stüpen je nach sozialem Status des zu Stüpenden ausführten:

»*Vier Wochen vör Ostern würden Barkenroden in 'n groten Pott an'n Aben stellt, dat se grön wiren to Ostern. Denn güngen*

Das Stüpen der Mädchen zu Ostern. Ein Bildbeleg aus Mecklenburg-Vorpommern existiert bisher nicht, zur Veranschaulichung ein Beleg aus Schlesien.

wi Gören von'n Hoff to Dörp, na'n Buern-dörp hen (Zibühl, RA Crivitz) un haugten de Buern un ehr Frugens un ok de Knechts un Dierns. Denn kregen wi Wusst un Speck un Koken. Up 'n Hoff säden wi: ›ich schla-ge die Gnädige, ich bitt um eine Gabe‹. Bi de Buerdierns etc. würd ok oewerslagen, dat Bett afnahmen, dee kregen wat vör 'n blan-ken Nors.«[90]

Bemerkenswert erscheint hier neben der sozialen Differenzierung bei der Brauch-ausübung, die die Kinder sprachlich zum Ausdruck brachten (Niederdeutsch-Hoch-deutsch), auch die Tatsache, daß die Hei-schenden vom Gut zu den Bauerngehöften gingen, wo sie durch die größere Anzahl der Gebenden, die als reagierende Brauch-teilnehmer anzusehen sind, ein höheres Sam-melergebnis erwarten konnten.

Eine kulturelle Dimension besaß das Stü-pen dadurch, daß nicht einfach um Gaben gebettelt wurde, sondern die Kinder die sym-bolhafte Geste mit einer eigens zu diesem Fest vorbereiteten Rute ausführten und die Handlung mit Stüpversen begleiteten. Die Verbindung des Rutenschlages mit einem Wasserguß oder das Besprengen mit einem nassen grünen Zweig, wie Sartori es für Ostpreußen, Masuren, Polen und andere – meist slawische – Gebiete beschreibt, ist für Mecklenburg nicht belegbar.[91]

Am Ostermontag wurden die Ausflüge und Spiele der Erwachsenen fortgesetzt. Die Kinder spielten vielerorts »Eiertrün-neln«, ein Spiel, das für viele Länder Osteu-ropas belegt ist und in der Literatur als Fruchtbarkeitszauber gewertet wird, um *»durch das Kullern von Eiern über Wiese und Feld im Frühjahr Wachstum und Ge-deihen der Saaten günstig beeinflussen zu können«*.[92] In Mecklenburg trünnelten die Kinder die Eier von sogenannten »Paasch-bergen« oder »Eierbergen«, wie sie beispiels-weise in Plau und Röbel genannt wurden. Mit ortsweise unterschiedlichen Eierspielen der Kinder und allgemeiner geselliger Be-lustigung ging die Festzeit am Ostermontag zu Ende.

Gratulieren zu Ostern mit Postkarten. Die mecklenburgischen Weiden, die »Palmkätzchen«, ersetzen die zu weihenden Palmen.

Insgesamt zeigen die mecklenburgischen Osterbräuche im 19. Jahrhundert nicht nur eine Vielfalt an Brauchelementen, sondern auch deren Übereinstimmung mit entsprechenden Brauchelementen in anderen europäischen Ländern. Die Vielfalt ist u.a. auch dadurch bedingt, daß das Osterfest bis zum 14. Jahrhundert eine zeitlich größere Ausdehnung besaß, indem es vier Tage lang gefeiert wurde.[93]

Die Übereinstimmung ist erklärbar durch vergleichbare kirchenpolitische Entwicklungen. Dazu zeigen die Osterbräuche – vor allem die nicht unmittelbar mit Glaubensvorstellungen verbundenen – das Bemühen der Brauchträger, das Fest durch eigene Aktivitäten zu gestalten, wobei die Tradition, das Verharren im Gewohnten, eine nicht unwesentliche Rolle spielte. Die neueren Osterbräuche (gefärbtes Osterei, Eierverstecken, Hase als Ostereierbringer), die sich auf dem Lande offenbar erst mit der Verbürgerlichung der Familien stärker verbreiteten, traten zu Ostern im mecklenburgischen Dorf noch nicht als wesentliche Brauchelemente hervor.

Zu Pfingsten führten die Schlachtergesellen einen aufgeputzten Pfingstochsen zu ihren Kunden, die dann ein Stück Fleisch zum Festtag bestellen konnten. Nach einer Originalzeichnung von F. Müller-Münster 1894

5. Pfingsten

»Pingsten wier dat Haupt«

Als kirchlicher Feiertag wurde (und wird) Pfingsten 50 Tage nach Ostern als Fest der Ausgießung und Sendung des Heiligen Geistes und somit als Gründungstermin der Kirche begangen. Im Volksbrauch kulminieren zu diesem Termin Frühjahrs- und Sommerbräuche. »Pingsten wier dat Haupt« schwärmten Wossidlos Gewährsleute.

Wie Weihnachten und Ostern feierte man bis 1650 Pfingsten noch vier Tage lang, danach schränkte die Kirchenordnung die Festzeit auf drei Tage ein.[1] Ein herzogliches Edikt schaffte 1744 schließlich auch den dritten Feiertag ab.[2]

Die Pfingstbräuche im Untersuchungszeitraum konzentrieren sich dementsprechend auf den Pfingstsonntag und den Pfingstmontag.

5.1 Bäuerliche Pfingstgilden

Für die Bauern bot gerade zu Pfingsten die relativ arbeitsarme Zeit zwischen Aussaat und Ernte die beste Gelegenheit, das Arbeitsjahr neu zu planen. Vor allem diesem Anliegen dienten die bäuerlichen Pfingstgilden in feudaler Zeit auf dem Lande, keinesfalls aber nur ausgedehnten Gelagen, wie die im 19. Jahrhundert einsetzenden Verbotsbegründungen glauben zu machen suchen.[3]

In Mecklenburg existierten bäuerliche Gilden während der spätfeudalen Zeit nicht durchgängig. Die Zerschlagung der Dorfgemeinde im gutsherrschaftlichen Gebiet Mecklenburgs führte dazu, daß sich nur in einigen domanialen und Klosterämtern, die eine mehr grundherrschaftliche Struktur aufwiesen, bis ins 18. Jahrhundert Gilden erhielten.

Seit dem 16. Jahrhundert mehrten sich Einschränkungen und Verbote der Gilden. Sie fielen in eine Zeit, als die Zusammenkünfte mehr und mehr geselligen Charakter annahmen und auch vorher nicht Beteiligte wie Frauen und Handwerker teilnehmen durften.

Der Hauptgrund für den Niedergang dieser Gilden ist jedoch in der Verschlechterung des juristischen und ökonomischen Status der bäuerlichen Gemeinden zu sehen, weniger in den Verboten.

Die bäuerlichen Gilden verloren dann mit der Aufhebung der Feldgemeinschaft endgültig ihre ursprüngliche Aufgabe.

Über die bäuerlichen Pfingstgilden als übergreifende dörfliche Interessengemeinschaft liegt für Mecklenburg-Vorpommern aus dem 19. Jahrhundert kein volkskundliches Material mehr vor.[4] Belegt sind nur noch Zusammenkünfte der Bauern in den domanialen Bauerndörfern, auf denen Pfingstbier getrunken wurde.

Dagegen bezeichnete das Wort »Pfingstgill« nunmehr eine Veranstaltung der Pferdehirten, wobei nicht mehr feststellbar ist, ob es sich dabei um eine Übernahme der Gildenform durch eine andere Trägerschicht handelt oder ob die Pferdehirten bereits während des Bestehens der bäuerlichen Gilden ihre »Pfingstgill« abhielten. Im Gegensatz zur bäuerlichen Gilde wurde kein Anteil an gemeinsamem Besitz eingebracht, wohl aber erwartete man Fachkenntnisse und gute körperliche Fähigkeiten, durch die das Ansehen der Gruppe gestärkt werden konnte.

5.2 Bräuche bei den Pferdehirten

*»Fichten ut'n Holt to halen hadden de Pie-
jungens dat Recht ...«*

Die Pferde zu hüten, zählte zu den begehr-
testen Tätigkeiten der Jungen, obwohl ihre
Arbeits- und Lebensbedingungen nach der
Literatur und den Wossidlo-Belegen er-
bärmlich gewesen sein müssen.[5] Dennoch
erschien das Pferdehüten den Jungen offenbar als eine der freiesten und ungebunden-
sten Beschäftigungen, denn wenn sie die
Pferde zu hüten hatten, konnte der Bauer
sie nicht täglich zur Schule senden.

Ein niedriges Bildungsniveau der Tagelöhner und Knechte war die Folge. An körperlichen Kräften mangelte es den Hirtenjungen dagegen nicht. Zum Pferdehüten
wurden nur die Kräftigsten ausgewählt.
Was Wunder also, wenn diese Hirtenjungen ein hohes Selbstbewußtsein entwickelten, das durch den scheinbaren Besitz an
Pferden und durch manche Gerechtsame
noch gestärkt wurde.

Pfingsten brachte den Pferdehirten einen
neuen Arbeitsabschnitt: die Eröffnung der
Weide. Wie bereits bei anderen Arbeitsan-
fängen betont, wurde auch dieser mit festlichen Gebräuchen begangen. So wie Fastnacht bereits am Tage der Heiligen Drei
Könige »zugeschnitten« wurde und sich somit eine feste Verbindung der Feste untereinander ergab, trafen auch die Pferdehirten am Fest davor, nämlich zu Ostern,
die ersten Vorbereitungen für das Pfingst-
fest, an dem sie einmal im Jahr im Mittelpunkt des Interesses stehen sollten. Sie »hegten« ein Stück Brachland, eine sogenannte
»Häg'brak« ein, steckten sie mit Sträu-
chern ab und markierten den Platz mit einer weithin sichtbaren Tanne als Zeichen,
daß dieser Platz von den Ochsen-, Kuh-
oder Schafhirten nicht betreten werden
durfte. Sonnabend vor Pfingsten begaben
sich zwei gewählte Hirten zum nächsten
Wald, um Grünes zu holen, aus dem dann
auf der Hege eine Hütte errichtet wurde,
ausgestattet mit Bänken und Tischen.
»Fichten ut'n Holt to halen (aus dem Wald,
H.M.) *hadden de Pierjungens dat Recht«;*[6]
das Holz zum Abstecken, den Maibusch,
»dat geef de Forst frie«.[7]

Nicht nur die äußeren Festbedingun-
gen waren zu schaffen, sondern auch der
»Schauteil« mußte gut vorbereitet sein. Ähnlich wie die hohen Festtage abends oder
morgens eingeläutet wurden, hatten die Pferdehirten, die ja von Berufs wegen schon mit
kurzen gedrehten Peitschen, an denen lange
gedrehte Riemen saßen, ausgestattet waren,
das Pfingsfest »einzuballern«. Dieses »Einballern« am »Pfingsthilligabend«, »Knaasterabend« bzw. »Knapperabend« war Ergebnis wochenlanger vorheriger Übung.
Ganz gleichmäßig mußte es klingen: »*Dat
güng ornlich slaghaft, as wenn sei döschen
deden.«*[8] Die eigens zu Pfingsten angefertig-
ten Peitschen wurden nur zum Knallen
benutzt. Seit dem Ende des 18. Jahrhunderts gibt es Belege, daß die Hirten mit ihrer Kunst, die eben nur sie auszuführen
verstanden, auch über die Grenzen des
eigenen Dorfes in die nächste Stadt gingen,
um am Abend vor Pfingsten oder in der
ersten Frühe des Pfingsttages ihre Kunst für
Naturalien zu verkaufen.[9] Andererseits schuf
das Einballern eine brauchtümliche Verbindung zwischen Stadt und Land. Zu Beginn
des 19. Jahrhunderts wurde das Peitschen-
knallen in der Stadt wiederholt verboten;
1832 arretierte beispielsweise der Parchimer Stadtdiener vier Hütejungen, die am
Pfingsttage in Parchim »klatschten«.[10]

Am Pfingstmorgen brachten die Jungen ihre Pferde noch vor Sonnenaufgang in die Pfingsthege und lagerten sich dann zu ausgiebigem Frühstück mit Bier und Eiern oder Pfannkuchen, wobei die Mädchen die Bedienung übernahmen. »*Is 'ne Ihr wäst för de Dierns, früher as de Pier noch hödd't sünd; 'n Grapen hebben se mit rutnahmen, denn hebben se Eier kakt (Eier hadden se jo tosamensnurrt).*«[11]

Innerhalb der Pferdehirtengilde gab es genau festgelegte Rechte und Pflichten, indem die älteren Jungen das Geschäft des Snerens ausübten und die jüngeren die Pferde auf der Pfingsthege beaufsichtigen mußten. Das »Sneren« gehörte zu den Gerechtigkeiten der Hütejungen. Jeder Fußgänger, jedes Fuhrwerk, alles, was sich der Hege näherte, sie überquerte oder in der Nähe einen Weg passierte, wurde mit zusammengebundenen Pferdeleinen bzw. Peitschen »gesnert« und mußte Geld geben, das in die gemeinsame Kasse für den Festschmaus kam.

In manchen Belegen fand sich noch das pfingstliche Brauchelement des Kranzes, der zwischen den Peitschen hing und an dem zuweilen noch die Branntweinflasche befestigt war. Das Sneren lief in vorgeschriebenen Formen ab. Die Pferdehirten sagten ihren Spruch auf, z. B.:

> *Wir wollen den Herren sneren*
> *mit Freuden und mit Ehren.*
> *Sie wollen so gütig sein*
> *und schenken uns etwas zum Branntwein,*
> *zum Branntwein nicht nur allein,*
> *sondern auch zum Kränzelein,*
> *und ist die Gabe groß oder klein,*
> *wir wollen damit zufrieden sein.*«[12]

Bekamen die Hirten ihr Geld, so dankten sie mit einem Schluck aus der Branntweinflasche, und der »Eintritt« zur Hege war somit freigegeben. Auch die Städter, die von dem fröhlichen Treiben auf der Hege angezogen wurden, kannten und beherzigten diese »Spielregeln«, beispielsweise die Parchimer, die nach Slate kamen.[13] Verbote, die das »*Sensen-Streichen, Binden, Schnüren zur Pfingstzeit … auf und neben den Landstraßen*« (1836)[14] zu unterbinden suchten, scheinen wenig Erfolg gehabt zu haben.

Der o. a. Spruch verdeutlicht, daß das eingesammelte bzw. »gesnerte« Geld nicht nur für Essen und Trinken, sondern auch »zum Kränzelein«, d. h. zur Ausrichtung der Wettspiele und zum abendlichen Fest, gebraucht wurde. Diesen beiden zu finanzierenden Angelegenheiten dienten auch die Heischeumzüge im eigenen Dorf von Bauernhaus zu Bauernhaus, aber auch in anderen Dörfern.

Aufschlußreich ist wiederum die Aufteilung der Pflichten während des Umzugs entweder nach den körperlichen Fähigkeiten, wie im folgenden Beispiel, oder nach dem »Dienstalter«. So beschreibt ein Wossidlo-Gewährsmann, dessen Erinnerung noch in die Zeit um 1830 zurückreichte, die Ermittlung der Reihenfolge im Heischeumzug: »*Ick heff 't noch mit ansehn in de 30en Johren. Jeder Höderjung nehm sik 'n Pierd von sienen Buern den Dach vör Pingsten. Pingstheiligabend wier de Ritt, dee wir vörmiddags, namiddags güng dat Lopen los. Dee vör wir (mit Lopen), dee würd König, de 2. wier Königsdeener, de annern Knappen, de allerhinnelst wier de Slüter. De Königshot wier mit Goldknisterblank upputzt, dat blitzt un blänkert as 'ne Kron …; (he) drög sienen hellroden Band öwer de Schuller, de Diener hadd' verschie-*

den Band ... Bi miene Tiet wier dat sepa-
riert (also eingeteilt, H.M.) *ümmer na 'n*
Stand; Se hadden de Freiheit, in Mekel-
borg-Strelitz to marschieren, so wit as se
müchten, denn kregen se ('n) Dahler oder
vier Gröschen ... De König räd'te nich, de
Königsdeener müßt dat Räden dohn und
nehm (ok) dat Geld in. De König kreech
nur etwas mihr von dat Geld as de anner,
süss würd dat in glieke Deele deelt. So rei-
sten se von Dörp to Dörp ... un wünschten
Glück. De Slüter, des wier de letzt, he
knappt mit de Pietsch.«[15]

Die zitierte Beschreibung des Gewährs-
mannes weist auf das Recht der Pferdehirten hin, zu Pfingsten auch außerhalb des
Dorfes zu heischen. Die Formulierung »un
wünschten Glück« erinnert an einen ähnlichen Brauchablauf etwa beim Neujahrsgratulieren der Hirten. Während die Rangfolge, wie oben beschrieben, auf »sportliche«
Weise ermittelt wurde, ging es andernorts
nach dem »Dienstalter«. »De Pierknechts
güngen nich mit, oewer die Pierjungens so
von 18–20 Johre, de müßten bäden, wat
upseggen.«[16]

Als charakteristisches Brauchelement dieser Heischegänge wird in mehreren Fällen
ein großes Nest oder eine lebende Krähe an
einer Stange genannt. Das Nest sollte die
erbetenen Eier aufnehmen. Das mehrfach
erwähnte Tragen von Krähennestern war
auch um Hannover bekannt,[17] weshalb der
Brauch hier »Kraienköst« hieß. Das wurde
damit begründet, daß die jungen Burschen
im Frühling die Krähen und ihre Nester zu
vernichten hatten und nach vollbrachter
Arbeit von ihren Dienstherren festlich bewirtet wurden. In Mecklenburg läßt sich
keine direkte Verbindung zu diesem Brauch
ziehen, wohl aber scheint das Verjagen der
Krähen tatsächlich eine der Aufgaben der

Pferdehirten gewesen zu sein, da ein Gewährsmann berichtet: »*Dor wieren 12 Peir-*
heirers un een Külekierl« (der Külmann
hatte die Hirten zu beaufsichtigen und dafür zu sorgen, daß nichts über die Dorf-
scheide kam), »*dee müsst dags up'n Fell'*
rümgahn un de Kreiden ut de Arwten (Erbsen) *jagen.*«[18]

Waren nun durch Heischen und Sneren
genug Lebensmittel bzw. Geld dafür zu-
sammengekommen, so wurde, wie der Pastor Mussäus in Hanstorf es aus eigener
Anschauung der 1820er Jahre beschrieb,
»*... im Felde ... darauf Alles verzehrt, wo-*
bei sie hin und wieder nach einem Kranze
reiten – Weddbahn jagen.«[19] Während die
Wettkämpfe am Tage zuvor meistens der
Ermittlung der Rangfolge für den Umzug
galten, trugen die Wettritte und Wettspiele
am Pfingsttag mehr sportlich-spielerischen
Charakter. Diese Spiele vor allem waren es,
die die Dorfbewohner interessierten und an
denen sich auch die Mägde und Knechte
des Dorfes in unterschiedlicher Weise beteiligen durften. Wie bereits zu Ostern und zu
Fastnacht waren hier wieder die Unverheirateten, speziell die Pferdeknechte, die eigentlichen Gastgeber für das Dorf, die am
Tage ihren Festraum, nämlich die gehegte
Weide bzw. Koppel, zur Verfügung stellten
und die gesamte Organisation übernahmen.

Für die Festteilnehmer auf der »Häg'-
brak« erscheint aufschlußreich, daß Kinder
nur dann Anteil an den Festfreuden hatten,
wenn sie zumindest die Funktion eines Hütejungen aufweisen konnten – damit waren
Mädchen und jüngere Knaben bereits ausgeschlossen. Wahrscheinlich durften sie
nicht einmal die »Häg'brak« betreten,
denn nur wer beim Sneren sein »Eintritts-
geld« bezahlen konnte, war ja berechtigt,
zumindest als Gast dabei zu sein. Vollbe-

rechtigte Teilnehmer waren die Pferdehirten und bedingt weitere Gruppen des Gesindes. Die Bauern stellten am Abend zum Ausklang des Kranzreitens reihum ihre Diele zur Verfügung und unterstützten das Fest durch Naturalien (die zu Pfingsten für die Hirten zugleich als Lohnanteil anzusehen sind), wobei sie letztlich passive Festteilnehmer blieben.

Nach der Separation, als der Bauernacker nicht mehr im Gemenge lag und die Gemeindeweide aufgeteilt war, entfiel mit der Vereinzelung und schließlich der Abschaffung des Pferdehirtenwesens auch das Abstecken der Pfingsthege. Jetzt änderte sich das Pfingstbrauchtum wesentlich. Vor allem die Kuhhirten sowie die Knechte und Mägde des Dorfes begegnen uns jetzt als aktive Brauchträger. Durch diese vergrößerte Brauchträgergruppe wurde das pfingstliche Treiben mehr in das Dorf hineinverlagert.

Als Übergang zwischen beiden Phasen ist anzusehen, daß die Pferdehirten, nachdem sie ihre Gerechtsame nicht mehr besaßen, nun in der Nähe des Dorfes noch das Spiel des »Hahnenschlagens« ausübten[20] und das Tier danach gemeinsam verzehrten oder daß um Sternberg-Lützow herum die Dorfbevölkerung noch bis etwa 1870 Pfingsten auf der »Häg'brak« feierte.

5.3 Pfingsten bei den Kuhhirten

»De Kohhirer kreg 'n Kranz up von Buschbom …«

Das Pfingstbrauchtum nach der Separation wurde wesentlich geprägt durch die Kuhhirten sowie die Knechte und Mägde des Dorfes. Zur Zeit der Gemeinweide unterhielt jedes Dorf einen Kuhhirten, größere

Dörfer zwei. Solange ein Hirt als einzelner arbeitete, kam er nur in geringem Maße als Brauchinitiator in Frage. Dennoch galt Pfingsten für ihn als Höhepunkt im Arbeitsjahr als Hirte, und so richtete sich auch auf ihn die Aufmerksamkeit an diesem Tag. Vielerorts wurde er zu Pfingsten von den Viehmägden mit Kuchen beschenkt. Der Hirte revanchierte sich dafür mit einem kunstvoll geschnitzten Melksticken, mit dem der Eimerdeckel festgehalten werden konnte. In Neukalen ging die Ehrung von den unmittelbaren Arbeitskollegen aus: *»Jeder von de twee Kohhirers kreech 'n Pingstgröschen von jeden Melker. De een stünn links, de anner rechts von 'n Ingang, jeder geef een Papphahn.«*[21] (Papphahn = kleine Münze, 4 Schilling, H. M.) Auch der Bauer konnte die Ehrung übernehmen: *»Middags würd jo melkt uppe Rägel* (Rägel = Melkplatz auf der Weide, H. M.), *morgens un abends in 'n Huus. De Buer höll 'ne Räd uppe Störtkoor* (Sturzkarre) *… Een hadd 'ne Harmonika, denn danzten de Dierns mit de Kohhirers, dat de Heid' wackelt.«*[22] Andernorts ging ein Abgesandter der Familie zur Ehrung auf die Weide wie in Teterow 1880: *»Een von de Kohbuern* (also von den Ackerbürgern, die Kühe hielten, H. M.), *Fru oder Dochter bröcht 'n Pott vull Rindfleesch in 'n Seilpott, dor wiren Läpel bi rinstäken … De Kohhirer kreg 'n Kranz up von Buschbom un Blomen, un de Hund kreg ok 'n Kranz üm un 'ne Sleuf an 'n Swanz bunnen. Denn seten wie Jungen bi 'n Kohhirer, denn würd sungen.«*[23] Die Ehrung wurde also auch auf den Hund, der ja ebenfalls Hütearbeit zu verrichten hatte, ausgedehnt.

Die Ehrung für den Hirten umfaßte ehrende Worte, gutes Essen und Trinken, Bekränzen und Tanz. Andere Bräuche, die

Hirten und Melkerinnen zu Pfingsten ausübten, trugen erzieherischen Charakter. So
wurde in vielen kleineren Städten der zuletzt ausgetriebenen Kuh ein Faulbaum-
kranz aufgesetzt. Dieser Brauch muß als
große Schande aufgefaßt worden sein:
»*Weck weinten denn un wullen goor nich
hen na de Rägel to 'n Melken.*«[24] In Neukalen wurde die letzte Kuh mit musikalischem Spott aus dem Stall getrieben, während der Kuhhirte vor dem Stall auf seinem
Horn blies:

Steh auf, du faules Gretel,
denn die Sonn' scheint überall,
unsre Kuh steht noch im Stall.
Vörn Sößling, Sößling Snuuftobak,
mit Runkebohn un to noch wat,
nu roor (weine), nu roor, nu roor.[25]

Andernorts wurde dagegen die erste Kuh
bekränzt. Wesentlich erscheint, daß die
Kuh überhaupt markiert wurde, denn jedes
Dorf war ja auf seinen Brauchablauf einge-
spielt und konnte die Sprache der Bräuche
deuten.

Das Pfingstbrauchtum der Kuhhirten
dehnte sich quantitativ und qualitativ aus,
nachdem an die Stelle des (der) Dorfhirten
die Kuhhütejungen der einzelnen bäuerlichen Betriebe getreten waren.

5.4 Pfingsten bei den Hütejungen

»*De Pingstnacht seten wi Kohhirerjungens*
in'n Backaben, üm nich to lang to
slapen …«

Es wurde bereits ausgeführt, daß im separierten Bauerndorf die Betreuung der kleineren einzelnen Herden allgemein Kindern

der Dorfarmut überlassen wurde, die nun
nicht mehr der gesamten Dorfgemeinschaft,
sondern einem einzelnen Bauern dienten.
Auf diese Weise vermehrte sich die Zahl
der Hütejungen beträchtlich. Sie bildeten
eine eigene Brauchträgergruppe, die ältere
Brauchelemente aufnahm und umformte.
Ihr Brauchtum entsprach den Bedürfnissen
einer größeren jugendlichen Gemeinschaft,
was auch im Charakter vieler Bräuche zum
Ausdruck kommt. Die Pfingstzeit galt diesen Hirtenjungen als Höhepunkt des Jahres, den sie wochenlang vorbereiteten.

Vor allem mußten gut knallende Peitschen
hergerichtet werden: Ein Weidenstab, dessen oberes Ende aus drei Zweigen bestand,
wurde gesucht und dann die beiden äußeren Zweige um den mittleren gedreht. Die
Peitsche selbst war aus Garn gefertigt. Drei
Stränge, oben dick und unten dünn, wurden am Fensterhaken aufgezogen und dann
zusammengedreht. Der Peitschenstrang
enthielt sechs oder sieben Knoten und war
mit einer Klappe versehen. Um die Peitsche
haltbarer zu machen, wurde sie tüchtig mit
Wagenteer geteert. Der Hinweis der Hütejungen, daß sie die Knoten, die auch als
Zwicken bezeichnet wurden, bereits während der winterlichen Schulzeit drehten,[26]
spricht für eine bewußte Planung der Jahresbräuche schon durch die jüngsten Brauchteilnehmer. Die Peitschen bzw. Zwicken
hatten die Jüngeren in etlichen Fällen auch
für die Knechte herzustellen, die damit ihrerseits Pfingsten »einballerten«. »*Wenn wi*
de Knechten kein (Zwicken) afgäben ded'n,
gäw dat wat vör de Büx.«[27] Mancherorts
besaßen nur die Großknechte das Privileg,
Pfingsten einzuballern, wobei sie am Knapperabend bzw. Knaasterabend zuweilen einen Wettstreit entwickelten; der Beste erhielt eine Prämie: »*poor Penning von de*

Tohürers«.[28] Andernorts durften auch die Jungen knallen, wobei es zu kämpferischem Wettknallen der Teilnehmer benachbarter Dörfer wie Göhren und Malk bei Eldena kommen konnte: »*denn würd gegenanner ballert, oft keem dat Bloot ut de Backen ...*«[29]

Ein Großteil der Hirtenbräuche zu Pfingsten trug Wettkampfcharakter. Beachtenswert im Hinblick auf das Verhältnis Hütejungen und Knechte erscheint die Tatsache, daß nicht nur die Knechte den Jüngeren Respekt abverlangten, ihnen die Hierarchie innerhalb des Dienstverhältnisses bewußt machten, sie zu Gehorsam zwangen (Abgabe von Peitschen bzw. Zwicken), sondern ihrerseits dem Wettknallen wie auch anderen – sportlichen – Entscheidungen beiwohnten. Sie fungierten damit als Vertreter ihres Dorfes und ihrer Gruppe und zeigten einerseits die Verbundenheit der Älteren mit den Jüngeren, auch eine gewisse Verantwortlichkeit den Jüngeren gegenüber, andererseits ebenso ein Absetzen, Abgrenzen gegenüber der jüngeren Altersgruppe. Den Jungen war damit ein Ansporn gegeben, vor den Erwachsenen Mut, Kraft und Gewandtheit zu demonstrieren.

5.5 Der Letzte/ »Pingstekarr«

»*Dee mößt den Schimp dragen dat ganze Johr*«

Die Nacht vor Pfingsten war nur kurz für die Jungen. Die Angst, als letzter auszutreiben, wird immer wieder betont: »*De Pingsternacht seten wi Kohhirerjungens in'n Backaben, üm nich to lang to slapen, dat wi nich Pingstekarr würden; to Bedd güngen wi nich, üm twei würd loshött.*«[30] Die-

ser durch den Brauch hervorgerufene Zeitdruck scheint dem Vieh nicht immer gut bekommen zu sein; »*weck kregen gor nich utmelkt*«.[31] Noch in der Morgendämmerung trieben die Jungen das Vieh auf die Weide. Gegen 10 Uhr durften sie bereits wieder zurück und brauchtes es nachmittags erst eine Stunde später wieder auszutreiben, damit sie in der Mittagspause die Requisiten für den Abendumzug vorbereiten konnten. Je nach Reihenfolge beim Austrieb wurden dabei meist folgende Ämter vergeben:

1. Dausläper,
2. König,
3. Adjutant,
4. Müggenstöwer,
5. Poggengrieper.

Der letzte Hirtenjunge wurde Pingstekarr bzw. Pingstekalf.[32]

Am Pfingstabend zogen dann alle »Standespersonen« in exakt festgelegter Reihenfolge durch das Dorf. Voran schritt – mit einem mächtigen Birkenbusch am Bein – der Dausläper. Um seinen Namen, der in benachbarten Landschaften ähnlich lautet,[33] hat es etliche mythologische Deutungsversuche gegeben.[34] Im 19. Jahrhundert allerdings fehlt jegliche Erinnerung an solche Zusammenhänge. Wird überhaupt eine Erklärung gegeben, dann ist sie praktischer Natur: »*Wenn se de Pier söcht hebben, hebben se sick Barken Busch üm 'n Been bunnen, dat se de Spur wedder (finnen) künnen un weiten deden in de Wildnis, wo se wäst wiren, dordörch is de Nam ›Dausläper‹ kamen.*«[35] Auch der »Poggengrieper« (Froschgreifer), der mit einem Messer bewaffnet, mit dem er angeblich Frösche schlachten oder ihnen das Fell abziehen sollte, im Zug mitmarschierte, hat sich recht weit hergeholte Deutungsversuche

Vom Rechtsbrauch der Knechte zum Spielbrauch der Kinder: Noch bis 1980 »snurrten« in Loosen die Kinder. Auch Mädchen sind dabei!

Der letzte Frühaufsteher wird zur Strafe als »Pingstekarr« gekürt.

gefallen lassen müssen. Wossidlo und Spamer versuchten, von der Bezeichnung der pfingstlichen Umzugsperson auf einen alten Regenzauber bzw. Fruchtbarkeitskult zu schließen.[36] Sollte überhaupt jemals ein kultischer Gedanke dem Zug zugrunde gelegen haben, so fehlt, wie gesagt, im 19. Jahrhundert jede Erinnerung daran. Es sollten auch hier praktische Gründe, wie beim Krähentragen/Kraienköst bereits angedeutet, mit in die Überlegungen einbezogen werden. Es wird gerade zu Pfingsten deutlich, daß für die Ausgestaltung eines Festes dasjenige zum Brauchrequisit werden kann, was die jeweilige Jahreszeit und der eigene Beruf bieten. Das sind zu Pfingsten das Grün und die Blumen und speziell bei den Hirten die Peitschen. Auf der Weide spielten die Jungen mit dem, was ihnen in die Hände kam; es waren ja noch Kinder, und Spielzeug besaßen sie nicht. Zu den Künsten, die ein Junge dem anderen beibrachte, gehörte das Aufblasen von Fröschen bzw. das Abziehen der Froschhaut. »*De Jungens gripen sik Poggen un puusten dee up, 'n Strohhalm stäken se ehr in 'n Hinnelsten un blasen denn de Poggen up* ...«[37] Ebenso flochten sie sich Kränze aus Blumen, Hüte aus Binsen, zähmten Krähen u.a.m.[38] Falls die Brauchrequisiten und die Bezeichnungen der Heischeumgangsteilnehmer tatsächlich ursächlich auf mythischem Hintergrund basieren, so haben sich die Brauchelemente wohl nur deshalb auch im 19. Jahrhundert halten können, weil sie mit dem Interessengebiet der Kinder zusammenfielen. Daß der Zug neben dem Einsammeln von Eiern, zunehmend dann auch anderen Naturalien, vor allem die Verspottung des pfingstlichen Langschläfers zum Ziel hatte, ist gewiß. Es muß für den Pingstekarr/Pingstkalf wie ein Spießrutenlaufen

gewesen sein, wenn er sich mit dem schweren bienenkorbartigen Hut – »*dee wier flecht't ut Widenboegels* (Weidenzweigen in Bogenform) mit *Barkenbusch*, mit *Fledderblomen* (und) *Buerrosen*«[39] – dem Dorf zeigen mußte. Lange Peitschenzwicken wallten in langen Enden herab, so daß sie sein Gesicht verhüllten. Statt eines bienenkorbartigen Gestells hatte der Pingstekarr andernorts einen »*Strohkranz up, dee ward em all upsett't, wenn he noch slöppt*«.[40] Deutlich wird der pejorative Sinn dieses Brauchtums, »der ganz allgemein dem Stroh (abgestorbene Halme) vom Volk zugeordnet wird«.[41] Stroh als Zeichen der Faulheit wird auch noch im Pfingstbrauchtum der Mädchen zu beschreiben sein. Die zuletzt ausgetriebene Kuh des Pingstekarr wurde ebenso markiert oder mit einem Faulbaumzweig versehen, der nicht nur durch seinen Namen, sondern auch durch seinen widerlichen Geruch strafend wirkte.[42] Zu der äußeren Kennzeichnung des Letzten kamen noch weitere Demütigungen: Er hatte den Heischespruch zu sprechen, was hier als Strafe galt – ein Zeichen dafür, daß den Kindern neben dem brauchtümlichen Recht auch der Aspekt des Bettelns bewußt war; er mußte »hänseln«, »einen ausgeben«, Spottverse wurden ihm nachgerufen. Ihn traf nicht allein der Spott seiner Berufskollegen, sondern dazu auch der kollektive des Dorfes: »*(Dee) mößt den Schimp dragen dat ganze Johr.*«[43] Durch den Heischegang wurde er jedem Bauernhause als Untüchtiger vorgestellt, und falls er wiederholt Pingstekarr wurde, wird die Erinnerung daran bei den Bauern eine Aussicht auf eine Anstellung als Knecht nicht verbessert haben. Es war also ein wirksames, dabei sicherlich hart empfundenes Erziehungsmittel, das dem Bauern Pünkt-

Pfingstlaube in Loosen 1930. Der ehemalige Brauch der Knechte wurde zum Kinderbrauch.

bestimmt durch Berufserfahrung und körperliches Leistungsvermögen – eine erzieherische Funktion ausübten.

5.6 Pfingstbräuche der Knechte und Mägde

»Klock vier sünd wi upstahn, dat se uns den Fuulboom nich vörstäken vör't Finster.«

Zunächst zeigten sich Knechte und Mägde verantwortlich für die festliche Ausgestaltung des Dorfes. Sicherlich kamen die Jugendlichen der Aufgabe, das für die Ausschmückung der Häuser benötigte Maigrün einzuholen, gern nach, war es doch eine Gelegenheit für sie, sich abends zu gemeinsamer Unternehmung zu versammeln, wobei die heiratsfähigen jungen Leute diesen Termin gern auch zur Brautschau nutzten. So trafen sich am »Maihaalabend« Knechte und Mägde von verschiedenen Gütern des Amtes Wredenhagen (z.B. aus Poppentin, Wendhof, Hinrichsberg, Blücher) gemeinsam am »Knorrenpunkt«: *»Dor würd danzt un sik lagert un sungen; wenn wi to Hus gahn deden, plückten wi Mai … De ward in 'ne Stuw henstellt un vör de Dör.«*[47]

Zum Pfingstschmuck gehörte in einigen Dörfern das Bestreuen des Fußbodens mit wohlriechendem Kalmus und das Weißen der Häuser. Über das Aufstellen eines Pfingstbaumes an einem neutralen Platz im Dorf konnte Wossidlo nur noch 17 Belege aus 13 Dörfern (vor allem Südwestmecklenburgs) notieren. Manche erinnerten sich, daß es »früher« einen Baum gegeben habe: *»Pingststaken säden wi, as ik so'n Diern*

lichkeit in der Erledigung der Hüteaufgaben sicherte und dem Dorf dazu noch Vergnügen bereitete.

Auch Sauermann sieht eine Hauptfunktion des Umzugs in seiner Ausführung als Rügebrauch[44] und weist Theorien eines Vegetationskultes entschieden zurück.[45] Er bringt dafür eine These Schmidts mit ein, wonach Wettkämpfe zur Einleitung der Weideperiode auf das Ziel hinauslaufen sollten, das Oberhaupt der nächsten Weideperiode zu erkennen und zu bestätigen.[46]

Wettkampfcharakter erhielt der Brauch auch, wenn die Wahl der Würdenträger nicht, wie beschrieben, durch die Reihenfolge beim Austrieb erfolgte, sondern durch einen Wettlauf, der nach den Erinnerungen der Ältesten nackt ausgeführt wurde.

Die Hirtenjungen bestimmten mit ihren Bräuchen den Charakter des ersten Pfingsttages wesentlich mit. Durch diese Brauchhandlungen erzogen sie sich gegenseitig und wurden darin unterstützt von den Knechten, die überhaupt den Jüngeren gegenüber mit diesem männlich dominiertem Brauchtum mit genauen Rangfolgen –

wier …, dor wier 'n grön Kranz an von grönen Busch un Band up mit Höhnereier, dee würden tohoop haalt in 'n Dörp. De Kranz von Eierdöpp (halbierte Eierschalen, die mit den offenen Seiten zueinander hingen, H.M.) hüng in den groten Kranz.«[48] Ausgestopfte Puppen (Frau und Mann) dienten noch in Woosmer, Laupin (hier bis 1855) und Karenz als Baumschmuck, in Laupin dazu noch eine Flasche »Koem«. Nach anderen Belegen blieb der Baum ungeschmückt. Über die Funktion des Baumes – außer als Pfingstschmuck – geben nur noch zwei Belege Auskunft: In Lübtheen und Altjabel wurde im »Reigen« um den Baum getanzt.[49] Wer hier tanzte, etwa jungfräuliche Mädchen, wie aus südlicheren Regionen bekannt, wird nicht mitgeteilt, nur daß die Knechte den Baum aufstellten, ist sicher. Sie verantworteten allgemein auch den Bau der Pfingsthütte (auch »Lusthaus«, »Maibod«), die im Untersuchungszeitraum wesentlich verbreiteter war (im WA 122 Belege aus 95 Dörfern) als der Pfingstbaum: »De Pingstboom wier midden uppe Straat. Naher keem de Pingstlauw up, ihrst hadden wi dee nich.«[50]

5.7 Pfingstlauben als soziales Zeichen

»Kron von Fledderblomen un Syringen würd uphängt in't Lusthuus«

Aus Mecklenburg wird im Zusammenhang mit der Erhebung von Abgaben bei den Bauern des Amtes Grabow 1763 mitgeteilt, daß sie »jährlich den Tag vor Pfingsten zwey Lauberhütten« auf angewiesener Stelle bauen mußten und dabei mit »Fische, Brod und ¹/₂ Tonne Bier gespeiset und getränket«[51] wurden. Hier könnte es sich

beim Laubhüttenbau der Grabower Bauern um eine administrierte Festgestaltung für die Leute vom Amt und aus der Stadt gehandelt haben, die die Pfingsthütte für ihren Pfingstausflug nutzten. Nach allen Belegen aus dem 19. Jahrhundert wurden dagegen die Hütten von den Knechten errichtet, wobei die Mädchen vereinzelt helfen durften.

Der Gutsherr bzw. der Bauer stellte dabei in mehreren Fällen Baumaterial zu Verfügung. »Von de Jungkierls in de Nacht (nicht von den Mädchen) würd 'n Lusthuus bugt … So henner (gegen) soeben abends füngen wi an. Slaap geew't nich in de Nacht, Klock dree wier't all wedder hell« …[52]; »vier grote Balken würden ingrawt, all uttünt mit jung Birken.«[53] Tische und Bänke wurden in die Laube gestellt, und eine »Kron von Fledderblomen un Syringen würd uphängt in't Lusthuus …«[54]

In den mecklenburgischen Bauerndörfern bildete der Platz mit der Laube das Zentrum des Pfingstvergnügens. Die Laube selbst wurde in der Regel von den Knechten für »de jungen Lüd«, also für die Unverheirateten, gebaut. Nach einigen Belegen machen die Lauben aber auch scharfe soziale oder altersmäßige Trennungen deutlich: »Knechte un Diems bauten sich eine Hütte, un Hirerjungens ok, denn geef't Släg, wenn wi in de Knechts ehr Hütt güngen.«[55] In Groß Laasch saßen Bauern und Büdner getrennt in den Lauben.[56] In Warbelin bauten die Knechte auf dem Dorfbrink eine Laube für die Älteren; in Karenz, Gr. Krams und Moraas bauten die Knechte vor jedem Haus eine Laube. Gewöhnlich aber vergnügten sich Knechte und Mägde gemeinsam in und außerhalb der Laube. Kinder hatten zu dieser Zeit noch kein Recht auf dieses Vergnügen.

In der mit Blumen und Eiern, mancherorts auch mit Strohpuppen aufgeputzten Laube wurde gegessen und getrunken, gesungen und gespielt: »*Ne grot Kruuk vull Brammwien … keem in de Lauw un 'n Pägelglas, dor drünken wi all ut een Glas*«.[57] Das hier erwähnte Trinken aus einem Glas verdeutlicht sinnfällig die Gemeinsamkeit in der Armut, aber auch gemeinsame Freuden beim Feiern. Zu den »Gesellschaftsspielen«, die zu Pfingsten bei den jungen Leuten beliebt waren, gehörten Pfänderspiele wie »Mann und Frau«, Leinenverkauf, Ringsuchen, Talerwandern, Klumpsack-Spiele, bei denen das Küssen nicht zu kurz kam und die damit dem Geschmack der Unverheirateten sicherlich entsprachen. In Wendorf amüsierten sich die Knechte, wenn die Mädchen versuchen mußten, mit verbundenen Augen die an der Laube befestigten Kringel abzubeißen. Diejenige, die als erste dreimal ein Stück abgebissen hatte, wurde Königin.[58]

Neben den genannten, allgemein Vergnügen bereitenden Pfingstbräuchen der Gruppe der Knechte und Mägde gab es auch zu Pfingsten gewisse Möglichkeiten, durch Brauchhandlungen Rügen anzubringen. Die Knechte »maiten de Dierns ut«, d.h. »*wo de Dierns slapen deden*«, »*wo se fuul wäst wiren*«, »*wo de Dierns abends nich ümherwutschen deden mit de Knechts*«, »*wenn de Knechts un Dierns sik nich verdrägen künnen*«, »*dee man nich liden müggte*«[59] –, diesen Mädchen wurde in aller Frühe ein Faulbaum oder ein alter Besen an das Fenster gestellt. In Rukieten (bei Schwaan) schenkten die Knechte ihren Bräuten Mai; denen, die sie nicht mochten, wurden Asche und Wäscheblau vor die Tür gestreut. Ebenso wie die Hirtenjungen fürchteten sich auch die Mädchen vor solcher

Markierung, die sie ebenso wie jene dem Spott des ganzen Dorfes aussetzte und u.a. sicherlich auch ihre Heiratsaussichten verringerte:

»*Klock vier sünd wi upstahn in Brahlstörp, dat se uns den Fuulboom nich vörstäken süllen vör 't Finster*«.[60]

Dennoch wurden solche Bräuche nicht mit sturem Ernst ausgeführt, der Spaß daran mußte gewährleistet sein.

Am Abend aber, nach gemeinsamem Essen und Spielen, waren sich Knechte und Mägde wieder einig, dann ging es zum Pfingstbier. Entweder spazierten »Knechts un Mätens (dat) Dörp lang, denn würd Pingstbier prowt«,[61] oder das »Pfingstbier« ging ebenso wie das Erntebier reihum bei den Bauern.

Die Bauern feierten auch hier selbst nicht mit, gaben aber Naturalien oder auch Geld zusätzlich zu dem, was die Knechte vorher auf einem Heischegang oder durch Sneren von der Laube aus gesammelt hatten. Gefeiert wurde auf der »Grot Däl«. Die jungen Leute saßen an langen Tischen; »*denn würd 'n Kätel to Fuer krägen, dor würden de Eier intweislagen un denn Bier togäben un Eierbier kakt, danzt würd bet an'n hellen Morgen.*«[62] Die Bauern dagegen feierten ebenfalls für sich, sie luden sich gegenseitig ein.

Von allen Dorfbewohnern wurden die Pfingsttage auch zu längeren Spaziergängen, Ausflügen, Fahrten mit Pferd und Wagen genutzt. Die jungen Leute gingen dabei oft untergehakt in langen Reihen singend durch das Dorf. »*Pingsten hadden wi jo nicks to seigen un meihgen, denn würd spazierengahn.*«[63] Die Bauern fuhren mit Pferd und Wagen über die Dörfer.

Bauerntrabrennen auf einem landwirtschaftlichen Fest in Mecklenburg

5.8 Reiterspiele der Pferdeknechte und Bauern
Das Tonnenabschlagen[64]

»*Wenn die wärmenden Strahlen der Vor-
sommersonne Pfingsten, das liebliche Fest,
beglänzen, dann rüsten die Fischländer ihr
Tonnenfest*«, so beginnt 1927 eine romantisierende Darstellung in den Mecklenburgischen Monatsheften[65], und sie schließt mit
einer Entstehungsthese des Festes, wie sie
bis heute hartnäckig auf dem Fischland den
Gästen von den »Eingesessenen« und auch
über die Medien transportiert wird: Das
Fest stamme aus der Schwedenzeit und be-
deute das freudige Zerschlagen der Fron-
tonne, mit der nach Beendigung der Schwe-
denherrschaft der Zehnte des Fischfanges
nicht mehr abgeliefert werden brauchte.[66]

Die These hält sich, obwohl der Brauch in
Schweden und auch im Dithmarschen ausgeübt wird und nachweislich älter ist als
der Abzug der Schweden 1815. Maritime
Kulturkontakte mögen jedoch eine Brauch-
übernahme befördert haben[67].

Tonnenabschlagen, Ringreiten, Kranzreiten, Jungfernstechen, Rolandstechen, Hah-
nen- bzw. Katzenschlagen sind regionale
Sonderformen von Reiterspielen in Meck-
lenburg/Vorpommern zwischen Fastnacht
und Pfingsten, bei denen die Reiter nach
einem aufgehängten Gegenstand (Tonne,
Ring, Figur, lebendes oder hölzernes Tier)
schlagen oder stechen. Das Fallen der einzelnen Reifen und Dauben (Stäben) wird
mit viel Beifall und musikalischem Tusch
belohnt. Wer die letzte Daube herabschlägt,
erhält als »Stäbenkönig« eine Peitsche, wer

Tonnenabschlagen 1974 in Wustrow. Der Reiter H. U. Frettwurst schlägt in vollem Galopp mit seinem Knüppel an den verbliebenen Tonnenrest.

den letzten Span des Tonnenbodens mit einem Schlag herunterholt, wird Tonnenkönig. Die Vielfalt der Spiele, die in landschaftlichen Ausformungen auch aus Dänemark, Schweden, Holland und Siebenbürgen bekannt sind, kann nur angedeutet werden.

Über ihre sozialhistorischen Vorbilder nach mittelalterlichen Turnierspielen besteht in der Literatur Konsens. Daß allerdings nur Bauernsöhne von größeren Höfen, in denen vorzeigbare Pferde vorhanden waren, teilnehmen bzw. Knechte angeblich nur eine dienende Rolle im Brauchspiel ein-

nehmen durften,[68] ist für unsere Region zu differenzieren. Zum anderen kann auch keine Kontinuität seit dem Mittelalter nachgewiesen werden. Für einen Ursprung als ein Vergnügen der Fastenzeit wie in Skandinavien, den Niederlanden, den britischen Inseln sowie Schleswig-Holstein, wo eine lebende Katze, ein Hahn oder eine Taube aus der Tonne geschlagen wurde, erscheint ein einziger Beleg aus Stralsund[69] von 1551 als nicht ausreichend. Und als Ernst Moritz Arndt in seiner »Reise durch Schweden im Jahre 1804« das Tonnenabschlagen für die Zeit um 1755 in Südschweden »in manchen Distrikten und Dorfschaften Schonens«[70] beschrieb, bei der nach einer Katze in der Tonne geschlagen wurde, gab es noch keine entsprechenden Nachrichten etwa von Reiseschriftstellern über solche Bräuche in Mecklenburg-Vorpommern.

Den bisher ältesten Beleg (1764) entdeckte Dieter Pötschke in den Ratsprotokollen der Stadt Barth, wo in den umliegenden vorpommerschen Dörfern Langenhanshagen, Lüdershagen, Saal, Hermannshagen der Brauch schon vorher bekannt gewesen sein muß, wie ein Verbot wegen eines »tot gerittenen Pferdes« 1774 belegt.[71]

Daß das Tonnenabschlagen bereits vor 1800 in Pommern ausgeübt worden sein muß, geht 1785 aus einem Bericht des Königlich Schwedischen Kammerrates J. D. V. Reichenbach hervor, in dem er auch die kulinarischen Freuden erwähnt:

»In den Domanialdörfern Saal und Hermannshagen begeht man jährlich ein Fest, das fast eine Woche dauert, und wobey das Vergnügen darauf hinausläuft, daß die Knechte und Jungen, mit Keulen und Knitteln bewafnet, von einem gewissen Ziele aus im vollen Galopp auf eine frey hängende, mit vielen Bändern und Nägeln verse-

henen Tonne zureiten, und darnach schlagen. Wer das letzte Stück herunter schlägt,
ist König, worauf denn das ganze Dorf,
ohne zu arbeiten, sich aus einem Hause in
das andere schleppt, um überall Reißbrey,
Pudding – oder, wie es der Bauer verdol-
metscht, Beutelklösse – Schinken, Braten,
Caffee, Weißbrodt und Punsch, denn diesen kennt unser Ackersmann zum Theil
auch, zu schmausen, das Fest selbst wird
Tonnenfest genannt.«[72]

Ernst Moritz Arndt erwähnt den Brauch
kurz 1803 in seinem vielbeachteten Buch
»Versuch einer Geschichte der Leibeigenschaft« als halsbrecherisches Wettrennen
»um den Preis des Königstums zu den ›Bau-
ernfesten‹ um Johannis herum.«[73]

Die früheste Brauchschilderung für das
Fischland ist im Schweriner »Freimüthigen
Abendblatt« vom 28. 12. 1832 nachzulesen:
»In einem größern Glanze zeigen sich die
Söhne und Knechte der Kossaten bei ihrem,
um Pfingsten stattfindenden Tonnenfeste.
Zu diesem Zweck wird eine leere Theerton-
ne ringsum mit grünen Zweigen bekleidet,
in der Mitte derselben, im Gleichgewicht
beider Enden, einen Krampe eingeschlagen,
zu beiden Seiten der Dorfstraße ein Schleet
oder eine andere hölzerne Stange eingegraben und daran die gezierte Tonne mit einem
Stricke so aufgehangen, daß sie über der
Mitte der Straße schwebt. Nachmittags rufen die Töne eines Musikchors zur Teilnahme an diesem Feste. Alt und Jung – doch
fast nur Frauenzimmer, da alle Seefahrer
dann weit entfernt sind – versammeln sich
in der Nähe der Tonne, die Musik kommt
näher, und es erscheint ein Zug beritener
Jünglinge im höchsten Staate, Mann und
Pferd mit Bändern und Blumensträußen
festlich ausgeschmückt – ähnlich den
Hochzeitsbittern in anderen Dörfern –, und

sämtlich mit starken, mitunter zierlich
geschnitzten und gemalten kurzen Knitteln
von etwa 2 Fuß Länge bewaffnet, angeführt vom König des letzten Festes. Das
Musikchor macht Halt neben der schwe-
benden Tonne und die Jünglinge reiten nun
nacheinander im Trabe unter der Tonne
durch und geben derselben einen Schlag
mit ihre Knittel, kehren in derselben Ordnung wieder zurück und wiederholen dies
so oft, bis Reiter, Pferde und Musikanten
einer Erholung und Erquickung bedürfen,
die auf einem der Kossatengehöfte bereitet
ist. Bald erscheint der Zug von neuem, das
Schlagen nach der Tonne – zuweilen erfolgt
allerdings auch ein Fehlschlag – wiederholt
sich auf die gedachte Weise, die Verzierung
der Tonne und ihre Reifen lösen sich nach
und nach und die Tonne wird vernichtet,
oft erst nach vielen hundert Schlägen. Den
letzten Stab der Tonne von der Krempe
abzuschlagen ist das schwerste, aber der ist
auch der neue König des Festes, der solches
erreicht. Die anwesenden Jungfrauen werden nun zum Tanze eingeladen und die
Nacht wird in Jubel zugebracht.«[74]

Der Beleg erscheint im Hinblick auf das
Alter und die soziale Zusammensetzung
der Teilnehmer aufschlußreich: Es ritt also
nur die unverheiratete männliche Jugend.
Dieser Befund deckt sich mit einer Beobachtung des Drosten Carl von Dorne, Amt-
hauptmann des großherzoglichen Amtes
Ribnitz, zu dem das Fischland seit dem
Übergang der Ländereien des Clarissinen-
Klosters an die Landesherrschaft gehört,
der im Juni 1835 den Großherzog um finanzielle Unterstützung des einzigen Festes, das die Fischländer haben, bittet.[75] Bis
in die Mitte des Jahrhunderts ritten ausschließlich unverheiratete Knechte mit,
»denn jeder Fischländer mit gesunden Glied-

maßen geht zur See«, wie es in der Begründung 1857 heißt.[76]

Diese soziale Zuordnung paßt sich ein in die übrigen spielerischen Pfingstbräuche, die von der unverheirateten Dorfjugend getragen wurden. Betont wird die Nichtteilnahme der seemännischen Jugend, die im Grunde auch gar keine Möglichkeit hatte, da sich im Frühjahr kein Seemann im Dorf befand. Die These, daß gerade das Tonnenabschlagen in der Küstenregion das Selbstbewußtsein der männlichen Dorfjugend besonders stärkte, die die Seeleute stets als Rivalen betrachtete, leuchtet ein.

In der ersten Hälfte des 19. Jahrhunderts wurde außer auf dem Darß und Zingst das Tonnenabschlagen auch auf dem Festland, in Damgarten und in Wustrow auf dem Fischland (Mecklenburg) veranstaltet, erst seit 1890 auf der Insel Rügen. Als 1848 aufgrund von Fragebogen die Verbreitung des Festes erfragt wurde, verlief die Befragung für Rügen noch negativ.[77]

Nachdem um die Mitte des Jahrhunderts der Brauch allgemein im Schwinden begriffen war, erfuhr er im letzten Drittel des 19. Jahrhunderts aufgrund sozialen Wandels eine Neubelebung:

Die neue Schicht der bäuerlichen Erbpächter dominierte jetzt das Fest. »Ehedem hatten sich die Fischländer Knechte dafür mit Bändern und Blumen und allem nur möglichen Flitterstaat oft recht wunderlich ausstaffiert, jetzt erscheinen die Erbpächter in dunklen Beinkleidern, durch gestickte Gürtel gehalten, schneeweiße Hemden, darüber Schärpen in den deutschen oder mecklenburgischen Farben, Strohhüte auf dem Kopf.«[78]

Allein am Wandel der Kleidung lassen sich nun neue Trägerschichten und neue Funktionen des Brauches ausmachen:

Solange der Brauch von den Bauernknechten ausgeübt wurde, ging es um Demonstration von Geschicklichkeit, Mut und Kraft untereinander und vor den unverheirateten Mädchen. Auf die Pferde, die ihnen nicht gehörten, achteten sie weniger. Die Erbpächter dagegen, die im letzten Drittel des 19. Jahrhunderts als Brauchträger fungierten, duldeten nicht mehr, daß die Knechte ihre Pferde zuschanden ritten oder mit ihnen Erfolge errangen.[79]

Zunehmend nahmen andere Berufsgruppen teil, neben Handwerkern vor allem aber Seeleute, die als neuen Bestandteil der Festkleidung die Schiffermütze etablierten. Außerdem setzten sich als Reiterkleidung das weiße Hemd, schwarze Hosen, Gürtel und Schärpe durch. Gleichzeitig kam es durch die neuen Trägerschichten zu einer weiteren Ausbreitung bis nach Mecklenburg, »eine Tatsache, die wahrscheinlich mit dem Aufblühen der Krieger- und Reitervereine nach den Kriegen von 1864, 1866, 1870/71 zusammenhängt«,[80] und natürlich boten die Reiterspiele auch ein lohnendes Betätigungsfeld für Heimatvereine.

Ausgangs des 19. Jahrhunderts wurden Tonnenbünde z. B. auf Rügen gegründet; auf dem Fischland unterstützte das Fest noch finanziell der Großherzog, so daß sich hier die Entwicklung zum eigenfinanzierten Vereinsfest später vollzog.[81]

Das Tonnenabschlagen entwickelte sich also in den letzten beiden Jahrhunderten vom Vergnügen der unverheirateten Dorfjugend zu einem Fest der Repräsentation bäuerlichen Besitzes, demonstrierte dann nationale und Vereinsinteressen und bietet heute ein regionalspezifisches touristisches Ereignis.

Das Tonnenabschlagen ging über die Brauchgrenze Wismar–Schwerin–Ludwigslust nicht hinaus, da jenseits dieser Linie das Ringreiten vorherrschte.

5.9 Ringreiten und Kranzstechen

Aus Mecklenburg konnte Wossidlo für das Kranzreiten bzw. Ringreiten – je nachdem, wonach gestochen wurde – noch 45 Belege zusammentragen, obwohl »*das jährliche Reiten nach dem Crantz, welches die Bauernknechte in der Pfingstwoche allemahl anzustellen pflegen, ... bereits um 1735 auch scharff verbodten*«[82] worden war.

Als Veranstalter fungierte wiederum das Gesinde: »*dat wiren all olle Knechten, so bi 30 rüm, ihrer se heuraten deden.*«[83] Während die Reiter am Vorabend ein Probereiten absolvierten,[84] blieben auch die »Dierns« nicht untätig: Sie »*müssten de Pier upputzen, witte Decken bunt mak(en) mit Gnisterblank un Slaufen, dee müssten (se) betahlen ... De Pier kregen 'ne Kron upp 'n Kopp von blanken Kram ... De Grot Diern müßt dat Pierd von 'n Grotknecht putzen ...*«[85] Daß die Knechte diesen Tag als ihren Ehrentag empfanden, zeigt sehr fein eine Terminsetzung für das Ringreiten durch eine Beiträgerin: »*Wenn de Buerrausen blähten, nicht für die Bauern, sondern für die Knechte.*«[86] Wie beim Tonnenabschlagen stellten die Bauern die Pferde für die Knechte. Um 1870, als die Bauern selbständig und die Pferde für sie wertvoller waren, ritten die Bauern selbst.

Auch die Laube war für das Spiel herzurichten. In ihr wurde von der Mitte aus eine Kette mit einem herabhängenden Ring angebracht: »*dee würd' mit 'ne Fedder instäken, dat he rümgüng*«[87] (also tanzte). Für den Durchritt blieb die Laube nach zwei Seiten hin offen. Nach mehreren Belegen saßen Musikanten auf einem Brettergestell über der Laube; andere weisen darauf hin, daß sie darauf verzichteten, weil die Pferde dann scheuten.

Vor Beginn des Kampfes wurde der König des Vorjahres mit Musik und großem Gefolge abgeholt, wobei zwei Mädchen eine selbstgebundene Krone vorantrugen. »*Wenn de Knecht wegtrocken wier* (verzogen war), *dee de olle König wier, würd lost, wer König sien süll.*«[88] Die überlieferte Brauchstruktur wurde also in jedem Fall aufrecht erhalten. Hatten sich alle geschmückten Reiter mit ihren Tieren zur Koppel begeben, so hielt der alte König vom Pferd aus eine gereimte Ansprache:[89]

> »*Die Jungfern und Gesellen die machen sich empor*
> *und gehen mit dem Kranz hervor.*
> *Ich sollt sie grüßen: Ihr Herren und Damen,*
> *Ihr möget mein Bitten Begehren auch annehmen.*
> *Die Jungfern gehen mit dem Kranz vorauf,*
> *sie schmücken die Kerls und Pferde schön auf ...*«[90]

War der Wettkampf dann durch ein Musiksignal eröffnet, mußten die Reiter, in vollem Galopp durch die Laube reitend, versuchen, einen Ring bzw. Kranz aus Metall oder Blumen auf die Lanze zu spießen oder mit der Hand zu ergreifen. »*Wenn se dörch wiren, reden se mit Musik na 'n anner Enn' wedder hen*«,[91] und die Musiker auf dem Dach gaben dann durch ein Signal die Bahn für den nächsten frei.

Der Sieger, der König, erhielt von den Bauern, die selbst nicht als Reiter teilnahmen, und von den Knechten Naturalien oder auch ein Sachgeschenk (Peitsche), das sicherlich von dem erheischten Geld (vgl. »Schenken zum Kränzelein«) gekauft worden war. Die Belohnung des Siegers mit Sachgeschenken scheint bereits charakteristisches Indiz für einen Brauchwandel zu sein, da es nach der Aussage eines Einzelbeleges in früheren Jahren keine Geschenke für den Sieger gegeben hat: »*Oewer schöner wier de oll Mod, as se nicks kregen*«.[92] In Schlagsdorf erhielt der König um 1850 Geld, etwa 15–20 Mark, der zweite erhielt den Titel »Bedienter«.[93] Nach dem Spiel »*reden se na dat Huus hen* (d.h. wohl dorthin, wo dann die Feierlichkeit stattfand), *kregen Koem un Bier, dat würd rutbröcht (nich afstigen), – Stunn' naher güng 't Dan-*

zen los«.[94] In Pogez ging es (1870) unmittelbar nach dem Spiel in feierlichem Zug, wobei drei Mädchen eine Krone mit gefärbten Eiern vorantrugen, zum Festhaus. Die Mädchen befestigten die Krone im Saal, »*dor würden de Geschenke anhängt för 'n König.*«[95] Wer beim Reiten Letzter geworden war, der hatte wie bei anderen Bräuchen auch eine kleine Strafe zu leisten: Er mußte inzwischen »*de Hütt utfägen un de Teerlunt randrägen*«.[96]

Der abendliche Tanz, kurz »Ringriden« genannt, »güng bi de Buern reihgüm«,[97] d.h. ebenso wie zur Fastnacht und zur Ernte stellte ein Bauer seine Diele zur Verfügung, ohne sich direkt an dem Fest zu beteiligen, das jetzt in vorgeschriebener Ab-

So wie hier beim winterlichen Spiel »Blinn Wallach« in Pommern diente auch zu Pfingsten ein entsprechendes Radgestell zum »Jungfernführen«. Nach einer Zeichnung von F. Iwan

folge verlief: Der König wählte sich eine Braut, die von ihm ein Geschenk (z. B. eine Schürze) bekam, dann begann der Tanz nach strengen Regeln: »*De König kreg de ihrsten drei Dänz, den ihrsten danzt he alleen mit een Diern, na* (danach) *danzt de oll König mit, na danzten se all. Toletzt würd de nie König to Hus bröcht.*«[98]

5.10 Jungfernführen

Ebenso wie sich Wossidlos Belege für das Ringreiten auf die Dörfer um Schönberg, Ratzeburg, Boizenburg und Hagenow beschränken, ergibt sich auch für das »Jungfernführen« eine entsprechende räumliche Konzentration, wobei am häufigsten die Dörfer um Schönberg und Ratzeburg vertreten sind. Mensing nennt das »Jungfernsteken« ein »Mittelding zwischen Ringrennen und Rolandreiten«.[99] Bemerkenswerterweise ist in Mecklenburg die Abfolge des Brauchverlaufes von Ringreiten und Jungfernführen völlig identisch, während der Aufbau des Karussells etliche Parallelen zum Rolandreiten aufweist. Offensichtlich fand beim Jungfernführen ein Rollentausch gegenüber dem Ringreiten zwischen Knechten und Mägden statt. So wie die Mägde für das Ringreiten die Vorbereitungen übernommen hatten, war dies nun umgekehrt Aufgabe der Knechte. Sie errichteten am Vorabend ein Karussell aus einfachsten Materialien: »*De Drehpunkt wier 'n olles Wagenrad, oewer dat würden Leddern leggt, an jedes End wier 'n Stohl. Dor seten de Dierns in. Wi Knechten schöben de Dierns.*«[100] Das Ziel für die Mädchen bestand darin, eine »Jungfer ut Holt«, die an einem Pfahl mit »Plücken« befestigt war, zu treffen bzw. herauszuschlagen. »*Wer dreemal den Plük-*ken rutslög, würd Königin*«.[101] »*Fast in jedes Dörp wier 'ne Jungfer ut Holt makt.*«[102]

Da das Jungfernführen nur im westlichen Mecklenburg und dann in dieser Form nachgewiesen werden konnte, scheint eine eindeutige Beeinflussung aus Holstein sowohl für die Ausformung des Ring- bzw. Kränzchenreitens als auch des Jungfernführens vorzuliegen.

5.11 Knarrbaum, Knirrgant, Blinnpierd

Jünger als die beschriebenen Spielformen ist der sogenannte »Knarrbaum« oder »Knirrgant« im Osten des Schweriner Landes, um Waren herum als »Blinn' Hingst«, »Blinn' Pierd« oder »Blinn' Äsel« bezeichnet. Eine ausführliche Beschreibung dieses Karussells bringt Schildt.[103] Zu Wossidlos Befragungszeit bildete es einen der Mittelpunkte der Festfreuden und war bis etwa 1870 noch weit verbreitet (Knarrbaum 76 Belege, Blinn' Hingst usw. 151, insgesamt 227 Belege). Wesentlich scheint Schildts Hinweis auf das Knarrbaumfest als Ersatz für die eingegangene Pferdegilde,[104] was sich mit der Bemerkung eines Beiträgers deckt: »*Ganz früher haben die Bauernknechte auf Pferden geritten zu Pfingsten, das ›Blinn' Hingst‹ ist nur ein Ersatz des Abends zum Zeitvertreib.*«[105] Ebenso wie beim Ringreiten oder Jungfernfahren, Vogelschuß oder Tonnenabschlagen war auch hier der Teilnehmerkreis zunächst wieder auf die unverheirateten Knechte und Mägde beschränkt. Kinder hatten noch kein Recht darauf; für die Älteren war es vielleicht auch zu gefährlich, denn spätere Verbote weisen auf zahlreiche Unfälle hin. Die Knechte schoben die Mädchen auf dem karussellartigen Gerät; in Upahl wurden dabei Reime gesungen.[106] Eine Königin wählte man hierbei nicht, dagegen bei älteren Spielen wie Dubenbosseln, Hahnenschlagen, Katerschlagen, »Den Mann ut de Tunn schlagen«, »Brüjamsgripen«.[107] So wurden beim Topfschlagen der Mädchen (»Dubenbosseln«) ein Hahn, ein Kater und eine Taube mit einem roten Band oder Kranz um den Hals aufgeputzt und unter jeweils einen Topf gesetzt. *»Nur junge Mädchen werfen mit der Kugel nach den Töpfen. Die den Hahn befreit, ist Königin. Die Hahnenbraut bekommt 'n Kranz auf.«*[108] Mancherorts wurde nur nach einem Kater geschlagen.[109] Das Ausschmücken der Tiere besorgten die Knechte. Die Mädchen sammelten wieder vor der »Schaustellung« Geld ein. *»De meisten geben 'n Schilling, de Buer, wo se bi denen daden, gew 4 Schilling.«*[110] Abends wurde getanzt. Das sogenannte »Topfschlagen«, das bis etwa 1950 noch zu den Höhepunkten von Kindergeburtstagen zählte, könnte eine letzte Schwundstufe der älteren Pfingstspiele sein.

Wenn es in einem Beleg aus Belitz heißt, daß es dort am Pfingsttage noch 1878 abwechselnd »Tunnslagen, Ringriden, Jungfernführen und Hahnenslagen« gab,[111] so sind damit die Spiele genannt, die eine lange Tradition aufweisen und durch ihren Wettkampfcharakter und ihren Schauwert nicht nur die eigene Dorfbevölkerung, sondern auch Besucher aus benachbarten Dörfern und naheliegenden Städten anzogen.

5.12 Pfingsten in den Städten

Das städtische Pfingstbrauchtum wurde bis in die spätfeudale Zeit hinein vor allem durch die Festlichkeiten der Gilden und mittelbar durch die Aktivitäten der Kaufmannschaft als Organisator des Pfingstmarktes geprägt. Die spätmittelalterlichen Gilden wählten Pfingsten als einen Termin ihrer Zusammenkünfte.[112] So traf sich in Schwaan die *»Wantschnidergilde«* jährlich *»to pingsten, winachten vnnd vastelavennt«;*[113] das »Knackenhowerampt« hielt seine Gilde *»im pingesten ... wynachtenn vnnd vastelauenndt«,*[114] die Bäcker und Wollenweber trafen sich ebenfalls Pfingsten und Fastelabend. Das Ziel dieser Zusammenkünfte, die von den Mitgliedern gemeinsam finanziert wurden, bestand bis etwa 1650 in der Absprache gegenseitiger Hilfe und Unterstützung,[115] wobei die Geselligkeit eine große Rolle spielte und das frisch gebraute Pfingstbier zu den Hauptattraktionen zählte. Interessanterweise konnten auch Bauern Mitglieder städtischer Gilden werden,[116] so daß bereits auf diesem Wege eine Stadt-Land-Beeinflussung möglich war.

Neben städtischer Geselligkeit und schriftlicher Rechenschaftslegung lernten die vom Lande kommenden Teilnehmer hier also auch eines der traditionellen mittelalterlichen Hauptvergnügen kennen: den Vogelschuß.[117] Träger dieses Brauches waren Schützengilden oder Schützengesellschaften. In der Pfingstwoche trafen sie sich außerhalb der Stadt – auf einer Wiese oder Bleiche – und schossen dort mit Armbrüsten nach einem hölzernen Vogel (»Papageien«), der an einer Stange, dem »Papegoyenbaum« befestigt war. Der Sieger wurde als König mit einem wertvollen Preis geehrt. Die Zeit des Dreißigjährigen Krieges ließ den Brauch nahezu schwinden; 1624 wurde das letzte Vogelschießen in Rostock abgehalten.[118] Länger hielt sich der Brauch in Wismar. Dort zogen nach einer Beschreibung von 1743 am Pfingstmontag in festgelegter Reihenfolge – angeführt von einem berittenen Knaben – der vorjährige König und der sogenannte Maigraf in Begleitung städtischer Repräsentanten und aller Zunftgenossen zum Schießen vor das Stadttor. Nach dem Vogelschuß marschierte alles in gleicher Reihenfolge, diesmal aber mit Frauen und Kindern, vor das Altwismaraner Tor zum Tanz. Zwei Jungfrauen überreichten dem neuen König Geschenke, der nun, zusammen mit dem alten König und einigen – wohl dadurch geehrten – Bürgern und Gesellen zum ersten Tanz auffordern durfte. Der zweite Tanz gehörte dem Maikönig. Am folgenden Donnerstag gab dann der neue König ein Gastmahl, auf dem der neue Maigraf für das folgende Jahr gewählt wurde.[119]

Der hier erwähnte Maigraf ist in seiner ehemaligen Funktion nicht mehr erkennbar, er wird hier nur noch in Verbindung mit dem Festzug genannt.[120] Die Brauchelemente, wie feierliches Abholen des alten Königs, Rückmarsch zum Tanzort, Überreichung der Geschenke durch Jungfrauen, Eröffnung des Tanzes in vorgeschriebener Reihenfolge, Freihalten der Festteilnehmer durch den neuen König, sind also wahrscheinlich städtischer Herkunft und haben brauchgestaltend auf die (bereits beschriebenen) ländlichen Pfingstwettkampfspiele gewirkt.

Das Vogelschießen wurde seit 1600 in den Städten zunehmend durch das Scheibenschießen verdrängt;[121] der Termin für den nun »Königsschuß« genannten Brauch[122] rückte aber von Pfingsten weg,[123] so daß hier auf dieses Fest nicht weiter eingegangen werden soll. Hinzuweisen ist aber noch darauf, daß nach dem »Ratspreise« nur von Bürgern und Bürgersöhnen, und zwar ausschließlich mit ihnen selbst gehörenden

Holzfigur zum »Jungfernstechen«. Höhe 86,6 cm, Stärke 2,7 cm. Unterhalb des Gürtels sind sieben Löcher von 1,7, cm Durchmesser eingeschnitten, in die von den Mädchen während der Fahrt ein Bolzen von 17,5 cm Länge eingetrieben werden mußte.

Rohren, geschossen werden durfte,[124] so daß sich zwangsläufig eine soziale Exklusivität ergab.

5.13 Pfingstmarkt

Ein Pfingstvergnügen, das alle Bevölkerungsschichten innerhalb und außerhalb der Stadtmauern gleichermaßen anzog, war der Pfingstmarkt, am bekanntesten und ältesten der Rostocker. Seit 1390 wurde er hier als Verkaufsmesse der Hansestädte jährlich acht Tage vom Pfingstsonntag, später vom 2. Pfingsttag an[125], »*zum Vortheil (der) Stadt und zum Nutzen aller dorthin kommenden Kaufleute*«[126] abgehalten. Er galt als eine so bedeutende öffentliche Angelegenheit, daß er von Seiten des Rates in feierlichem Rahmen eröffnet wurde. Dazu gehörte der Aufzug der Träger, deren Gilde an diesem Tag feierte und zur Eröffnung des Marktes – mit der hellblauen Fahne ihres Trägeramtes voran – gemeinsam mit dem Stadtwachtmeister nach dem Trägerschütting zur Langen Straße marschierte.[127]

Den Doppelcharakter des Rostocker Pfingstmarktes als Handels- und Vergnügungsplatz beschreibt für die Zeit um 1850 der Rostocker Dichter John Brinckman in seinem wohl bekanntesten Buch »Kasper-Ohm un ick« aus der Perspektive eines Rostocker Schuljungen:

»*De Boden an den Strann von de Borgwalldur an de Ballastäd vörbi, bet nah dat Petridur würen een nah de anner upstellt för dat Pingstmarkt, un wi Jungs ... hadden dat mächtig hild Nahmiddags nah de Schol mit dat Tokiken bi de grot Bireiterbod un de grot Mengerie, de Timmermeister Wölfelt un Zacharius Dierksen dor upslahn deden, un mit de Karussels un nahsten mit dat Kloribospill achter de Boden, Junge di ... Un Frau Schrödern ut Lübeck mit de Appelsinen wir ok all ankamen, un de Stettiner Pötterjachten legen ok all bi den Kran an dat Borgwaller Dur ... Zünnabends Nahmiddags Slag vier würd dat Fest inlüdt von all de soeben Tuurns mit all de Hauptklocken ne halwige Stunn lang, un mi wir dat nürige Jungshart so vull von all de Harrlichkeit, de dor nu kem ...*«

Holzfigur für den Vogelschuß, nach alter Vorlage geschnitzt

Eine eindrucksvolle Beschreibung der Vergnügungen, die den Besucher erwarteten, gab 1782 ein dänischer Reisender: »*(Wir) fanden ... an den Ufern längst dem Warnow-Flusse große Bewegung, den großen Markt und verschiedene Straßen mit Krambuden besetzt, auf allen Plätzen große Frachtwägen ... Marktschreier, Schauspieler, Riesen und Zwerge, Schattenspiele ... In der nemlichen Woche ist auch die Zeit des Umschlags in diesem Lande. Die meisten Edelleute und Gutsbesitzer des Landes finden sich nemlich hier ein, um ihre Geldumsätze zu machen, ihre Frauen zu vergnügen, ihre Töchter zu zeigen.*«[128]

Neben der Beschreibung städtischer Pfingstvergnügen wird ersichtlich, daß der

Markt zum Trinitatistermin zur Abwicklung der Geldgeschäfte diente[129] und dabei eine wichtige Nahtstelle für Stadt und Land bildete. Andere Quellen erwähnen feste Markttage für weitere Besuchergruppen: den »Pöttersünndag« für die Kleinstädter, den »Pingstmarkmandag« für die »Deinsten« vom Lande[130] und den Pastorentag.[131] Stand zunächst der Handel im Vordergrund des Marktgeschehens, so nahm mit dem Aufkommen der Eisenbahn das kaufmännische Interesse ab.[132]

Nach wie vor aber kamen die Schaulustigen auf ihre Kosten. Zu den künstlerischen Darbietungen gehörte das Theaterspiel. In Rostock zählten dramatische Aufführungen schon früh zu den Freuden des Pfingstmarktes;[133] Schauspielergruppen, die in Lübeck und Hamburg spielen wollten, bereisten auf ihrem Weg durch Mecklenburg auch Wismar, Güstrow, Schwerin und vor allem Rostock, um die Gunst des Pfingstmarktes zu nutzen; teilweise kamen sie sogar aus dem Ausland.[134] In ihrem Repertoire behaupteten sich Lustspiele, komische Opern und Ballette. Immerhin standen neben einer Unzahl dem Zeitgeschmack verhafteter – heute längst vergessener – Stücke aus der Zeit um 1770 auch Werke von Schiller, Lessing, Shakespeare, Molière, Goldoni und Beaumarchais im Programm. Wenn auch die Verantwortlichen in der Stadt die Schauspieler, was das »Legegeld« anbetraf, in eine Reihe mit Seiltänzern, Marionettenspielern, Bärenziehern, Marktschreiern, Oculisten und Bruchschneidern stellten,[135] so ist doch die Existenz von Theateraufführungen zur Pfingstzeit ein wesentliches Indiz für städtisches Kulturniveau im Vergleich zum Dorf.

Theaterfreuden dürften aber vornehmlich vom Besitzbürgertum der Städte sowie von adligen und bürgerlichen Gutsbesitzern genossen worden sein. Die arbeitende Stadt- und Landbevölkerung erfuhr das »Neueste« aus der Weltgeschichte bei einem Pfingstmarktbesuch sicherlich nicht im Theater, sondern wahrscheinlich eher im Wachsfigurenkabinett, wo man neben Persönlichkeiten der Historie[136] auch Vertrautes entdecken konnte: »*Eenmal wiren dort ok Wassfiguren, dat wier hübsch antosehn … Dor seet uns Heil Christ mit all sien Jungens*«.[137] Eine weitere »Bildungsquelle« waren die Moritatensänger, »Singers bi de Biller«[138] die vor ihren schaurig schönen Bildern die »Neuesten Lieder« zur Begleitung von Drehorgel oder Harfe vortrugen wie die »*Schreckliche 14-fache Mordthat welche sich zu Stralsund in Pommern den 14.2.1863 auf eine schreckliche Art geendet hat durch den fürchterlichen Mörder Jacob Meißmer, einem Unterförsters-Sohne aus Telmfort, unweit Stralsunds*«. Durch den Sammeleifer des Rostocker Stadtarchivars Krause, der zwischen 1850 und 1860 Liedblattdrucke aller Art auf dem Rostocker Pfingstmarkt aufkaufte, sind wir über die Liedinhalte recht gut informiert, ebenso durch die Bestände in den Schweriner Polizeiakten, denn alle Lieder, die die zahlreichen Bewerber (aus Deutschland in der Regel körperlich Behinderte, Kriegsinvaliden, aus Böhmen Bergleute, aus Italien ehemalige Bergbauern)[139] in der Regel in Hamburg gekauft hatten, mußten durch das Schweriner Innenministerium genehmigt werden und erhielten dann einen Stempel.

Die Städter nahmen die Berichte über Schiffs- und Bergwerksunglücke, Mordtaten sowie die neuesten Moden nicht mehr recht ernst, seitdem Tagespresse und Wochenblätter die aktuellen Informationen

Liedblattdrucke vom Rostocker Pfingstmarkt. Die Textblätter kauften die Drehorgelspieler in der Regel in Hamburg.

übernommen hatten. Sie informierten sich über die neuesten Attraktionen im »Rostokker Pfingstmarktanzeiger«, der seit etwa 1880 in der Carl Hinstorff'schen Buchdruckerei verlegt wurde. In der Nr. 11 vom Sonnabend, dem 3. Juni 1893, hatte sich u.a. Circus Kolzer eine ganze Seite für seine Werbung reserviert: »*Der größte Triumph des 19. Jahrhunderts. Circcus unter Wasser. Genannt Pariser Leben in einem Seebade.*« Wer sein Aussehen kritisch betrachten wollte, konnte dies tun bei der »Ersten(n) und ältesten(n) Schnell – Photographie am Ostseestrande von O. Klaunig«, und auf Interesse stieß sicherlich auch die Ausstellung mechanischer Automaten von Wilhelm Prinzlau, in der ein »*mechanischer Trinker, welcher den Kopf, die Augen und den Mund bewegt, aus der Flasche trinkt*

und dieselbe wieder absetzt«, zu bewundern war oder Heinrich Scholz's« große Menagerie« aus Hamburg mit Löwen, Papageien und Schlangen.

In diesem natürlichen Wettlauf mit technischen Neuerungen, raffinierten Unterhaltungen und einem sich nun rasch entwickelnden Nachrichtensystem mußten die Musikanten mit ihren Liedvorträgen auf der Strecke bleiben, wenn auch mit der »Hamburger Liedermode«[140] eine letzte »Plattdeutsche Welle« den Sängern noch einmal die Chance gab, mit heiteren, kritisch-spöttischen Liedern ihr Publikum zu erreichen.

Das Wachsfigurenkabinett und die Moritatensänger wurden Wossidlo als aufregendste Pfingstmarkterlebnisse mitgeteilt, eine Theateraufführung in keinem Fall.

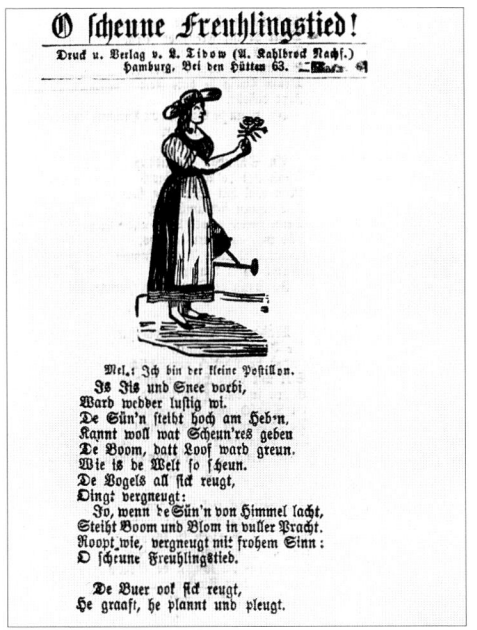

Die Themen – wie hier dokumentiert – waren vielfältig …

Weder Theater noch irgendwelche Schaustellerbelustigungen sind zu Pfingsten im Dorf nachgeahmt worden, und auch die im 19. Jahrhundert durch die Dörfer ziehenden Puppenspieler oder Leute mit dem »Putschenellerkasten«[141] stießen kaum auf besonderes Interesse. »*Een Buer hett seggt: ›wat sall 'k dor hen na de Seildänzers, dat is jo blos all Ogenverblenn'‹*«.[142]

»*Ick bün eenmal henwäst* (zum Puppenspiel), *dor keem de Düwel in vör, dee hadd ('n) Huurn up'n Kopp, nahst heff ik dat nie wedder ansehn, sowat mücht ick nich sehn.*«[143] Städtisches Pfingstvergnügen unterschied sich also wesentlich vom dörflichen, und die Tatsache, daß eine Handpuppe in Teufelsverkleidung ängstliche Gefühle erweckte, läßt Schlüsse auf unterschiedliches Bildungsniveau zu. Auch die städtischen

pfingstlichen Glücksspiele wie das »Trulltrull«, bei dem mit einem bunt bemalten Würfel Felder auf einem Brett getroffen werden mußten, wurden von der Dorfbevölkerung nicht übernommen, dagegen aber Spiele, bei denen Mut und Geschicklichkeit zu beweisen waren wie das Karussellfahren.

Bis etwa 1850/70 zogen Bauern und Gesinde noch gemeinsam zum Einkaufen auf den Markt, während nach erfolgter Herausbildung der Großbauernschaft ein Marktbesuch getrennt erfolgte: »*Nu sünt dat all Herren, dee schenieren sik, mit ehr Lüd' to Markt to gahn.*«[144]

Eine grundsätzliche Trennung gab es in den Gutsdörfern schon vorher: »*Herrschaften güngen up 'n Fridag na 'n Pingstmarkt, Deinstbaden up 'n Mandag.*«[145] »Pingst-

marktmandag brukt keen Deenstbod' to arbeiten, de Knecht müsst de Pier fodern morgens un de Diern melken, denn wiren se afbunnen« (d.h. frei von der Arbeit, H.M.). *»Dingsdag morgen müssten se wedder dor sein.«*[146]

Für alle galt der Markt als einer der Höhepunkte des Jahres. *»De Knechts hebben den Aal hoch hollen: dor hebben wi uns dat ganz(e) Johr för quält.«*[147] Die Vergnügungsansprüche des Gesindes waren sonst bescheiden.[148] Bevorzugt gekauft wurden »Tittenstuten«, *»dee wiren vierkantig, up jede Eck wier 'n Titt an, dee nehmen de Öllern för de Kinner mit na Hus.«*[149] Mägde und Knechte eines Dorfes blieben auf dem Markt meistens nahe beieinander, einerseits wohl aus Unsicherheit, da sie ja sonst kaum aus dem Dorf herauskamen, andererseits, weil das Gesinde eines Hofes von der Bäuerin oft einen gemeinsamen Eßkorb, der Brot und nur ein Messer enthielt, mitbekam.[150] Zusammen saß man dann an langen Tischen beim Kaufmann, der den Sirup zum Brot gab.[151]

Neben dem Essen scheint das Spiel »Hau den Lukas« eine der Hauptattraktionen gewesen zu sein: *»Dor wiren se in Hemdsmaugen* (Hemdsärmeln) *bi un haugten, dat de Sweit so afklacken ded, se wullen blos wisen, wat se vör Kräften hadden.«*[152] Wem es gelang, eine Kasperlefigur nach oben zu schlagen, *»dee kreg n' Orden, dee würd anstäken«*.[153]

Der lange herbeigesehnte freie Tag, der unbeschwerte Gemeinsamkeit, reichliches Essen und Trinken, Vergnügen an gegenseitigen Kraftbeweisen versprach, wurde auch von den gegenseitig Versprochenen des Dorfes als willkommener Treffpunkt genutzt. Als Zeichen seiner Zuneigung kaufte der Geliebte seinem Mädchen ein Honigherz,

das mit einem beklebten Spruch oder Bild verziert war. Es wurde vielfach mit den Worten überreicht: *»Da (Fiek'), hest 'n Hart. Mien Hart un dien Hart sall warden een Backs«*,[154] also wie Teig sich durchdringen. *»Dat Bild wier dat Haupt, dat würd naher inrahmt.«*[155] War der Bräutigam ohne seine Braut auf dem Markt, so brachte er das Herz ins Dorf mit. Daß die Liebe auf dem Pfingstmarkt nicht zu kurz kam, war allgemein bekannt: »Johann Pingstmarkt« wurde ein Mann in Klockenhagen genannt, von dem man zu wissen glaubte, daß er auf dem Pfingstmarkt in Rostock gezeugt worden war.[156]

Auch die Bauern fuhren an ihrem Tag (meist Freitag) gemeinsam zum Markt: *»Half fief güng't hier weg, dat Rostocker Duur wier jo toslaten; oft hebben se all hollen vör 'n Duur, dat se man Stallruum kregen bi 'n Kopmann.«*[157] Auch sie nahmen sich ihre Wegzehrung, meistens selbstgebackene Semmeln, mit und verzehrten sie draußen vor der Stadt oder sättigten sich an den auf dem Markt erworbenen Fischen, wobei vielfach ihre groben Eßsitten von den Städtern moniert wurden.[158] Hauptanliegen ihrer Fahrt war neben der Kommunikation vor allem der Verkauf von Wolle und das Herumzeigen der heiratsfähigen Töchter. Diese wurden recht herausgeputzt. Bis Rostock trugen die Mädchen »leddern Slarpen« und »blag' Strümp«, nach dem Essen beim Kaufmann, wenn es unter die Leute ging, *»denn trök de Diern witt Strümp un blank Schoh an, süss kreg se keenen Brüjam«*.[159]

So verband der Pfingstmarkt einerseits Stadt- und Landbewohner miteinander, er brachte aber auch die bestehenden sozialen und bildungsmäßigen Unterschiede deutlich zum Ausdruck, so daß das Pfingstmarktgeschehen unterschiedlich aufgenommen wurde. Charakteristische städtische Pfingstbräuche, die mit dem Marktgeschehen verbunden waren, wurden von den Dorfbewohnern offenbar nicht übernommen; zudem waren diese städtischen Vergnügungen terminlich austauschbar, d.h. den Drehorgelmann oder den Stutenverkäufer konnten die Landbewohner ebensogut auch auf einem Markt zu Michaelis finden. Wahrscheinlich ist, daß sie sich für den Bau des Karussells Anregungen mitbrachten.

Für Stadt und Land gleichermaßen gehörte es auch zur Festfreude, öffentliche Gebäude wie Kirchen und das Rathaus, aber auch die Wohnhäuser mit »Maien« zu schmücken.[160] Nach 1700 mehrten sich obrigkeitliche Verbote und Forstbestimmungen, die – vor allem aus Sorge um Waldschäden – dieses Brauchtum in Schranken zu halten suchten.[161] So verbot der Rostokker Rat 1738 Pfingst-Maibüsche in den Kirchen.[162] In einem Ratsprotokoll von 1763, das die Abschaffung bestätigt und ausnahmsweise dem Kloster zum Heiligen Kreuz letztmalig zwei Fuder »Mai« bewilligt, wird der Grund dafür klar formuliert: *»… da in allen anderen Kirchen kein May weiter gebrauchet, und derselbe jährlich rarer würde …«*[163]

Ein vor allem in kleineren Städten wie Hagenow, Bützow, Schwaan, Parchim, Sternberg, Dömitz, aber auch in Rostock und Güstrow geübter Brauch bestand darin, daß die Schlachterlehrlinge am Donnerstag oder Freitag vor Pfingsten einen geschmückten Ochsen durch die Stadt führten.[164] In Parchim wurde das Tier mit Girlanden und Grün bekränzt und mit bunten Bändern und Tüchern geschmückt. Auf den Hörnern steckten Zitronen. So

»Trull-Trull«-Glücksspiel mit sechs Feldern. Auf dem Würfel die gleichen figürlichen Darstellungen: Jäger, Frau, Löwe, Storch, Elch, Hund

geschmückt, führten Schlachterlehrlinge, begleitet von einer großen Kinderschar, den Ochsen durch die Stadt und in die Häuser ihrer Kunden, wo sie bunte Taschentücher erhielten. Der Ochse wurde so von Haus zu Haus immer prachtvoller herausgeputzt. Die Taschentücher teilten die Lehrlinge sich nach dem Umzug.[165] Eine Abbildung eines Pfingstochsen findet sich auf einer Landkarte aus dem Jahre 1775 von J. H. Wippert.[166] Für diese Karte hat Ralf Gehler eine bisher unbekannte Bildvorlage ausmachen können: Fast alle Szenen der Karte stammen aus Werken des holländischen Dichters und Schriftstellers Jacob Cats (1577–1660), ein Fund, der Anlaß bietet, über die Funktion von Medien erneut nachzudenken.

6. Ernte

»*Juuchhei Ausköst, hebben w' ok dat ganze Jaor vör slaw't!*«

»*De Roggenaust wier as n' grotes Fest: dat ganze Dörp freute sick dull to de Aust. Ja, dat wier 'n Upritt, wenn de Aust anfüng! – Wenn de Rogg' meiht würd, dat wier binah duller as up 'ne groot Hochtit!*«[1]

Während heute das monotone Geräusch des Mähdreschers die Tage der Kornernte bestimmt, und selbst auf ausgedehnten Getreidefeldern während der Ernte außer dem Mähdrescherfahrer kaum jemand anzutreffen ist, waren es im 19. Jahrhundert die langen Reihen der Mäher und Binderinnen, die in stetem Rhythmus unter dem Klang der Sense ihre Arbeit verrichteten und als wichtigste Brauchträgergruppe auch eigene Brauchformen mit einer Vielzahl von Funktionen hervorbrachte. Ihre teilweise attraktiven Erntebräuche, die in der Literatur, auch von Wossidlo,[2] oft recht romantisierend dargestellt worden sind, dürfen uns nicht über die oft erdrückende wirtschaftliche Lage vor allem der Tagelöhner und die Härte des Arbeitstages, der alle physischen Kräfte forderte, hinwegtäuschen. Richard Wossidlo gegenüber gaben die Befragten freimütig Auskunft: »*In de Rapsaust güng't Klock dree morgens hen na't Meihgen: naher in'n Dag würd he to riep – denn pahl he ut … dags hebben wi meiht bet Klock acht. Denn würd äten up'n Hoff un denn to'n Binnen gahn bet nachts Klock een. Wer dorgegen knurren un murren ded', dee künn gahn … De Lüd' sünd städwies goor nich na Huus gahn abends. Wenn se nachts*

den Hawer bunnen hebben, dat he nich so utrusseln ded', sünd se oft ut Mödigkeit in de Hokken rinfollen …«

Dennoch wurde die Erntezeit als »Hungerwehrdizeit« und als Krönung des Arbeitsjahres herbeigesehnt und gestaltet. Die schwere körperliche Arbeit im Sommer veränderte auch die Eßgewohnheiten, statt dreimal wie im Winterhalbjahr wurde jetzt fünfmal gegessen.

Trotz der Anstrengungen, die jetzt zu bewältigen waren und die alle Erntearbeiter fast über das erträgliche Maß in Anspruch nahmen, wurde die Erntezeit allgemein als Festzeit betrachtet. Alle an der Ernte Beteiligten hegten ihre eigenen Erwartungen: Die Feldbesitzer hofften auf gutes Wetter und eine reiche Ernte, die Erntearbeiter freuten sich auf reichhaltiges Essen, bessere Bezahlung, Geselligkeit und Vergnügen. Diese Vorfreuden gaben Mut und Kraft für den langen und kräftezehrenden Arbeitstag. Sie verdrängten auch die Ängste, der körperlichen Arbeit vielleicht nicht gewachsen zu sein und die Erinnerung an die Mäher und Binderinnen, die während der letzten Ernte der »Austbuck« gestoßen hatte, d.h. die krank geworden waren. Deshalb wünschten sich die Erntearbeiter, bevor es auf das Feld ging: »*Laat di man nich von'n Ausbuck stöten!*«

Wer stand auf den Gütern für die Erntearbeiten zur Verfügung?

Um 1860 bestanden etwa 60% der auf den Gütern Arbeitenden aus kontraktlich gebundenen und freien Tagelöhnern, im Domanium belief sich ihr Anteil auf etwa 40%. Ihre Anzahl hatte sich durch das Bauernlegen deutlich vervielfacht. Die einheimischen Tagelöhner waren also oft bäuerlicher Herkunft. Aufgrund geringer Aufstiegschancen hatten sich, wie beschrieben,

»Pommerscher Erntezug«. Illustration zum Monat August in »Das festliche Jahr« von Reinsberg-Düringsfeld, Leipzig 1863

gerade unter diesen Benachteiligten viele Tagelöhner entschlossen, nach Amerika auszuwandern. Die »Leutenot« aufgrund der Auswanderungsbewegung nach Amerika zwang vor allem die Rittergutsbesitzer zur Anwerbung von Wanderarbeitern, einheimischen und sogenannten »Schnittern«, vor allem aus dem benachbarten Polen.

Die von Wossidlo archivierten Antworten auf seine Fragen zum Erntebrauchtum widerspiegeln diese Situation in der Regel nicht, auch hier wären weitere Forschungen nötig, um die Bräuche unter diesem

veränderten Bedingungsgefüge differenzierter darstellen zu können.

6.1 Begriff, Termin, Beginn

Mit »Ernte« ist hier stets die Getreideernte gemeint, die in Mecklenburg als »Aust« oder »Oorn« bezeichnet wird.[3] Sie beginnt Ende Juli mit der Roggenernte und endet mit der Weizen- und Haferernte. Beginn und Ende dieser Arbeitsperiode richteten sich nach traditionellen Terminen des bäu-

Kornernte bei Doberan in Mecklenburg. Illustrierte Zeitung vom 19. August 1871, Zeichnung von L. Braun

erlichen Kalenderjahres: Anmähen am 25. Juli (Jakobi) und »Letztes Fuder« am 24. August (Bartholomäus), aber auch nach dem Reifegrad des Getreides. Allgemein galt, daß am Montag nicht angemäht werden durfte und daß nach dem 24. August kein Korn mehr auf dem Halm stehen sollte.: »*... denn sett' die Hawer sick in die Knei, dat süht grad so ut, as wenn dor einer in gahn hett. Denn seggen wi: Dor hett Bartels* (Bartholomäus) *in gahn.*«[4]

Nach Wossidlos Ermittlungen dominierte die Festlegung des Termins nach dem Reifegrad.[5] Im Bauerndorf machte dabei vor der Separation die Gemengelage der Felder den gemeinsamen Erntebeginn aller Bauern nötig: »*Dat güng nich anners, süss wiren de Wischen jo all daal perrt.*«[6] Damit

wird auch hier wieder der Einfluß wirtschaftlicher Strukturen auf das Brauchgeschehen sichtbar. In den domanialen Bauerndörfern entschied entweder das Amt über den Reifegrad oder der Dorfschulze.[7]

Stand der Termin fest, so begann der erste Erntetag nach gewohnten Regeln: Auf dem Bauernhof erschienen Knechte und Mägde in festlicher Kleidung. Die Männer trugen »*'ne wittlinnen flässen Austhos*«, mancherorts auch bunte Westen. »*Meist wiren dat Drillwesten mit Dwaßstripen – rot un witt oder blau oder gäl un rot, oder witt mit blau Blomen, dee wiren indrückt*«, wurde Wossidlo von den Befragten erklärt. Diese Erntekleidung stand dem Gesinde kontraktmäßig vom Bauern zu: »*Dat hannelten se glick mit ut, wenn se sik vermee-*

122

den deden.«[8] Die Frauen erhielten ein Kleid von Nessel oder bedrucktem Kattun: »blaubunt oder rotbunt, … de Strümp wiren meist hellblau«. Breitkrempige Strohhüte, mit langen Bändern, Kunstblumen oder Rüschen geschmückt, sollten die Frauen gegen die sengende Sonne schützen. In den Hofdörfern zogen die Männer zumindest ein neues Hemd an. Für die Feldarbeit erschien den Frauen die neue Austbekleidung zu empfindlich. Deshalb wechselten sie dann die weiße Schürze gegen eine »hedene« ein und zogen »Tüffel« an, »dee 'n bäten mihr afkünnen«.

Im Bauerndorf ließ der Schulze die Ernte »einläuten« oder das Schulzenhorn blasen. Nach mehreren Wossidlo-Belegen scheinen die Bauern das musikalische Signal allerdings nicht in erster Linie als feierlichen Auftakt, sondern eher als einen Startschuß empfunden zu haben, denn sie begannen daraufhin ein Wettmähen, um in den Besitz des sogenannten Furchenkornes zu gelangen.[9] Dabei ging es ihnen nicht eigentlich um das Korn, sondern um die Ehre. »Wer toihrst kamen is, hett de Scheid'fohr ganz meihgt – süss hett de jo halw üm halw hüürt. Väl wier dat jo nich, oewer dat wier de Ihr«.[10] Dieser Wettstreit war Vorrecht der Bauern selbst, nach der Entscheidung halfen sie beim Hocken.

Die Gutsdörfer benötigten keinen einheitlich geregelten Beginn, hier richtete sich der Inspektor allein nach dem Reifegrad des Getreides. Auch für ein Wettmähen bestand keine Veranlassung. Die Art des Erntebeginns aber verdeutlicht, daß vom Gut her alle Anstrengungen unternommen wurden, um die Erntearbeiter zu einem fröhlichen Arbeitsbeginn und hoher Arbeitsproduktivität zu motivieren: »Wenn't Tomeihgen los gahn süll, güngen alle Lüd'

rut na' 'n Fell, teihn Muskanten ut'n Dörp mit: Denn würd blast un sungen: Nun danket alle Gott, denn 'n poor Toeg' meiht, un denn to Huus. Middags gew't Kollschaal up' 'n Sloßbrink. Klock twölf güng' 't Danzen los. Dat wier, dat de Lüd' nich verzagen süllen bi de swere Arbeit.«[11] Festlicher kleideten sich auch auf den Gütern und großen Höfen die Erntearbeiter, allerdings scheint für die Ausstattung oder eine anteilige materielle Beihilfe nicht der Gutsherr verpflichtet gewesen zu sein.

6.2 Harken als Zeichen von Arbeitspaar und Liebespaar

»Mitunner würd' ok 'n lütt Hart up den Stäl snäden …«

Nachdem das Gesinde in festlicher Kleidung vollzählig erschienen war, wartete alles mit Spannung auf den ersten brauchtümlichen Höhepunkt der Erntezeit: den feierlichen Geschenkaustausch zwischen Mäher und Binderin. Besonders die unverheirateten Mädchen suchten ihre Aufregung zu verbergen, denn unausgesprochen sollen die Arbeitspaare, die sich jetzt zusammenfanden, dann auch während der Ernte als Liebespaar gegolten haben. Wenn allerdings für die Wanderarbeiter berichtet wird, daß ein paarweises Erscheinen geradezu von den Arbeitgebern gefordert und im Volksmund diese Verbindung treffend mit »Sommerfrau« charakterisiert wurde,[12] wird diese Verallgemeinerung in der Literatur bereits einzuschränken sein.

Die Mädchen schenkten den Knechten einen bunten Strauß aus künstlichen Blumen, Buchsbaum und Knistergold, der am Hut befestigt wurde. Die Mäher hatten

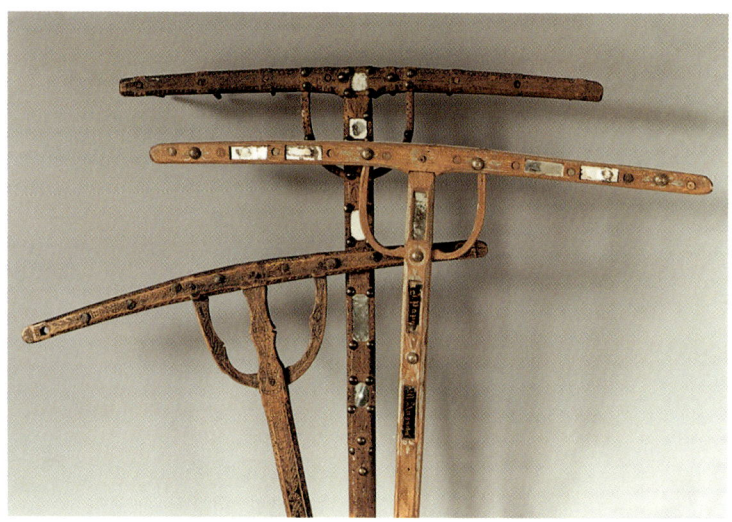

Drei »Brautharken« (1845–1875), verziert mit Herzen, Blumenmotiven, Sprüchen. Die Harke mit dem Rundbügel wurde Dorothea Vonsiem, geb. Thiede, 1845 zur Hochzeit geschenkt.

bereits im Winter Harken geschnitzt und sie mit feinen Schnitzereien verziert, auch mit farbigem Wachs ausgelegt. In etlichen Fällen wurde die Harke von den Beschenkten zugleich als »Brautharke« empfangen und wies dann besonders reiche Schmuckelemente auf: »*De ihrsten Bookstaven von de Bruut ehren Vörnaam un Vaddersnaam würden mit blank Pinnen inkloppt oder utwaßt. Mitunner würd' ok 'n lütt Hart up den Stäl snäden ... Up den Stäl würd 'n lütt vierkantig Stück Speegelglas rindrückt in den Waß«.*[13]

Nach Weber-Kellermann, die den »Erntebrauch in der ländlichen Arbeitswelt auf Grund der Mannhardtbefragung in Deutschland von 1865«[14] gerade auch für ostelbische Territorien einschließlich Mecklenburg beispielhaft und ausführlich dargestellt hat, wurden Harke und Strauß zwischen Mädchen und Knechten grundsätzlich als Geschenke mit besonderer Funktion getauscht:

Die Harke »*hatte also ihren doppelten Sinn: sie wies den Mäher und seine Binderin als Liebespaar und als Arbeitspaar aus ...*«[15]

Hier erscheint die Doppelfunktion offenbar überbetont. Zur Beurteilung des Brauches ist zunächst von dem Umstand auszugehen, daß in Mecklenburg und Pommern nicht grundsätzlich ein Mäher und eine Binderin zusammenarbeiteten, sondern beispielsweise beim Roggen – und mit seiner Mahd begann ja die Aust – meistens ein Mäher und zwei Binderinnen, weil das Korn auf vielen Gütern nicht ausgeschwadet, sondern herangemäht, »bihaugt«, wurde. Bei dieser Art des Mähens, die die Körnerverluste gering halten sollte, wird das Korn so abgeschnitten, daß es keine ganz niederliegenden Schwaden bildet. Es bleibt in etwas schräger Lage an der abgeschnittenen Stelle. Dadurch hat der Mäher eine leichtere Arbeit, die ihm folgende Binderin muß jedoch mehr Anstrengung aufwenden als beim Ausschwaden.[16] Deshalb wurden auf den Gütern, wo der Gutsherr an hoher Arbeitsleistung besonders interessiert war, zwei Binderinnen dem Mäher zugeteilt: *»Bi dat Bihaugen sünd achter jeden Meiher twee Binners; een nimmt dat Kuurn af, de anner binnt.«*[17]

Also konnte der Mäher wohl kaum zwei Binderinnen zu gleicher Zeit eine »Brautharke« überreichen. Ohnehin scheint das Aufeinandertreffen so vieler »versprochener« Paare nahezu Unmöglichkeit. Da bei der Ernte jede Hand beim Binden gebraucht wurde, waren es wohl auch nicht ausschließlich junge Leute im heiratsfähigen Alter, für die eine Austharke verfertigt wurde.

Gegen die grundsätzliche Gleichsetzung von Arbeitspaar und Liebespaar spricht auch, daß in Bauerndörfern vielfach der Bauer oder der »Grotknecht« das Arbeitsgerät für die »Grotdiern«, der »Lüttknecht« die Harke für die »Lüttdiern« zu schnitzen hatte.[18] Da der Großknecht in der Regel nicht nur ein Jahr bei seinem Bauern lebte, hätte er ja zu jeder Ernte eine »Brautharke« schnitzen müssen. Waren Bauer oder Knecht nicht in der Lage, eine Harke zu schnitzen, so besorgte dies der Stellmacher. Beachtenswert scheint auch der Aspekt der Verpflichtung für die Knechte, zur Aust eine neue Harke zu schnitzen:

»De Austhark müssten wi Knechten trechtmaken, jede(r) vör sien Binner, süss güng se nich mit.«[19] *»Jede Meiher wier verpflichtet, 'ne Hark to maken, dee Binner keem ahn Hark an den ihrsten Morgen.«*[20]

Schließlich weist vor allem die Benennung der Harke durch die Binnerinnen mit auf deren Funktion: Nur in vier von 62 Belegen wird bei Wossidlo die Harke »Bruuthark«

genannt, sonst »Bunt Hark«, »Binner-« oder »Binnelhark« und »Austhark«.[21]

Gewiß werden in etlichen Fällen auch Brautharken im eigentlichen Sinne überreicht worden sein, die dann durch besonders prächtige Verzierung auffielen. Ein Beiträger Wossidlos nennt die Unterschiede in der Gestaltung für die Güter der Mirower Gegend:

»Ging es in die Aust, dann wurden Austharken und Brautharken geschenkt. Harkenholz und Stiel trugen fünf und mehr Spiegel. Die Austharken trugen immer den Namen der Beschenkten in den Stiel eingeschnitten. Die Brauthark, die als Verlobungsgeschenk oder zur Hochzeit überreicht wurde, trug den Namen des Brautpaares unter Glas. Die Harken waren reichlich mit bunten Bändern verziert.«[22]

Neben der Betonung des festlichen Charakters der Arbeitszeit und dem Bekenntnis gegenseitiger Zuneigung durch Strauß und geschmückte Harke sollte ein anderer Aspekt stärkere Beachtung finden: Während der Erntearbeit waren Mäher und Binnerinnen in besonderem Maße auf gegenseitige Geschicklichkeit und Schnelligkeit angewiesen. Es gab mancherlei Kunstgriffe beim Mähen, die der Binderin die Arbeit erleichtern oder erschweren konnten: »Waren sich beide nicht grün, so ließ der Mäher die Ähren so weit auseinanderfallen, daß die Binderin mit dem Raffen viel Zeit verlor und nur mit größter Anstrengung ihrem Mäher folgen konnte.«[23] Im allgemeinen werden beide Arbeitsgruppen an guter Zusammenarbeit interessiert gewesen sein, und der Mäher wird dann die Sense so gedreht haben, daß die Ähren dicht nebeneinander fielen, so daß die Binderin sie mit einem

»Motiv auf Mönchgut« nannte der Künstler diese geschönte Darstellung nach einem Gemälde von K. Ahrendts. Arbeitspaare fanden sich während der Ernte oft als Liebespaare zusammen.

Griff zur Garbe zusammenraffen konnte. Die Mädchen gaben ihre Geschenke den Knechten wohl auch in dem Bewußtsein der arbeitstechnischen Abhängigkeit voneinander, wie folgende Antworten belegen: »*De Knecht kreeg 'n Band an de Mütz mit 'ne Blom an ..., dorför lädd (legte) he dat Swadd good glatt hen.*«[24]

»*... de Hocker kreech de gröttst, dee müsst uns jo helpen bi't Binnen, dor geben wi all wat to.*«[25]

An einem guten Arbeitsklima war im eigenen Interesse sowohl dem Bauern als auch dem Gutsherrn gelegen, so daß dieses Brauchtum von ihrer Seite immer Unterstützung gefunden hat. Das Arbeitstempo auf dem Erntefeld gab stets der Vormäher

an. Beim Bauern gebührte diese Ehre dem Großknecht, dem das übrige Gesinde in genau festgelegter sozialer Rangfolge hinterherschritt; auf den Feldern der Gutsbesitzer legte der dienstälteste Tagelöhner den Arbeitsrhythmus fest. Ihm folgten in langen Reihen die Tagelöhner.

Die Arbeiten wurden zwar nicht, wie von den Wanderarbeitern verlangt, im Akkord verrichtet, doch belegen Äußerungen wie die folgende, daß auch ohne diese Maßnahme bis zur Erschöpfung gearbeitet worden ist:

»*Keen Meiher dörf sick hinleggen – inne Huuk oder uppe Knee dörf he nich sitten gahn – süß kost't dat 'n Pägel Brammwien.*«[26]

6.3 Das Streichen, Binden und Lösen

Um ein gleichmäßiges Arbeitstempo zu garantieren, waren alle Mäher genötigt, in gleichem Takt die Sensen zu schwingen und gleichen Abstand zum Nachbarn und zum Vordermann zu halten. Ehrgeizige Mäher versuchten gern, den Vormäher »auszumähen«, d.h. näher als drei Schritte an ihn heranzukommen. Auf diesen Moment wartete die Mäherschar mit Spannung, denn, *»wenn de Meiher, de hinner einen is, so dicht rankümmt, dat man em mit dree Hau utmeihgen kann ..., mööt he wat ugäben«.*[27]

Hitze und Staub verursachten ständig quälenden Durst, und so suchten die Erntearbeiter Gelegenheit, zu einem Extratrunk zu kommen. Neue Mäher zwang die bestehende Sitte, eine Flasche Branntwein auszugeben oder das sogenannte Hammergeld zu bezahlen. Das Dengelgeschirr (Hammer und Dengelamboß) trug der Vormäher stets bei sich, um die Sense sofort wieder gebrauchsfertig zu machen, falls er mit ihr an einen im Weg liegenden Stein geraten war. Der Vormäher bestimmt dann, wann dieses Hammergeld vertrunken werden sollte.

Während es sich bei diesen Aktivitäten um kleinere, oft mehr zufällige brauchtümliche Szenen handelte, die kaum Aufwand erforderten oder Abwechslung brachten, gehörte das »Streichen oder Binden« auf dem Feld zu den geplanten und von allen erwarteten Brauchhandlungen, wie sie vornehmlich auf den Gütern üblich waren.

Binden im Erntebrauch meint das Aufhalten einer feldfremden Person, indem ihr einer der Erntearbeiter den Leib oder die Gliedmaßen – meistens die Hände – mit Korn oder einem anderen Material bewickelt. Dabei werden in der Regel unter taktmäßigem Streichen der Sensen Reime ge-

sprochen bzw. (nach einigen Belegen Wossidlos) auch gesungen. Das Binden kann ohne Streichen und umgekehrt ausgeführt werden. Immer aber gehört das Aufsagen von Sprüchen dazu. Bestrichen und gebunden werden konnten der Gutsherr und seine Familie, soweit die Familienmitglieder volljährig waren, dazu der Inspektor und eventuelle Besucher des Gutes, außerdem alle weiteren feldfremden Personen, die den »Rechtsbereich« der Mäher und Binderinnen betraten. Der Ablauf geschah – wenn auch ortsweise in Varianten – in festen Formen: Die Mäher »beringelten« den Feldgast, indem sie sich im Kreis um ihn gruppierten und ihre »Streichmusik« vorbereiteten. Alle nahmen ihren Hut ab und setzten ihn auf die hochgestellte Sense. »Ist's erlaubt, den Herrn zu streichen?«, lautete danach die Frage des Vormähers. Im Wechsel von Sensenstreichen und Spruchaufsagen lief das Brauchgeschehen ab, das neben der Funktion eines Rechtsanspruches auch einen kleinen festlichen Höhepunkt innerhalb der Arbeitsperiode auf dem Feld besaß:

»De Vörmeiher bäd 'n Strämel, pinkert he an de Seiß, denn streken alle de Seissen, denn wier alles still, denn bäd't he den tweiten Vers, denn füngen s' wedder an to striken.«[28]

Allgemein bekannt war der folgende Mäherreim:

» Wir Mäher, wir streichen so lustig im Feld,
wir wollen gern trinken und haben kein Geld.
Der Herr, der möchte so gütig sein
Und schenken uns Mähern den Branntewein.

»Aus dem Landleben in Mecklenburg-Strelitz. Das Binden des Schulzen bei der Ernte.« Auf dieser sehr romantisierenden Darstellung wird dem »Feldfremden« ein seidenes mit Ähren verziertes Band um den Arm gelegt. Aus: Die Illustrierte Welt, Jg. 19/1870/71

Und nicht allein den Branntewein
Das soll dem Herrn eine Ehre sein.«

Aus Brahlstorf stammt folgender Spruch:

»Ich streiche von fern
den Herrn zu ehren
Mir so fromm,
daß ich ein klein Biergeld bekomm,
Es mag sein groß oder klein
Damit will ich und die ganze
Gemein zufrieden sein.« [29]

Nach dem Streichen hatte sich der Bestrichene mit einem Geschenk in Form von Geld oder Branntwein zu lösen.

Während das »Streichen« als Mäherbrauch nur den Männern zukam, blieb das »Binden« allein den bindenden Frauen vorbehalten. So wie der Vormäher beim »Streichen«, so übernahm beim Binden die Vorbinderin die Leitung des Geschehens. Nachdem alle Mädchen sich um den Feldgast gruppiert hatten, trat die Vorbinderin mit einem aus Roggenstroh geflochtenen Band, verziert mit Ähren und einem breiten seidenen Band oder einem kleinen Gesteck aus künstlichen Blumen vor und begann, es langsam um die Hand des Gastes zu schlingen, wobei sie bemüht war, Binden und Sprechen rhythmisch in Einklang zu bringen. *»Wenn de Diern eenen de Hand bunnen hadd, füng se so äben an, mit ehr Hand to schuben; se müßt dat so inrichten, dat dat Band baben up'n Arm seet, wenn se mit ehren Spruch farig wier.«* [30] Bei den Mäd-

Mäherlied, gesungen 1887 in Wolde von den Gutsleuten beim Binden des Gutsherrn. Dabei wurden die Sensen im Takt gestrichen. Melodie hier: »Heut ist ein freudenreicher Tag …« Melodie durch Gertrud Hoffmeister, deren Vater Gutsinspektor war.

chen durfte nur eine »unbescholtene Jungfrau« das Binden ausführen.[31] Damit wird das ehrende Moment in zwei Richtungen deutlich: die Ehrung betrifft beide Vertreter der jeweiligen sozialen Klasse. Nur die Ausnahmesituation dieser Tage ermöglichte es durch das Mittel des Brauches, die »schneeweiße« Rechte des Gutsherrn mit der eigenen verarbeiteten, sonnengebräunten Hand zu berühren. Dieser äußerlich sichtbare Kontrast findet sich als Motiv der »schneeweißen Hand« in zahlreichen Bindegedichten:

> »Hier komm ich angegangen,
> den Herrn zu empfangen,
> den Herrn zu binden
> mit lieblichen Dingen,
> mit lieblichen Sachen.
> Viel' Komplimente kann ich nicht machen.
> Heute ist der Ehrentag,
> daß ich den Herren binden mag
> mit dem Ernteband
> um den Herrn seine schneeweiße
> Hand …«

Die Verse waren inhaltlich auf die einzelnen Besucher abgestimmt, denen mit märchenhaften Wünschen geschmeichelt wurde, ähnlich wie später bei der Übergabe der Erntekrone.

Beginnt das Bindegedicht mit den Worten: »Haben Sie die Freud', auf mein' Stoppel zu treten, habe ich die Ehr', Ihnen anzubeten …«, so wird der Eintritt des Besuchers in den geschlossenen Arbeitsbereich der Schnitter und Binderinnen ausdrücklich betont.

Auf einigen Höfen (z.B. um Kröpelin) beschränkte sich das Binden nicht nur auf die Hand, sondern die Mädchen bewickelten den ganzen Leib.

6.4 Streichen als Rechtsanspruch und Respektbezeugung

Streichen und Binden erfüllten im Erntebrauchtum in erster Linie die Funktion einer gegenseitigen Respektbezeugung. Die Mitteilung eines Brauchbeobachters (eines

129

Gutshauslehrers) aus dem südmecklen-burgischen Dorf Marnitz, wo das Binden bis etwa 1905 noch ausgeführt wurde, mag diese Wertung der gegenseitigen Ehrung bekräftigen:

»Gutsherrschaften pflegen hier meist gleich am 1. Erntetage mit ihrem ganzen Anhange auf das Feld zu gehen, um sich binden zu lassen und die Schnitter und Binderinnen zu beschenken und zu bewirten. Es ist dies ein Fest für beide Teile ... Eine Nichtachtung des alten Brauches oder eine Verweigerung des Bindens, würde von Schnittern und Binderinnen als tiefste Kränkung empfunden werden. Andererseits gilt aber auch den Herrschaften das Binden als eine Ehrung, und ein Unterlassen derselben würde gleichfalls als ein Zeichen der Unzufriedenheit und Nichtachtung angesehen werden.«[32] – Die letzte Aussage unterstreicht den Gedanken eines gegenseitigen Austausches von Bezeugungen guten Willens beider Seiten während dieser harten Arbeitsperiode.

In seltenen Fällen diente der Brauch der Einlösung eines Rechtsanspruches, wenn der Dienstherr nach erfolgreichem Ernteabschluß nicht bereit war, die geleistete Arbeit der Mäher durch ein Erntefest oder ein besonderes Essen oder eine Zuteilung von Branntwein zu würdigen.

Daß auf einigen Höfen versucht worden ist, sich aus der Verpflichtung zu lösen, belegt indirekt folgender Ausschnitt aus einem Mäherspruch:

»Sie sagen immer von dem teuren Wein,
das kann ja nicht mal möglich sein,
wir wollen lieber bei dem Kümmel bleiben,
damit wollen wir geholfen sein ...«[33]

Nach einigen Belegen wurde zur Strafe der Kohl abgemäht, nachdem das Sensenstreichen ohne Belohnung blieb. In solchen Fällen klang die »Streichmusik« den Brauchadressaten nicht gerade lieblich in den Ohren, sondern nahm einen ausgesprochen drohenden Ton an.

Erst wenn man weiß, welche Rolle der Kohl in der Ernährung einer Dorffamilie spielte, die sich ja noch autark versorgte, wird man den Verlust der Kohlernte ermessen können. So zeigte das Kohlabmähen durchaus Wirkung.

Weber-Kellermann stellte sich, von den unterschiedlichen Wertungen des Bindebrauches in der Literatur ausgehend (z. B. Fesselung und Tötung des Korngeistes;[34] symbolischer Nachvollzug des Erntevorganges;[35] Binden als Glückszauber;[36] Ehrung der Herrschaften;[37] Sensenstreichen als rhythmische Begleitung eines Reigentanzes[38]), die Frage, ob diese Motive unter der Landarbeiterschaft Ostelbiens im 19. Jahrhundert noch Gültigkeit haben konnten. Sie kommt zu dem Ergebnis, daß ihr *»Spiel ... kein Relikt alter Opferbräuche (war), keine Idylle, um das Glück zu binden, keine billige Ehrung, die um Bezahlung heischte, sondern die Forderung einer Gruppe, die für kurze Zeit ihr ›Feldrecht‹ gegen jeden Eindringling verteidigte, selbst wenn es der Besitzer des Erntefeldes war.«*[39]

Die Landarbeiter übten nach Weber-Kellermann das Binden und Lösen im Bewußtsein ihrer Arbeitsleistung als absoluten Rechtsbrauch aus.[40] Sie vermerkt dazu, was auch Wossidlos Befragungen bestätigen, daß das Binden und Lösen auf den Gütern allgemein, bei den Bauern aber sehr selten ausgeführt wurde.[41] Eine Begründung gibt die Autorin nicht.

130

Zunächst soll der unterschiedlichen Brauchausübung gegenüber Bauern bzw. Gutsherrn nachgegangen werden. Wie bei der Beschreibung des »Anmähens« bereits erwähnt, befand sich der Bauer von Anfang an mit auf dem Feld, d.h. auf seinem eigenen Acker. Er arbeitete in gleicher Weise, in gleichem Tempo, unter gleichen äußeren Bedingungen wie sein Gesinde. Also wurde er unter den Arbeitenden nicht als Fremder empfunden und demnach natürlich auch nicht gebunden. Wossidlos Gewährsleute bestätigten: »*De Buer hockte, bunnen würd de Buer nich. Wenn 'n frömd Minsch keem (ook 'n anner Buer), dee würd sträken un bunnen*«. »*De Buer ward nich bunnen, dat is jo sien eigen Kram.*«[42] Der Gutsherr dagegen und seine Familie, der Inspektor und Besucher der Familie wurden meistens am ersten Tage auf dem Felde gebunden, das sie ja als Fremde betraten. Dieser Brauch konnte auch vor dem Gutshause am Abend vor dem Anmähen geschehen.

Da der Bauer im allgemeinen auf seinem eigenen Feld nicht gebunden wurde, fallen somit Deutungsversuche wie Fesselung und Tötung des Korngeistes, symbolischer Nachvollzug des Erntevorganges und Binden als Glückszauber tatsächlich heraus. Wären diese Motive wesentlich, müßte der Bauer ebenfalls gebunden werden. Es scheint in der Tat die Funktion eines Rechtsbrauches übrig zu bleiben. Hier allerdings sind einige Einwände zu erheben.

Weber-Kellermann selbst verwendet den Begriff des »Spiels« für den genannten Brauchablauf.[43] Beide Spielpartner benutzten die Brauchsprache m.E. jedoch in unterschiedlicher Erwartung. Für beide bedeutet Binden und Lösen das Absolvieren einer Stufe im Gefüge des Gesamtkomplexes des Erntebrauches, durch die das äußere Einvernehmen zwischen den Parteien, das dann in der Bewilligung eines Erntefestes höchsten Ausdruck findet, demonstriert wird. Der Brauchablauf kommt hier – wie auch bei anderen Brauchabläufen – nur zustande, wenn beide Seiten die Spielregeln genau kennen. Weber-Kellermann benennt diese Bedingungen treffend als »Verhaltenscode« bestimmter sozialer Gruppen, die als »Insider« die Regeln beherrschen müssen, die dem Code zugrunde liegen.[44] Ist der Brauchablauf absolviert, so hat der Gutsherr durch das Binden eine Ehrung erfahren und eine durch Aufzählen der Verdienste der Erntearbeiter in diesen Tagen – in Versform – begründete Bitte bzw. Forderung entgegengenommen. Die Mäher und Binderinnen konnten während der Erntezeit besondere Rechte und Vergünstigungen erwarten und deshalb auch stolzer und selbstbewußter auftreten. Indem der Gutsherr sich durch ein Geldgeschenk löst und mit dem Bindeschmuck nach Hause geht – erst dort darf er ihn ablegen –, hat er seinen Beitrag zu diesem Brauchablauf geleistet. Ist der Brauch in vorgeschriebener Weise ausgeübt, so hat sich die in ihn gesetzte Erwartung für beide Seiten erfüllt. Dieser Brauch wirkte außerdem noch wie ein Vertragsabschluß weiter. Der Besitzer des Feldes erwartete eine hohe Arbeitsproduktivität, die Erntearbeiter erhofften gute Beköstigung bzw. einen festlichen Abschluß als Anerkennung ihrer Arbeit (Kam der Feldbesitzer nicht zum Binden, wie es einige Belege aussagen, so fehlt das abschließende Erntefest, und die Haltung der Erntearbeiter zeigt Gekränktsein.) Daß von beiden Seiten eine bestimmte Reaktion gefordert wird, bringen die Streicherverse der Mäher gut zum Ausdruck:

» Wi Meihers, wi meihgen Kuurn un
Gras
un alles, wat up unsern Herrn sein
Feldmark wasst,
de Binners, dee bunnen, dat dat Sand
rutstövt,
de Hockers hebben hockt, dat de Ierd-
boden sik rögt,
un de Herr lett updragen,
dat de Disch sik bögt. « [45]

Es scheinen bei diesem gegenseitigen Austausch von Gunstbezeigungen ähnliche Motive mitzuspielen wie beim Austausch
von Geschenken zwischen Knechten und
Mägden. Somit wäre die Akzentuierung auf
Rechtsbrauch durchaus zu akzeptieren, allerdings ist wohl ein Rechtsanspruch auf
beiden Seiten zu sehen. Wird dagegen ein
Fremder gebunden, so verschiebt sich dieser Rechtsanspruch zugunsten der Erntearbeiter, wie es denn oftmals auch die An-
fangszeilen des Bindespruches ausweisen:
»Sie haben sich die Freiheit genommen und
sind bei uns auf die Koppel gekommen …« [46]
Es kam auch vor, daß »ansehnliche« Leute
gegen ihren Willen in den Brauch gezwungen worden sind,[47] wobei sich die Erntearbeiter dann auf ihr Mäherrecht beriefen. So
verbietet (wenn auch offensichtlich erfolglos) eine Schulzenordnung von 1799 *»das*
sogenannte Streichen mit den Sensen in der
Erndte, oder das Binden der Mädchen ge-
gen und bey Vorüberreisenden«.[48]

Mitteilenswert ist wohl auch, daß in
Mecklenburg – wie aus anderen Land-
schaften bisher nicht bezeugt – Streich- und
Bindereime auch gesungen worden sind.
Wossidlo vermerkt dies in sechs Belegen
ausdrücklich: *» Wi bädten un süngen dat*
Gebett«,[49] heißt es beispielsweise aus Satow,
Bartelshagen, Waren, Wolde. Die Melodie

wird nur in einem Fall mitgeteilt. (Möglicherweise ist mehr gesungen worden. Wossidlo zeichnete grundsätzlich selbst keine
Melodien auf.)

Die Verwendung des beim Binden oder
Streichen eingenommenen Geldes läßt den
Brauch als wichtiges Glied zur Gewährlei-
stung des weiteren Erntebrauchtums einschließlich des Erntefestes erkennen. Grundsätzlich kam das Geld in eine gemeinsame
Kasse, die der Vormäher verwaltete. Wurde
nur von den Mädchen gebunden, teilten
diese das Geld als Rückerstattung für die
Auslagen, die sie für die seidenen Bänder
zum Binden bzw. als Schmuckrequisiten für
die Krone gehabt hatten.[50] *»Dat Band würd*
köfft, den Kranz makten se alleen.«[51] Hatten Mäher und Binderinnen den Brauch
gemeinsam ausgeübt, so wurden von dem
Geld entweder Naturalien gekauft, die dann
in der Frühstückszeit verzehrt wurden,[52] ein
Anteil mit zum Striekelbier gegeben[53] oder
das Geld aufgehoben, um die Musik beim
Erntefest bezahlen zu können.

6.5 Buntes Wasser und Kliebenbusch

Zu den Höhepunkten im Erntebrauch gehören auch »Buntes Wasser« und »Kliebenbusch«. Dieser Brauch ist außer in
Pommern bisher nur in Mecklenburg, und
zwar in einem breiten Gürtel längs der
pommerschen Grenze (um Gnoien, Dargun, Neukalen, Penzlin, Stargard und im
Strelitzschen), nachgewiesen.[54] Als »Buntes
Wasser«, »Austwater«, »Bunt Balg'« ist er in
der Mitte des 19. Jahrhunderts nach Wossidlos Aufzeichnungen noch vitaler Brauch
(94 Belege). Der Kliebenbusch, eine mit
Früchten und Blumen aufgeputzte Kletten-
staude, Tanne oder ein Dornbusch – ent-

weder auf einem Fuß befestigt oder in der »Bunt Balg'« stehend – wird nur noch in elf Belegen genannt, ist aber regional begrenzt auf die Dörfer des Amtes Dargun.

Als Funktionen des Brauches bestimmt Weber-Kellermann für die Zeit um 1865 eine »bunte Mischung von Vegetationskult, Arbeitsbelohnung, Erfrischung und übermütig derbem Unfug«.[55] Durch Wossidlos Befragungen lassen sich diese Funktionen präzisieren. Kaisers[56] Interpretation des Brauches als eines Bandes, »das sich sinnbildhaft um die Gefolgschaft und um den Besitzer mit seiner Familie schlingt,«[57] ist allerdings zu korrigieren.

Ebenso wie in Pommern tritt auch in Mecklenburg der Brauch während der Mahd an verschiedenen Terminen (zum Anmähen oder täglich oder als Beschluß) und in unterschiedlicher Gestalt auf. Die Grundstrukturen sind diese: Nach der Rückkehr vom Feld stehen für die Erntearbeiter vor dem Bauern- bzw. Gutshause ein oder zwei Waschbalgen mit Wasser bereit, in dem Früchte schwimmen, die auch an einem im Wasser stehenden Busch aufgehängt sein können. Manchmal liegt eine Flasche Branntwein auf dem Grund, oftmals ist die Oberfläche des Wassers mit Nesseln bedeckt. Nach den bisherigen Angaben in der Literatur erfrischen sich die Erntearbeiter an den Wasserbalgen, greifen nach den Früchten, begießen sich mit Wasser, necken sich mit Nesseln oder Kletten.[58] Das alles klingt recht romantisch und hübsch, besonders wenn der Vormäher noch eine Rede an den Bauern oder Gutsherrn hält und das Ganze in einem abendlichen Tanzvergnügen endet.[59] Für die Beurteilung der Funktionen des Brauches um die Mitte des 19. Jahrhunderts ist sicherlich wichtig, daß er, wie Wossidlos Ermittlungen eindeu-

tig belegen, von Seiten der Besitzenden für die Erntearbeiter vorbereitet wurde. Sollte es ein Vegetationskult sein, wie in der Literatur teilweise bis heute behauptet, so müßte m. E. das eingefahrene Korn mit dem »Bunten Wasser« begossen werden. In der Tat gibt es bei Wossidlo einen einzigen Beleg, wonach der letzte Erntewagen mit Wasser begossen wird. Es schwammen dann aber keine Blumen darin. Möglicherweise gab es eine ältere Form des Brauches, die aber hier nicht mehr zu fassen ist.

Werden »Buntes Wasser« bzw. Kliebenbusch am ersten Erntetag oder zum Beschluß der Ernte veranstaltet, so mögen Motive wie fröhlicher Beginn bzw. Abschluß, verbunden mit einer Belohnung, eine Rolle spielen. Dabei könnte das »Bunte Wasser« dann Brauchelement des Striekelbieres oder des Erntefestes sein. Anders liegen seine Funktionen wohl, wenn es, wie in Bauerndörfern und Gutsdörfern vielfach praktiziert, täglich mittags oder abends gegeben wurde. Hier scheint es neben dem Spaß, den der Brauch zweifellos Zuschauern und Beteiligten bietet, ein recht drastisches Mittel gewesen zu sein, um die Heimkehrenden ständig frisch, bei guter körperlicher Verfassung und Laune zu halten, wie auch aus Antworten der Gewährsleute herauszulesen ist:

»Wenn se all möd von de Austarbeit na Huus kemen, makte se dat wedder lebendig.«[60]

Bei der Schilderung, wie die Mädchen von den Knechten mit Nesseln traktiert wurden, waren Wossidlos Gewährsleute im Gegensatz zu den Darstellungen in der Literatur[61] recht freimütig: *» Wi hebben de Dierns de Röck upböört* (hochgeschlagen) *un mit den Nettelstang … ruphaugt;«*[62] *»De Dierns hebben wi de Röck upböört un*

133

ornlich de Muus mit den Nettel räben.«[63] –
Die Beschreibung erotischer Momente und
auch Motive in den Brauchhandlungen
scheint in der Literatur – auch von Wossidlo selbst – bewußt ausgespart worden zu
sein. Daß sie aber im Brauch eine sehr
wesentliche Rolle spielen, wird u. a. auch
wieder beim Erntefesttanz zu zeigen sein.

Wasser, Früchte, Nesseln und Branntwein – alles aktivierte und mobilisierte wieder die Kräfte. Das »Bunte« Wasser wurde
in der Mitte des 19. Jahrhunderts wohl in
erster Linie bewußt als Stimulans eingesetzt, wozu dann auch noch Musik und
Tanz kamen.

In diese Funktionsbestimmung des »Bunten Wassers« ordnen sich auch die Bemerkungen etlicher Gewährsleute Wossidlos
ein, wonach sie angewiesen worden waren,
sich in diesem Wasser zu waschen, ein anderes wurde gar nicht zur Verfügung gestellt. Auch die Früchte mußten verzehrt
werden.

Vorher gab es kein Essen. Ein zusätz-
licher Grund für diesen Brauchzwang
könnte auf Seiten der Besitzenden auch
sein, daß man fürchtete, die Arbeiter würden mit dem Erntestaub – also ungewa-
schen – zum Essen kommen.

Kaisers Bild des Brauches als eines Bandes, das sich um »Gefolgschaft« und Familie schlinge, hat nach dem Gesagten kaum
Berechtigung:

Dann nämlich müßten alle an der Erntearbeit Beteiligten sich mit dem Wasser
begießen bzw. die Früchte gemeinsam verzehren. Die Gutsbesitzer, hier in der Rolle
der Initiatoren des Brauches, aber blieben
Zuschauer, Beobachter. (Es kann bisher
nicht festgestellt werden, ob sich der Bauer,
der ja auch mitgearbeitet hatte, an dem
Brauch beteiligte.)

6.6 Ernteabschluß – De Oll

Ebenso wie der Beginn der Ernte wurde
auch ihr Beschluß durch besondere Brauchhandlungen hervorgehoben. In der älteren
Literatur wird dabei gern darauf verwiesen, daß mit dem letzten Büschel Korn auf
dem nun abgeernteten Feld der heidnische
Gott Wode geehrt worden sein soll, indem
sich alle Erntearbeiter um das letzte Korn
als »Wodansopfer« scharten und, nachdem
sie ihre Mützen auf die Sensen gesteckt hatten, Wode mit folgendem »Gebet« dreimal
anriefen:

> *Wode,*
> *hale dinem Rosse nu Voder,*
> *nu Diestel un Dorn,*
> *thom andren Jahr beter Korn!*

Diese angebliche Kontinuität und Vitali-
tät des Brauches bis in die Gegenwart (!)[64]
muß um so mehr befremden, als schon der
Wortlaut des Gebets, wie ihn der Rostokker Pastor Gryse 1593 notierte, Zweifel an
dem realen Respekt der Betenden gegenüber der Gottheit aufkommen läßt, wenn
sie ihr ausgerechnet »Distel und Dorn«
als Futter für ihr Pferd anbieten. In alten
Dankopfern wird dagegen immer ein Teil
des Besten gegeben. Die bei Bartsch zusam-
mengestellten Belege zeigen deutlich, daß
mehrere Autoren voneinander unkritisch
abgeschrieben haben müssen.[65]

Die unterschiedlichsten Anschauungen
waren mit dem letzten Korn verbunden.
Die letzte Ecke des Feldes mochte niemand
mähen, denn darin sollte der »Oornwulf«
sitzen.

Als reale Erklärung bietet sich an, daß
sich die Feldtiere während des Mähens immer mehr in den noch unbearbeiteten Teil
des Feldes flüchteten, so daß während der

letzten Sensenschnitte dann tatsächlich ein Tier – etwa ein Hase – in schnellen Sätzen das Weite suchte.

In vielen mecklenburgischen Dörfern forderte es die Sitte, daß diejenigen, die das letzte Korn schnitten und banden, damit also den »Oornwulf« bekamen, für ihre Arbeitsgruppe Butterbrot und einen Schnaps spendieren mußten. Den Arm der dazugehörenden Binderin markierten die Mäher mit einem Kranz, und einen solchen befestigten sie auch am Sensenbaum des Mähers im Sinne eines Rügebrauches für »den Letzten«, der den »Wulff« bekommen hatte. Die so Geehrten hatten das ganze Jahr den Spott zu tragen, wie es auch beispielsweise für den »Letzten« beim Austreiben des Viehs zu Pfingsten üblich gewesen ist.

Die letze Garbe wurde fein aufgeputzt, mit Seilen umwunden, Blumen besteckt oder als »Frugensmensch« ausstaffiert und in einem langen Zug der Erntearbeiter zum Gutshaus getragen.

Das Bringen des »Ollen« bedeutete für die Feldbesitzer, daß das Korn bis auf den letzten Halm geborgen und die Ernte gesichert war; für die Erntearbeiter brachte die Übergabe der Kornpuppe den Abschluß der anstrengendsten Arbeitsperiode des landwirtschaftlichen Arbeitsjahres. Da das Dienstverhältnis zwischen Gutsherrn und Arbeitern kaum verbale Verständigung erlaubte, so bedeutete die nun folgende Übergabe eine überaus wichtige Kommunikation mittels Übergabe und Spruch zwischen Besitzenden und Besitzlosen. Aus Grauenhagen stammt folgender Spruch:

»Gondag, gondag in'n Herrenhus',
wi kamen mit 'n Ollen von Feld to
Hus,
wi hebben mit em in de Wedd bunnen,

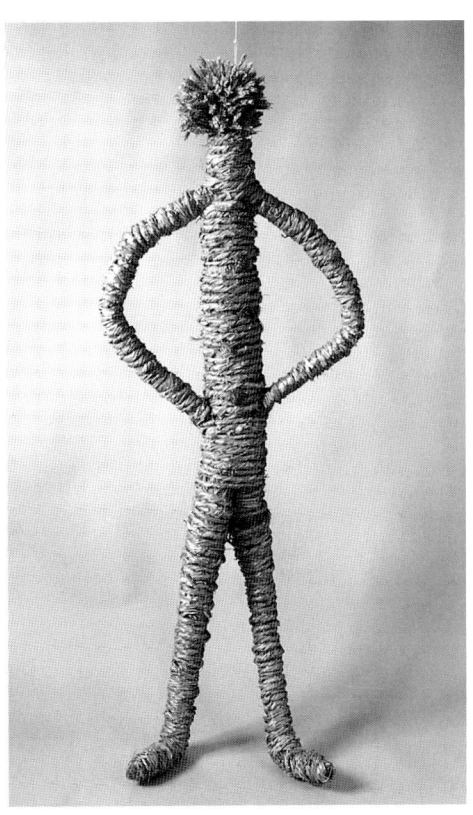

Das letzte Korn vom Feld. »De Oll« wurde figürlich gebunden und zum Gutshaus getragen.

de Oll, de hett den Sieg gewunnen.
Wi füngen uns mit em an to striden,
de Oll dee wull in'n Fell' nich blieben.
Nu bringen wi Se den Ollen,
willen Se em hebben oder soelen wi
em behollen?«

Die anschließend überreichte Kornpuppe bewahrten die Beschenkten für alle sichtbar entweder bis zum Erntefest oder bis zur nächsten Ernte auf, indem sie das Symbol der eingebrachten Ernte auf den Kornboden hängten. Auf einigen Gütern schloß sich nach der Übergabe ein kurzer Tanz für

135

alle an, wobei der Gutsherr als Brauchabschluß mit der Kornpuppe tanzte.

6.7 Frohe Erntezeit – frohe Lieder?

Das vielfach in der Literatur erwähnte Singen der Erntearbeiter während der Ernte und auf dem Heimweg, das scheinbar so gut in den Rahmen der »frohen Erntezeit« paßt, hat m. E. ähnliche Funktionen wie das »Bunte Wasser« zu erfüllen: nämlich zu ermuntern, bei Stimmung zu halten, die Müden überhaupt einigermaßen aufrecht ins Dorf zurückzubringen. Diese mobilisierende Kraft des gemeinsamen Gesanges wurde von den Herren des Feldes erkannt und geschickt genutzt. Obwohl Wossidlo einige diesbezügliche Aussagen gesammelt hat, wonach die Erntearbeiter vom Vormäher, dem Inspektor, dem Gutsherrn zum Singen während der Ernte und auf dem Heimweg angewiesen worden sind, fehlen sie in seiner kleinen Erntebrauchbroschüre, weil sie wohl nicht in das Bild paßten, das er von der Dorfgemeinschaft vermitteln wollte. Wir ergänzen aus seinem eigenen Material: »*In Dummerstörp müssten wi singen, süss frög uns de gnädig Fru, ob wi möd worden wiren.*«[66] »*Wenn wi abends nich süngen, wier de Edelmann nich tofräden, he süng mit.*«[67] »*In Strameuss würd völ sungen, dat mücht de Herr, denn wüßt he, de Lüd hadden noch wat natofaten (zuzusetzen)*«.[68]
Wenn auf dem Felde gesungen wurde, dann nicht in den Arbeitspausen, sondern während der Arbeit, so daß die Lieder die Funktion von Arbeitsliedern gewannen.[69] Daß hier Lieder ausgewählt wurden, die sich dem Arbeitsrhythmus anpaßten und ein bestimmtes Tempo garantierten, verdeutlicht folgender Beleg: »*Up jeden Fell würd sungen, jede Buer hadd 4–5 Seissen, wi güngen all in' Glied as Militär, de Kierls mit de Seiss, de Dierns mit de Hark.*«[70]
Mehrfach belegt ist auch, daß die Gutsbesitzer die Landarbeiter durch Musikanten vom Feld abholen ließen oder daß der Bauer selbst die Mundharmonika blies. Neben der musikalischen Ehrung, die von den Erntearbeitern auch als solche empfunden wurde, liegt hier ein ähnliches Bestreben zugrunde wie bei dem gemeinsamen Gesang. Nicht immer allerdings nützte dieses letzte »Aufputschen«: »*Wenn de letzt Weiten upbunnen wier, stünnen de Muskanten vör'n Duur un blasten, de Lüd hadden oft gor keenen Moot to danzen, so möd wiren se.*«[71]
An Liedern, die häufig auf dem Heimweg gesungen wurden – wobei Frauen und Mädchen sich unterhakten und ihnen die Knechte mit den geschulterten Arbeitsgeräten folgten –, notierte Wossidlo: »Es steht ein Lind in jenem Tal«, »Drei Gesellen«, »Keine Rose ohne Dorn«, »Allens is vergäten«, »Nun danket alle Gott«.[72] Interessanterweise enthält gerade das Lied »Es steht ein Lind« Strophen, die dann auch in den Erntekronenstrophen benutzt wurden.[73]
Daß die Lieder auf dem Heimweg ausschließlich die Funktion hatten, Kräfte zu mobilisieren (vor allem, wenn sie aus eigenem Antrieb angestimmt wurden), soll nicht behauptet werden.
Das Singen geschah auch aus Freude nach vollbrachter Arbeit, auch Stolz war dabei, ein Auf-sich-aufmerksam-machen, eine Demonstration jugendlicher Körperkraft vor den Alten, die die Heimkommenden vor den Türen erwarteten. »*Denn freuten sik de Ollen, dat wi nich mäud worden wiren.*«[74]
Auf diese Art und Weise erscheinen Singen,

»Bilder aus Mecklenburg. Erntefest im Krug«. In: Ill. Zeitung vom 19. 9. 1868. In der romantisierenden Darstellung werden Bildmotive einer Diele verwendet, auch die Kinder und das Geflügel
scheinen der Bildkomposition untergeordnet.

Einholen mit Musik, Buntes Wasser und
Kliebenbusch als Mischung befohlener
Brauchgestaltung und eigener Festfreude.

6.8 Erntefest

Das Erntefest, das meistens als »Austbier«,
»Doornbier« oder »Austköst«[75] gleich im
Anschluß an die Kornernte, aber auch nach
der Haferernte, der Nachmahd (zweite
Heuernte), der Kartoffelernte, der Rüben-
reife, nach der Herbsteinsaat und kurz vor
dem 24. Oktober (dem Dienstbotenwech-
seltag) stattfinden konnte, bildete den festlichen Höhepunkt und Abschluß im Erntebrauch. Auf dieses Fest beziehen sich die
folgenden Ausführungen. Die mancherorts

gefeierten kleineren Feste zwischen den
Erntetagen bleiben hier unberücksichtigt.

Die Terminsetzung des Erntefestes zeigt
sich abhängig von landschaftstypischen
Gewohnheiten, dem Wetter, der Willkür
des Bauern oder Gutsherrn, die aufgrund
unbefriedigender Arbeitsleistungen das
Fest auch ausfallen lassen oder erst nach
dem »Treckeldag« (24. 10.) legen konnten.
Letztlich war der Termin auch abhängig
von der Abkömmlichkeit der Musiker, die
in der Regel aus der Stadt oder einem größeren Dorf geholt werden mußten.

Von der Beweglichkeit des Termins her
ergeben sich im Bauerndorf Parallelen zum
Fastnachtsbier und zum Pfingstbier; alle
drei Feste stehen zudem in enger Verbindung zum landwirtschaftlichen Arbeitsjahr.

Das Erntebier wurde von den Erntearbeitern im Gegensatz zum Fastnachts- und Pfingstbier als Anerkennung und Belohnung, teilweise sogar als Arbeitsvergütung[76] entgegengenommen, obwohl sie an der Ausgestaltung des Festes nicht unwesentlichen Anteil hatten.

Behördliche Verfügungen versuchten besonders im 18. Jahrhundert, die Abhaltung der Feste zu regeln,[77] Bier- und Speisenverbrauch einzuschränken oder sie zu verbieten. Zudem war der Bestand des Festes durch sozialökonomische Wandlungen mehrfach gefährdet. So wurde das Erntefest in spätfeudaler Zeit auf den Gutshöfen offenbar allgemein begangen, wozu die feudalabhängigen, Erntefron leistenden Bauern mit ihrem Gesinde geladen waren. Seit dem 18. Jahrhundert versuchten etliche Gutspächter, sich durch Geldgeschenke an die Erntearbeiter von dieser Belastung zu lösen, wozu sie nach dem herzoglichen Erlaß von 1756 zunächst sogar eine rechtliche Grundlage besaßen.[78] Sie stießen aber auf den Widerstand der Erntearbeiter. Ein derartiger Streitfall zwischen dem Pächter des Domanialhofes in Boldela und seinen Hofdienstleuten wurde am 22.4.1774 durch den Amtshauptmann von Bassewitz zugunsten der Erntearbeiter entschieden, wobei argumentiert wurde, daß die Pächter durch das Herkommen unwidersprechlich gebunden seien, freilich nicht zu Ersatz in der Form von Geld. Es handele sich um die »nach langer schwerer Erndte Arbeit von ihrem Pensionario zu gebende einzige gesellschaftliche Mahlzeit«.[79] Eine Abschaffung könnte ein »natürliches Mißvergnügen« hervorrufen.[80] Eine herzogliche Verordnung hebt denn auch das Verbot von 1756 auf, erlaubt die Ausgabe von Bier, verbietet jedoch Tanz und Musik.[81]

6.9 Erntefest im Gutsdorf

»Wenn Austköst is, is de Herr 'n goden Mann, wenn he nah ok nich väl to bruken is …«

Das Feiern eines Erntefestes auf Gütern hat eine relativ beständigere Tradition aufzuweisen als im Bauerndorf,[82] auch wenn seine Form Wandlungen unterworfen war. Im Vergleich zum bäuerlichen Erntefest erscheint es prächtiger und aufwendiger. Es wurde schon dadurch zu einem festlichen Höhepunkt für das ganze Gutsdorf, weil durch den Statthalter (den obersten Tagelöhner, Vorarbeiter) alle an der Erntearbeit Beteiligten mit ihren Familien geladen wurden.

Einzelne Brauchelemente wie der Inhalt der Kronenübergabeverse, die Ausrichtung des Festessens, das Verteilen eines Deputats an Tagelöhnerfamilien machen deutlich, daß das Erntefest auch als Arbeitsvergütung zu werten ist. Dem entspricht die Terminsetzung, die, wenn der Gutsherr mit den Arbeitsleistungen zufrieden gewesen war, so anberaumt wurde, daß das Fest vor den 24. Oktober fiel, weil die Landarbeiter, die einen Arbeitsstellenwechsel vorhatten, sonst »für ihren sauren Schweiß keine Vergütung erhalten würden«.[83]

Das Erntefest begann allgemein mit einem Umzug der Erntearbeiter, die ihre geschmückten Arbeitsgeräte und die prächtig aufgeputzte Krone mit sich führten, durch das Dorf zum Herrenhaus hin. Diesem Umzug schlossen sich alle Schau- und Feierlustigen an. Das Aussehen der Krone, das landschaftlich recht unterschiedlich ausfallen konnte, ist in der Literatur ausführlich beschrieben worden[84] und auch durch Wossidlo reich belegt:[85] Drei Tage planten die

Hofmädchen für das Binden der Krone ein. Das Grundgestell konnte aus fünf übereinanderliegenden Holzreifen bestehen oder aus Laub von Eiben oder Eichen, geschmückt mit Kornähren, seidenen Bändern oder auf Schnüren aufgezogenen roten Hagebutten und weißen Beeren, Moosen, Blumen, allem, was der Gutsgarten und die Umgebung an natürlichem Schmuck boten. Oben konnten »Hans und Gret«, eine Fahne oder der sogenannte »Erntehahn« thronen. Nach Wossidlos Belegen wäre zu ergänzen, daß den mecklenburgischen Binderinnen offenbar besonders daran gelegen war, ihren Herrschaften zu beweisen, daß sie auch einer gewissen künstlerischen Gestaltung fähig waren: »De Herrschaften ornieren dat nich an, de Herr wunnert sik blos, dat sien Lüd dat farig kriegen.«[86] Neben Bindematerialien und spezifischen Ernteschmuckattributen wie hölzernen Figuren – Hans und Gret –, Tauben aus Papier, Hähnen und Lichtern, die auch aus anderen Landschaften bekannt sind, finden sich in Mecklenburg mehrfach auch schmückende Beigaben, die ganz konkret auf die Gutsherrschaft gerichtet sind: »An jede Siet von de Kron hüng de Nam: Wilhelm v. Oertzen, Olga v. Oertzen, dat wier mit gäl Goldlitzen inneiht, all mit Buschbom etc. bestäken.«[87] »Unten in der Mitte hing je nach dem Alter und anderen Eigenschaften der Gutsherrschaft eine Wiege oder ein anderes Symbol.«[88] Beide Belege stammen von etwa 1857 bzw. 1860.[89] Sie sind sicherlich nicht charakteristisch für den gesamten Raum Mecklenburgs, aber doch für die Haltung der Erntearbeiter ihrer Gutsherrschaft gegenüber, die trotz der Ausnahmesituation dieser Festtage, die in anderen Landschaften offensichtlich stärker genutzt wird, devot bleibt. Spottlustige Übergabeverse, wie sie Weber-Kellermann beispielsweise für Pommern beschrieben hat,[90] sind nur in Ausnahmefällen anzutreffen:

Huich! So sollt hüt Abend gehen:
Wat unne is, soll baben stehn!

Das von seiten der Erntearbeiter angebotene Brauchtum ist so auch an diesem Tage zunächst darauf gerichtet, die gutsherrliche Familie geneigt zu stimmen. Bedenkt man das durch ihre ökonomische Rückständigkeit bedingte allgemein niedrige geistig-kulturelle Niveau der Tagelöhner, Knechte und Mägde, die in der Regel kaum den nötigsten Schulbesuch nachweisen konnten, da die Tagelöhnerfamilien ihre Kinder eher zum Broterwerb als zur Schule schickten, so stellt das »Programm«, das sie zum Erntefest bieten, eine beachtliche kulturelle Leistung dar. Bereits die Ausgestaltung des Festzuges läßt Planung, Eigeninitiative und ästhetischen Gestaltungswillen erkennen: Alle marschierten in Festkleidung, die, solange Flachs angebaut wurde (bis etwa 1900), noch selbstgewebt war. Die Schmuckutensilien für die Krone wie Hahn, Puppen usw. hatten die Knechte geschnitzt, von dem eingenommenen Bindegeld hatten die Mädchen Bänder gekauft und zuweilen bestickt. Am Binden der Krone waren viele beteiligt, alle hatten ihre Arbeitsgeräte mit aufgespießten Äpfeln, Zitronen, Blumen und Bändern geschmückt. Planung verlangten auch die übrigen festvorbereitenden Arbeiten: das Schmücken des Kornbodens, auf dem getanzt werden sollte, das Besorgen künstlicher Blumensträuße in der Stadt, die dann während der Übergabesprüche an die angesprochenen Mitglieder und Gäste der gutsherrlichen Familie zu verteilen waren. Das Mädchen, das die oft weitschweifigen Übergabeverse aufsagen sollte (Wossidlo notierte einige über 80 Zeilen lange), mußte diese rechtzeitig lernen und vielleicht den anderen vorsprechen, um überprüfen zu lassen, ob der Wechsel von Hoch- und Niederdeutsch richtig klappte, ob die sehr wichtigen Pausen an den richtigen Stellen eingeplant waren.

Daß es sich auch hier wiederum, etwa wie beim Hochzeitsbitterspruch, um eine Kompilation bekannter Spruch- und Liedelemente handelte, vereinfachte das Lernen ebenso wie die festgefügte Reihenfolge der Verse, die sich aus der Hierarchie auf dem Gutshof ergab:

Guten Tag ins (Herren)haus!
Ich bin geschicket aus
Von Vogt und Vormäher und von der ganzen Gemeinde insgesamt
Ich bring der Herrschaft den Erntekranz,
Weil die Ernte ist geschehen ganz.
Dieser Kranz ist gemacht in der Nacht,
dabei sind wir Mädchens gewesen hübsch munter und wacht,
Er ist gemacht nicht von Diestel und Dorn, sondern von allerlei Korn,
Von Blumen und bunte Blätter,
der liebe Gott hat gegeben gut Wetter,
Gut Korn, gut Flachs,
Wollen hoffen, daß künftiges Jahr wieder was wachs. –
De Kranz is gröön un gäl, he sall schinen up'n Herrn sine Däl,
So männig Quast, so männig Last,
So männig Hawerwapp,
So männig blank Dahler in'n Herrn sien Schapp,
So männig Knispel, so männig Wispel,
So männig Roggenohr, so männig lee-

wes un gesägnetes Johr.-
De Meihers hebben meihgt, dat de Seiß sik hett bög't,
de Binners hebben bunnen, dat dat Sand hett stöwt,
De Facklüd' hebben perrt, dat dat Dack sik hett rög't.
Der Herr hat gelebt in Frieden und Recht,
Über ihn hat nicht zu klagen weder Mädchen noch Knecht.
Ich wünsche dem Herrn einen vergoldeten Tisch,
Auf allen vier Ecken einen gebratenen Fisch,
Und in der Mitte eine Kanne mit Wein,
das soll dem Herrn seinen Gesundheit sein.
Ich wünsch euch so viel Glück und Segen,
Als Tropfen Wasser vom Himmel regen,
ich wünsch euch so viel fröhliche Stund,
Als Sterne werden am Himmel fund
Das ganze Jahr wohl ein und aus,
Alles Unglück fahre zum Giebel heraus.
Ich wünsch der gnädigen Frau eine vergoldete Nuß
Von ihrem Mann einen herzlichen Kuß;
Ich wünsch' ihr einen vergoldeten Wagen,
Damit sie kann nach Engelland jagen,
Ich wünsch' ihr einen vergoldeten Stuhl,
Darauf sie kann im Himmel ruhn.
All die Wünsche hab ich von Gott dem Herrn,
Ich wollt, daß sie alle erfüllet werden.

Ich wünsch' dem jungen Herrn ein
schwarzbraunes Roß,
Sattel und Zügel blank wie ein Spiegel,
damit soll er reiten über Berg und Hügel.
Ich wünsch' dem gnädgen Fräulein eine Gabe, die ich selber nicht habe:
Von Rosen ein Bett, von Nelken eine
Deck,
Von Lilien eine Thür, von Rosmarin
ein Riegel dafür,
Von Perlen ein Gang, von Demant
eine Bank,
Von Zucker ein Kämmerlein, von Kar-
funkelstein ein Spiegel darein,
da möchte das gnädge Fräulein recht
lustig bei sein.
Ich wünsch dem Herrn Inspektor
einen schwarzen Hut,
darunter mag er tragen stets fröh-
lichen Mut,
Ich wünsch die Mamsell einen vergol-
deten Kamm,
Auf's künftige Jahr eine hübschen rei-
chen Bräutigam,
Mit schwarzbraune Haar und schnee-
weiße H20nden,
Mit dem mag sie ihr Leben vollenden.
Ick wünsch de Koeksch 'ne kopperne
Pann,
Up't künftig Johr 'n krummpuckligen
Mann,
Ik wünsch dat Stubenmäten einen
stummligen Besen
Damit sie kann die Ecken und Winkel
ausfegen.
Ik wünsch de Swiendiern 'n groten
Bieren,
Dormit sall se in 'n Saal spazieren
Das Hühnermädchen sitzt in dem Ro-
sengarten,

Übergabe der Erntekrone in Elmenhorst etwa
1938

darin will sie ihren Liebsten erwarten,
Dat Melkmäten steit an't Botterfatt,
Huchheissa, wo rummelt dat.
Juchhei Austköst, hebben w' ok dat
ganze Johr vör slaw't!

Wi bidden de gnädig Frau üm den
Huushahn,
Dat wi koenen recht kruus gahn,
Wi bidden den Herrn üm de groten
Knechts,
Dat wi koenen danzen links un
rechts.
Spielt auf, Musikanten!
Wir gehen zu und sparen keine Schuh,
Die Diele gehöret dem Herrn zu;
Huuch, mine Herren, so sall't gahn,
dat de Röckings oewerslahn.
Tunn'n Bier up'n Block, Tappen in'nt
Lock,
Huchheissa, dor springen wi all mit'n
bunten Rock.

141

Und hab' ich meine Sache nicht gut
gemacht,
So mögen Sie so gütig sein und deuten
es besser nach.-
Gestern Abend wollt' ich studieren,
Da kam mein Feinsliebchen an zu
marschieren;
Da hab ich bei ihm gesessen,
Und das Studium ganz vergessen.
Ich bitte nun noch, der Herr möge so
gütig sein,
Und beschenken uns dies Kränzelein;
Ist die Gabe groß oder klein,
damit wollen wir zufrieden sein.[91]

Daß diese Szene auf einem Bauernhof spielen soll, erscheint allein aufgrund der im Erntekranzgedicht angesprochenen Personen, die neben den Familienmitgliedern zum charakteristischen Personal gehören, als unwahrscheinlich. Einen Übergabespruch in dieser Länge hat auch Wossidlo nicht mehr aufzeichnen können, sondern hier mehrere charakteristische Teile zusammengefügt. Ohne hier im Einzelnen interpretieren zu wollen, sind doch einige Aspekte wie das Betonen eines Rechtsanspruches aufgrund guter Leistungen erkennbar, das Bemühen, die »Herrschaft« zu einem ausgiebigen Mahl mittels schmeichelnder Verse und märchenhaft erscheinender Wünsche nach Dingen und Gaben, »die ich selber nicht habe«, zu bewegen. Und auch gutmütiger Spaß und Spott durften durchaus an diesem Ausnahmetag angebracht werden.

Bedenkt man, daß die Beteiligten durch die Anstrengungen der Erntearbeit im Grunde schon bis an den Rand der physischen Leistungskraft gebracht worden waren, so nötigt dieser Festwillen, der sicherlich auch half, die körperlichen Anstrengungen während der Arbeitsperiode zu ertragen, Re-

spekt ab. Das Überreichen der Krone wurde von den Gutsherren durchaus als Ehrung verstanden und aufgrund ihrer ökonomisch-sozialen Stellung erwartet. Dies sich und dem Dorf bewußt zu machen, ging man – ebenso wie beim Binden – sogar so weit, daß »bloß dee, dee reine Junfern wiren«,[92] für diese Ehrung ausersehen waren. Der Auftritt schien einer kurzen dramatischen Szene nicht unähnlich: Feierliches Heranschreiten unter Musik, Entgegenkommen des Gutsherrn, Vortreten der Sprecherin, Aufsagen der Verse mit kunstvollen Pausen, in denen die Musik spielte und ein Mädchen dem jeweils Angesprochenen ein Sträußchen übergab, Dankesworte der Gutsfamilie, verbunden mit einer Geldgabe, Abnahme der alten Krone, Anbringen der neuen Krone, Beginn des Ernteschmauses mit anschließendem Tanz.

Eine Krone mit allen Zutaten kostete etwa 20 Mark, durch die Gaben der Gutsfamilie kamen etwa 50 Mark zusammen, die sich dann die Binderinnen der Krone teilten.

Während die alte Krone in den Bauerndörfern meistens aufgehoben wurde, wird sie auf den Gütern vernichtet bzw. geplündert. *»Herr v. Flotow swenkte denn den ollen Kranz in de Hand, smeet em in n' Bogen mank sien Lüd' in de Grawwel, alles grippt dornah, in 'n Ogenblick is he tonicht, se grepen de bunten Zettel.«*[93] Auf mehreren Gütern war das Plündern der Krone ein Vorrecht der Kinder[94] – möglicherweise eine jüngere Ausformung –, andernorts war die alte Krone noch gut genug für die »Leutestube«, in seltenen Fällen konnte die alte Krone über zwei Jahre hinweg aufgehoben werden.[95] Der erste Ehrentanz, der die Übergabeszene abschloß, erfüllte mehrere Funktionen: Eröffnete der Gutsherr mit seiner Frau den Tanz, so bezog er die Ehrung vornehmlich auf seine Familie; tanzte er aber, wie es vielfach geschah, mit einem der Mädchen, während die Frau mit einem der Knechte tanzte, so wurde Leutseligkeit demonstriert und am Abschluß der Erntezeit noch einmal der Ausnahmestatus dieser Tage für die Erntearbeiter hervorgehoben. Bei dieser Variante fühlten diese sich tatsächlich geehrt, und das Ansehen der Gutsherrschaft stieg: »*Wenn Austbier wier, danzte de Baron v. Bülow mit alle Daglöhnerfrugens un Dierns un de Fru mit alle Daglöhners. Ja, dat wier 'n grundgoden Kierl.*«[96] Es konnte vorkommen, daß sich auch die Gegensätze bei Tisch verkehrten: »*De Graf Bernstorf leet den Koken backen dat eten wi uppe Schüündäl up mit Kaffee. Komtessen drögen uns dat to … In' Wagenschuer uppe Fliesensteen würd danzt. De Gräfin danzte mit Daglöhner, wi mit de Komtessen.*«[97]

Dennoch war sich wohl die Mehrzahl der Erntearbeiter der Ausnahme dieser Tage bewußt: »*Wenn Austköst is, is de Herr n' goden Mann, wenn he nah ok nich väl to bruken is.*«[98] Ein Aufbegehren, einen Protest unter dem Schutzmantel des Erntebrauchtums hat Wossidlo nur in Ansätzen aufgespürt. Wenn beispielsweise der Vogt in Löwitz seine Rede zum Erntefest mit den Worten schloß: »*un de Komtess un de Besök un dat Diernswark un dat ganze Schiet sall läben*«,[99] so artikulierte er möglicherweise seine Einstellung zu dieser Herrschaft, aber ein bewußter Protest ist dies nicht, eher eine unkontrollierte Äußerung unter Alkoholgenuß. Zuweilen finden sich in den Übergabeversen versteckte Hinweise auf eine ungerechte Verteilung der Arbeitsaufgaben, wenn es beispielsweise heißt: »*Das

Fräulein haben wir auch noch bedacht, wenn sie hat auch keine Garbe gemacht.*«[100]

Nicht in jedem Fall ließen sich die sozialen Gegensätze am Erntefesttag verdecken oder verringern. Es konnte vorkommen, daß Erntearbeiter sich der Brauchhandlung zu entziehen suchten, um einer geheuchelten Demonstration der Eintracht zu entgehen: »*Bi 'n Oornbiersdag säd ick to mi, willn nich hengahn, denn bruken (wi de) Herrschaften nich begrüssen, wi gahn na de Namusik.*«[101] Aber solche Haltungen erscheinen in der Fülle anderer Belege als Ausnahmen. In der Regel setzten die Erntearbeiter alles daran, das Fest im Bewußtsein ihres Anrechtes darauf voll auszukosten.

Einen weiteren Höhepunkt des Festes bildete das reichhaltige Festessen. Auch hier wurde von seiten der Gutsbesitzer Leutseligkeit, eine Verbundenheit mit den Erntearbeitern nach außen hin demonstriert durch eine gemeinsame Esseneinahme – wenn auch die Herrschaften am »flässen End«,[102] also an einem Tisch mit höherwertigem Tischtuch saßen. Was vom Essen übrig blieb, wurde verteilt, dazu nahmen die Tagelöhnerfamilien ihren Anteil mit. Dieses Festessen sollte für eine harte Arbeitsperiode entschädigen, nachdem man während der Kornernte von sechs Uhr morgens bis abends spät, »solange die Umstände es erfordern«,[103] gearbeitet hatte. Neben dem gemeinsamen Mahl, das die Erntearbeiter erwarteten, das ihnen aber wohl nicht kontraktlich zustand, hatten sie im Vergleich zu anderen Arbeitsperioden jetzt mehr Geld verdient, also auch dadurch Grund zur Freude. Nach einem Pachtvertrag von 1818–1836 standen beispielsweise den Damshäger Frauen im Winter, d. h. für die Zeit von Martini (11.11.) bis

Fastnacht, fünf Schillinge täglich zu, für die übrige Zeit des Jahres sechs Schillinge bis auf die Erntezeit, in der der Lohn für einen Tag auf sieben Schillinge festgesetzt war. Der Lohn der Männer betrug 12 Schillinge in der Ernte, in der übrigen Zeit 8–10 Schillinge.[104]

Das Bestreben der Gutsherrschaft, auf das gemeinsame Mahl zu verzichten und sich aus dieser Verpflichtung durch ein höheres Deputat zu lösen, wird schon für die von Wossidlo erfragte Zeit um 1850 deutlich. »As dat mit dat Äten up'n Hoff afkeem, kregen se 'n halw Schap«, wird aus Massow mitgeteilt. Die Höhe des Deputats scheint nach Auswertung der Belege (35) nicht von der Größe des Gutes oder der Einwohnerzahl des Dorfes oder der Bonität des Gutes, sondern von der Willkür bzw. dem Wohlwollen des Gutsherrn abhängig gewesen zu sein. Es konnte eine Kuh geschlachtet werden, dann wurde »de Oornbierskoh oewer 't Dörp deilt«,[105] wobei mancherorts die Stücke durch den Statthalter verlost wurden. Außer Frischfleisch konnten auch Erbsen, Brote, Roggen, Mehl, Branntwein, Äpfel zur Verteilung kommen. Wurde ein »Austschaf« gegeben, mußte das Fell wieder abgeliefert werden. Einige Beispiele sollen die Willkürlichkeit der Verteilung belegen:

Penzlin
92 Einwohner   jeder ein Austschaf,
499,8 ha   das Fell muß zurückge-
                         geben werden

Gr. Helle
243 Einwohner   jeder ein Austschaf,
1046,1 ha   das Fell darf behalten
                         werden

Passow
147 Einwohner   jeder 10 Pfund Rind-
                         fleisch,
712 ha   ein Feinbrot von 10
                         Pfund

Gr. Flotow
286 Einwohner   12 Pfund Fleisch
1244 ha   8 Pfund Weizenmehl

Luplow
206 Einwohner   gemeinsames Essen mit
                         Rindfleisch
742,8 ha   und Pflaumen, jeder
                         1 Schaf

                         »So stark, as de Huus-
                         stand wier, kreeg jeder
                         Botterbrot mit Rind
                         fleesch belegt. De Ar-
                         beitsstand kreeg 'ne
                         Kann Kaffee, de Smidt,
                         Jäger, Möller, Handwer-
                         kers kregen abends Kaf-
                         fee un Koken.«

Sorgenlos
74 Einwohner   gemeinsames Essen,
381,4 ha   zum Mitnehmen »Aust-
                         köstmähl«[106]

Da das Erntefest in eine arbeitsärmere Zeit fiel und Musikanten ohnehin bestellt wurden, waren Kopplungen von Erntefest und Hochzeit auf den Gütern nicht ungewöhnlich. Eine Hochzeit auf dem Gut zu feiern, die dann auch vom Gut ausgesteuert wurde, galt als Auszeichnung: »Wenn se sik goot schickt hadden, künnen se Hochtied up't Oornbier fiern, mit Brutdeeners un allens.«[107] Eine solche Entscheidung entsprach auch der rationellen Einteilung der

144

Besticktes Kleid, wie es von Schnitterinnen aus Ungarn (?) und Polen (?) winters zu Hause gestickt und von ihnen im Sommer beispielsweise auf den Gütern Nisdorf und Schwichtenberg im Sommer verkauft wurde.

Zeit und der Festmittel im Jahresbrauchtum überhaupt.

Der Übergabe der Krone und dem gemeinsamen Essen schloß sich als dritter feierlicher Erntefestbrauch der Tanz an.

6.10 Erntefest im Bauerndorf

»*Olt un Jung keem uppe Däl tosamen*«

Für das Feiern von Erntefesten in Bauerndörfern fehlen ältere Belege. Der Grund dafür ist wahrscheinlich darin zu suchen, daß unter feudalen Verhältnissen die frondienstverpflichteten Bauern mit ihrem Gesinde an den Erntefesten ihres Gutsherrn bzw. des zuständigen Amtshofpächters teilgenommen hatten. Nach den Agrarreformen mit dem Ergebnis der wirtschaftlichen Selbständigkeit der Bauern waren diese in ihrer neuen sozialen Stellung bestrebt, selbst ein entsprechendes Fest für ihr Gesinde und sich zu gestalten, wie sie es auf den Gütern erlebt hatten. Sie kopierten das gutsherrliche Erntefest, indem sie charakteristische Brauchelemente übernahmen.

Seit der Mitte des 19. Jahrhunderts wurde in den Bauerndörfern – wohl auch aufgrund der Forderungen der Erntearbeiter und des Beispiels der Gutshöfe – das Erntefest allgemein gefeiert. Es ging – wie Fastnachtsbier und Pfingstbier – reihum bei den Bauern, wobei im allgemeinen nur Vollbauern berechtigt waren, ein Fest mit öffentlicher Tanzmusik auszustatten und abzuhalten.[108] Die Kosten für die Musik waren von den Knechten zu tragen, für das Bier, das der Bauer mit Hilfe der Gaben der Nachbarn braute oder aus der Stadt kommen ließ, hatte der Bauer aufzukommen. Das Fest dauerte zwei bis drei Tage, eine Krone oder ein Kranz konnte nach einigen Wossidlo-Belegen dem Bauern unter Aufsagen eines Spruches überreicht werden. Hier läßt sich die Feststellung Baumgartens ergänzen, wonach eine Krone/ein Kranz unter Aufsagen eines Spruches nur auf Gütern überreicht worden sein soll.[109] In der Regel aber brachten Knechte und Mägde die Krone am Abend vorher im jeweiligen Festhaus an. Im Bauerndorf waren die Übergabesprüche meist kürzer, ihnen fehlen auch die dort üblichen devoten Wünsche, inhaltlich und vom Aufbau her lehnen sie sich sonst an die Sprüche auf den Gütern an.

Im Gegensatz zum Gut durften beim Bauern nicht alle an der Erntearbeit Beteiligten mitfeiern. Ebenso wie zur Fastnacht kam auch hier nur, wer durch eine Einladung »genötigt« worden war. Diese Einladung vollzog sich nach strenger Hierarchie: Die Mittelknechte luden die Mägde ein und erhielten als Zeichen des Einverständnisses einen Kringel; der Großknecht, der »Buersbidder«, lud die Bauern ein, die ein paar Schillinge für die Unkosten (Musik) gaben.[110] Der »Oornbiersbidder« konnte auch als berittener Bote kommen.[111] Auf jeden Fall erfolgte die Einladung recht feierlich und nach festgefügten Regeln. Der fröhliche Ernteschmaus allerdings, der nach getaner Arbeit das »ganze Dorf« vereint, ist eine romantisierende Darstellung in der älteren Literatur. Schildts Mitteilungen[112] über die Teilnahmeberechtigung der einzelnen sozialen Gruppen decken sich auch mit Wossidlos Belegen, daß nämlich meistens alle Bauern mit ihrem Gesinde teilnehmen konnten, ansonsten aber ausgewählt wurde.

Die Gründe für die Beschränkung der Teilnehmerzahl sind nicht in erster Linie in sozialem Dünkel zu suchen, sondern in der Unmöglichkeit, allen Gästen auf der Bauernhausdiele Platz bieten zu können. Baumgarten hat den Zusammenhang zwischen Bauform des Bauernhauses und Erntefestform klar nachgewiesen. Er zeigte, daß es bereits seit 1850 mit dem Aufgeben der Bautradition des Hallenhauses und dem damit verbundenen Fehlen einer großen Diele in den neuerrichteten Häusern unmöglich war, ein solches Fest als Ganzes auszurichten, so daß es bereits um 1850 in vielen Fällen zum ersten Ablösungsschnitt, d.h. zur räumlichen Trennung von Tanz (Gastwirtschaft) und Essen (Bauernhaus), kam.[113]

Als das Erntefest noch auf der Diele gefeiert wurde (also im größten Teil der Bauerndörfer bis etwa 1870), war der Verlauf, wie ihn ein Gewährsmann für ein Bauerndorf bei Rostock um 1880 schildert, charakteristisch:

Das kirchliche Erntedankfest wird nach einer preußischen Verfügung seit 1773 am ersten Sonntag nach Michaelis (29. September) gefeiert. Hier: Erntekrone in der St. Marienkirche zu Klütz im Jahr 2000

»Olt un Jung keem uppe Grot Däl tosamen, ... de Köh stünnen links oder rechts von de Grot Däl. Twee Muskanten keemen ut Swaan ... De Muskanten kregen för de twei Dag' 14 Dahler un 45 Schilling. De een spälte Vigelien, de anner Klarinett, to'n Basstriken würd 'n Jung oder 'n ollen Kohfütterer nahmen. Wenn se Hornmusik blasen süllen, müsst de Grotknecht ihrst 'n Töller halen un insammeln. Jeder geef denn vier Schilling ... De Muskanten seten 'n Meter hoch uppe Stellage, 'ne breid Schüündör wier dor oewerleggt. Wenn 't gor to kolt wier, würd' 'n heit Teegelstein bi ehr hen-

leggt, dat se de Finger upwarmen künnen.
Bet morgens Klock söss würd danzt.
Nachts Klock 12 würd solten Hiring up 'n
Disch un Botter in de Stuw (bröcht). An de
›Austdischen‹ würden Bänken stellt. Jede
Knecht hadd sien Diern näben sik sitten.
Ne Grote Kann mit Bier (stünn up'n Disch)
… Dat Bier betahlten de Buern. 2 Tunnen
müßt he gäben un dree Anker Koem (dat
Anker 'n Dahler). Tinnkannen un Sluckglas
un Pottbuddel stünnen up'n Disch. De
Muskanten blasten mit Hurn to't Äten …
De Grot Knecht schenkte in. Inne Stuw
würd äten, denn güng 't wedder na de Grot
Däl.«[114]

Getanzt wurde dann bis 5 Uhr früh, nach
einem Frühstück war bis Mittag Pause, die
auch zur Viehversorgung diente. Um 14
Uhr (die exakte Angabe der Uhrzeit fällt
bei allen Belegen auf) ging es im »Oorn-
bierhus« weiter mit dem Tanz bis um 20
Uhr, unterbrochen von einer Kaffeepause

um 16 Uhr. Zum Abendbrot gab es ein
charakteristisches Erntefestgericht, nämlich
Rindfleischsuppe mit Pflaumen. So gekräf-
tigt begann man den nächtlichen Tanzteil,
der um Mitternacht durch eine Mahlzeit
von Hering oder Schinken unterbrochen
und gegen Morgen mit einem Kaffeefrüh-
stück beendet wurde. Früh am Sonnabend-
morgen wurde die Verpflichtung zur
nächstjährigen Erntefestausrichtung dem
Nachbarn unter Musikbegleitung übergeben: »*Sünnabend Klock 6 (güng't) na Na-*
wers Hus hen mit Musik. De Muskanten
(stellten sik) up de Grot Däl. Mudder hadd
'n Pott mit Punsch trecht makt, rundüm
würd danzt in de Stuw …«[115]
Wesentlich bei der Vorbereitung und
Durchführung des Festes erscheint wieder
der Vorbereitungsanteil der Knechte und
Mägde. »*De Knechts makten dat jo haupt-*
sächlich, dat Oornbier.«[116] Sie »snurrten«
am Sonntag vor dem Fest das Malz in großen Waschkörben zusammen. »*Jede Buer*

Monatsbild für August im Taschenbuch für das Jahr 1812, Frankfurt am Mayn

147

Einfriedung eines Gastes durch einen Kartoffelring mit anschließendem
Loskauf:
»Hier ist die Kartoffel vom Lande,
gewachsen auf schwerem Sande.
Enthält einen krüftigen Fusel,
der bringt uns all einen Dusel.
Dein Hof sei gesegnet allezeit,
zum Rundtrunk sind wir bereit.«[120]

müsst n' Viert Molt togäben.«[117] Sie kauften die nötigen Vorräte in der Stadt ein, soweit sie nicht im Dorf zusammenzutragen waren, sie bestellten die Musiker und bezahlten sie.[118]

Das hier beschriebene Erntebrauchtum im Bauerndorf lebte historisch gesehen nur kurze Zeit. Mit dem sozialen Aufstieg der Bauern ging ein Bewußtseinswandel einher:

Auch wenn genügend Raum zur Verfügung stand, mochten sie das Fest nicht mehr im eigenen Haus ausrichten. Die Feier verlagerte sich in den Dorfkrug. Treffend bringt ein Wossidlo-Beleg diese Entwicklung zum Ausdruck: »*Späderhen würden de Buern hochsnutiger: dor wullen se dat Oornbier nich mihr hebben in ehren Hus' – dor güng't na'n Kroog.*«[119]

7. Tanz

An einem schönen Sommerabend des Jahres 1884 traf ich als fünfjähriges Mädchen mit Eltern und Geschwistern in dem Fischerdorf Alt Gaarz an der Ostsee ein. War schon die Reise in der großväterlichen Kutsche mit aufgeschnalltem Bettensack von Gadebusch mit Pferdewechsel in Wismar ein Ereignis für uns Kinder, so machte das Ankommen in Alt Gaarz einen unvergeßlichen Eindruck auf mich. Auf dem Platz unter der Linde zwischen Kirchhofsmauer und Schulzenhaus saß ein alter Mann und spielte Treckfiedel. Jung und alt stand herum, und sobald ein Tanz gespielt wurde, tanzten alle in Holzpantoffeln mit kräftigem Singen: »Wenn hier 'n Pott mit Bohnen steiht, un dor 'n Pott mit Brie, denn lat ick Brie und Bohnen stahn un danz mit min Marie«, erinnert sich Marie Peters, die bekannte Sammlerin mecklenburgischer Volkstänze.[1]

Marie Peters, hier auf dem Dorftag in Dobbertin 1933, sammelte, veröffentlichte und bearbeitete »Mecklenburgische Bauerntänze«.

Marie Peters und andere Sammler wie Fornaschon, Helms-Blasche oder Stahl haben unsere Vorstellung vom Tanz in Mecklenburg geprägt. Verläßt man sich ausschließlich auf ihre Beschreibungen, so »feierten Herrschaften, Ortseinsassen und Dienerschaft in Freuden beisammen« und tanzten und sangen in bunten eigengewebten Trachten die alten mecklenburgischen Volkstänze mit ihrem »humorvollen und launigen Text«.[2]

Derartige Tanzvergnügen mag es in Ausnahmen gegeben haben. Die Beschränkung auf solche Darstellungen in populären Veröffentlichungen jedoch wiegen uns in der Illusion von Zeitlosigkeit. Sie führen weg von der realen Charakteristik der kulturellen Situation eines Landes, das jahrhundertelang von krassen sozialen Gegensätzen geprägt war. Offensichtlich richtete sich das Interesse der Sammler eher darauf, Melodien und Schrittformen regionalspezifischer Tänze zu erfassen, als auf Besonderheiten, Gegensätze, aber auch Gemeinsamkeiten in den Tanzkulturen hinzuweisen.

Bereits die versteckten Vermerke der Herausgeber wie »gesammelt und bearbeitet« oder auf einen »warmen und klugen Freund« als richtigen Gestalter sollten aufmerken lassen. Eindeutig konzentrierten sich die Sammler auf ganz bestimmte Tänze, die ihnen aus der Volkskunstauffassung

Im Verlag von M. und E. Peters veröffentlichte
W. Bergenroth (1893–1942) seine Holzschnitte
zu den »Mecklenburgischen Bauerntänzen".
Hier: Kegel (oben), Snidertanz (rechts) und
Gah von mi (unten)

Bei den Tänzen wurde kräftig mitgesungen,
zum »Snidertanz« z.B.:

»Snider, Snider, wipp,wapp,wupp,
alle Dag Kartüffelsupp,
Sündags giwt dat ok nich väl,
denn giwt wat mit'n Bessenstäl!«

ihrer Zeit, der 20er und 30er Jahre des 20. Jahrhunderts, geeignet schienen, künstlerische Ausdrucksformen eines heilen Bauerntums vorzuführen. »Sinnige ältere« Tänze sollten die Jugendbewegung beleben und den Städtern überhaupt einen biederen Bauerntyp präsentieren, der sich nach getaner Arbeit in bunten Trachten im Kreise schwingt. Zudem lehnte die bürgerliche Jugendbewegung den städtischen Gesellschaftstanz und die überlieferten Formen bürgerlicher Festkultur ab und suchte mit »naiv romantisierenden Augen und Sinnen … Relikte des traditionellen Volkstanzes für ihre gemeinsamen Vorstellungen«.[3] In diese Auffassung fügt sich auch die Klage, daß es zu den »alten Bunten Tänzen« einen

Text gegeben habe, dieser aber verloren gegangen sei. Die Musikanten schließlich – als wichtige Träger der Tanzkultur in Mecklenburg – fanden in den Darstellungen kaum Beachtung, sie blieben in der Regel anonym.

Es ist also zu überprüfen: Ist das Bild über die mecklenburgischen Tanzvergnügen real gezeichnet worden? Wer vor allem waren die Musikanten, die zum »Kiekbusch«, »Kegel«, »Figaro«, »Windmöller«, »Manchester«und zur »Rusch- und Settquadrille« aufspielten? Welche Ausbildung besaßen sie, unter welchen Bedingungen musizierten sie?[4] Und auf welche Weise schließlich gelangten Tänze mit französischen und englischen Bezeichnungen in die

151

angebliche Abgeschiedenheit mecklenburgischer Dörfer?

Als Quelle bei der Suche nach ersten Antworten auf diese Fragen dienen hier Musizierhandschriften, Archivakten, Mitteilungen von Gewährsleuten und Bilddokumente.

7.1 Von Socken- und Slarpenbällen, Tanzspielen und Dorfmusikanten

»Aber am Tantze werden sie nimmer müde/ klagen vber kein beschwerde/ vber keinen hunger/ wenn sie gleich drey/ vier Tage nacheinander renneten/ lieffen/ tantzten vnd schwitzeten … wo sie nur einen Tantz riechen/ auff Kirchweihen/ Hochzeiten/ vber die Grentzen in andere Dörffer/ mit großem hauffen/ lauffen sie gantz embsig vnnd fleißig/ ein halbe vnd ganze Meilen/ wo nicht drüber/ Es sey Winter oder Sommer … es muß an des Tantzteuffels dienst vnd Wolfahrt nichts verhindern …«[5]

So beklagte sich bereits ein Dorfgeistlicher am Ende des 16. Jahrhunderts. Vorschriften der Obrigkeit, die sich gegen Tanzvergnügen und Musizieren von Landesuntertanen richten, ziehen sich durch die Jahrhunderte. In Mecklenburg blieben soziale Gegensätze länger als andernorts ausgeprägt, wurden doch hier durch den Landesgrundgesetzlichen Erbvergleich 1755 die Rechte der Ritterschaft noch für Jahrzehnte verbrieft und die Leibeigenschaft erst 1820 aufgehoben. Während Hof, Adel und städtisches Bürgertum ihrer Musikleidenschaft frönten, schienen den Landesherren Musik und Tanz geradezu schädlich für das Volk und dessen Müßiggang zu befördern, wie aus vielen Verordnungen ersichtlich wird. So verbot Herzog Friedrich 1756 seinen Leib-

eigenen alles laute Lärmen bei Hochzeiten, Kindtaufen und Festen. Alle Spielleute sollten verbannt und jede Ausübung dieser Kunst, womit dem »Reigen- und Tanzteufel gedienet würde«, mit äußerster Strenge bestraft werden. 1769 erließ er, als alle Verbote nichts fruchteten, die Patentverordnung, in welcher allen »*Domanial-Unterthanen und Hauswirthen*« u.a. verboten wird, »*Spielleute, sei es unter welchem Vorwande immer, herbeizulocken*«. Auch den im Domanium wohnenden freien Leuten war es untersagt, »*bei irgendwelchen fröhlichen Zusammenkünften Musik zu nehmen oder Musik holen zu lassen*«.[6]

So sah sich besonders die Dorfbevölkerung durch das Desinteresse des Landesherrn und der Ritterschaft an Tanzfesten für die Untertanen oft genötigt, aus eigenen Kräften für musikalische Begleitung zu sorgen. Das geschah beispielsweise, wenn Gutsherren sich nicht an einer Ausrichtung von Feiern interessiert zeigten, Tagelöhner nicht zu den Tanzvergnügen der Bauern geladen waren oder wenn Dorfbewohner außerhalb offizieller Festzeiten tanzen wollten, aber Anlaß oder finanzielle Mittel fehlten, um Musikanten zu bestellen.

Gerade diese kleineren Tanzvergnügen sind für uns aufschlußreich, weil hier allgemein ohne direkten städtischen Einfluß das dorfeigene Repertoire gesungen, gespielt und getanzt wurde. Das kleine Tanzlied

> *»Mann, kumm her, will'n danzen!«*
> *»Fruu, ick heff keen Schoh!«*
> *»Mann, dat geiht up Söcken!«*
> *»Na, denn man lustig to!«*

weist auf solche improvisierten Tanzvergnügen, die in Mecklenburg als »Socken- und Slarpenbälle« bekannt waren. Bauer

Mit Hilfe ihrer Sammlungen versuchte Marie Peters, die alten Tänze in ihren Volkstanzgruppen wiederzubeleben.

bzw. Gutsherr beteiligten sich an diesen Festlichkeiten nicht. Socken- und Slarpenbälle konnten an den Abenden nach kurzfristiger Absprache in dem Hause desjenigen Tagelöhners, der die größte Stube besaß, oder in einem Backhaus, auf dem Mehlboden oder im Freien stattfinden. Für die musikalische Unterstützung sorgten Knechte, die ein Instrument beherrschten, zuweilen auch durchreisende Musikanten (einheimische und fremde), für die dann vorher Geld eingesammelt wurde. »Denn güng't up Söcken los, (de) Slarpen (würden) vör de Tür smäten.«[7] Die einfachste rhythmische Stütze konnte zum Tanz animieren: »Bit't Garbenbinnen hebben wi in de Aust – blos Frugenslüd – in'n Backhus danzt. Ick hadd witte Strümp von minen Mann oewer-treckt oewer mien Strümp. De een Fruu seet mit'n Kamm uppe Hill un blös.«[8] (Ob es sich bei diesem Beleg möglicherweise noch um eine Restform mittelalterlicher Reigentänze, die getrennt nach Geschlechtern ausgeführt wurden, handeln kann, sei dahingestellt.) Schließlich noch ein Beleg über improvisierte Tanzvergnügen auf einem geeigneten Platz im Freien: »In'n Summer up'n Holtplatz würd öfter eens danzt, denn fidelt een Handorgel, denn würd 'ne Wienbuttel vull Koem haalt, jeder gew 'n Schilling to.«[9]

Auf diesen spontan organisierten Vergnügen mußten sich die Teilnehmer zwangsläufig auf solche Tänze beschränken, die weder hohen instrumentalen Aufwand noch Requisiten oder einen Vortänzer verlang-

153

Die Tanzausgaben von Marie Peters bildeten auch die Grundlage für die Programme der Heimatvereine auf den Dorftagen um 1930.

ten. Die einfachsten Ausführungsmöglichkeiten besaßen die alten Kettentanzformen, wie Richard Wossidlo sie im »Trippeljäger« oder »Döschbuerndanz« erfassen konnte. Die Beschreibung der Gewährsleute bestätigt die ältere Form: »*Danzt hebben se früher nich in de Runde; se hebben hen und her trampelt, as wenn de Gös' bottern*«, »*de ganz Ollen föten sik oewer de Schullern bit't Danzen.*«[10]

Das Bestreben der Tanzlustigen, auch unabhängig von teuren Instrumentalisten, aus eigenen Kräften mit Tanzmusik präsent zu sein, läßt sich bis in die ersten Jahrzehnte unseres Jahrhunderts verfolgen. Es äußert sich u.a. auch in der beträchtlichen Anzahl von Tanzliedern, die von den Sammlern in mecklenburgischen Dörfern um 1930 auf-

gezeichnet und an das Mecklenburgische Volksliedarchiv geschickt worden sind. Den »Scheperdanz« konnte Richard Wossidlo noch für 24 Dörfer belegen. Dieser Tanz zählte zu den beliebtesten pantomimischen Spielen; er konnte sowohl mit als auch ohne Requisiten aufgeführt werden. An Mitspielern benötigte man: Edelmann, Schäfer, Hund, Vater, Mutter, Schwester, Liebchen. Der Text verdeutlicht soziale Gegensätze, wobei hier – ähnlich wie in den Märchen – zugunsten des Schäfersohnes entschieden wird.

Wesentlich ist, daß bei diesen Tänzen wirklich gespielt, viel improvisiert werden konnte, also keine starren, vorgeschriebenen Tanzschrittformen gefordert waren. Diese Aspekte lassen sich aus den gedruckten

Tanzabschriften aus handschriftlichen Musizierbüchern durch R. Wossidlo

lung »De Reis' nah Belligen« läßt der Dichter sogar einen Solotänzer auftreten, der die Musiker zu rascher Spielweise auffordert:

Un Jehann peddt den Takt, un hei winkt
mit de Hand:
»Noch fixer! Noch greller! Noch düller
Muskant!«
Un hei bögt sick in't Knei, un hei weigt up
den Bein,
un Fiken, de kriggt ok allmählich dat
Dreihn,

Un Jehann sprigt in En'n. Herr je, wo hei
sprung!
Wo kann doch ein Mannsminsch so grug-
lich uppedd'n!
Un wo jucht hei un röppt hei: »Solo,
meine Herrn!«
Un de Thalberger Schweper mit de rod-
bunte Wesst,
wo de Kirl mit lütt Lisch in de Ecken
rüm föst't!

(Reuter III, 199)

Sammlungen kaum ermitteln. Die knappen Hinweise Wossidlo'scher Gewährsleute wie: »*De Hund fööt de Frugenlüd ook anne Been, de Eddelmann reep: holl den Hund!*«[11] – lassen die unmittelbare Anteilnahme der Zuschauer und das Bemühen der Spieler, sich mit ihren Rollen zu identifizieren, etwas erahnen.

In Wossidlos Aufzeichnungen findet sich mehrfach der Hinweis darauf, daß die Tänze schnell ausgeführt worden sind, daß man mit wilden Drehungen durch den Saal »schäste«. Diese Beobachtungen werden auch durch die literarischen Beschreibungen Fritz Reuters bestätigt. In seiner Erzäh-

Es versteht sich, daß die Tanzlustigen so billig wie möglich zu Instrumentalbegleitung kommen wollten, und so begnügten sich die Dorfbewohner bei kleineren Tanzanlässen gern mit der Spielkunst ihrer dorfeigenen Musikanten.

Über selbst angefertigte Instrumente verfügte im Grunde jedes größere Dorf in Mecklenburg. Diese waren allerdings von ihren Besitzern nicht gebaut worden, um irgendwelcher Musizierlust nachzugehen, sondern vielmehr als »Arbeitsinstrumente«. Gänse- und Schafhirt, Kuh- und Schweinehirt, Pferdehirt und Nachtwächter bastelten in jedem Jahr neue Blas- und Geräuschinstrumente, wobei durchaus eine

Lichtertanz, Szenenfoto aus einer Aufführung von Wossidlos »Buernhochtied«

Verbindung zwischen sozialem Stand und Instrument zu beobachten ist: Ein Horn stand nur dem Kuhhirten zu, ein Gänsehirt hatte Flöte zu blasen, der Schweinehirt Schalmai. Die Bauweise wechselte von Dorf zu Dorf. Vielfach benutzte man Weiden als Grundmaterial, zuweilen auch andere Hölzer:

»*Bei den Hirten hin und wieder um Dargun findet sich auch eine Art Schalmei, etwa vier Fuß lang, unten sehr weit, von Tannenholze gemacht, mit Pechdraht umwunden, und stets feucht gehalten*«, schreibt Mussäus 1837.[12]

Schäfer, Hirten und Nachtwächter, die also ohnehin täglich mit ihrem »Berufsinstrument« umgehen, werden in den Quellen vielfach als dorfeigene Musikanten zu kleineren Festen genannt. Danach sollen ungelernte Dorfbewohner in der Lage gewesen sein, »*ohne Beihilfe die Violine zu erlernen, selbst zuweilen das Klarinett, und*

jede vorgesungene Melodie ungesäumt nachzuspielen«.[13] Sicherlich wird die Intonation nicht gerade rein gewesen sein, aber zur rhythmischen Unterstützung solcher Tänze wie Katt un Mus, Küssertanz, Schäfer-, Schuster-, Schneider-, Barbier- und Windmöllertanz reichten die Instrumentalkenntnisse, zumal zu allen Tänzen noch die Liedtexte lautstark mitgesungen wurden.

An charakteristischen Volksmusikinstrumenten bzw. Geräuschinstrumenten sind noch der »Rummelpott« und die »Düwelsgeig« zu nennen, die aber mehr zur Unterstützung von Heischegängen Verwendung fanden. Diesem Zweck konnten auch Arbeitsgeräte dienen, die im gegebenen Fall dann zu Geräuschinstrumenten avancierten. Als Beispiel sei auf den Brauch des Bindens und Streichens während einer Erntepause auf dem Getreidefeld verwiesen.

Während bisher von solchen Tanzvergnügen die Rede war, die von der Dorfbevölkerung nach eigenem Bedürfnis außerhalb von Festzeiten mit geringem Aufwand organisiert werden konnten, sollen nun die mit Tanz verbundenen Feste ins Bild rücken, die im agrarisch geprägten Mecklenburg eng mit dem Ablauf des ländlichen Arbeits- und Kalenderjahres verbunden waren. So konnte beispielsweise die erfolgreiche Aussaat mit einem »Saatbier«, das Flachsbrechen mit einer »Brakelköst«, der Abschluß der Getreideernte mit einem »Austfest« gefeiert bzw. belohnt werden. Tanzanlässe boten sich in Mecklenburg auch zu den Kalenderfesten an, die stets gleichzeitig als Möglichkeiten der Absprache für die Planung der nächsten Arbeiten oder des folgenden Festes genutzt wurden. Die Hochzeit schließlich zählte zu den wichtigsten mit Tanz verbundenen Feiern. Sie gehört zu den seltenen Festlichkeiten, die mit spezifischen Festtänzen wie Lichtertanz, Koekendanz, Bruthahnendanz oder Rükelrei verbunden waren.

Solange die Feste noch auf der »Grot Däl«, d.h. auf einer Fläche von etwa 18 Metern Länge und 8,50 Metern Breite gefeiert wurden, war dieser Raum für die nahenden mehrtägigen Tanzvergnügen sorgfältig zu präparieren. Ein spiegelndes Parkett erwartete die Gäste zwar nicht, wohl aber ein glatter Lehmboden, dessen Herstellung den Knechten viel Mühe abverlangte.

Zu diesem Zweck mußte der alte Boden mit der Hacke aufgebrochen werden. Die losgebrochenen Schollen stampften die Männer, brachten danach zusätzlichen Lehm auf, weichten den gesamten Belag ein und harkten ihn schließlich mehrfach durch. Als gutes Einweichmittel galt Schafjauche; beim Feststampfen waren Schafe begehrte Helfer. Im allgemeinen benutzen die Männer zum Festklopfen der Diele ein

brettartiges Gerät. Um den Boden zu glätten und zu festigen, streute man auch Rapssamen oder fegte vom Schlachten übrig gebliebenes Blut über die Diele. Vier Wochen lang hatten die Knechte täglich den Boden zu bearbeiten, bis er die richtige Festigkeit aufwies. – Die Westmecklenburger nutzten als erste eine modernere Form: Dort wurde bereits ein Bretterboden auf den Lehmschlag gelegt, der von den Stellmachern entliehen werden konnte.[14] Schließlich gehörte zur Vorbereitung auch das Ausweißen der Diele oder das Schmükken mit Fichtengrün. Für die Musikanten errichteten die Knechte am oberen Ende der Diele eine Stellage, so daß sie erhöht sitzen konnten. In manchen Dörfern musizierte die Tanzmusikgruppe hinter einem Tisch sitzend.

War der Festtag herangekommen, so begrüßten die städtischen Musikanten, die vor dem Festhaus Aufstellung genommen hatten, jeden eintreffenden Gast mit einem kurzen Ständchen. Es muß ein hübsches Bild gewesen sein, wenn die Besucher in sonntäglicher Kleidung dort vor der Ehrenpforte aus Eichenlaub, Buchsbaum und Spargelgrün standen und nach der musikalischen Begrüßung mit einem Willkommensschluck ins Haus gebeten wurden.

Der Tanz zählte neben dem Essen zu den langersehnten Hauptvergnügungen des Festes. Nachdem das Bauernpaar mit Großmagd und Großknecht den »Vördanz« absolviert hatte, schwang sich bald alles ausgelassen im Tanze. Die Musik dazu trug damals einen völlig anderen Charakter als heute: Die begleitenden Instrumente Flöte, Geige und Kontrabaß ließen wegen ihrer vergleichsweise geringeren Lautstärke gegenüber Trompete, Klarinette und Horn, die zu Ende des 19. Jahrhunderts domi-

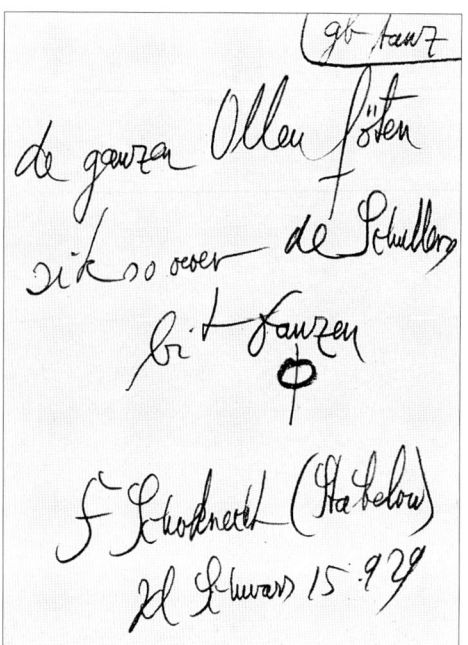

Frau Schoknecht, geb. in Stäbelow, erzählt Richard Wossidlo am 15. 9. 1929 in Klein Schwass von ihren Erinnerungen über das Tanzverhalten der Alten.

nierten, gut ein Mitsingen der Tanzenden zu. Nahezu alle Tänze, die auf dem Lande getanzt wurden, besaßen ja einen eigenen Text. Diese »Singtänze« erlaubten übrigens auch das Weitertanzen in den Pausen, die die Stadtmusiker einlegten. Zu den besonders beliebten Tänzen, die die Geselligkeit förderten und Farbe in den Ablauf des Festes brachten, gehörten solche wie »Windmöller«, »Plumplücker«, »Katt un Mus«, »Schausterdanz«, »Wewerdanz«. In einigen Tänzen konnten Dorfhandwerker dem Spott ausgesetzt (Barbiertanz), ländliche Tätigkeiten vorgeführt (Hoekertanz) oder – wie beschrieben – auch soziale Gegensätze zum Ausdruck gebracht werden (Schä-

fertanz). Natürlich versuchten die Musiker auch, ihr in der Stadt erlerntes Repertoire anzubieten. Gab es hier keine Einigung zwischen den Wünschen der Dorfbewohner und den fremden Musikanten, so konnte es zu handgreiflichen Kontroversen kommen. *»Dat ganz Spill hett keen Ansehen, secht Jochen, wenn de Muskanten keen Schacht krigen«*, war dann die einhellige Meinung der Festbesucher.

Für die Ausführung etlicher Tänze benötigte man Requisiten; diese mußten natürlich rechtzeitig zum Fest fertiggestellt worden sein. Verantwortlich dafür zeigte sich wiederum das Gesinde, dem man überhaupt einen bedeutenden organisatorischen Anteil bei der Vorbereitung und Durchführung der Feste im Bauerndorf zubilligen muß.

7.2 »Fieken hett schäten in't Hawerstroh« und andere »sinnige« Tanzlieder

Nicht alle zu hohen Festtagen vorgeführten Tänze erfüllten nach unserer Auffassung die Funktion des ästhetisch Schönen oder ordneten sich normierter Körperbeherrschung unter. Eine ganze Reihe von Tänzen verrät Freude an rascher Bewegung überhaupt, an Kraft, Spaß am Necken, an Derbem, an Erotik. Bewegungsdrang überwog beispielsweise beim »Katt un Muus«, bei dem man einen Kreis um einen Spieler bildete, während ein Außenstehender versuchen mußte, den Kreis zu durchbrechen. Verständlicherweise versuchten die Tänzer, den Kreis so dicht wie möglich zu bilden, um den abschließenden Rundtanz des Paares, das sich dann endlich gefangen hatte, so lange wie möglich hinauszuzögern. Roh ging es beim »Ohrentreckerdanz« zu, wie

158

er aus Marnitz beschrieben wird. »*De jungen Lüd' sett'ten sick hintereinander hen, denn würd' an de Ohren faat't, gegenseitig hen und her schaben.*«[15] Mit Requisiten wurde der Barbiertanz oder auch Putzpeter aufgeführt, bei dem der »Kunde« schon Spaß verstehen mußte. Im 2/4-Takt tanzte der »Meister« um den Kunden herum, der Lehrling pustete ihm Mehl in das Gesicht, »*een grot Biel wier dat Putzmetz, 'ne grot Holtkoor würd rinschaben, dor keem dat Afschrapels rup von'n Boort.*«[16] Meister und Lehrling bemühten sich, dem Kunden mit einer Schafschere den Bart zu stutzen. Der Geplagte hatte sich dann tot zu stellen und vom Stuhl zu fallen. Nach Wiederbelebungsversuchen durch einen Wasserguß – oder »*dörch de Stang' würd em in 'n Hinnelsten puust*«[17] – brachten Meister und Lehrling den Kunden wieder auf die Beine und tanzten als Abschluß einen flotten Rundtanz.

Vergleiche in den mecklenburgischen Musizierheften ergaben, daß zu den beschriebenen Gruppentänzen wie »Katt un Muus«, »Barbiertanz«, aber auch zum »Windmöller« oder »Schustertanz« völlig unterschiedliche Melodien notiert worden waren und nur der Rhythmus einheitlich blieb. Es ist dies wohl ein Beweis dafür, daß es sich um ältere Tanzspiele handelt, die auch ohne instrumentale Begleitung auskommen konnten.

Als wichtig erwies sich allein der Inhalt des Tanzes. Spielten Musikanten dazu, dann mußten sie sich dem Rhythmus der Tanzaufführung anpassen. »*Beim Barbiertanz spälen de Muskanten 'ne Klaus dortau*«[18] (also eine Clause, die achttaktige Grundeinheit der mecklenburgischen Tänze) bestätigte R. Wossidlo ein Gewährsmann. Die Instrumentalbegleitung zu diesen Tänzen ist somit jünger.

Nach Oetke gehörte der Barbiertanz bzw. das Barbierspiel zu den Gebräuchen, die man im Mittelalter während der Aufnahmeförmlichkeiten, so bei der Freisprechung der Lehrlinge, ausübte.[19] Wir haben es bei diesem wie auch bei anderen Tänzen, die handwerkliche Tätigkeiten imitieren, also nicht mit einem »originalen« mecklenburgischen Tanz zu tun. Allerdings sind ehemalige städtische Handwerkertänze, die als »Zunfttänze« über ganz Deutschland verbreitet waren, in regionalspezifischer Ausprägung bei uns auf dem Lande bis in die ersten Jahrzehnte des 20. Jahrhunderts vor allem auf Hochzeiten aufgeführt worden.

Mehr ländlicher Provenienz scheinen die Tänze »Ochsenverkauf« und »Hoekerdanz« zu sein, bei denen wir kaum noch vertraute Kriterien des Tanzes finden. Beim »Ochsentanz« hat ein Knecht einen Ochsen darzustellen, um den verschiedene Käufer handeln. Musik begleitet die pantomimisch geführte Verhandlung. Nachdem sich Verkäufer und Besitzer einig geworden sind, wird der Ochse »geschlachtet«, indem der neue Besitzer eine Flasche, die dem Ochsen als Horn aufgebunden war, zerschlägt. Schließlich reißen sich alle Mitspieler um das »Fell«, hier ein Laken.

Die Belege über den »Hoekerdanz« erscheinen besonders bedeutsam, weil hier eine Hauptperson ins Spiel kommt, die nur in Mecklenburg Erwähnung findet: der Häker (mundartlich Hoeker, ein mit dem Haken Pflügender).[20] Mit diesem Tanz wurde offensichtlich die Arbeit eines solchen mecklenburgischen Landarbeiters nachgeahmt: Die Knechte bauten ein Gestell, vor das ein »Pferd« gespannt wurde. Der Häker führte sein Gerät mit »hü« und »hott«, und die Musikanten hatten zu erraten, welche Tätigkeit er ausübte.

Wenn um 1900 die Sammler angeblich bereits Schwierigkeiten beim Zusammentragen der Texte, die es zu allen »Bunten« gegeben haben soll, hatten, so lag das Problem nicht darin begründet, daß es seinerzeit keine Texte mehr zu den Tänzen gab, sondern daß die Sammler bewußt auf die Wiedergabe solcher Texte verzichteten, die sich, wie Stahl es offen ausspricht, »durch ihre Verderbtheit der Wiedergabe entzogen«. Wahrscheinlich kommt hinzu, daß es nicht allen Sammlern gelang, das unumschränkte Vertrauen der Dorfbewohner zu erringen, so daß sie vielfach nur die »anständigen«, für »Stadtleute« geeigneten Texte vorgesungen bekamen. Wossidlo-Belege bestätigen, man habe auf jedem Erntefest früher zur Polka-Mazurka den Text gehört:

Fieken hett schäten in't Hawerstroh,
oh wie bullert dat,
oh wie bullert dat,
wier man 'n beten un stinkt doch
so …

Seien »Herrschaften« anwesend, singe man: »*Fieken hett schrewen ut Hagenow*«.[21]

Bei den Interpretationen der Reime ist allerdings Vorsicht geboten. Tanzbewegung und Text können doppeldeutig sein wie in dem Tanzlied: »Wo seit de Bur den Weiten.« Möglicherweise ist in einer älteren Tanzschicht wirklich einmal das Säen in allen Einzelheiten tänzerisch ausgeführt worden. Für das letzte Drittel des 19. Jahrhunderts wird dieser Tanz in Mecklenburg wie folgt beschrieben:

Wo seit de Buer den Weiten (de
Mannslüd seiten denn)
he seit den ganzen Dag, Dag, Dag,

(dorbi würd hen un her dreiht mit den
Achterwagen)
un lett sick nich verdreiten,
wo wackelt em de Sack …[22]

Kennt man die übertragene Bedeutung des Wortes »Achterwagen« (Hintern), und versteht man unter »Sack« nicht nur den Weizensack (aus dem ohnehin nicht gesät wurde), so ergibt sich aus dem Beleg, daß bei diesem Tanz das Säen zumindest in einem höchst zweideutigen Sinn dargestellt wurde.

Derartige Tänze bzw. Tanzreime mit erotischem Charakter hat auch Wossidlo nicht veröffentlicht, sondern bei vielen Tänzen nur den Hinweis auf die Existenz zahlreicher landläufiger Varianten gegeben und diese selbst innerhalb seiner etwa 2000 Tanzreimbelege unter »obscoena« abgelegt. Die Texte sind teilweise haarsträubend, sollen aber wenigstens in einer minimalen Auswahl dokumentiert werden, um zu zeigen, wie diese stets undokumentierte Seite des Volkslebens beschaffen war. Die Texte sind überwiegend zweideutig bzw. enthalten Umschreibungen, teilweise ergibt sich die Derbheit auch unverhüllt (vgl. die folgenden Beispiele):

Rücke rum, rücke rum, Karoline,
zeig mir deine Nähmaschine,
ei, das ist so wunderschön,
weiter nichts is nich zu sehn.

Mäten, bör dat Hemd mal up
un wies mir dein Klavier (usw.).

Up See is goot sägeln,
wo de Wind man goot geiht,
achtern Busch is goot voegeln,
wo de Piepstang goot steiht …

Beim Großvatertanz konnte gesungen werden:

Purtenhohn un Parlhohn
de danzten beid' up Rosen,
de ein de het den Deuwel in 'n Nors,
de anner den Franzosen.[23]

Noch eindeutiger wirkt der erotische Charakter der Tänze bei Titeln wie »Ich wollte mal und konnte nicht«, wobei nach der Beschreibung ein Herr und zwei Damen mit den Bäuchen gegeneinander zu stoßen haben, oder beim Evatanz, der angeblich nackt ausgeführt wurde (sicherlich zu vorgerückter Stunde). Obszöne Tanzreime und entsprechende Tanzinhalte machten offenbar einen großen Anteil aus, bildeten aber wohl kaum die Mehrzahl. Generell kann zum Inhalt der Tanzreime gesagt werden, daß sie überwiegend lustig und fröhlich waren, vielleicht überhaupt im Grundcharakter als Neckreime zu bezeichnen sind, die gegebenenfalls direkt während des Tanzes entstehen konnten.

Bezeichnend ist, daß zu dem Tanz »Freut euch des Lebens« dem Sammler Wossidlo in keinem Fall der in den gedruckten Ausgaben vorliegende Text mitgeteilt worden ist (den auch Wossidlo für seine Ausgabe wählte), sondern 26 »Neckvarianten«. Ebenso ist es bei den Tänzen »Hans Adam«, »Mudder Wittsch«, »Ketelflickerjung«, »Figaro« u.a.m.

Die Themenvielfalt der Reime, vom Dorfklatsch, Tips aus der Volksmedizin bis zur knappen Beschreibung bzw. Wertung historischer Ereignisse reichend, zeichnet gleichzeitig ein aufschlußreiches Bild von der Mentalität des Mecklenburgers.

Getanzt werden konnte außer nach o.g. Tanzreimen auch nach allen Liedern, die

sich vom Rhythmus her dazu eigneten, so daß die Tänzer auf dem Dorf auch völlig unabhängig von instrumentaler Begleitung auskommen konnten.

Das Tanzrepertoire zeigt sich nicht unbedingt an bestimmte Kalender- bzw. Familienfeste gebunden. Eine Ausnahme bilden Hochzeitstänze wie der Brautleuchtertanz oder der Rückelrei. Da Hochzeit und Erntefest aber an einem Tag begangen wurden, gehörten auch diese Tänze zum jährlich wiederkehrenden Tanzrepertoire.

Was die soziale Differenzierung der Tanzenden anbelangt, so kann man in den Bauerndörfern, solange die Feste noch die lengebunden abliefen, von einer relativ geschlossenen Gemeinschaft sprechen, die alle Geladenen am Tanzvergnügen beteiligte. Nach der Separation feierten die sozial unterschiedlichen Gruppen (z.B. Bauern und Büdner) meistens für sich. Auf den Gutsdörfern eröffneten die Gutsherren in der Regel den Tanz – so wie es entsprechend auch in den Bauerndörfern geschah. Danach blieb ihnen zumeist nur eine Zuschauerrolle, bzw. sie zogen sich im weiteren Verlauf des Festes zurück. Für die inhaltliche Gestaltung des Festes waren in jedem Fall Knechte und Mägde bzw. im Gutshof Tagelöhner verantwortlich.

Auf die hier beschriebenen Tanzsituationen mußten sich die städtischen Musiker einstellen, wenn sie zu einem Dorffest engagiert worden waren.

7.3 Von Tanzmeistern und Tanzböden, Ballsälen und dem Kotillon

Vergleicht man ländliche, städtische und höfische Tanzvergnügen um die Mitte des 19. Jahrhunderts, so vermittelt bereits der

Ein höfischer Ball in Doberan 1840. Scherenschnitt von Ottilie von Stenglin. Folgende Personen ließen sich noch feststellen: 1. v. Wickede, 2. Frl. v. Letzow, 3. Fr. v. Dorn, 4. Frl. v. Gallenfeld, 5. Groß-herzog Paul Friedrich, 6. Großherzogin Alexandrine, 7. Herzog Wilhelm, 8. v. Wendland, 9. Frau v. Kamtz, 10. Frl. v. Rantzau-Bassewitz, 11. Christian v. Lützow, 12. Frh. v. Stenglin, 13. Frau v. Schrepp verm. Jasmund, 14. Frl. v. Lützow, 15. Frl. v. Zigler, 16. Frh. Otto v. Brandenstein, 17. Frh. v. Langer-mann, 18. Freiin v. Flotow verm. Langermann, 19. Du Trossel, 20. Herzogin Luise, 21. Frl. v. Pressen-tin, 22. Frh. August v. Stenglin

optische Eindruck den Kontrast, der um diese Zeit zwischen städtischer und länd-licher Tanzkultur herrschte. Ordnung, Ein-heitlichkeit, die sich bis zum Kleidungsver-halten verfolgen läßt, auf städtischer Seite, Bewegungslust, Ausgelassenheit auf länd-licher Seite.

Besonders der Scherenschnitt, der einen »Ball« in Doberan im Jahre 1840 darstellt, unter dessen Gästen sich auch der Groß-herzog und die Großherzogin befinden, las-sen in der Anordnung und Haltung der Paare die Bedeutung von sogenannten Ge-sellschaftstänzen für das Bestärken alther-gebrachter Hierarchie erahnen. Man mag sich fragen, ob Tanz auf spiegelndem Par-kett hier wirklich Ausdruck von Lebens-freude gewesen ist, waren doch Raum-aufteilung, Tanzfolge, Körperhaltung und Bewegungsformen bis hin zu der Finger-stellung und der Fingerberührung zeichen-haft stilisiert. Gespräche während des Tan-zens, ein einander Anschauen galten als unziemlich; außer der Musik erklangen nur die in französischer Sprache erteilten An-weisungen wie Révérence! (Verneigung),

Chaîne anglaise! (Reigenkette) oder Balance! (Schwebeschritt). Nichts blieb dem Zufall überlassen, Improvisations- oder Spielmöglichkeiten waren weitgehend ausgeschlossen.

Wie kam es zur Ausbildung dieser »Tanzkunst«?

An die Stelle der traditionellen Ketten-, Kreis- und Balladentänze bzw. der mit Gesang verbundenen Tänze waren in den Städten und erst recht an den Höfen längst gesanglose Instrumentaltänze getreten. Von dieser Entwicklung zeugen Tanzlehrbücher, die seit dem 15. Jahrhundert aus Italien, Frankreich und England bekannt sind und nach dem Dreißigjährigen Krieg auch bei uns Verbreitung fanden, das Repertoire in den handgeschriebenen und gedruckten Musikerheften und schließlich das Wirken von Tanzmeistern an Höfen, Städten bzw. Universitäten. Von 1703 bis 1908 erschienen über 250 Tanzlehrbücher in deutscher Sprache.[24] Sie veranschaulichen zum einen das Bedürfnis nach kultureller und standesgemäßer Geselligkeit, weisen aber auch auf die Zwänge hin, denen sich ein junger »Kavalier« auszusetzen hatte, wenn er sich nach rechten Manieren bewegen wollte. Zu gesellschaftlichen Höhepunkten wie Empfängen, hohen Geburtstagen von Standespersonen, Promotionsfeiern oder Hofbällen mußte diese Tanzkunst vorzeigbar sein. So gehörte der Tanzunterricht in der Stadt früh zum festen Erziehungsprogramm »gebildeter« junger Leute, und es war also für einen jungen Kavalier in Rostock, Schwerin oder Wismar durchaus üblich, sich von einem Lehrer in der Kunst des Gesellschaftstanzes und gleichzeitig in »weltmännischem Benehmen« unterweisen zu lassen. Je nach Stand ließen sich die Lehrwilligen von Tanzmeistern des Hofes, der Stadt oder der Universität unterrichten.

Bei Hofe zählten die Lehrer zu der Gruppe »Pagen, Pagenhofmeister und Pageninformatores«. Sie kamen oft aus dem Ausland, meistens aus Frankreich. Für die Stadt wurden sie offiziell vom Rat angestellt, es ließen sich aber auch private städtische Tanzlehrer nieder wie in Rostock ein Leutnant Weidener, in dessen Pensionat um 1770 »Gottesfurcht, Geographie, Tanzen, Fechten und jede andere Wissenschaft« für 125 Reichstaler jährlich erlernbar waren.[25]

Das Wirken der deutschen städtischen Tanzlehrer charakterisierte Kurt Petermann treffend:

»Im Gegensatz zu seinen höfischen Berufskollegen verkörpert der städtische deutsche Tanzlehrer nicht nur in der Theorie, sondern auch in der täglichen Praxis durch seine wirtschaftlich unabhängige Stellung, akademische Bildung und galante Mobilität relevante Elemente der frühbürgerlichen Gesellschaftsstruktur.«[26]

Daß Hof und städtisches Bürgertum interessiert an der Tanzkunst schienen, lag auf der Hand, wie aber kamen Tanzlehrer an Universitäten? An der Rostocker Alma mater studierten neben Söhnen des städtischen Patriziats auch Studenten adliger Herkunft. Da der Adel auf seine konventionellen standesgemäßen Privilegien nicht verzichten wollte, befaßten sich adlige Studenten in ihrer Freizeit mit ihnen standesgemäß erscheinenden »ritterlichen Exercitien«: Tanzen, Reiten und Fechten. An diesen Übungen beteiligten sich im Laufe der Zeit auch Studierende aus wohlhabenderen bürgerlichen Kreisen. Für die Ausbildung in diesen Fächern sorgten an den Universitäten sogenannte »Exercitienmeister«.

Nach den Konzilakten unterrichteten an der Rostocker Universität folgende akademische Tanzlehrer:[27]

An der Wand eine Rechnung für den Tanzboden; Reproduktion aus: Ein Rostocker Studenten Stammbuch 1736/37, hrsg. von G. Kohfeldt und W. Ahrens, Rostock 1919

um 1663	Andreas Klette
1682–1696	Robert de Morelle (aus Frankreich)
1696–1698	Gottlieb D. de Brunne
1698–1704	Melchior Abraham Wagener (aus Merseburg)
1704–1720	J. Le Villiad / auch La Villiard (aus Frankreich)
1720–1753	Johann Roennberg
1753–1755	Johann Friedrich Roennenberg
1755–1760	Johann Roennenberg
1760–1789	Kayser
1789–1791	Jac. M. Buddelich (aus Rostock)
1791–1822	Joh. Philipp Lion (aus Kopenhagen)
bis 1890	keine Belege
1896–1919	Hermann Franz

Neben deutschen Namen fallen vor allem französische ins Auge, wie de Morelle und Le Villiad – eine Erscheinung, die vor allem auch an den kleinen Residenzen zu beobachten ist. Nach welchen Methoden diese Tanzmeister unterrichteten, ist aus unseren Akten nicht direkt ablesbar, wohl aber, daß durch französische Lehrer Tänze aus Frankreich unmittelbar nach Mecklenburg gelangt sind. Das geht u.a. aus dem Gesuch des Tanzmeisters Robert Roger de Morelle hervor, der 1682 von Rostock nach Paris zu reisen begehrte, um dort die neuesten Tänze kennenzulernen.

Die Lehrmethoden der städtischen Tanzmeister dürften sich von denen ihrer akademischen Kollegen kaum unterschieden haben, denn der o. g. de Morelle hatte sich beispielsweise auch in Wismar als Tanzmeister beworben. Über den Wismaraner Tanzlehrer K. W. J. Landt (1854) ist bekannt, daß er Kinder von Kaufleuten und Handwerkern in seiner Wohnung unterrichtete, wobei er den Takt singend durch Zählen vortrug. Später unterstützte ihn eine Harfenistin.[28]

Allgemein mieteten sich die Tanzlehrer bei Bürgern in der Stadt einen sogenannten »Tanzboden«. Über die Unkosten, die 1736 ein Student dort für den Unterricht aufzubringen hatte, existiert ein hübscher Bildbeleg: Im Studentenquartier des Daniel Christian Suckow aus Bützow[29] hängt neben studentischen Attributen wie Dreispitz, Degen, Flöte auch eine Tafel mit einer Rechnung. Danach hatte dieser Student neben Ausgaben für »Coffee, Thee, Zucker und Puder« auch 20 Taler für den Tanzboden zu zahlen.

Als auffallendsten Unterschied städtischer Tänze zu ländlichen ist die Betonung des Instrumentalen gegenüber dem Vokalen zu benennen, die auch in den städtischen Tanz- bzw. Musizierheften zum Ausdruck kommt: So enthält das Lautenbuch des Rostocker Studenten Petrus Fabricius,[30] das er gemeinsam mit seinem Studienfreund Petrus Lauremberg etwa in der Zeit von 1605–1608 anlegte, neben Sprüchen und Liedern über einhundert deutsche, englische, französische, italienische und polnische Tänze. Der Rostocker Organist Nicolaus Hasse (etwa 1617–1670) schrieb für die hiesigen Studenten »*Delitiae Musicae, Das ist Schöne, lustige und anmuthige Allemanden, Couranten und Sarabanden mit 2 und 3 Stimmen auff 2 oder 4 Violinen, Violon, Clavydimbel oder Teorbe nach belieben zu musiciren …*«[31] Im Anhang dieser Sammlung finden sich dazu für den »*Music=Liebhaber nechst den Gemüth =*

Ergetzungen / auch zur Leibesbewegung etliche Täntze nach Pohlnischer Arth gesetzet« 13 Polnische Tänze für ein (nicht näher bezeichnetes) Instrument und Generalbaß.

Neben einer deutlichen Vorliebe in der Stadt für ausländische Tänze erscheint Hasses Hinweis auf die Funktion der Tänze aufschlußreich. Sie waren nicht nur zum Musizieren, sondern ebenso »zur Leibesbewegung«, d. h. zum Tanzen gedacht. Demselben Zweck wird ein bisher unentdeckt gebliebenes Tanzbuch gedient haben, das ebenfalls aus diesem Zeitraum stammt und in der Handschriftenabteilung der Universität Rostock aufbewahrt wird. Es ist datiert von 1684.

Biographisches über den Besitzer Hinrich Gustav Scheffel aus Wismar ließ sich bisher nur aus der lateinischen Leichenpredigt entnehmen, die der Rektor der Universität der Witwe Scheffels nach dessen Tod 1738 überreichen ließ. Danach war die Rostoker Universitätsbibliothek Scheffel zu Dank verpflichtet, weil er ihr interessante Bücher zum Geschenk gemacht hatte. (»*Cujus ex legato atque donatione academiae nostrae Bibliothecae maxime egregria facta est accessio tum supellectilis librariae …*«)[32] Dieses Tanzbuch mag dazu gehört haben. Wichtiger als die Biographie Scheffels erscheint für unseren Zweck der Inhalt des Büchleins. Es sind stilisierte Gesellschaftstänze wie Sarabanden, Couranten, Allemanden, aber auch wie bei Fabricius und Hasse mehrere ausländische, besonders polnische Tänze, sämtlich in Klaviertabulatur geschrieben.

Alle genannten Hefte belegen den Tanzgeschmack für die mecklenburgische Stadt bis zum Ende des 17. Jahrhunderts. Seit dem 18. Jahrhundert dominieren in den

Bauernhochzeit von Erbhofbauer Scharffenberg zu Püttelkow bei Wittenburg. Hier bietet die große Bauernhausdiele noch Platz zum Tanzen.

Wilhelm Bornemann (1766–1851)
Die Bauernhochzeit (Ausschnitt)

Juchhey Hochtied!
Hochtied is hüt!
Kiekt de schmucke Bruut moal an
Un den drallen Brütgamsmann,
Wat se sick so herzig schnütern
Un mit Füer-Ogen klütern!
Schnütert, klütert, frisch drup in,
Bruutlüd mütten hitzig syn.
Juchhey! Juchheydydeldy!
Juchhey!

Juchhey Hochtied!
Hochtied is hüt!
Klümpe, mehr as Fusten dick,
up den Mann en twintig Stück,
Bakkenbären, Schwienebroaden,
Fleesch, mit suure Bröh gesoaden,
Knookenwerk wird upgepackt,
dät de Toafel piept un knakt.
Juchhey! Juchheydydeldy!
Juchhey!

166

Mecklenburgischer Bauernhof in Barkow-Aus-
bau, Kreis Lübz. Die neuen Häuser verfügen
nicht mehr über eine Diele, die Feste finden im
Krug statt.

Marie Müns, Bäuerin in Neuendorf b.
Grimmen, etwa 1910 in städtischer Kleidung

Musikerheften dann die aus England herrührenden Paar- und Mehrpaartänze, Kontertänze wie Anglaisen, Ecossaisen, Françaisen. Der Walzer verdrängt das Menuett. Die Quadrille, eine Sonderform des Kontertanzes, wird zum vorherrschenden Tanz in den Ballsälen.

Die Kontertänze waren zunächst englische Gruppentänze, die aber ihren ländlichen Charakter trotz Umwandlung zum städtischen Gesellschaftstanz so beibehalten hatten, daß sie auch bei der ländlichen Bevölkerung Deutschlands breiteste Aufnahme fanden. Vor allem in Niederdeutschland gefielen diese Tänze. Ihre Ausführung förderte die Geselligkeit, die achttaktigen Phrasenänderungen der Musik, in denen sich dann auch die Schrittfolge zu ändern hatte, entsprach dem Formaufbau traditioneller mecklenburgischer Lieder und Tänze. So wurden in Mecklenburg die Kontertänze nicht Note für Note übernommen, sondern sie konnten sich durch ihren Aufbau und Inhalt gut assimilieren, indem man sie hier mit den traditionellen Ketten- und Kreisreigen, die immer noch lebendig waren, verband. Diese so entstandenen vermischten Formen wurden allgemein als »Bunte Tänze« bezeichnet und waren zu Beginn unseres Jahrhunderts die vorherrschende Tanzform auf ländlichen Festen. Sie wurden dort von den Tänzern aber nicht mit der musikalischen Fachbezeichnung benannt, sondern nach dem Inhalt bezeichnet, z.B. »Bunt Schört« statt Polka, »Gries Soeg« statt Galopp, »Fieken hett schräben ut Hagenow« statt Mazurka.

Die »Bunten« sind also keineswegs die alten bodenständigen mecklenburgischen Bauerntänze, wie die Sammlungen um die Jahrhundertwende glauben machen wollen, sondern Mischformen eigener und fremder

Tänze. Sie entstanden erst im ausgehenden 18. Jahrhundert und wurden seitdem in einer Fülle regionaler und formaler Varianten getanzt. Da den gesanglosen englischen Tänzen in Mecklenburg (und ebenso in den anderen niederdeutschen Landschaften) Texte unterlegt wurden, erklärt es sich, daß alle »alten Bunten« einen Text hatten.

Eine besondere Form der Kontertänze ist der Kotillon, der im 18. Jahrhundert auch noch in Quadrilleform getanzt wurde. Seit etwa 1830 entwickelte er sich zu einem städtischen Gesellschaftsspiel, mit dem Weihnachtsbälle in der Stadt ihren Abschluß fanden.

Sehr wichtig für die Bewertung der kulturellen Situation auf dem Lande erscheint die Frage, ob städtische Tanzmeister auch in den Dörfern wirksam geworden sind. Vorläufig zeigt sich die Quellenlage noch sehr schmal. Für einen Stadt – Land – Kontakt sprechen Briefe, in denen Rostocker bzw. Wismaraner Tanzlehrer um die Genehmigung ersuchen, auch auf dem Lande Tanzunterricht erteilen zu dürfen, dazu indirekte Hinweise in den Akten wie auf den akademischen Tanzmeister Buddelich, über den es in einem Brief vom 29. 12. 1791 heißt: »... *ist vor kurzem außerhalb Rostock bey einem Pächter auf dem Lande verstorben.*«[33]

Daß Studenten sich durch Tanzunterricht ein zusätzliches Taschengeld zu verdienen suchten, ist mehrfach aus Beschwerden der Tanzmeister ersichtlich. Beziehen wir in diese Überlegungen die Mitteilungen von Gewährsleuten Wossidlos mit ein, die französische Tanzanweisungen nennen und in zwei Fällen von »schönen Handschriften« sprechen (Tanzmeister pflegten für ihre Schüler den komplizierten Ablauf der Touren aufzuzeichnen)[34], so darf wohl vermutet werden, daß zumindest auf den Gütern und in reicheren Bauerndörfern Tanzunterricht erteilt worden ist. Diese Tendenz dürfte sich während des 19. Jahrhunderts verstärkt haben, nachdem die Bauern begannen, sich im Gefolge von Separation und Vererbpachtung sozial stärker abzusetzen. *»Die Bauern halten ihre landwirtschaftlichen Bälle in den Städten ab«*, schrieb Beyer 1901.[35] Es ist anzunehmen, daß die Bauern tänzerisch nicht unvorbereitet in die Stadt gingen. Der überwiegende Teil der Landbevölkerung jedoch erlernte das Tanzen sicherlich in althergebrachter Weise durch das Vorbild der älteren Generation bei den beschriebenen Tanzanlässen. Dafür spricht auch, daß sich städtisches und ländliches Tanzrepertoire und Tanzverhalten bis in die ersten Jahrzehnte unseres Jahrhunderts noch stark unterschieden.

7.4 Hebben de Muskanten all Schacht krägen?
Vom Ansehen der Musiker

Während für die Lustbarkeiten an den Höfen fest engagierte Hofmusikanten zum Tanz aufspielten, mußten sowohl die Städter als auch die Landbewohner ihre Wünsche nach professioneller Tanzmusik beim jeweiligen Sadtmusikanten anmelden.

Städtische Musikanten galten zwar zu den ländlichen Festen als begehrte Gäste, aber allgemein herrschte doch die Ansicht: *»De Rümdrievers, dee koenen den ganzen Dag arbeiten – un abends hebben se nicks uptowisen.«*[36] So darf es nicht verwundern, wenn die körperlich schwer arbeitenden und musikalisch ungebildeten Landbewohner die Berufsmusiker oft ausgesprochen unwürdig behandelten: Als Schlaflager wies man ih-

P. Kochte (1919), Musikmeister einer sogenannten »Stadtpfeife«, einer Militärmusikschule, in der auch mecklenburgische und pommersche Musiker ausgebildet worden sind.

nen eine Gänsebucht an. Spielte jemand nicht die gewünschte Melodie, so konnte es vorkommen, *»dat se em in'n Mählsack stäken … un em na'n Brunnen rinlaten«*[37], die Streicher mit Äpfeln bewarfen oder in die F-Löcher der Geige Pflaumenkerne steckten. *»Hebben de Muskanten all' Schacht krägen?«* gehörte zu den üblichen Fragen gegen Ende der Tanzvergnügen.

Wo liegen die Gründe für dieses Verhalten? Neben der Mißachtung wegen ihres oft schwächlicheren Körperbaus haftete den

Lehrantritt in der Stadtpfeife Grabow 1936

Tanz in einem Dorfkrug auf Mönchgut (Rügen). Nach einer Skizze von E. Hosang

Walter Flache 1914 nach Abschluß seiner
Lehre in der Stadtpfeife

Musikern nach wie vor der Makel der Unseßhaftigkeit an, obwohl sie sich seit dem 17. Jahrhundert zu sogenannten »Ämtern« zusammengeschlossen hatten und sich ihre rechtliche und soziale Stellung dadurch erheblich besserte.

Die Stadtmusikanten galten als reiche Leute, jedoch hatten sie gegen die harte Konkurrenz von Nichtprofessionellen und Militärmusikern zu kämpfen. Zu einem enormen Anwachsen dieses städtischen Musikimports auf dem Land kam es, als um 1870 das offizielle Amt des Stadtmusikanten erloschen war und in ganz Deutschland private Musikschulen entstanden, die oftmals ehemalige Militärmusiker mit sehr harten, mittelalterlich anmutenden Ausbildungsmethoden leiteten.[38] Diese Musikschulen waren unter einem historisch überholten Begriff als sogenannte »Stadtpfeifen« bekannt.

In ihrem Repertoire bemühten sich die Stadtpfeifen um Zeitgemäßheit, d. h. monatlich erschienen die gedruckten sogenannten Bismarcker, Silvedler und Brussiger Liederungen, nach denen nicht nur in Mecklenburg musiziert wurde. Mit den neuesten, überall zu hörenden Tänzen der Jahrhundertwende, Polonaisen, Walzern, Mazurken, dazu den neuesten Schlagern aus diesen Heften zogen die Stadtpfeifer auch zu den dörflichen Tanzvergnügen und trugen mit dazu bei, daß die charakteristischen mecklenburgischen Gruppentänze nach und nach den modernen Paartänzen Platz machten.

Wenn auch Mecklenburgs Tanzmusikentwicklung, vielleicht mehr verzögert als in südlicheren Landschaften, sich zunehmend der anderer deutscher Länder anglich, so blieben doch bis etwa 1930 deutliche Unterschiede zwischen Stadt und Land: Während als charakteristische Besetzungen in der Stadt entweder Akkordeon, Geige, Schlagzeug, Saxophon oder Trompete, Klarinette, Posaune, Akkordeon und Schlagzeug eingesetzt wurden, zu denen auch schon ein Klavier kommen konnte, wurden von den Dörfern als »Blasmusik« Trompete, erstes und zweites Tenorhorn und Tuba oder als »Streichmusik« erste und zweite Geige, Baß, Flöte und Klarinette bestellt.

Gedanken über die Aufgaben einer volkskundlichen Zentralstelle
von R. Wossidlo

1. Möglichst vollständige Sammlung aller Dokumente etc. zur

Geschichte der volkskundlichen Wissenschaft

Daten und Schriften über die ältere Zeit. Briefwechsel etc.

Lebensdaten über hervorragende Forscher Mannhardt etc. deren Bilder etc.

Geschichte aller Unternehmungen. Verluste Weinholds Sagen verbrannt etc.

Frühere Sammlungen, die zu einem Erfolg nicht geführt haben:

Angabe, wo die Aufrufe stehen etc. Versuch, der Papiere habhaft

zu werden (vgl. unter 2). Bei Todesfällen: Nachforschungen bei den Angehörigen etc.

Sammlung aller Fragebogen und Berichte, auch der

ausländischen.

Sammlung aller Postkarten etc. mit volkskundlichen Ansichten —

aller Bilder von Trachtenfesten etc. alle Berichte über solche und ähnliche Feste

Berichte über Neubelebung alter Gebräuche etc.

Verzeichnis der volkskundlichen Museen: in Ergänzung der jüngst

von Voss begonnenen Liste

Aus Richard Wossidlos Nachlaß im Wossidlo-Archiv

8. Martinstag

»Erstlich loben sy Sanct Martin mitt guo-
tem wein, genißen, biß sy voll werden.
Vnselig ist das hauß, das nit auff diß nacht
ein ganß zuo essen hat«[1]

Am Endes des Kirchenjahres ehren beide
Konfessionen »ihren« Martin: Am 11. November feiert die katholische Kirche seit
Jahrhunderten den Gedenktag des Bi-
schofs Martin von Tours, geb. um 316 im
heutigen Szombathely in Ungarn, 371 zum
Bischhof von Tours gewählt, gest. am 8.
November 397. Nach der Legende soll der
Heilige Martin als Soldat seinen Mantel
mit einem frierenden Bettler geteilt haben.
650 wurde der 11. November vom Papst
als kirchliches Fest eingesetzt. Als Symbol
des Heiligen Martin gilt die Gans, denn
nach der Legende soll sie das Versteck des
Heiligen verraten haben, als er sich seiner
Wahl zum Bischof zu entziehen suchte. *Und*
da sie Martin hat verraten, muß sie nun im
Ofen braten, heißt es im Volksmund.

Da der Geburtstag des Reformators Martin Luther, geb. am 10. Nov. 1483, gest. am
18. Fcbr. 1546, nur einen Tag früher lag,
konnte auch nach der Reformation der
»Martinstag« weiter gefeiert werden, indem
in den protestantischen Landschaften die
Kirche für den Heiligen den Reformator
gleichen Namens einsetzte und ihn ebenfalls mit der Gans als Attribut versah. Ein
solches charakteristisches Lutherporträt
hängt beispielsweise in der Rostocker Marienkirche. In den Kirchen, die vorher St.
Martin geweiht waren, hörten die Gläubigen nun am St. Martinstag Predigten, die
sich mit Martin Luther und der Reforma-

tion beschäftigten. Das Kurrendesingen der
Lutherzeit ließ sich ebenfalls gut umfunk-
tionieren in einen Heischegang der Kinder
zu St. Martin als »Luthergang«.

In unseren Tagen bietet der Martinstag
Gelegenheit, auch auf ökumenischer Ebene
den Vorabend des Martinstages mit Lich-
ter- und Lampionumzügen zu feiern; die
Transparente der Laternen, mit denen die
Kinder singend durch die Straßen ziehen,
zieren Symbole beider »Martins«: den Man-
telteilenden, die Lutherrose und das verbin-
dende Kreuz. In dem folgenden Martinslied
ist diese »Übernahme« gut ablesbar:

Sanct Martini Fastertag!
Er hat uns so viel Gut's gebracht.
Alle Straßen voll Laternen
Sehn die Leute schon von fernen.
Alt und jung freuet sich:
Das macht Martin Luther mich!

Oder:

Martin Luther, Martin singen wir.
Wir treten herfür vor reichs Mann
Tür.[2]

Aus unseren Quellen sind Martinslieder[3]
bis auf eine Ausnahme nicht mehr überliefert,[4] ebensowenig das Heischen mit einem
Martinslied von Hof zu Hof oder Later-
nenumzüge von Kindern.

Im weltlichen Bereich bedeutete der Tag
des Kalenderheiligen Martin eine Zäsur des
Arbeitsjahres vom Sommer- zum Winterhalbjahr und einen Termin für Lieferungen
und Zahlungen: Die Kornpacht, der Grund-
zins sowie die Kirchenlasten waren zu entrichten und an die Pfarrer eine fette Gans
zu liefern, wie es Ehm Welk in seinem auch
verfilmten Roman »Die Heiden von Kum-

merow« so anschaulich beschrieben hat. Aufgrund der Abgabeverpflichtungen galt St. Martin als »harter Mann«, aber man wußte auch eine fröhliche Festform zu finden, denn an seinem Ehrentag durfte der neue Wein probiert werden, weil St. Martin als Spender und Mehrer des Weins verehrt wurde, und in jedem Haus versuchte die Hausfrau, einen Gänsebraten auf den Tisch zu stellen.

Mit dem Martinstag endete die Sommerarbeit auf den Feldern und mit ihr einige Dienstverhältnisse wie die der Schäfer. Das Vieh und die Ackergeräte wurden wieder auf den Hof gebracht. Überall hörte man aus den Scheunen das rhythmische Schlagen der Dreschflegel, das trockene Brechen des Flachses. An den Abenden wurde wieder gesponnen, die Knechte besserten die Geräte aus, schnitzten Löffel und Harken. In den Küstenorten brachten die Fahrensleute ihre Schiffe sicher im Hafen unter: »Unse Olden bünden up Sünt Marten ere Schep an de Palen, so wüßten se up Ostern se wedder to halen.«[5]

Solange, wie es noch Turmbläser gab, bliesen sie den Martinsabend von den Kirchtürmen aus an.

8.1 Die Fahrt des Martensmannes

Die zahlreichen Beziehungen zwischen der Hansestadt Lübeck und ihrem mecklenburgischen Nachbarn, in der Regel friedlicher Natur, wenn man von Grenzstreitigkeiten entlang der Trave, der Pötenitzer Wiek oder dem Dassower See absieht, kulminierten in einer seit Jahrhunderten mit Zähigkeit von beiden Seiten festgehaltenen Brauchhandlung: der Fahrt des Martensmannes von Lübeck nach Schwerin.[6] Eine historische Begründung ist kaum noch zu leisten, und es ist auch kaum erklärbar, wie sich der schon im 19. Jahrhundert antiquiert erscheinende Brauch so lange mit allen aufwendigen Zeremonien für die Städte Lübeck und Schwerin hat halten können.

Die These von A. Graßmann, daß es sich hier »um eine gegenüber Fürstlichkeiten übliche Sendung eines Weingeschenks, ... aus nachbarlicher Freundschaft und guter Affektion, um sich die hohen Herren geneigt zu machen«,[7] gehandelt hat, ist uneingeschränkt zuzustimmen, wobei aber die versprochenen Zollfreiheiten auch eine Rolle gespielt haben dürften.

Geschichte und Sage vermischen sich in den Erklärungsversuchen über die Herkunft des jahrhundertealten Brauches wie im Reimschwank des Parchimers Rudolf Tarnow (1867–1933):

»De Lübecker Martensmann. Ein Heimatspill ut ole Tieden in fief Biller«, dessen Aufführung der Plattdütsch Gill zu Schwerin am 9. November 1928 zur erneuten Erinnerung beitrug und den Heimatforscher Hans Lanzius zu seinem Sammeleifer trieb:

Välhunnert Johr is dit do dräben,
hett Lübeck ein Fatt Rheinwein
gäben,
Välhunnert Johr hemm wi dat dahn,
Un Lübeck ward noch hüt bestahn-
Wat glöben Se, üm ein Fatt Wien
Krieg antaufangen mit Swerin? –
De Sak drög sick ganz spaßig tau:
Dicht an uns' Grenz, dicht in de
Neeg'
So'n Zippel an de Ostsee leeg,
Tau Meckelborg gehürte dat,
Un den harr Lübeck tau giern hatt
Un kreeg't ok farig, dissen Placken
Den Herzog Heinrich aftausnacken.

De leet sick up den Hannel in:
Soväl as ein' ümpläugen künn,
Mit Ossenspann, an einen Dag,
Un wier denn noch so grot dat Flag,
Dit Strämel Land sülln wi behollen, –
Un so is dat an Lübeck follen.
»Ümpläugen« harr de Herzog seggt, –
»Rümpläugen«, so hebben wi't
utleggt,
Dat gew tauiersts noch Striederie,
De Herzog oewer gew lüüt bi'.
Man ganz ümsünß wull he't nich gä-
ben,
Hier würd jo groten Hannel dräben, –
Tau'n Martensdag süll ein Fatt Wien
Lübeck för ümmer schüllig sein.
Wi hebb'n den Herzog dat verspraa-
ken,
Wi würden noch Profit bi maaken.

Nicht der ursächliche Anlaß der Entstehung des Brauches erscheint bei der gegenwärtigen Wiederbelebung des traditionellen Brauches allein bedenkenswert – darüber existiert eine umfangreiche Literatur, die den Brauch entweder aus sagenhaften Streitigkeiten um Besitzvergrößerung herzuleiten sucht, auf die sich unser literarisches Beispiel bezieht oder die Übergabe des Fasses als Äquivalent für die Reichssteuer sieht bzw. sie aber mit traditionellen »Gerechtigkeiten« zum Martinstag begründet. Am überzeugendsten erscheinen Überlegungen, die sich u. a. auf Eintragungen im Mecklenburgischen Urkundenbuch beziehen. In der Urkunde von 1223 heißt es dort unter der Überschrift: *»Engelbert, Erzbischof von Köln, gibt den Grafen Heinrich von Schwerin und Volrath von Danneberg jährlich 15 Fuder Wein zu Lehn«.*[8] In der Fußnote der 1789 gedruckten Urkunde folgt ein Hinweis, daß diese Verleihung mit den Bemü-

hungen um den König Waldemar von Dänemark zusammenhingen. Und eine weitere Urkunde von 1227 besagt, daß *»Heinrich, Graf von Schwerin, befreiet die Lübeker von jedem Zoll und Ungeld in seinen Landen«:*

»Heinricus die gratia comes de Zwerin omnibus hoc scriptum inspecturis salutem. Universitati fidelium, tam presencium, quam in posterum futuorum, oulumus esse notum, quod nos sinceram honestorum burgensium de Libeke circa nos habentium dilektionem deuoto respicientes affectu, recognoscimus eis de iusticia et concedimus per omnes iurisdictionis nostre terminos suis in negotiis et cum negotiacionibus absque theloneo et exactione, que dicitur ungelt, omnimodam libertatem in perpetuum pertranseundi …«[9]

Für Lübeck brachte dieses Geschenk, das seine Nachfolger bestätigten, ausgesprochen günstige Bedingungen für Handel und Verkehr. *»So viel ist wohl gewiß, man hat sich von beyden Seiten etwas ausbedungen. Denn dem Lübeckischen Martins-Mann muß hinwiederum ein ehrlich alt Markstück, und ein Stück Wild mitgegeben werden, den Martins-Schmauß umgerechnet«,* begründet Siebrand in seiner Rostocker Dissertation bereits 1683.[10]

Die Sage weiß zu berichten:

1301 auf Martini-Tag kam Heinrich der Pilger, Herzog von Meklenburg, aus 28jähriger Gefangenschaft im gelobten Lande, nach Lübeck. Diese Stadt hatte seit vielen Jahren an seiner Befreiung gearbeitet, … und empfing ihn jetzt mit den größten Ehren, wie im Triumph. Deß war der edle Fürst so dankbar, daß er einem Rath und

175

den Bürgern all das Land um Lübeck schenkte, ihnen auch Zollfreiheit durch ganz Meklenburg verlieh, und sich nur ausbedang, daß sie zum Gedächtniß ihm alle Jahr um Martini ein Ohm so köstlichen Weins schicken möchten, wie er bei ihnen genossen. Dieß ward ihm mit Freuden zugesagt, und auch gehalten.[11]

8.2 »Hei Marten! Musmarten! Penningsmarten!«

Der traditionelle Ablauf der Fahrt von Lübeck nach Schwerin

Aus der Lübecker Stadtdienerschaft wurde ein kräftiger, biederer und trinkfester Mann ausgesucht, dazu zwei Zeugen, die auch befähigt waren, das umständliche Zeremoniell der Weinübergabe mitzugestalten. Dabei, so wiederholt es sich in den Berichten, *»wird besonders hierbey darauf Rücksicht genommen, daß nicht nur alle 3, keinen zum Schwindel geneigten Kopf haben, … und also auch der vordem von den alten tapfern Deutschen behauptete Ruhm, daß sie tapfere Trinker waren, nicht ganz in Vergessenheit geraten möge.«[12]*

In einer offenen Kalesche, einem Stuhlwagen, bespannt mit vier braunen Pferden in schwarzem Geschirr, beladen mit reichlich Proviant und einem Faß Wein, ging die Fahrt am Morgen des 8. November zunächst bis Schönberg. Hier speisten die Reisenden zu Mittag, die Pferde wurden gefüttert, danach in Rhena Station gemacht und übernachtet. Überall begrüßte ihn die wartende Menge freudig, da er Nüsse, Äpfel und Weißbrot unter die wartende Menge warf, auf die sich besonders die Stadtarmut freute. (Eine Verfügung des Herzogs

von 1769 betont das Recht der Armen auf diese Gaben.) Die Anfahrt dieser relativ nahe gelegenen Städte als Zwischenstationen erschien wichtig, um gegenseitige Rechte und Verpflichtungen indirekt wieder zu betätigen. Denn Brot beispielsweise spielte in den Beziehungen der Städte Lübeck, Schönberg und Rhena durchaus eine Rolle, waren doch die Rhenaer, Gadebuscher und Schönberger Bäcker verpflichtet, eine bestimmte Anzahl Brote unter Magistratspersonen am Karfreitag in Lübeck auszuteilen, wofür diese wiederum die »Freiheit« besaßen, ihr Brot am Palmsonntag im Lübischen Gebiet zu verkaufen.[13]

Nach seiner Ankunft in Schwerin gegen Abend übernachtete der Martensmann zunächst in der Vorstadt, in Lankow. Der Lankower Schmied besaß das Privileg, Pferde und Wagen zu überprüfen, ein wichtiges Geschäft, denn bei Schadhaftigkeit fielen den Schwerinern die Pferde zu, wie es 1755 wegen Mängeln am Wagen und am Hufbeschlag passiert sein soll.

Die Ankunft am folgenden Tag in Schwerin folgte genauem Zeremoniell: Der Wache mußte der Martensmann Auskunft über sein Begehr geben, die nach seiner Antwort das Gewehr »präsentierte«, worauf die Gesandtschaft die Hüte zu ziehen und der Wache einen Gulden Trinkgeld zu geben hatte. Unter soldatischer Begleitung fuhr der Martensmann dann durch das Mühlentor ein, und die Lehrjungen balgten sich, wie in den vorherigen Aufenthaltsorten des Gastes, um die ausgeworfenen Gaben, deren Umfang wiederum feststand. Nach den Lübecker Akten wiederholen sich Klagen, wonach die Jungen dabei gewalttätig geworden sein sollen.[14]

Nach seiner Ankunft in der Herberge ließ sich der Gast beim herzoglichen Hausvogt anmelden, nachdem er die Reisekleidung gegen seine Amtstracht, ein schwarzes »Kleid«, darüber einen roten ärmellosen Mantel und einen gefältelten weißen runden Halskragen, getauscht hatte. Das erwartete »Gegenkompliment« des Herzoglichen Hausvogtes erfolgte prompt, und gegen 15 Uhr rollte dann der Stuhlwagen mit dem Martensmann, in seinem Rücken wohlverstaut das zu überbringende Faß Rheinwein, über die Schloßbrücke, begleitet von den Rufen der Straßenjugend: »Hei Marten! Musmarten! Penningsmarten!« Die Höhe des auszuwerfenden Geldes wird 1797 mit 12 Courantmark angegeben, und es ist verständlich, daß es mit dem Wechsel der Münzsorten durch die Jahrhunderte zu Streitigkeiten über die Summe und die Münzsorten zwischen Schwerin und Lübeck kommen mußte.

Der englische Reiseschriftsteller Thomas Nugent, der 1766 Mecklenburg besuchte, nachdem das Strelitzsche Herzoghaus in verwandtschaftliche Beziehungen mit dem Königshaus getreten war, beschrieb seine Reiseeindrücke als Gast des Herzogshauses in Briefen, die 1768 veröffentlicht wurden:

Nach Tisch ward Kaffee getrunken, und bald nachher kam ein Lakai mit der Nachricht, daß der Martensmann im Anzug wäre; wir gingen also ins Zimmer der Prinzessin Ulrike, wo wir den ganzen Aufzug absehen konnten.

Es dauerte nicht lange, so war der Schloßplatz mit einem ungeheuren Schwarm von Menschen angefüllt; unter diesem war auch die ganze Horde schwarzer Jungens, die den Martensmann mit einem Zetergeschrei um Geld anschrien.

Gleich darauf kam eine Kalesche, etwa wie ein Postwagen gestaltet, in vollem Trabe auf den Schloßplatz; auf diesem Wagen saß ein Deputierter vom Lübecker Magistrat, einige andere Bediente in roter Uniform, ein Notarius und zwei Zeugen. Sie hatten ein Faß Rheinwein bei sich, welches der Herzog von Mecklenburg-Schwerin jährlich vom Lübecker Magistrat zum Geschenk erhält. Der Wagen fuhr in stärkstem Trabe rund um den Schloßplatz herum, und während dieser Zeit warf der Martensmann Geld unter die Jungens, die sich wie die Grasteufel darum balgten und zausten.

Hierauf erschien der herzogliche Hausvogt, welchem die Deputation folgendes Kompliment machte: »Der Lübecker Magistrat und Bürgerschaft schicken seiner Durchlaucht dies Fäßchen Wein aus nachbarlicher Freundschaft.« Worauf der herzogliche Bediente erwidert: »Wir sehen das nicht als nachbarliche Freundschaft, sondern als Schuldigkeit.« Der Deputierte läßt darauf seinen Protest … niederschreiben und von beiden Zeugen bekräftigen; ebendies tut auch der herzogliche Bediente.

Wenn dies alles vorbei ist, wird die ganze Gesandtschaft in ein Zimmer des Schlosses geführt und mit einem Abendessen bewirtet. Das schnurrigste an dieser ganzen Zeremonie ist übrigens noch dies, daß der Wagen, ehe er noch auf den Schloßplatz kommt, sorgfältig untersucht wird; findet sich's nun, daß die geringste Kleinigkeit, sei es auch nur ein einziger Nagel, daran fehlt, so verfällt die ganze Equipage an den Herzog. Die Deputation bleibt die Nacht hier, aber den andern Tag muß sie sich wieder fortmachen, noch ehe es Mittag wird.

Die Veranlassung zu dieser seltsamen Gewohnheit wird sehr verschieden erzählt; am wahrscheinlichsten ist es wohl, daß sie aus den Zeiten Heinrichs I., Grafen von Schwerin, stammt, der durch seine Kühnheit

Geldtasche des Martensmannes.
Das Original befindet sich im Schweriner
Volkskundemuseum.

König Waldemar II. von Dänemark gefangen nahm, wodurch Lübeck, Hamburg und alle deutschen Hansestädte ihre vormaligen Freiheiten wieder erhielten. Die Stadt Lübeck bezeigte sich insonderheit gegen diesen heldenmütigen Prinzen so dankbar, daß sie ihm und seinen Nachfolgern dies freiwillige Denkmal ihrer Erkenntlichkeit anbot.[15]

Der lange und umständliche kontroverse Dialog zwischen dem Lübecker Gast und dem Hausvogt[16] konnte von Nugent nur verkürzt aufgeschrieben werden, trifft aber den Kern: die Beschwerde über eine Mostlieferung anstelle von Rheinwein aus »Schuldigkeit und Pflicht« und nicht nur aus nachbarlicher Freundschaft.

Nach getaner Pflicht, der Übergabe des Weins, dessen Güte natürlich auch geprüft worden war, ging es bis zum Abendbrot auf dem Schloß wieder zurück in die Herberge. Das Gesinde schickte der Martensmann mit Geschenken an den Herzog, den Hausvogt, den Küchenmeister, den Amtsregistrator und den Hofkellermeister. Jeder erhielt 1 Käse (Holländer) von 12 Pfund, (6 Kilo), 1 Strumpfbrot (Langbrot), 1 Mond Weißbrot, 1 Bund geräucherten Rigaischen Butt von 1 Pfund, 1 Bund geräucherter Bücklinge von 1 Pfund und 4 Zitronen.

Aber auch für die herzogliche Kasse waren erhebliche Unkosten entstanden.

8.3 »Wol nich vul sick supen kann, de is ken rechte Martensmann!«

Zum opulenten Abendessen holte der Pförtner den Lübecker Gast ab. Für diese Abendgänge stand ihm eine Messinglaterne, 80 cm hoch, in der gleich vier Lichter stehen konnten, deren Schein durch 30 Hornscheiben fiel, zur Verfügung. Der Besuch wurde so hoch bewertet, daß die Laterne nur zu diesem Anlaß benutzt werden durfte. An diesem Abend würde sich zeigen, ob der »Martensmann« sorgfältig ausgewählt worden war, mußte er doch neben der Beherrschung des umständlichen »Ceremonielles« auch über einen guten Magen verfügen und trinkfest sein.

Die Tischordnung stand selbstverständlich fest: Der Hausvogt präsidierte, zur Linken saß der Martensmann mit seinen beiden Zeugen, zur Rechten die Beamten. Der Pförtner hatte an einem Tisch vor der Tür zu sitzen, auch, um aufdringliche Zuschauer fern zu halten, denn sowohl die Gäste als auch das Mahl erregten Aufsehen. Erstaunlich erscheint, daß der Großherzog dem Zeremoniell fernblieb, der »Staatsbesuch« also nur durch die mittlere Beamtenebene geehrt wurde.

Nach altem Herkommen bestand das Abendessen am Martini-Tag aus drei Gängen mit 36 Schüsseln. Das Protokoll des Zeremoniells von 1755 ist erhalten.[17]

Erster Gang
2 Schüsseln mit Wein-Suppe
2 Schüsseln mit 24 Pfund Rindfleisch
2 Schüsseln Pasteten von Kalbfleisch
2 Schüsseln mit gekochtem Gänsefleisch
(»Gänse-Kräusels«)
2 Schüsseln Hühnerfrikassee von 12
    Hühnern
2 Schüsseln Fische

Zweiter Gang
2 Schüsseln Torten
2 Schüsseln warmer Wild- und Gänsebraten
2 Schüsseln Gebackenes
2 Schüsseln Krebse
2 Schüsseln »Gartengewächs«
2 Schüsseln Salat

»Das Confect bey der Mahlzeit«
Dritter Gang
2 Schüsseln mit weißem Zucker,
»als begoßene Mandeln langen« auch Anis und Kümmel-Zucker
2 Schüsseln mit Zuckerplätzchen
und Zucker-Brot
2 Schüsseln mit Honigkuchen
2 Schüsseln mit Mandeln und Rosinen
2 Schüsseln mit Äpfeln und Birnen
2 Schüsseln mit Wall- und Hasel-Nüßen.«[18]

Zum Ende des ersten Ganges, wenn die Diener die Fische aufgetragen hatten, brachte

Martinslaterne.
Das Original befindet sich im Schweriner Volkskundemuseum.

der Hausvogt einen Toast auf die Gesundheit seines Landesherren aus. Für dieses Zuprosten verwendete der Hof sogenannte »Fleuten«, Flöten, trichterförmige fußlose Gläser. Sie mußten vollständig ausgetrunken und umgestürzt auf den Tisch zurück gestellt werden. Der »große Willkomm«, ein Deckelhumpen, der 5 Flaschen faßte und nach Wunsch mit Wein gefüllt war, gebührte einem Gast, der erstmals an einem solchen Gelage teilnahm.

Der Hausvogt, welcher den Humpen *»auf des Durchlauchtigten regierenden Herzogs von Meklenburg Gesundheit und dieses Hauses Gerechtigkeit«* gereicht hatte, fragte nach dem Austrinken den Neuling, ob ihm nun Gnade widerfahren und Recht geschehen sei. Und der so Bewirtete hatte

179

zu antworten: »*Es ist mir Gnade widerfahren und Recht geschehen. Ich bedanke mich bestens.*«[19]

Falls der so Bewillkommnete den »Willkomm« nicht allein austrinken konnte, durfte er sich aus der Gesellschaft ein oder zwei »Gevattern« wählen, und es ist anzunehmen, daß die mitgebrachten »Zeugen« des Martensmannes hierbei behilflich gewesen sind.

Gegen 22 Uhr hob man die Tafel auf, und der Martensmann wurde mit seinen Zeugen unter Begleitung des Pförtners, der mit der Laterne voraus leuchtete, ins Quartier gebracht, wo die Gesellschaft den Abend noch bei geistigen Getränken ausklingen ließ.

Die Repräsentationspflichten wurden am nächsten Morgen fortgesetzt, wenn der Pförtner um 10 Uhr in der »Frühe« erschien, um den Martensmann, nun auch mit Bekannten und Freunden, zum ausgiebigen Frühstück einzuladen. Diese Erweiterung deutet darauf hin, daß die Gespräche nicht mehr einen so offiziellen Charakter wie am Vorabend besaßen.

Das Frühstück bestand wiederum aus 36 Schüsseln. Gereicht wurden u. a. Eierpasteten, Heringssalat, Wildschweinbraten, Rindfleisch, Fische, Gänsebraten, Krebse, Gemüse und süße Speisen wie am Abend vorher. Kartoffeln, die bald als charakteristische Ackerfrucht für Mecklenburg gelten sollten, fehlten noch.

Eine Aufstellung, die J. Warncke für das Jahr 1797 beschreibt,[20] beweist die unveränderte Reihenfolge der Gänge. Es läßt sich denken, daß eine solche Bewirtung nebst Personalkosten durch die Zeiten erhebliche Kosten verursachte. Nach den im Mecklenburgischen Landeshauptarchiv erhaltenen Rechnungen wurden 1755 benötigt:

Fleisch: 48 Pfund Rindfleisch, (1 Pfund = 500 Gramm) 16 Pfund Hammelfleisch, 16 Pfund Kalbfleisch, 8 fette Gänse, 60 Eier, 4 Schock (1 Schock = 60 Stück) Krebse, 8 Dutzend (1 Dutzend = 12 Stück) Honigkuchen.

Gewürze: 1,5 Pfund Rosinen, 1,5 Pfund Korinthen, 2 Pfund Mandeln, 5 Pfund Zukker, 10 Pfund Pflaumen, 1 Pfund Öl, Kümmel, Ingwer, Pfeffer, jeweils 1 Lot (etwa 15 Gramm) Macis (?), Nelken, Muskat, Kannel, Kardamon, 1 Faß Salz, 2 Zitronen, Senf.

Außerdem: 16 Pfund Butter, 1 Pfund Emdener Käse, Heringe, Brote, Fische, 1,25 Scheffel (1 Scheffel = etwa 38,89 Liter) Weizenmehl, 1 Tonne Bier, 3 Anker Wein, (1 Anker = 5 Viertel oder 38 Liter) 4 Schock Walnüsse, 4 Kannen Haselnüsse, (1 Kanne bis 1871 ca 1,939 Liter), 2 Pfund Speck, 1 Pfund frische Butter, 4 Kannen Essig, 1 Kanne Weinessig, alte Semmeln zum Reiben, 25 Stück Korken, 7 Pfund Licht und, für uns natürlich von besonderem Interesse: 1 Buch Papier von 24 Bogen.[21]

Und natürlich waren auch die Personalkosten zu planen, etwa für den Koch, den »Feuerböter«, den Bratenwender und weitere Hilfskräfte in der Küche, eine »Aufwärterin«, die das Leinen zu waschen hatte, zwei Frauen, die für das Zinnzeug verantwortlich waren und es waschen und blankscheuern mußten und den Pförtner, der, wie beschrieben, Pferde und Wagen zu überprüfen hatte.

Als Wegzehrung erhielten die Lübecker wiederum leckere Naturalien, und auch die während der Zeremonien Dabeigewesenen bedachte die Schloßküche mit feinen Eßwaren.

Für beide Seiten scheinen die Lasten des Brauches offensichtlich. Der von Lübeck zu liefernde Wein kostete die Stadt 1755 allein 200 Taler. Es läßt sich denken, daß die übertriebene Gastlichkeit und die zeremoniellen Formen zunehmend erstarrten und Aufwand und Nutzen für die Städte auf diese Weise nicht mehr in Einklang zu bringen waren. Vergleichbare Leistungen, die zur Anerkennung von Hoheits- und Schirmrechten im 16. Jahrhundert häufig erbracht worden waren, sind in der Regel nicht urkundlich belegt und längst vergessen wie folgende, die Lisch zusammengestellt hat.[22] Nur selten lassen sich Anlaß und Gründe für die Beendigung noch ermitteln:

Die Stadt Wismar mußte den Herzögen von Mecklenburg jährlich am ersten Adventsabend, »um Martini« eine Tonne Schonischen Hering und den Schloßbeamten hölzerne Becher und ein Weißbrot bringen. Mit der Übergabe der Stadt an Schweden 1648 hörten die Lieferungen auf.

Das Kloster Dargun hatte die pommerschen Burgen Demmin und Kummerow mit Fischen, Brot, Käse und Schuhen »zu recognosciren«; das Kloster Doberan mußte für den in der Stadt Rostock gelegenen Doberaner Hof jährlich einen »feisten Bären« (Eber) verehren und das Dom-Kapitel zu Ratzeburg hatte den Grafen von Schwerin jährlich 16 Ellen Tuch und ein Paar Socken für die »Beschirmung« des Landes Wittenburg zu liefern, eine Lieferung, die bereits 1398 für 100 Mark abgelöst worden war. Bilddokumente weisen auf Küchenleistungen, die Hamburg dem Holsteinischen Herzog schuldete, die Fahrten führten bis 1778 nach Segeberg, Gottorp und Kiel.

Der Brauch um den Lübecker Martensmann konnte sich wohl nur dadurch vergleichsweise länger halten, da es offenbar immer noch Verhandlungspunkte gab, die durch die gegenseitigen Besuche in dieser Form lösbar erschienen oder zumindest Repräsentationsbedürfnisse befriedigten, bis Aufwand und Nutzen nicht mehr in Übereinstimmung zu bringen waren.

Seit 1802 wurde über die mögliche Beendigung der Lübecker Besuche beraten. Die Verhandlungen[23] führten zuletzt der Lübecker Syndicus Dr. A. Dietrich Gütschow und der Generalpostmeister Ludolf Friedrich von Lehsten als Vertreter des Großherzogs von Schwerin. Der Vertrag konnte unterzeichnet werden, nach dem der Großherzog auf die jährliche Weinlieferung verzichtete und Lübeck dafür die nach einem Vertrage mit Schweden seit 1683 ausgeübte Postfahrt und den seit 1724 gehaltenen Postritt von und nach Wismar an das Großherzogliche Haus abgetreten hatte. Bereits am 1. April 1817 wurde diese Post von Mecklenburg übernommen.

Die nach der Wende erneuerten gutnachbarlichen Beziehungen ließen sich nach dem Muster »neuer Wein in alten Schläuchen« mit Hilfe des alten Martensbrauches wieder sichtbar machen.

Bemerkenswert für unseren Ansatz erscheint die Beobachtung, daß eine Brauchhandlung einerseits nur so lange Bestand haben kann, wie sie für ihre Träger bestimmte Funktionen erfüllt und sie dann in der Regel über Schwundstufen erlischt, daß aber ebenso die Spielelemente des Brauches auch eine Wiederbelebung erfahren können, wenn Interessen größerer Gruppen durch den erneuerten Brauch Befriedigung erfahren.

Die Erinnerung an das einstige Spektakel war u.a. durch das Mecklenburgische Volkskundemuseum in Schwerin wachgehalten worden, das bei den 1. Mecklenburgischen Kulturtagen im November 1990 die Laterne und die Geldkatze des Martensmannes ausgestellt hatte.

Am 7. November 1992 gelangte erstmals wieder seit 1816 ein Faß Wein, der berühmte »Rotspon«, von Lübeck über die alte Reiseroute Schönberg und Rhena in die Landeshauptstadt Schwerin und wurde durch Lübecks Ratsdiener Gerd Heiden an Schwerins Oberbürgermeister Johannes Kwaschnik übergeben. Die Initiative war 1991 zunächst von Klaus Lüders von der Stiftung Mecklenburg ausgegangen, der mit dem damaligen Ministerpräsidenten von Schleswig Holstein, Björn Engholm, dem gebürtigen Lübecker, erfolgreich Vorgespräche geführt hatte. Die Wiederbelebung des seit 1516 belegten Brauches ist aber auch dem Engagement des Ratzeburger Heimatforschers Hans Lanzius zu verdanken, der einen Großteil der erreichbaren Quellen und literarischen Belege zur Geschichte des Lübecker Martensmannes zusammentrug, und sie 1988 als mehrbändige »Quellensammlung« der Schweriner Landesbibliothek übergab.[24] Auch im Wossidlo-Archiv war Lanzius vorstellig geworden, aber Wossidlos Sammlungen konnten natürlich nichts Relevantes mehr hergeben, da die mündlichen Erinnerungen bereits erloschen waren.

Der alte Brauch bot nun Anlaß und Möglichkeit für die Regionalpolitik, mit Hilfe der »Brauchsprache« wieder ins Gespräch zu kommen, ein »Arbeitsgespräch« zu führen, Begegnungen zu ermöglichen, die vier Jahrzehnte unterbrochen worden waren.

Völlig sinnentleerte Brauchelemente wie die umständliche Zeremonie der gegenseitigen buchstabengetreuen Ansprachen, die als eine Art Streitgespräch die Lieferung von Wein oder Most in ihrer Funktion als »Schuldigkeit« oder »nachbarlicher Freundschaft« der Stadt Lübeck gegenüber Mecklenburg diskutierten und die letztendlich auch mit zur Aufgabe des Brauches geführt hatten, wurden in das neue Ritual nicht wieder einbezogen.

Für die Pflege gutnachbarlicher Beziehungen bot sich neben der Wiederaufnahme der alten Reisestationen Schönberg und Rhena dagegen die Tradition des ausgiebigen Essens und Rotspontrinkens auf neuer Grundlage eines Arbeitsessens an – wenn auch nicht in so opulenter Weise wie die Jahrhunderte vorher.

Weihnachtsvignette von 1838. Ausschnitt aus einem Wandbild zum 25. Jahrestag der Befreiungs-kriege 1813–1838, Kupferstich

9. Weihnachten

»Endlich, endlich klung de Klingel, de Dör gung up, un – ah! – dor stunn de Dannen-bom midden in de Stuw' up den runnen Disch, un unner den Dannenbom stunnen so vele Schötteln mit Appeln un Nät un Päpernät, as Husinwahners wiren …«[1]

So beginnt eine der bekanntesten Weih-nachtsabendszenerien in der niederdeutschen Literatur. Der mecklenburgische Autor Fritz Reuter siedelte diese 1839 spielende Szene seines Romans »Ut mine Stromtid« (Bd. 1, 1862) im Pfarrhaus des fiktiven Gutsdorfes Gürlitz an. An der »Bescherung« nahmen dort neben dem Pastorenehepaar,

das sich gegenseitig auch beschenkte, ein Inspektor, die Tochter eines ehemaligen Gutspächters (späteren Inspektors) und ein junger Rittergutserbe teil. Nachdem die Dienstboten der Pastorenfamilie ihre Ge-schenke erhalten hatten, wurden Äpfel, Nüsse, Kuchen an die Kinder der Dorfar-mut, die dabei den Baum bewundern durf-ten, ebenso an Kränkliche und Unbemittel-te des Dorfes, *»de kein Handtierung mihr farig kregen«,*[2] verteilt. Diese idyllisch an-mutende Szene im Pfarrhaus vermittelt ein Bild von Weihnachten im mecklenburgi-schen Dorf, das 1839, zur Zeit der Hand-lung, selbst für Pfarr- bzw. Gutshäuser noch nicht als charakteristisch gelten kann und das für die weihnachtliche Feier des Gesindes und der Tagelöhner des Dorfes jener Zeit schon gar nicht zutrifft. Auch für 1862, die Zeit der Entstehung des Romans, sind die von Reuter beschriebenen Festformen ebenfalls nicht allgemein vorauszusetzen. So schilderte beispielsweise ein alter Chausseearbeiter aus Ribnitz in Vorpommern Richard Wossidlo seine Erinnerungen an ein Weihnachtsfest aus seiner Kinderzeit:

» Wi wiren soebentein Kinner, un Vader un Mudder müßten doll racken, dat se uns grot föddt kregen. As nu de Wihnachter-Hilg'abend ran kem, säd Vadder tau uns, hei wull na de Stadt gahn un Wihnachten för uns inköpen. As hei wedder na Hus kem, halte hei drei Talglichter ut sin Kittelslip rut: sowat hadden wi Gören ja noch nich seihn, wi seten ümmer bi 'ne Tranfunzel. De drei Lichter stek hei an un stellte sei up dat Ätelschap hen ... Nu möt dat ja 'n Fohrod sin oder 'ne Neihmaschin, wenn man de Kinner 'ne Freud maken will.«[3]

Andererseits überrascht eine Bemerkung in einem Weihnachtsbrief Fritz Reuters vom 20. Dezember 1839 an seinen Vater aus seiner Festungshaft in Dömitz, in dem er mit leiser Wehmut nicht nur an eine »von Wachskerzen und Tannenbaum erleuchtete Stube«[4] denkt, in der Gaben verteilt werden, sondern indirekt auf eine solche allgemein verbreitete Sitte hinweist. In den Tagebuchaufzeichnung einer Hagenower Pastorentochter findet sich bereits 1825 ein Hinweis auf das Vorhandensein von lichtergeschmückten Weihnachtsbäumen bei den Hagenower Verwandten.[5] Durch die Wossidlo-Belege werden diese Aussagen nicht bestätigt, hier wird weitere Forschung nötig sein.

Die Weihnachtsfeier fand bis über die Mitte des 19. Jahrhunderts hinweg nicht am Heiligabend, sondern am Morgen des ersten Weihnachtstages statt, das galt ebenso für den Weihnachtsgottesdienst. Somit kam dem Heiligen Abend noch nicht die spätere Bedeutung als Termin einer Familienfeier, bei der dann vor allem die Kinder im Mittelpunkt der Aufmerksamkeit standen, zu.[6] Das Weihnachtsfest blieb noch mehr auf den Kreis der Erwachsenen beschränkt, und *»darum war auch die Vorfreude der Kinder noch geringer«*,[7] obwohl sie durchaus, je nach den materiellen Möglichkeiten der Eltern, kleinere Geschenke erwarten durften. Damit entfällt auch der Aspekt der »Adventspädagogik«,[8] der erst zu Ende des 19. Jahrhunderts wirksam werden sollte. Allerdings ist das Vorbild des Städtebürgertums nicht ohne Wirkung auf die Ausgestaltung des Weihnachtsfestes in Guts-, Pastoren- und Lehrerhäusern und bei begüterten Bauern gewesen.

Wenn heute von der Brauchforschung beklagt wird, daß sich Weihnachten in den reichen Industrienationen, vor allem aber in Deutschland zu einem während des gesamten Jahres auf Hochtouren arbeitenden Wirtschaftsunternehmen mit einer eigenartigen Strategie »Stimmung gegen Geld« entwickelt hat, mit atemberaubender Logistik, nüchterner Kalkulation und terminlichem Hochdruck,[9] so muß für unser Untersuchungsgebiet konstatiert werden, daß zumindest auf dem Lande kaum etwas zu spüren gewesen ist von »besinnlicher Weihnachtsstimmung«. Weihnachten hatte innerhalb des Kalenderjahres bis Ende des 19. Jahrhunderts mehr den Charakter eines fröhlichen, ausgelassenen Gemeinschaftsfestes, dessen Termin auch wiederum zum Empfang von Lohn diente. Und die einzelnen Festelemente bedurften auch damals einer längeren Planung. Die sozialen Veränderungen bewirkten dann gegen Ende des Jahrhunderts eine Verschiebung vom Neujahrstag als älterem Geschenktermin, eine Verschiebung vom Gemeinschaftsfest zum Familienfest mit Kirchgang, Lichterbaum, Bescherung, Hausmusik. Am eindruckvollsten hat Thomas Mann in seinen »Buddenbrooks« diese Festform bei einer Lübecker Senatorenfamilie mit leiser Ironie beschrieben.

Auf dem Lande blieb der Charakter der Weihnachtstage bis Ende des Jahrhunderts von den Gemeinschaftsbräuchen verschiedener sozialer Gruppen außerhalb des Hauses bestimmt.

9.1 Das Weihnachtsgratulieren der Hirten[10]

Zu den ältesten Mitgestaltern des Weihnachtsbrauchtums im Dorf gehörten die Hirten. Sie nutzten den Weihnachtstermin zunächst zur Ausübung von Rechtsbräuchen. Daß sie bereits vor der Reformation brauchaktiv waren, geht u. a. aus Beschwerden der Geistlichkeit hervor, die das weih-

Kuhhörner aus Röbel und Stavenhagen von 1820, die von den Hirten auch zum »Weihnachtsgratulieren« geblasen worden sind. Zwei Hörner tragen einen Schalltrichter aus Blech.

nachtliche Hirtenblasen während der Christmette als störend empfunden hatte. Der musikalische Genuß während der Verkündigung der Weihnachtsbotschaft schien beeinträchtigt durch die »schape und lemmer, bücke und zegen nevenst etlyken scheperhunden«,[11] die die Hirten mit in die Kirche zu nehmen pflegten. Möglicherweise hat sich nach der Verdrängung des weihnachtlichen Hirtenblasens aus dem Kirchenraum das öffentliche Blasen zu Weihnachten im Dorf mitentwickelt. Entsprechungen sind aus Westfalen bekannt.[12] Das Privileg, Weihnachten zu blasen,[13] blieb, aber Zeitpunkt und Inhalt des Brauches änderten sich.

Um 1850 ist das Hirtenblasen zu Weihnachten in den mecklenburgischen Bauerndörfern noch allgemein üblich. Vor der Separation gab es dort in jedem Dorf mehrere Hirten, und zwar je einen für die Kühe, die Schafe und die Schweine. Die Kosten für sie trugen die Bauern gemeinsam. Zu Weihnachten stand den Hirten das Recht zu, das Fest einzublasen. Dabei mag neben der Erinnerung an die ehemalige Mitwirkung in den Kirchen auch diejenige an die Rolle der Hirten in der Weihnachtsgeschichte mitgewirkt haben, die vorher die Hirten ja auch in den Kirchenraum zu Weihnachten geführt hatte. Für die Ausbildung des Brauchablaufes im Dorf sind aber sicherlich noch weitere Faktoren bestimmend gewesen.

Am Heiligabend sammelten sich die Hirten des Dorfes und zogen dann gemeinsam durch das Dorf. Vor jedem Bauernhaus machten sie halt und bliesen dreimal. Hier wurde ihr »Getute«[14] erwartet und durchaus bewundert: *»Een (Schweinehirt) blaas fien, een (Nachtwächter) blaas groff. De lang' Scheper, de haalt 'n Ton lang, de kort Scheper fläut'te körter«;*[15] *»dat wier so feierlich«.*[16]

Der hier erwähnte Nachtwächter übte diesen Brauch mit aus, wenn er gleichzeitig als Hirte arbeitete; war er nur als Nachtwächter tätig, so ging er seine Runde gleichzeitig mit seinem Dienstbeginn ab und sammelte nach Absingen seines Nachtwächterliedes[17] Geld ein. Eine christliche Deutung des Brauches[18] reicht also allein nicht aus. Zwar wird nach den Wossidlo-Belegen zuweilen eine solche Deutung angeboten – »*Hüüdslüd hadden jo Christum verkündigt*«;[19] »*Dat sünd dei Hirten ut 'n Morgenlann*«[20] –, doch spricht der Inhalt des Brauches nicht für eine solche Interpretation allein, wenn auch hier und da entsprechende Assoziationen bei den Bauern mitschwingen mochten. In der Regel nämlich empfingen die Hirten, nachdem sie dreimal auf ihren selbstgebauten Instrumenten (allgemein Schäfer: Flöte bzw. Schalmei; Schweinehirt und Kuhhirt: Horn; Gänsehirt: Knarre) geblasen und zu Weihnachten gratuliert hatten, von den einzelnen Bauern eine exakt angegebene Zuteilung, die aus Bier, Naturalien oder Geld bestehen konnte.

In keinem Fall ist bei dieser Brauchhandlung von Resten eines Verkündigungsspiels (etwa wie bei dem Umzug der Heiligen Drei Könige), Gedichten, Liedern oder Chorälen die Rede. Lediglich in der Ackerbürgerstadt Hagenow sangen die Hirten – und auch das erst am Weihnachtsmorgen – »Lobt Gott, ihr Christen« vor dem Frühgottesdienst.

Auffällig ist, daß alle Bauern eines Dorfes das Gleiche, wenn auch ortsweise mit Unterschieden, gaben, beispielsweise »*jeder drei Schilling, einen Schluck (Schnaps) und ein Stück Kuchen*«,[21] »*ein Molt Bier*«,[22] »*ein Brot von 12 Pfund und eine Spickgans*«,[23] »*das rechte Vörbein vom Swien*«[24]

usw. Aufschlußreich sind hier zwei weitere Belege: »*Wenn se em denn wedder hebben wullen as Scheper, denn kreeg he twei Dahler Mietsgeld*«,[25] bzw. er bekam als Weihnachtsgabe »von jedem, der eine Kuh in der Herde hat, einen Schnaps und einen Schilling«.[26] Obwohl das Mietsgeld sonst erst zu einem anderen Termin (bei Vertragsabschluß) gezahlt wird, erhellen diese Belege, daß es sich bei dem durch das Blasen eingesammelten Geld tatsächlich um eine Art Vertrag handelte, der mündlich vorher sowohl unter den Bauern (sonst würden nicht alle das Gleiche geben) als auch mit den Hirten ausgemacht worden sein muß (sonst würden sie nicht mit entsprechenden Behältnissen, z.B. mit Eimern in den Dörfern, wo es Bier gibt, kommen). Dieser Vertrag würde somit sowohl den Dank für geleistete Arbeit als auch die Berechtigung und Verpflichtung zu weiterer Tätigkeit in diesem Amt beinhalten. Hätte dieser Brauch tatsächlich allein religiösen Chartakter, so bliebe er nicht auf das Bauerndorf und dort auf die Häuser der Viehhaltenden beschränkt. Daß er in Gutsdörfern nicht ausgeführt wird, erhärtet die hauptsächlich arbeitsrechtlichen Wurzeln und Funktionen des Weihnachtsgratulierens der Hirten im Bauerndorf.

Eine ausführlichere, im Detail abweichende Beschreibung des Weihnachtsgratulierens der Hirten ist aus der Ackerbürgerstadt Röbel überliefert: Mindestens von 1823 bis 1920[27] zogen dort Gruppen von zehn bis zwölf Hirten mit ihren Blasinstrumenten durch die Stadt. Ihr Hauptbrauchrequisit war eine Weihnachtslaterne. Mit ihr und einer Blechbüchse schritten sie von einer Haustür zur anderen und sammelten die Gelder ein, »die für die Hirten bestimmt«[28] waren. Damit wird wiederum die o.g. Funktion des Brauches bestätigt. Im Bericht heißt es: »*Je nach der Wohlhabenheit der einzelnen Familien erhalten die Hirten einige Geldstücke. Früher gab man wohl ein Fünfpfennigstück, das der Kuhtaler genannt wurde.*« (Also wieder ein direkter Hinweis auf die Funktion des Brauches.) »*Die alte Weihnachtslaterne bildet den Hauptanziehungspunkt des ganzen Zuges. Während der Träger dieser Laterne spricht, müssen die blasenden Hirten mit dem Tuten aufhören, wodurch eine feierliche Stimmung entsteht, die sich noch erhöht, wenn der Hirte die durchleuchtete Laterne in die Nähe der geöffneten oberen Haustür bringt. Er beginnt dann mit den anwesenden Familienmitgliedern sein Gespräch:* »*Fürchtet euch nicht, siehe, ich verkündige euch große Freude ...*«[29] Eine Skizze der Laterne – für Wossidlo aufgezeichnet durch einen Gewährsmann – befindet sich im Wossidlo-Archiv. Ihr Aussehen hat auffällige Ähnlichkeit mit einem »Herodeskasten«,[30] einem Brauchrequisit, das sonst den Heiligen Drei Königen bzw. den Sterndrehern zukommt. Auch die Beschreibung der Laternenmaterialien im o.g. Bericht (Laternenkasten aus Schwarzblech mit Bleifassung für die Glasscheiben und einer kleinen Seitentür zum Aufstellen der Kerzen) spricht dafür. Möglich wäre, daß hier entweder eine Vermischung zweier Brauchformen, nämlich des Brauchtums der Sternträger am Dreikönigstag und des Weihnachtsgratulierens der Hirten, stattgefunden hat.

Dem Weihnachtsgratulieren der Hirten in Mecklenburg liegen somit kirchlich-religiöse Wurzeln mit zugrunde. Nach ihrer Umwandlung zu dörflichen Umzugsbräuchen überwiegt dann die Funktion eines Rechtsanspruchs der Hirten zu Weihnachten, der auf mündlicher Regelung beruhte

und der, wie bei allen anderen Umzugsbräuchen auch, mit einer Gabenspende verbunden war und erst nach Absolvieren eines »Programms«, das unbedingt auch gute Wünsche mit beinhalten mußte, eingelöst wurde.

9.2 Rug' Klaas, Kinnjes und Schimmel

»*Ut de Angst kümmt 'n goor nich rut, hett de Jung secht: in'n Sommer de Gewitter un in'n Winter de Ruklasen ...*«[31]

Gegen vermummte Umzugsgestalten, die in der Advents- und Weihnachtszeit, ja bis Neujahr hin, »*auf den Straßen die Leute erschrecken oder am Heiligen Abend unter dem Namen des Christkindleins, Nicolai und Martini auff den Gassen umherlauffen, in die Häuser entweder willig eingeruffen werden oder auch in dieselben sich hineindringen*«,[32] sich von Kindern anbeten lassen und dort allerlei »*muthwillige Dinge in Worten und Werken vernehmen und treiben*«,[33] ist in Mecklenburg mindestens vom 17. Jahrhundert bis in die zwanziger Jahre des 20. Jahrhunderts Protest von Seiten der Obrigkeit und der Kirche erhoben worden.[34]

Schreckerregend wirkten besonders der in rauhen Pelz, Erbsstroh oder Heu gewikkelte Rug' Klaas, (rauher Nikolaus) oder der »Rumprecht«/Knecht Ruprecht mit der Rute, wie sie 1727 in einem Weihnachtsspiel aus Rostock beschrieben werden:

Noch gröter iß de Furcht, wenn Rubbert sick lett hören,
mit bimmeln, brummen on mit trampel vör dat Hus ...
Am grötsten iß de Angst, wenn Rumprecht kümt ansliecken,

Umzugsbrauch der Knechte zu Weihnachten in Pommern. Nach einer Zeichnung von F. Iwan 1892. Geben und Strafen sind noch nicht in der Figur des Weihnachtsmannes vereinigt, sondern durch hell (z. B. Heel Christ) und dunkel (z. B. Rug' Klaas) Gekleidete kenntlich.

gantz rug von Heed on Stroh, mit
enen groten Bahrt,
met einen groten Sack, druht Kinner-
Föhtjens kieken,
mit enen Knefel-Speet on mächtig lan-
gen Start[35]

Begleitet wurde er hier von einem weiß gekleideten Christkind und Engeln.

Die auch in anderen Regionen nach der Reformation einsetzenden und bis in das 19. Jahrhundert währenden Bestrebungen, die vor allem vom Bürgertum ausgingen, nämlich aus den verschiedenen Weihnachtsbrauchträgern, dem Heiligen Nikolaus, der für die Bescherung zuständig war, dem Knecht Ruprecht, der examinierte und strafte, und dem Christkind, eine einzelne gabenbringende, kinderfreundliche Gestalt zu schaffen, sind bekannt und auch für Mecklenburg benannt worden.[36] Danach scheint sich ein einzelner Gabenbringer für die Kinder, der zu Ende des 19. Jahrhunderts dann unter dem Namen des Nikolaus bzw. vor allem des Weihnachtsmannes erschien und der in Norddeutschland *Rug' Klaas,* (Rauher Nikolaus) *Kling' Klaas, Kinnjes* (Kind Jesus) oder *Heelchrist* (Heiliger Christ) – je nach Aussehen und Funktion – benannt wurde,[37] allgemein durchgesetzt zu haben.

Ein gleichzeitiges Auftreten von Engel und Teufel oder Rug' Klaas und Heelchrist hatte schon Jahrhunderte vorher Anstoß von kirchlicher Seite erregt.[38] Äußerlich wird der Kontrast in ihren Verkleidungen sichtbar: »*Dat wier 'n Swarten (Rug'Klaas) ..., dat wier 'n Witten (Heelchrist)*«.[39] Der Rug' Klaas kann in Erbsstroh gehüllt sein, Kleidungsstücke umgekehrt tragen; Felle allerdings, wie zuweilen in der Literatur angegeben,[40] sind für unseren Untersuchungszeitraum nicht belegbar. Am wesentlichsten bei der Verkleidungskunst scheint das Bestreben gewesen zu sein, die Rug' Klaas-Figur furchterregend-teuflisch auszustatten. Eine schwarze Maske gehörte unbedingt dazu, mehrfach sind auch übergestülpte Tierköpfe (Kuh, Pferd, Kalb)[41] belegt. Der Heelchrist dagegen trug grundsätzlich helle Kleidung, etwa ein weißes Hemd. In ihrer Funktion innerhalb des Umzugsgeschehens muß der Dualismus nicht mehr unbedingt zutage treten. Beide sind befugt, das Geld und Naturalien einzusammeln oder aber auch kleinere Gaben zu verteilen bzw. Schabernack zu treiben. Im 19. Jahrhundert ist noch eine Ambivalenz dieser Umzugsgestalten (vor allem beim Rug' Klaas), nämlich zu geben oder zu strafen, zu konstatieren. In ihrer Gebefunktion stehen sie der mittelalterlichen Tradition des Hl. Nikolaus näher,[42] als schreckende Umzugsgestalt haben sie sich mehr dem lärmenden Mummenschanz zugeordnet. Eine spezifisch allein gabenbringende Funktion hat sich noch nicht durchgesetzt.

Wenn dagegen die Kinder am Weihnachtsmorgen ihre Mütze oder Schale auf dem Tisch oder dem Fensterbrett mit figürlichem Gebäck aus Semmelteig (in Mecklenburg als Haspoppen oder Kinnjes'pop-

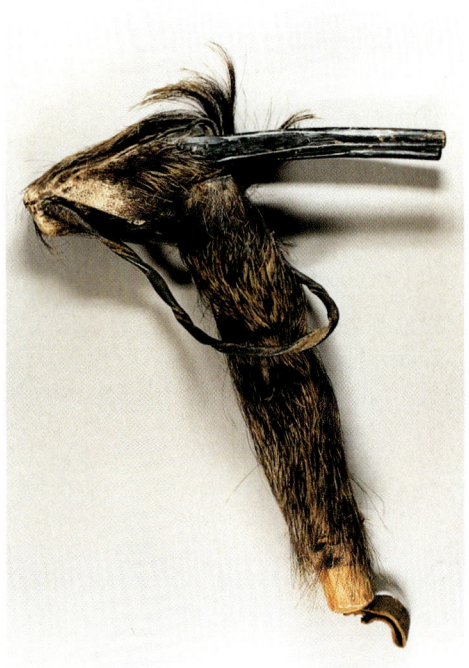

Der Zägenbuck, Requisit für den »Rug' Klaasumzug«; L. 48,5 cm, aus Holz, mit Wildschweinfell überzogen

pen bezeichnet), möglicherweise auch mit einem nützlichen Bekleidungsstück darin vorfanden und die Eltern, um nicht als Schenkende in Erscheinung zu treten, sagten, die Geschenke habe der »Kinnjes« (Kind Jesus) oder der »Heelchrist« (Heilige Christ) gebracht, so zeigen sich hier deutlich die beiden unterschiedlichen Brauchstränge, die später zu einem vereinigt werden: Umzugsbräuche besonders am Heiligabend, Feier- und Bescherung (sofern sie bereits stattfindet) am Weihnachtsmorgen.

Als Träger der abendlichen Umzugsbräuche traten die unverheirateten Knechte des Dorfes in Erscheinung, die ihre Requisiten bereits wochen- und monatelang vorher vorbereiteten. Dafür waren gemeinsame Überlegungen nötig: Bei den Vorbesprechungen wurden die einzelnen Rollen verteilt,[43] die also umgehen konnten. Aufwendig muß die Herstellung der Requisiten besonders für die Tiergestalten bzw. -masken wie Schimmel, Knapperdachs, Ziegenbock, Bär, Spitzkopf und Hund gewesen sein,[44] die in dieser Zeit noch alle selbst angefertigt wurden. Man mußte sich mit ihnen gewandt bewegen können; stabil sollten sie auch sein, zumindest mußten sie einen Umzugsabend im Dorf überstehen – meistens hielten sie nur für diesen einen Auftritt. Einige Requisiten seien hier kurz beschrieben: Für den Schimmel wurde der Kopf »*fein utsnäden un witt ansträken. Dat Achterteil von den Schimmel würd ut 'n Säbenrand makt, un dor kem 'n groten Swanz an*«.[45] Wie lange vorher die Knechte ihre Weihnachtsaufgabe beschäftigte, zeigt sich u.a. darin, daß an den Schwanz für den Weihnachtsschimmel bereits im Herbst gedacht werden mußte: »*De Pierswanz würden harwstens, wenn de Fleegentiet vörbi wier, afsnäden …; dee Pierhoor warden mit Band up 'n Stock bunn'n mit Liem oder Teer fastbackt …*«[46]

Die als »Knapperdachs«, »Knapperdapps« oder »Klapperdachs« bezeichnete Umzugsgestalt wurde seltener ganzkörperlich verkleidet, vielmehr trug sie ihr Requisit in bzw. über der Hand: »*Dat wier as so'n Eselskopp mit so'n grote Uhren, un denn hadd hei so'n lange Unnerlipp, un de Tung hadden se mit luter blank Nägel (Hufnagelknöpp, Porzellanknöpp, so as de Sofas benagelt sünd) utslagen, un dor würd ünnen an treckt, un denn snappt hei tau.*«[47]

Waren in der Spielerschar noch weitere Rollen zu besetzen, so konnten sich die

Knechte – war ein Schimmel bereits vorhanden – für Verkleidungen wie Schmied, Tierarzt, Stallmeister, Stallknecht entscheiden. Paukenschläger, Handharmonikaspieler, Bärenleiter gehörten zum Bären. Außerdem mitziehen konnten noch Soldat, Polizist, Jude, Snurrerwief, Mann und Frau, Engel und Teufel. Sie alle traten als gleichberechtigte Spielpersonen mit Rug' Klaas bzw. Rumpsack, Kinnjes bzw. Kind Jes und Kling Klaas auf.

Im Gegensatz zu den auf das Bauerndorf beschränkten Umzugsbräuchen der Hirten lassen sich die weihnachtlichen Umzugsbräuche der Knechte in gleicher Weise im Bauern- wie im Gutsdorf verfolgen. In der Regel wurde vorher von einer der Umzugsgestalten geklopft und um Spielerlaubnis gebeten, vielfach wurde das Haus auch unaufgefordert betreten. Je nach Platzangebot im Haus kamen entweder alle Spieler nacheinander herein und zeigten ihre Kunststücke, oder das Spiel fand in kleineren Gruppen gleichzeitig in mehreren Häusern statt: Der Schimmel sprang umher und trat dabei alle im Weg Stehenden; er ließ sich beschlagen, und der Schmied bekam dabei Durst, so daß ihm zu trinken angeboten werden mußte; der Ziegenbock meckerte und schlug mit einer kurzen Peitsche; der Rumpsack, furchterregend mit schwarzem Gesicht, roten Lippen und roten Augenbrauen, warf sich immer wieder auf die Diele oder schlug die Mädchen mit einem Aschebeutel. Kam aber endlich der Knapperdachs, so »*sprüngen de Dierns na de Banken, denn güng de Knapperdachs … uppe Knei liggen … un kneep de Dierns inne Been*«.[48] Nicht immer ging es dabei so glimpflich ab, besonders wenn die Mädchen unbeliebt waren und die Funktion eines Rügebrauches dominierte. »*Wi güngen*

up de Mätens los, dee de größten Klauk-
schieters west wieren.«[49] Von blau geschla-
genen Gliedmaßen ist mehrfach die Rede.
Dabei fürchteten sich die Mädchen nicht
hauptsächlich vor den Schlägen, sondern
eher vor der furchteinflößenden Verkleidung,
so daß sie versuchten, sich zu verstecken,
und, falls der Bauer das Versteck verriet, eine Kündigung die Folge sein konnte.[50] Der
Glaube an personifizierte böse Wesen wie
den Teufel war teilweise noch so stark, daß
Wossidlo drei Todesfälle[51] und mehrfach
Ohnmachten infolge Angst und Aufregung
mitgeteilt wurden. Von besinnlicher Weihnachtszeit ist hier nichts zu spüren.

In der Regel aber kamen alle mit dem
Schrecken davon. Es ist andererseits auch
davon die Rede, daß dort, wo kleine Kinder
oder »schreckhafte Alte« wohnten, gar
nicht gespielt oder nur gesungen wurde.
Nach Beendigung des Spiels, in das die Mit-
wirkenden auch ein Tänzchen – »'n lütten
Dütschen«[52] – eingebaut haben konnten,
erfrischten sich alle mit einem »Schluck«,
der aufgrund der Behinderung durch die
Larven mittels einer Federpose aufgesogen
wurde.[53] An eine Spielerperson oder an alle
wurden Geld bzw. Naturalien gegeben.

Einen Eindruck von der absolut unro-
mantischen »Stimmung« am Weihnachtsabend in einer Tagelöhnerfamilie während
des Auftritts der vermummten Spielergrup-
pe vermittelt Constantin Liebich in seinem
Roman »Im Abgrund« (1897):

»Mudding«, fragte eines der Kinder die
Rieke, »maken die Knechts hüt uck 'n
Schimmel'?«
»Ach, wat du hest mit dienen Schimmel«,
sagte Frau Pagel.
Das Abendessen war vorbei. Plötzlich
ertönte lautes Gepolter draußen. Die Kin-

der kreischen auf. Die Tür wird aufgeris-
sen, und vier Männer stürzen herein.
»Gu'n Awend!« rufen sie.
» Wi kamen mit Äx un Biel,
mit Sag' und Kiel ...«
Die Kinder haben sich ängstlich hinter
Mudding und Großmudding verkrochen
und lugen hinter der lebendigen Schutz-
wehr neugierig hervor. Zwei Männer haben
scheußliche Pferdelarven vor das Gesicht
gebunden und weiße Laken umgehängt.
Die anderen sind dunkel vermummt. Sie
springen wild in der Stube umher, so daß
Weiber und Kinder sich förmlich »gru-
geln«.
»Vadding! Vadding!« schreien die Kleinen, wenn ihnen ein solches Gespenst zu
nahe kommt.
Endlich sagt der Hausherr, der lächelnd
dem Treiben zugeschaut hat: »Nu hürt man
up.« Er reicht die Branntweinflasche herab,
schenkt jedem ein Glas voll und nötigt die
Gestalten zum Trinken.
»Na, man tau«, sagen die Knechte, die
diesen Weihnachtsscherz veranstalten. »Wi
känen noch einen verdrägen.« Sie legen für
einen Augenblick die Larven ab, und die
Kinder wagen sich wieder hervor und bet-
teln auch um einen Schluck Schnaps.[54]

9.3 Rug' Klaasreime

Goden Abend, heilig Abend.
Vom Himmel bin ich hergekommen,
schau die lieben Kinder an,
ob sie auch fleißig nach der Schule
gahn.
So will ich nun die Knaben fragen,
ob sie gut futtert und strigelt haben.
Nu snackt de Knaw' noch Ilenfett,
un wenn he nich futtert un strigelt hett

191

So will ich nun die Mädchen fragen,
ob sie auch fleißig gesponnen haben,
und nähmen nich dat slaapent wohr,
vergäten dat Spinnen ganz un goor.[55]

Das geforderte Aufsagen von Gebeten, Gesangbuchversen oder Psalmen beim Eintritt der »Rug'Klaasen«, der Mitglieder der Spielertruppe, wurde in der Regel weniger den Kindern abverlangt, sondern vornehmlich den im Dienst stehenden Mädchen, die im Verweigerungsfall von den Spielern bestraft werden konnten. Löste sich die Spannung nach dem Spiel, so wurden den Rug' Klaas-Spielern von den größeren Kindern gern derbe Spottreime nachgerufen, wie:

Klingklaas,
der du bist,
hest di in dat Hemd gepisst.[56]

Dor keem 'n Mann von'n Himmel,
de red' up 'n witen Schimmel,
hadd he up 'n swarten säten,
hadd he de Bücks vull schäten.

Hele Christ, du Lümmel,
vör de Döör steiht 'n Stümmel,
droeben wahnt 'n Snider,
gah man 'n Huus wieder.

Ruuchklaas Botterfatt, schiet in 't
Schapp, denn hest du wat!

Sauermanns These, daß damit öffentlich festgestellt werden konnte, »*wann die Heranwachsenden sich nicht mehr von dem Kinderschreck beeinflussen ließen und somit zu erkennen gaben, daß sie reif genug waren, derjenigen Gruppe anzugehören, die den Brauch ausübte*«,[57] vermittelt zwar

einen wichtigen Ansatz, berücksichtigt aber nicht, daß schulpflichtige Kinder generell nicht an diesem Brauch teilnehmen durften.

Der Brauch scheint mehr ein ausgesprochenes Privileg der Knechte gewesen zu sein und hatte in ihrem Gemeinschaftsleben Funktionen zu erfüllen, die u.a. darin bestanden, eine der seltenen Möglichkeiten im Arbeitsjahr des Gesindes zu nutzen, aus allen Schranken der Abhängigkeit und der Pflichten auszubrechen. Dabei konnte nicht nur die Freude am Verkleiden, die Lust am Toben und Lärmen befriedigt werden, sondern man durfte sich unter der Maske unerkannt und unter dem Schutz des Brauches den sonst Vorgesetzten, vor allem aber auch den Mädchen, in neckender oder strafender Absicht nähern, ohne dafür bestraft zu werden, im Gegenteil, es gab zumindest einen Schnaps, wenn nicht weitere Naturalien. Verse wie »Ruuchklaas Botterfatt« (s.o.) und ähnliche belegen: Nicht dem »Betenden«, sondern dem Rug' Klaas sind die Gaben zu diesem Zeitpunkt zugedacht.

Die Angst der Mädchen vor unerwünschten körperlichen Annäherungen durch die Spieler, vor allem durch den kneifenden »Knapperdachs«, war groß. Sie suchten ihnen zu entgehen, indem sie sich unten ihre Kleider zusammenbanden und riefen: *Klaas, Klaas, prügel man, na minen Noors kümmt keener ran.*[58]

Die in vielen Reimen parodierten Gesangbuchverse (hier: »Ein Kindelein so löbelich«[59]) bzw. Bibelzitate belegen indirekt, welches Gebet- und Liedrepertoire im »Volk« bekannt gewesen bzw. zum Auswendiglernen von der protestantischen Kirche empfohlen worden ist.[60] Sie führen aber auch einen riesigen Kontrast zu den Weih-

192

nachtsszenerien vor Augen, wie sie uns in der Belletristik für diese Zeit aus bürgerlichen Wohnzimmern beschrieben worden sind:

Ein Kindelein so löbelich,
wenn de Rumpsack kümmt, denn tööf
ik nich,
denn spring ik oewer 'n Tuun,
denn süppt de Rumpsack sik duun,
denn spring ik oewer 'n Stehen,
denn kann he mi nich sehn,
denn spring ik oewer de Hecken,
denn kann he mi nichbrecken,
de Rumpsack drecht twee Kipen,
he kann mi doch nich griepen
dorüm bäd' ik liker nich
ik will em leewer wat schieten.

Von stiller besinnlicher Weihnachtszeit ist noch keine Rede, diese ist erst eine Erfindung des Bürgertums, die die Familie mit Lichterbaum, Bescherung, einem eigenen »Programm« in den Mittelpunkt stellt.

9.4 Weihnachten im Bauernhaus und auf dem Gutshof

»*Wat freuten wi uns up de Lichter, twee, dree köfft Vadder to 'n Wihnachten. Wat wier uns Stuw hell, süss brennten wi ja blot Öllampen.*«[61]

War das Interesse der besitzlosen Knechte darauf gerichtet, sich auszutoben, Mädchen zu necken, Gaben einzusammeln, so stand beim Bauern am Ende des alten und an der Schwelle des neuen Jahres die Sorge um sein Haus mit allem »lebenden Inventar«, zu dem neben der Familie und dem Vieh nach dem Volksglauben auch die

Bäume zählten, im Mittelpunkt. Mit bestimmten Handlungen, durch die magische Wirkung erhofft wurde und die der Bauer selbst ausführte oder auch dem Gesinde auftragen konnte, versuchte man zu bewirken, daß das Vieh gesund bleibe, die Bäume reiche Frucht trügen, Schaden von Familie und Haus abgewendet werde. Wie tief diese Anschauungen und der Glaube an die Wirksamkeit dieser Mittel in unserem Untersuchungszeitraum noch verwurzelt waren, kommt in der Fülle der Belege (über 300) zum Ausdruck. (Daß einige dieser Mittel – wie beispielsweise das Umwinden der Baumstämme mit Strohseilen – tatsächlich die beabsichtigte Wirkung hatten, sich also Volksglaube und Naturbeobachtung ergänzten, sei erwähnt.)

Für die Familie des Bauern einschließlich des Gesindes bedeutete – nach regulärem Arbeitstag – der Heiligabend vielfach ein »Vullbuksabend« (»Vollbauchsabend«). Der Schlachtezeit des Jahres entsprachen auch die weihnachtlichen Festgerichte wie Genickbraten mit Korinthen, Äpfeln und Pflaumen gefüllt, Schwarzsauer, Gänsebraten. Bevor man sich aber zu Tisch setzte, »*güng de Buer rut, wi güngen all achter an – wi wüßten jo all Bescheid –, de Buer geef de Pier Hawer, de Köh kregen ... Kleewer, de Kälber kregen Linsen, na dat Fedderveih smeet he ok wat hen, denn güngen wi all wedder rin, de Buer toihrst, wi güngen all nah, denn würd ihrst äten.*«[62] Die feierliche Stimmung, die zweifellos bei diesem Gang aufkam, erhöhte sich noch, wenn der Stall vorher mit Tannenzweigen ausgeschmückt worden war und dem Vieh das Futter bei Kerzenschein ausgeteilt wurde.[63] Nach dem Essen blieben Bauer und Gesinde am Tisch sitzen und sangen geistliche Lieder: »*Heiligabend un Nijohrsabend würd andächtig*

Unbekannter Wiener Maler. Gabentisch eines
Mädchens um 1835/40

Unbekannter Wiener Maler. Gabentisch eines
Knaben um 1835/40

*sungen, de Buer ded dat vörspräken, dee
stimmte an, dat Bäden müssten de Jungen
dohn un de lütt Diern un de Winterschä-
fer.*«[64] Inwieweit den Jüngeren diese Abend-
gestaltung behagte, ist eine andere Frage;
Wossidlo sind darüber auch keine Angaben
gemacht worden, denn im Hause des Bauern mußten sich Knechte und Mägde nach
der Gesindeordnung allen entsprechenden
Anweisungen fügen. Dennoch liegt hier
möglicherweise ein Vorfeld für die später
einsetzende Tradition einer Familienfeier
unter dem Weihnachtsbaum im Bauernhaus. Offensichtlich wurde nach den von
Lärm erfüllten Stunden zuvor im Anschluß
daran eine ruhigere Atmosphäre hergestellt
– und benötigt –, die sich später dann,
unter entsprechend veränderten Bedingungen, zur Auffüllung anbot. Wo noch kein

Lichterbaum Helligkeit verbreitete, gab
es doch am Heiligabend in den meisten
Bauernhäusern eine Beleuchtung, die nur
Weihnachten vorbehalten war: »*Wihnachten dörft keen Tranlamp* (bzw. Kienspan,
H. M.) *brennt warden, denn müßten dat
Lichter sien.*«[65] Die Beleuchtung mit Kerzen allerdings galt in den bäuerlichen Wirtschaften als kostbar. Sie wurden, falls man
sie nicht in der Stadt kaufte, zur Schlachtezeit aus Rinder- oder Schaftalg selbst hergestellt.[66] Ein Besitz an Kerzen war also
nicht von vornherein jedem möglich. So
war man in den Bauernstuben auch zufrieden mit ein bis drei Lichtern, die allein
wegen ihrer ungewohnten Helligkeit die
Umsitzenden beeindruckten. Die Freude
darüber findet vielfach sprachlichen Nie-
derschlag in den Wossidlo-Belegen: »*Wat*

*freuten wi uns up de Lichter, twee, dree
köfft Vadder to 'n Wihnachten. Wat wier
uns Stuw hell, süss brennten wi ja blot
Öllampen.«*[67] Das Licht wurde überhaupt
mit Ehrfurcht betrachtet: *»Das durfte nicht
berührt werden – das war ein Heiligtum,
ich kriegte Schläge, als ich es einmal bis zu
setzte«*[68] (ein Stückchen weiter, H. M.).

Nach dem Frühgottesdienst am anderen
Weihnachtsmorgen erhielten die Kinder –
je nach sozialem Vermögen der Eltern –
notwendige Kleidungsstücke. Den Kleinen,
die nächstes Ostern in die Schule sollten,
schenkte man eine Fibel und ein Schreib-
buch.[69] Spielzeug wird selten erwähnt. Wurde es geschenkt, so war es nicht nur in Tagelöhnerfamilien, um die Ausgaben niedrig
zu halten, oft selbst hergestellt. Bei sozial
besser gestellten Familien, den Bauern,
kam dies ebenfalls vor, wobei es nicht
nur aus Sparsamkeitsgründen geschah. Die
Kinder standen ohnehin nicht im Mittelpunkt des weihnachtlichen Geschehens, es
kam ihnen – wie Weber-Kellermann es für
die Zeit bis zur Französischen Revolution
festgestellt hat und wie wir es in unserem
Untersuchungszeitraum erleben – noch kein
»Persönlichkeitswert« zu.[70] Trotz geringer
Ansprüche, die an ein Weihnachtsgeschenk
von den Kindern gestellt wurden, offenbart
das Vorhandensein bzw. Nichtvorhanden-
sein eines Weihnachtsgeschenkes für die
Kinder aber letztlich doch den sozialen Status der Familie.

Einen sehr frühen Beleg für eine Bescherung mit kleinen Geschenken für die Kinder
unter dem brennenden Weihnachtsbaum in
einem mecklenburgischen Pastorenhaus des
Rittergutsdorfes Röckwitz (gelegen zwischen Stavenhagen und Treptow) bringt
Otto Piper (1841–1921) in seiner Autobiographie:

Backmodel aus Neustrelitz in Form eines Rei-
ters. H: 22,5 cm, B: 15 cm

*Wie geringer Aufwendung bedurfte es auch,
um bei der Weihnachtsbescherung uns Kinder in volles Entzücken zu versetzen! Die
Kerzen waren aus einem enge gedrehten
Wachsstock hergestellt und an die Zweige
des Tannenbaumes geklebt, und zur Herstellung seiner ganzen Pracht genügten im
übrigen vergoldete und versilberte Äpfel
und Walnüsse, aus buntem Papier geschnit-
tene Girlanden und kleine selbstgebackene
Kuchen.*

*Und dann die Geschenke! Einige bunte
Bilderbogen aus »Neuruppin, zu haben bei
Gustav Kühn« erschienen uns schon allein
als ein Schatz.*[71]

195

Vielfach mitgeteilt ist die trostlose sprichwörtliche Redensart der Familien der Dorfarmut, die nicht einmal das Geld für das charakteristische Weihnachtsgebäck »Haspoppen«, das von den Semmelfrauen ins Dorf gebracht wurde, aufbringen konnten und auf eine Frage nach dem Weihnachtsgeschenk für ihre Kinder dann resigniert, bitter antworteten: »*Ick piss mien' Jung 'ne Glitsch*«[72] (Eisbahn, H. M.). Oder dem Kind selbst mußte auf die lästige Frage »*Wat krieg ick to Wihnachten?*« geantwortet werden: »*Wat du vörig Johr krägen hest*«, d. h. nichts.[73]

Geschenke für das Gesinde waren laut Gesindeordnungen für diese Zeit noch nicht schriftlich fixiert, »wenn solche nicht besonders ausgemacht worden« (sind).[74] Dennoch ist in unseren Belegen mehrfach von Sachgeschenken (Tuch, Weste, Rock) die Rede,[75] wozu möglicherweise auch der am »ersten Wochentage nach den Weihnachtsfeiertagen«[76] stellenweise übliche Termin eines Dienstbotenwechsels beigetragen haben kann, so daß zu Weihnachten mit dem Geschenk auch mündlich vereinbarte Lohnansprüche oder aber Anreiz zum Verbleiben verbunden gewesen sein mögen. Auch das Gesinde fand dann seine Geschenke in der Kopfbedeckung vor, wie es für etwa 1850 Friedrich Cammin literarisch festgehalten hat: »*Bi uns was dat Mod, dat jerer Knecht sin Pudelmütz un dei Dirns ehr Newelkapp*[77] *an 'n Heiligabend up ehr Flag* (ihre Stelle) *up'n Disch leden, un 's Morgens leegen dorin Appel un Hasselnät un 'en Achtschillingsstück un in 'ne Schaal Päpernät …*«[78]

Auf den Gutshöfen gab es die relativ feste Verbundenheit wie zwischen Bauer und Gesinde am Heiligabend nicht. Nach der »Weihnachtsvorstellung« der Knechte, die

mit Geld und Naturalien belohnt wurde, folgte kein gemeinsames Festessen. Ob »Herrschaften« und Hausdienstboten gemeinsam aßen, ist noch nicht auszumachen, allerdings fiel am Gesindetisch die Kost zu Weihnachten reichhaltiger aus. Eine Vieh- und Baumbescherung wurde auf den Gütern ebenfalls nicht ausgeübt. So mußte der Weihnachtsabend für die Knechte, Mägde und Tagelöhner zweifellos anders verlaufen. Nach dem Umzug der Knechte gab es aus dem Gesammelten ein Festessen in der Leutestube, von dem auch die vorher geneckten Mädchen ihren Anteil bekamen. In der größten zur Verfügung stehenden Stube eines Tagelöhners traf sich dann alles zum gemeinsamen Spiel. Diese Vergnügungen hatten teilweise einen ähnlichen Charakter wie zu Pfingsten und entsprachen den dörflichen Spielen, wie sie sich immer wieder zwischen den Unverheirateten ergaben: »Mann un Fru«, »Ring verstäken«, »Blinn Koh«, »Hans, wo büst in 'n Kohl kamen«.[79] Beliebt war: »Een sett sick up 'n Stohl, de Ogen (würden) tobunnen, denn keem een un küsste. He süll denn raden, wer 't wäst wier …«[80] Charakteristisch für Weihnachten waren Nüsseraten und das Auswürfeln des bei der Semmelfrau erworbenen Gebäcks.

9.5 Weihnachten als Familienfest Weihnachtsbaum, Haspoppen und Julklapp

Hoch kloppt dat Hart,
hell lücht't dat Oog,
Wihnachten is jo hüt.
Wihnachten is von't ganze Johr
De allerschönste Tiet.
Uns' Mudding putzt

196

Weihnachtskartenmotive um 1900

den'n Dannboom an
un halt de Kinner ran.
Wo kloppt dat Hart, wo lacht de
Mund!
Hurrah de Wihnachtsmann.[81]

Thomas Mann (1875–1955) hat das Weihnachtsfest einer deutschen Bürgerfamilie in Lübeck mit festlich geschmücktem Lichterbaum und Bescherung im Salon bzw. im privaten Wohnraum in seinem Roman »Die Buddenbrooks« beispielhaft und sehr anschaulich beschrieben.

In die bisher beschriebene Weihnachtsbrauchstruktur, die ganz auf Aktivität gerichtet war und sich mehr draußen als drinnen abspielte, wird ein Weihnachtsbaum mit brennenden Lichtern zweifellos nicht leicht Eingang gefunden haben. Dies scheint eher dort möglich gewesen zu sein, wo eine Gruppe von Menschen beisammen war, die ruhig und besinnlich am Weihnachtsabend in einem Raum beieinander saß und es bevorzugte, gut zu essen, zu trinken, Gespräche zu führen, wo möglicherweise alles ein wenig in Langeweile zu versinken drohte, weil man für Umzüge aus sozialen bzw. Altersgründen nicht in Frage kam, wo Umzugsspiele vielleicht unter der Würde des Personenkreises waren, wo man mit der zum Feiern bestimmten Zeit nichts Rechtes anzufangen wußte. Dies war vor

Weihnachtswünsche in Briefform an die Eltern oder an die Paten in Schönschrift wurden zu beliebten Weihnachtsgeschenken des Bürgertums in den Städten, bis die Postkarten aufkamen. Hier: Emma Baumbach, Rostock, 1869 an ihre Eltern

allem beim gehobenen Bürgertum und bei bürgerlichen und adligen Gutsbesitzern der Fall. Handelte es sich zudem noch um Häuser, in denen eine mehr romantisch gefärbte Einstellung zum Weihnachtsfest Eingang gefunden hatte, so konnte der neue Brauch auf fruchtbaren Boden fallen. Auch den Familien, die mit Weihnachten nicht in erster Linie christliche Motive verbanden, mag das neue Weihnachtssymbol willkommen gewesen sein, und es ist hier M. Bringemeier zuzustimmen, die erkannte, daß der Baum »zu einem Lieblingsobjekt des neuen Brauchtums werden konnte, eben, weil er religiös unverbindlich blieb«.[82]

Der Weihnachtsbaum paßte vorzüglich in die sich neu formierende Familienstruktur des 19. Jahrhunderts. An der Ausgestaltung des Weihnachtsfestes ist abzulesen, wie das gehobene Bürgertum begann, sozialen und kulturellen Führungsanspruch zu übernehmen, wobei Weihnachtsbaum und Kinderbescherung in das Zentrum der Familienfeier rückten und auch Hausmusik (vor allem am Klavier) und das Weihnachtslied von nun an zu den festen Brauchelementen zählten. »*Nicht die Geburt Christi, sondern die rapiden sozialen Veränderungen des 19. Jahrhunderts und vor allem die Entstehung eines neuen Familienideals*

Das Weihnachtsfest 1870 zur Zeit des Deutsch-Französischen Krieges im Hauptquartier zu Versailles, an dem auch der Großherzog von Mecklenburg teilgenommen hatte. Zeitgenössische Zeitungsillustration von Friedrich Schulz

schufen das moderne Weihnachtsfest.«[83]

Alter und geographische Herkunft des Weihnachtsbaumes sind umstritten, auch wer ihn zuerst aufstellte bzw. aufhängte. Aus obrigkeitlichen Verboten wissen wir, daß seit dem 15. Jahrhundert die Sitte allgemein verbreitet war, besonders zu Weihnachten Stube und Stall mit frischem Grün, mit »Maien«, zu schmücken. Frühe Belege (seit 1605) für Weihnachtsbäume im privaten Raum stammen vor allem aus dem Oberrheingebiet und dem Elsaß. Lichterschmuck wurde erst in der Mitte des 18. Jahrhunderts üblich. Die Weihnachtsbaumsitte verbreitete sich von den deutschen Fürstenhöfen über wohlhabende Bürgerfamilien bzw. Guts- und Pastorenhäuser auf dem Lande. Die Herzogin Helene von Mecklenburg, die 1840 den Thronfolger von Frankreich heiratete, soll in Paris, nun als Duchesse d'Orléans, den Weihnachtsbaum eingeführt haben. Als weitere Verbreitungsquelle dienten ausgerechnet Kriege, besonders der Deutsch-Französische Krieg 1870/71. Nachdem die deutsche Heeresleitung bei ihren Soldaten Bäume als nationales Symbol aufstellen ließ[84], der Kaiser selbst den Weihnachtsabend unter mehreren kerzenschimmernden Weihnachtsbäumen mit Militärs verbracht hatte und auch noch die Reichsgründung erfolgt war, galt der Weihnachtsbaum lange als deutsches Symbol. In Frankreich empfahlen Gazetten und Journale, dem deutschen Vorbild zu folgen, um die Generationen unter dem Baum zu versammeln. Nach zwei Revolutionen (1830 und 1848) suchte man Stabilität durch die Familie: »*Die Freuden des Familienlebens sind der einzige Ort und das einzige Glück, das keine Revolution uns jemals rauben kann*«, schrieb ein Journalist 1849[85] und unterstrich mit dieser Meinung den Wandel des Festes vom kirchlichen Fest zum Familienfest. So friedlich blieb der Umgang mit dem Weihnachtsbaum nicht. Im Ersten Weltkrieg diente der Baum vielfach als deutsches Symbol, ablesbar am schwarz-weiß-roten Schmuck, Sternen mit dem Bild des Kaisers.[86] Zur Zeit des Nationalsozialismus wurde er wiederum vereinnahmt, Bastel- und Backvorschläge beispielsweise zeigen angeblich uralte Formen und Motive von »Sinnbildern«, wie in der NS-Landpost vom 18.12.1936, die Richard Wossidlo kommentarlos in seiner Brauchabteilung archivierte.

Daß gerade der grüne Baum zu Weihnachten zum Geschenkbaum wurde, mag mit dem einfachen Wunsch zusammenhängen, in der trüben grauen Jahreszeit etwas Grünes im Hause zu haben, das neues Wachstum assoziierte, – ebenso wie das neugeborene Kind zu Weihnachten gut mit neuen Hoffnungen zu kombinieren war. Zum anderen war es ohnehin üblich, Geschenke an Festtagen an Zweigen zu empfangen, wie es an den Geschenkterminen Fastnacht und Pfingsten deutlich wird. Der ältere Geschenktermin Neujahr in Verbindung mit einem Bäumchen begegnet uns noch in einem Wossidlo-Beleg aus Warnemünde, wo der Nachtwächter zu seinen Kunden ging und sich seine Geschenke an ein Tannenbäumchen hängen ließ.

Illustration von C. Beckmann 1879 zu Fritz Reuter: Woans ick tau 'ne Fru kamm

Was die Einführung des Weihnachtsbaumes in Mecklenburg anbelangt, so ergeben sich gegenüber der von Weber-Kellermann verallgemeinernd für alle deutschen Landschaften angesetzten Datierung Abweichungen. Nach Weber-Kellermann war der Weihnachtsbaum um die Mitte des vorigen Jahrhunderts in Deutschlands Städten eine Seltenheit und zierte nur die Tische der Vornehmen. Auf dem Lande soll er – wie überhaupt der familiäre Bescherbrauch mit Konsumwaren – zu dieser Zeit noch weithin unbekannt gewesen sein. Als »ein Gewächs der bürgerlichen Kultur« sei der Weihnachtsbaum erst gegen Ende des Jahrhunderts bekannter bei den Arbeitern und der bäuerlichen Bevölkerung[87] geworden. Vom mecklenburgischen Material her sind diese Feststellungen teilweise zu korrigieren. Zwar stammen auch hier die frühesten Belege für den Weihnachtsbaum aus der Stadt: der erste dem unweit Lübeck gelegenen Grevesmühlen (1772),[88] der zweite aus Hagenow 1825, der dritte aus Dömitz 1839, der vierte aus einem Pastorenhaus der Kleinstadt Penzlin, etwa 1850, wenn man das Alter des Erzählers mit etwa 9 Jahren ansetzt,[89] eine Quelle, die Wossidlo übrigens noch nicht bekannt war, da die Autobiographie erst 1942 durch Pipers Sohn veröffentlicht worden ist. Aber die dörflichen Belege, die Wossidlo sammelte, reichen teilweise ebenfalls in die Zeit vor 1850 zurück, wobei es sich zeigt, daß die von Weber-Kellermann pauschal angenommene Nichtexistenz »auf dem Lande« bzw. bei »der bäuerlichen Bevölkerung« sozial-ökonomisch näher zu bestimmen ist. Wossidlos Befragungen von älteren Gewährsleuten ergaben folgende Termine (mit sozialer Zuordnung) hinsichtlich der Einführung des Weihnachtsbaums auf dem Lande:

Jahr:	Ort:	Sozialstatus:
1772	Grevesmühlen	nach Mitteilung des Pastorensohnes Gotthard Kosegarten im Hause eines Organisten und Schneiders
1825	Hagenow	nach Mitteilung einer Pastorentochter
1839	Dömitz	nach Mitteilung Fritz Reuters
1844	Godern	Bauerndorf
1844	Sarmsdorf	Bauern
1845	Tressow	Gut
1848	Trechow	Gut
1850	Marnitz	bei den Reichen (Bauerndorf)
1850	unlokalisiert (bei Rostock)	bei den Schullehrern und »Herren«
1850	Röckwitz	im Pastorenhaus des Gutsdorfes, nach Mitteilung Otto Pipers
1854	Eldena	Bauerndorf
1855	Hornstorf	Gut
1860	Suckow	beim Bauern
1860	Kirch-Grubenhagen	Gut
1860	Marnitz	»bei allen« (Bauern)
1863	Buchholz	beim Küster
1865	Karow	beim Bauern
1865	Zernin	bei Pastoren und Lehrern
1866	Campow	Gut
1870	Lüttenmark	beim Bauern
1890	Borgfeld	beim Pastor
1890	Proseken	beim Lehrer
1898	Helpt	auf dem Gut[90]

Aus der frühen Rezeptionsphase gibt es mecklenburgische Bildbelege. Der bei Hinstorff seit 1864 erscheinende, sehr populäre »Voß-un-Haas«-Kalender zeigt als Monatsbild schon im Dezember des Erscheinungsjahres eine Mutter in ländlicher Tracht mit ihren drei Kindern an einem Tisch sitzend, auf dem ein brennender Weihnachtsbaum steht. Das Dezembermonatsbild von 1866 zeigt ebenfalls eine Familie unter dem Lichterbaum. An Geschenken sind zwei Teller mit Gebäck, eine Trommel und eine Puppe erkennbar. Ein

Kind spielt in seiner neuen Soldatenausrüstung mit Helm und Säbel, ein zweites reitet auf einem Schaukelpferd, dem Kleinsten wird eine Handpuppe vorgeführt. Sicherlich muß man annehmen, daß der Zeichner für einen Kalender, der bei einer »Hofbuchhandlung« gedruckt wurde, das Aktuellste bieten wollte, und dazu gehörten zweifellos Weihnachtsbaum und Geschenke. Was die Empfänger des Kalenders – und dieser wurde auf dem Lande viel gelesen – angeht, so muß der Zeichner allerdings überzeugt gewesen sein, daß der brennende Weihnachtsbaum und die Kinderbescherung als Dezemberfestsymbol wenigstens verstanden wurden. Ebenso zeigt auch das Dezemberblatt des »Vagel-Griep«-Kalenders, der seit 1868 bebildert erschien, einen brennenden Lichterbaum im Mittelpunkt des Bildes. In beiden Kalendern wird für die nächsten Jahre das entsprechend variierte Symbol dann beibehalten. Somit wurde der brennende Lichterbaum auch durch Kalender weiteren ländlichen Schichten bekannt gemacht, wenn nicht gar schon als bekannt vorausgesetzt. Freilich muß zwischen »bekannt« und »angenommen« strikt unterschieden werden.

So zeigt sich der Weihnachtsbaum in den ersten Phasen seiner Rezeption auf dem Lande mehr als ein Statussymbol. Der berühmte und vor allem in Süddeutschland weit verbreitete Stahlstich von Carl August Schwerdtgeburth (1785–1878) aus dem Jahre 1843 »Luther mit seiner Familie am Christabend 1536«, der lange die Lutherforschung beschäftigt und sogar zu dem Fehlschluß führte, Luther habe den Weihnachtsbaum erfunden,[91] hat in Norddeutschland wie zahlreiche andere Bildquellen offenbar kaum Vorbildwirkung für die Einführung des Brauches zumindest auf

dem Lande gehabt. Daß der Weihnachtsbaum zunächst von den Begüterten übernommen wurde, die ihn als Geschenkbaum mit Eßwaren wie Rosinenketten, Feigen, Würsten behängten, scheint naheliegend. An der Spitze thronten vielfach Teigpuppen in Form von »Adam und Eva«, manchmal eine Fahne oder ein Schiff. Klemmlichthalter kamen erst um 1870 auf, so daß die selbstgedrehten Kerzen (aus Schlachtefett oder Bienenwachs), über Flachs gegossen und zu Rollen gedreht, zunächst nicht aufrecht standen, sondern herunterhingen. Es wird deutlich, daß es vielfach materielle Gründe sein konnten, die minder Bemittelte am Aufstellen eines Baumes hinderten. *»Acht Schilling waren zu teuer«*[92] (d. h. zum Erwerb eines Baumes, H. M.). Auch Baumschmuck fehlte:

»Ein Talglicht würd' baben up den Dannenbom anbunnen, denn wir de Stuw oewerhell. Pölltüffel würden mit blank Papier oewerkläwt, de würden an den Bom hungen. Ein Band, wo Rosinen uptreckt wiren, würd unnen rund üm den' Dannenbom rümleggt. Blanks hüng dor nich an.«;[93] *»Wihnachtsboom hebben wi nich hatt, dor hebben de Lüd keen Tiet to hatt.«*[94]

Während bis etwa 1870 Eßwaren als Baumschmuck dominierten, ließen sich der Hof und die Städter nun zunehmend auch durch Inserate und Beschreibungen in Zeitschriften und Angebote in Geschäften für moderneren glitzernden Baumschmuck interessieren. Auch Kerzenhalter mit Pendelgewichten gehörten dazu, so daß die Kerzen jetzt aufrecht stehen konnten. Baumschmuck aus Watte, feingesponnene Drähte mit kleinen Wachsfiguren, Engelspüppchen, bunte, glänzende Papieroblaten mit Abbildungen von Nikolaus und Christkind, vor allem aber mundgeblasene Glaskugeln in großer

Formenvielfalt ließen den Weihnachtsbaum zu einem Prestigeobjekt werden.[95]

Mecklenburg war allerdings mittelbar überregional an der Verbreitung des jüngeren Weihnachtsbrauchtums beteiligt, und zwar hinsichtlich des Baumbehangs mit billigen Süßigkeiten. Pfitzner[96] berichtet aus (Alt-) Strelitz, dort sei »in alter Zeit« (jedenfalls vor 1870) Baumbehang in großen Mengen hergestellt und zum Teil weit über die Grenzen unserer engeren Heimat verschickt worden. Die Fabrikanten des Christbaumschmucks waren die Bäcker. Mit Blechformen, von den Strelitzer Klempnern angefertigt und geliefert, wurden allerlei Figuren aus einfachem Zuckerteig ausgestochen. Da gab es Kühe und Hunde, Schwein, Hirsch und Hase, Adam und Eva (der 24. Dezember hieß im Kirchenjahr »Adam und Eva«, H. M.), Schornsteinfeger, Reiter und den Alten Fritz. Um 1870 kam der »Turkus« hinzu. Diese Figuren wurden zum Teil mit roter Zuckerglasur überzogen oder mit Zuckerfarben angemalt. Das Anmalen besorgten meist Frauen und Kinder. Von den Zuckerpuppen gingen ganze Wagenladungen nach außerhalb. Berühmtheit erlangte der Konditor Ernst Meier, der sich 1831 als Stadtkonditor niedergelassen hatte und figürliche Kunstwerke aus der Zuckermasse Tragant schnitzte, die zwar kaum zum Verzehr geeignet waren, aber die Festtafeln in den Städten und vor allem bei Hofe zierten. Seine Ausbildung hatte er in Regensburg und Wien erhalten, seine Kunden rekrutierten sich aus dem Hof und den Begüterten aus der Stadt, und so erklären sich seine Motive: kleine Biedermeierfiguren, Jagdszenen, Galakarossen, Reiter, Fantasievögel.[97]

Die fabrikmäßige Herstellung von billigeren Süßwaren aus Schokolade und Marzipan zum Ende des Jahrhunderts, z. B. durch die Prenzlauer Fabriken, verdrängte die alte Handwerkskunst.

Auf einen bedenkenswerten Aspekt bei der Beurteilung der Frage, warum der Weihnachtsbaum, wenn er sichtbar in eine soziale Schicht des Dorfes eingedrungen ist, nicht von den übrigen sofort übernommen wird, macht Sauermann aufmerksam, indem er auf eine siebzig- bis hundertjährige Phasenverschiebung der Rezeption von der Aufnahme im Hause (Droste-Hülshoff 1820/1830) und durch die umliegenden Kirchdörfer verweist und diese ebenso für den westfälischen Gesamtraum feststellt und schlußfolgert, es handele sich »um das Kommunikationssystem, das identifizierbare soziale Gruppen in einer Region während eines bestimmten Zeitraumes verbindet und trennt und durch das kulturelle Inhalte vermittelt werden«.[98] Parallele Erscheinungen lassen sich auch in Mecklenburg beobachten. Selbst wenn Mittel und Raum zur Verfügung standen, so hielt einerseits das Bewußtsein der sozialen Schranke von der Übernahme ab, andererseits war auch das Bedürfnis nach neuen Weihnachtssymbolen noch gar nicht vorhanden: »Wi hebben keenen Dannenboom hatt. Abends, wenn afäten wier, würd sungen, dat wier heiliger as mit den Wihnachtsboom.«[99] Mehrere Faktoren treffen hier wohl zusammen. Soweit die Landbevölkerung noch in einer herkömmlichen religiösen Auffassung befangen war,[100] empfand sie den Weihnachtsbaum als weltliches Symbol (seine Einführung in den Kirchenraum erfolgte dementsprechend auch zögernd).[101] Der Hauptgrund für eine Ablehnung in vielen Häusern, die Platz und Mittel gehabt hätten, ist wohl der, daß eigentlich gar kein Bedürfnis für den neuen Brauch bestand, weil die traditionelle weihnachtliche Brauchstruktur, wie oben ausgeführt, noch intakt war und den Bedürfnissen entsprach. Wo dies nicht mehr der Fall war, wurde der Weihnachtsbaum rezipiert.

Aus Mecklenburg und Vorpommern sind als Weihnachtsschmuck in den Stuben auch Pyramiden überliefert,[102] von besonderem Reiz die sogenannten »Bügelbäume« auf Hiddensee.[103]

Für die Einführung des Julklapp-Brauches könnten, ähnlich wie beim Tonnenabschlagen, maritime Kontakte und Handelsbeziehungen zu Schweden eine Rolle gespielt haben, aber auch die sogenannte »Schwedenzeit«, die Besetzung Pommerns von 1648–1815.

Ernst Moritz Arndt hat in einer Reisebeschreibung Schwedens für 1804 den Brauch anschaulich beschrieben:

»Julklappe (Julklappar) heißen die Geschenke und Scherze, die man einander zuschickt. Es ist damit wirklich allerliebst. Für Lachen und Freude, auch für Aerger und Beschämung ist da gesorgt … Hundert und tausend verschiedene Boten und Masken, Postillone zu Fuß und zu Pferde … sind diesen Abend bis in die tiefe Nacht in Bewegung, zum Theil die allerabentheuerlichsten … Ausstaffierungen, die eine tolle und verwegene Phantasie sich nur denken kann. Denn wunderbar und unerwartet muß der Julklapp auch kommen, und sein Sender und Ueberbringer muß unbekannt seyn und plötzlich und blitzig erscheinen und verschwinden wie ein Gott. Darum wird auch das Meiste geschwind und heimlich auf irgendeine schlaue Weise durch Mitverschwörung irgend eines Hausgenossen oder durch Bestechung und Ueberlistung der Dienerschaft oder des Gesindes hineingelistet, wohin es soll, oder man

wirft und stößt es geschwind durch die Thüre und macht sich dann auf den schnellsten Füßen davon. Von solchem Anklopfen und Klappen gegen die Thüre heißt das Geschenk Julklapp.«[104]

Bei Fritz Reuter finden sich mehrfach literarische Beschreibungen des neuen schwedischen Brauches, der sich rasch auf Vorpommern und Mecklenburg ausbreitete. Als Zeitzeuge tritt der Dichter selber auf, wenn er im 30. Kapitel der »Stromtid« von dem Weihnachtsbesuch mit seiner Frau bei seinem Freund Peters auf dem Gut Siedenbollentin erzählt:

»Un denn geiht de Winter- un de Wihnachtslust los, un de Boom brennt, un de Julklapp klappt …«[105]

Auch in Reuters Beschreibung des Weihnachtsfestes im Gürlitzer Pastorenhaus, mit der unser Kapitel begann, findet sich eine Julklappszene:

»Julklapp!« rep Rike ehr lude Stimm, un en Packet flog in de Dör: »An die Frau Pastorin Behrens«, un 't was 'ne hübsche Rutsch, un keiner wüßt, wo se herkamm.

Un »Julklapp«! gung 't wedder, un 't was ein niges, gesticktes Küssen för den Herrn Paster sinen Lehnstauhl, keiner haddt oewer dan – ach, wat würd hüt in den Pasterhus' lagen! – Un »Julklapp!« un 't lagg en Zettel in den Breiw, un de Zettel wieste up en annern Zettel, de lag baben up den Boehn, un de wedder up en annern, de lagg unnen in den Keller, un de wedder up en annern, un de wedder… «[106]

Nach den Erhebungen des »Atlas der deutschen Volkskunde« aus den Jahren 1932–1934, das Antworten aus ca. 800 pommerschen Orten enthielt, war das »Julklappwerfen/Wat in die Julklapp smiten«[107] bis in die 30er Jahre auf Rügen, in den Kreisen Demmin und Anklam und auf Usedom allgemein bekannt. »*Es scheint so, daß diese spaßige Art der Übermittlung von Geschenken ... die vom Bürgertum bevorzugte Alternative zum rauhen Treiben der vermummten Umzugsgestalten war*«,[108] eine »dem Salon oder der guten Stube angepaßte Aktion«.[109] Und in der Tat paßten die Rug' Klaase, Schimmelreiter und Knapperdachse nicht mehr in die guten Stuben der vornehmeren Gesellschaft mit Biedermeiermöbeln, Klavier und aufgeputztem Weihnachtsbaum.

Weihnachtsabend
im
proteſtantiſchen Deutſchland.

» Weihnachtsabend im protestantischen Deutschland«. Illustration zum Dezemberkapitel in Reinsberg-Düringsfeld: »Das festliche Jahr«, Leipzig 1863
Während bei den Protestanten der Baum auch als Symbol des Kreuzesstammes erklärt worden war und die brennenden Lichter mit dem Licht der Welt, das an diesem Tage aufgegangen, in Verbindung gebracht wurden, entwickelten die Katholiken Bräuche um die Krippe.

205

Der germanische Gott Wode mit seinen Hunden, der in den Zwölften mit seiner Hunde-
meute durch die Lüfte jagen soll.

10. Die Zwölften –
Zwischen den Jahren

10.1 Der Wode und die Wirkung germanischer Mythologie

In erstaunlicher Kontinuität bewertet die deutsche Brauchliteratur die »Zwölften«, die Tage zwischen Weihnachten und dem 6. Januar, als dunkle, geheimnisvolle Zeit, bestimmt von den Ängsten der Menschen vor bösen dunklen Mächten, personifiziert durch die am Himmel unter klagendem Geheule umherziehende »Wilde Jagd«, dem mit »Wode« (Wodan) als Anführer im Sturmgebraus einherziehenden Totenheer bzw. »Frau Goden« und ihren zwölf Hunden.[1]

Mecklenburg macht da keine Ausnahme. Aber ob diese Zeit nur angstbestimmt verlief, ist mit zu untersuchen. Als charakteristische »Altmecklenburgische Sitten und Volksbräuche« werden noch 1926 beschrieben:

»Eine ganz große Rolle in dem Glaubensleben unserer Ahnen müssen ›Die Zwölften‹ gespielt haben … Wie wir, so fühlte auch unser Vorfahr in seinem altgermanischen Glauben, daß es im Menschenleben Augenblicke gibt, ›wo er dem Weltgeist näher ist als sonst‹. Es gibt Stunden und Tage, in denen das Gute und das Böse in der Welt stärker um die Seele des Menschen ringen als zu anderen Zeiten. Und welche Zeit könnte den dunklen Mächten wohl geeigneter scheinen als die langen Nächte, in denen alles Leben in der freien Natur stockt.«[2]

Und 1936 ist in den Monatsheften Mecklenburg-Lübeck in der Diktion der Zeit nachzulesen:

Der Wode reitet

»Alles Große ist kampfgeboren. Wenn ein neues Jahr emporsteigt, ringen Holde und Unholde miteinander. Mit Sturmeseile brausen sie daher, reißen an Dachziegeln und Fensterladen, zerzausen die Kronen der Bäume; Zerstörungen und Verwüstungen aller Art kennzeichnen den Weg, den die wilde Jagd genommen hat. Sie ist auch im Frühling und Herbst unterwegs, besonders gern aber zieht sie in den ›Zwölften‹ (25. Dezember bis 6. Januar), die von unseren Vorfahren als die heiligen Nächte des Jahres betrachtet werden. Es ist nicht ratsam, so kündet alter Glaube, in dieser Zeit Wäsche draußen auf der Leine hängen zu lassen. Wodes Hunde zerreißen sie … mag die Erfahrung der überkommenen Ansicht tausendmal entgegenstehen; die alte Vorstellung weicht nicht.«[3]

Seit den Sammlungen der Romantik ist die Neigung zur Germanisierung von Bräuchen bekannt und ihr Anteil an der Herausbildung von Kontinuitätstheorien beschrieben worden, die dann bewußt von den Nationalsozialisten für ihre Zwecke mißbraucht worden sind. Sehr oft erwies sich allerdings dabei das angeblich uralte Herkommen der Bräuche als weitaus jüngere Erscheinung. Hier soll es auch nicht um die exakte Bestimmung des Alters etwa der Sagen um die Wilde Jagd oder ihre Wanderwege gehen, sondern um ihre Funktion in unserem Untersuchungszeitraum.

Bei Bartsch findet sich folgende Sage:

»In der Umgebung von Grabow erzählt man sich viel von ›Frau Gaur‹.

Sie wird als eine Frau gedacht, die auf einem hölzernen Schlitten, wie man sie jetzt noch bei den Landleuten findet, von Hun-

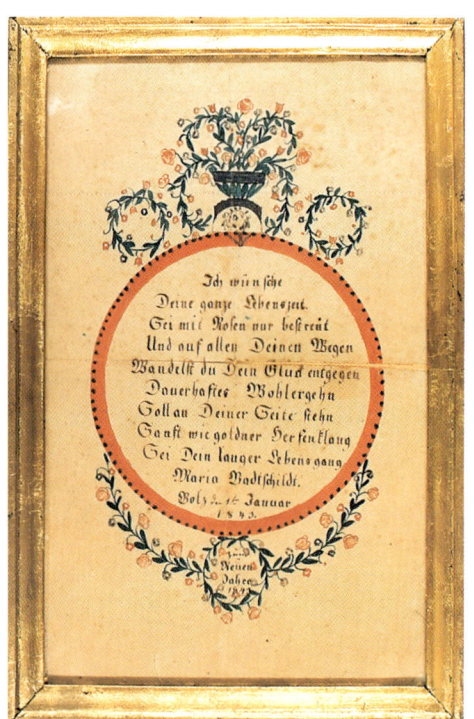

Handgemalter Neujahrswunsch von Maria
Vadtschildt 1843. Neujahrskarten verdrängten
diese Sitte.

den (Wölfen) gezogen, durch die Lüfte fährt. Eine Menge Hunde umkreisen das Fuhrwerk, indem sie fortwährend bellen und dadurch einem dem Geschrei der Nachtvögel ähnlichen Lärm verursachen. Gesehen hat sie Niemand, und daher weiß man von ihrer Gestalt und Kleidung nichts zu sagen. Um die Weihnachtszeit, in den ›Zwölften‹, fährt sie mit Hundegebell durch die Luft, segnend und strafend. Dann verschließt der Bauer seine Hausthür mit Dunkelwerden; Knechte und Mägde tragen Wasser, Geräthe und dgl., was sie des Abends gebrauchen, vorher in's Haus, damit keiner mehr nach der Dämmerung draußen zu thun hat; denn Frau Gaur straft die Nachlässigkeit und Faulheit des Gesindes. Während der Zwölften verbietet sie den Mädchen und Frauen das Spinnen, und gibt ihnen überhaupt nur bis Fastnacht Frist dazu. Wenn der Flachs am Fastlabend nicht aufgesponnen ist, kommt Frau Gaur und zerreißt den Spinnrocken. Fragt nun Fastnachts die Bäuerin ihre Nachbarin, ob sie schon anfängt zu weben, und wird diese antworten, daß sie noch nicht kann, weil sie ihren Flachs noch nicht aufgesponnen hat, so gilt dies noch heute als Zeichen der Faulheit ...«[4]

In diesem Beispiel finden sich zahlreiche Motive und Brauchelemente, die als charakteristisch für die zwölf Nächte gelten können. Auch Wossidlos erster großer Sagenband, der 1939 bei Carl Hinstorff in Rostock verlegt worden ist, beginnt mit einer umfangreichen Sagendokumentation über die »Wilde Jagd«, die die Sammlung von Bartsch[5] eindrucksvoll ergänzt. Solche Sagen zählten nach den Berichten der Sammler bzw. der Auswertung der Sammlungen durch die Forschung zu den Haupt-

erzählstoffen auf dem Lande, besonders in der arbeitsfreien Zeit zwischen Weihnachten und Neujahr. Nach Wossidlo war der Glaube an diese Sagen bei den um 1800–1820 Geborenen noch ziemlich fest.

Tatsächlich mögen die dunklen langen Winterabende als unheimlich empfunden worden sein. Selbst in den Städten kannte man bis zur Jahrhundertwende ja noch kein elektrisches Licht. In Schwerin flammte es beispielsweise erstmals am Heiligen Abend 1904 auf. Dazu kamen die verordnete Arbeitsruhe, die Ungewißheit, was das neue Jahr bringen möge. Diese Aspekte scheinen nach der Literatur den Charakter der Brauchhandlungen in dem Zeitraum zwischen Weihnachten und Dreikönigstag besonders auf dem Lande vornehmlich mitbestimmt zu haben. Vor allem hielt man sich streng an die mündlich überlieferten Arbeitsverbote wie nicht waschen, nicht spinnen, nicht backen. Kein Rad durfte »rund« gehen, nichts mit dem Wagen gefahren werden. Haus und Hof mußten in Ordnung sein: »*De Dören würden jeden Abend in de Twölften taumakt, alles Ackergeschirr würd up'n Hoff un in't Drög bröcht. Nicht 'ne Fork dörft up'n Hof buten stahn blieben. De Swientrög würden rinnahmen, Brotschüwer un Gaffeln würden unner Dack leggt. Ok de Sothaken würd rinnahmen: sei wiren bang, dat dor einer Kunstück (Zauberei) bi makt. In den Sot würd 'ne Füerkahl hängt oder 'n Füerstahl an'n langen Band uphängt.*«[6]

In den Zwölften durfte man nichts ausleihen, nichts auf den Zaun hängen, nicht pflügen, keinen Mist fahren – alles sollte zur Ruhe kommen. Besonders viele Verbote betrafen das Spinnen. Erstaunlich oft wird in Wossidlos Belegen, besonders aus dem Südwesten Mecklenburgs, die Furcht vor Wode, im südwestlichen Mecklenburg als weibliches »Gespenst« (Frau God', Frau Waur, Waus, Waul, Gaur, Goden) benannt, der Zwölftengottheit, die mit ihren zwölf Hunden durch die Lüfte jagen soll.

Eine undefinierbare Angst vor dem »Bösen«, das man nicht zu nennen wagte, soll dazu geführt haben, daß bestimmte Namen von Tieren (Wolf) nicht ausgesprochen werden durften, die als mögliche Begleiter »des Bösen« galten. »De Drak« und »de Kräwt« sollen durch die Luft fliegen und sich strafend auf die Wäsche und Dinge setzen, die trotz Verbot außerhalb des Hauses angetroffen werden. Aber wurde diese Zeit wirklich nur als unheimlich empfunden, wie bis in die jüngere Brauchliteratur auch für andere Regionen nachzulesen? *»In den langen, dunklen Nächten und an den düsteren, kalten Tagen saß man beklommen in der Stube, wenn draußen die entfesselte Natur tobte. Alter Dämonenglaube, mittelalterliche Hexenvorstellungen und tiefe Frühlingssehnsucht bestimmen das Brauchtum der zwölf Rauhnächte ...«*[7]

Nach der Literatur wurde die Zeit zwischen den Jahren vor allem als ein Übergang empfunden, in der Übergangsriten in einen neuen Abschnitt hinüberhalfen, wie es der französische Ethnologe Arnold van Gennep für mehrere Lebens- und Jahresabschnitte eindrucksvoll beschrieben hat.[8] So galt auch der Beobachtung des Wetters an den zwölf Tagen besondere Aufmerksamkeit: *jeden Dag in de Twölften is 'n Monat, dornah richt sick dat Wäder.«*[9] Der Frage, warum sich die Sagen von der Wilden Jagd so lange im Gedächtnis der Landbevölkerung halten konnten bzw. warum sie immer noch Erzählstoff boten, wurde in der Literatur dagegen nicht nachgegangen. M. E. scheint für ihr Weiterleben noch ein realer

Hintergrund gegeben, selbst wenn an die Sagen kaum noch geglaubt wurde, zum anderen scheinen sie zum Zweck erzieherischer Funktion – ähnlich wie Märchen – eingesetzt worden zu sein:

Liest man nämlich die Sagen und die Bemerkungen beispielsweise Wossidlos zu ihnen genauer, so scheint an die »Wilde Jagd« oder an das Wirken von Frau Goden oder Fru Waur auch unter der Landbevölkerung nicht grundsätzlich mehr geglaubt worden zu sein, wenn viele Sagen im Konjunktiv erzählt wurden wie:

»Weck behaupten jo wo de Will Jagd up tokümmt, denn'n nimmt se mit«;[10] *»De Will Jagd sall jo in de Luft swarmt hebben ...«*[11] Und ein alter Handwerker in Niendorf auf Poel meinte auf eine entsprechende Frage Wossidlos: *»Wat dat (de Waul) eigentlich wäst is, hebben de Ollen woll sülben nich wüßt.«*[12]

Von der angeblich so stark ausgeprägten Dämonenfurcht scheint nicht mehr viel übrig geblieben zu sein, wenn man die zahlreichen Belege Wossidlos über Umzugsbräuche in den Zwölften mit einbezieht, in denen »Frau Gode« ganzkörperlich dargestellt wurde:

»Heilig-Dreikönig-Abend würd dat makt. Een Knecht kleedte sik ut as Frau Goot – he hadd 'n Hümpel Piermeß in 'n Laken oder inne Schört. So güng 't dörch't Dörp. Wenn een noch Heed' up hadd up 'n Wokken, würd de Piermeß indrückt. De Frugens juuchten un krieschten«[13] ... *»Een jung' Mann het dat hier noch vör twee Johr (1895) makt. Dee hadd Heed' up 'n Kopp – Mudder God'sch ward dat nennt. Ein poor Penning kreeg he un'n bäten Wust.«*[14]

Wossidlo notierte zahlreiche ähnliche Belege, stets war die Spinnstube Anlaufpunkt der Verkleideten als Frau Gode oder Vadder God', und stets wurde der Wocken der Mädchen geprüft und verunreinigt, wenn noch Hede darauf war.

Bestimmendes Motiv scheint also weniger die angebliche Dämonenfurcht zu sein, eher finden sich bei den Umzügen und in den erzählten Sagen von Gode und Wode Hinweise auf bestimmte Funktionen in den Zwölften, analog zu anderen Jahresbräuchen, deren Brauchsprache jeder verstand, ohne daß etwa Verbote und Fristen explizit ausgesprochen wurden. Die hier in den Sagen benannten Verbote für bestimmte Arbeiten beispielsweise boten die Legitimation für freie Zeit, den Anlaß, sich von körperlicher Arbeit zu erholen; die Betonung der Frist, bis Fastnacht alles aufzuspinnen, lieferte der Bäuerin die Möglichkeit, die Mädchen zu einem gewünschten Arbeitstempo nach den freien Tagen zu bewegen. Die Beobachtung, daß »Fru Goden« gern von Knechten gespielt wurde, die dann in entsprechender Verkleidung in die Spinnstuben eindrangen und das Nichtaufgesponnene mit Pferdeäpfeln verunreinigten und dafür von den Bauern mit Naturalien belohnt wurden, weist darauf, daß an die angeblich so unheimlichen Gestalten nicht mehr geglaubt, sondern vielmehr der Bäuerin an dem Fleiß des Gesindes gelegen war und Knechte und Mägde wiederum unter dem Deckmantel des Brauches eine derbfröhliche Annäherung der Geschlechter suchten. Und ganz gegen althergebrachte Vorstellungen von ängstlich auf das neue Jahr wartenden Landbewohnern sprechen auch die zahlreichen Belege bei Wossidlo und Bartsch, die von geselligen Spielen, wozu auch die vielfältigen Orakelbefragungen wie das Pantoffelwerfen gehören, vom Singen, Besuche machen, von Festessen, also von Vergnügungen dieser Tage erzählen.

Nicht zu unterschätzen ist wohl auch ein realer Grund für die Ängste vor einem Aufenthalt nachts in den Winternächten, wenn draußen heulende Töne zu hören waren: Die »Wolfsplage«, die in Mecklenburg nach dem Dreißigjährigen Krieg so verbreitet war, daß Herzog Gustav Adolph 1693 ein Edikt zu ihrer »Vertilgung« erließ und für die Erlegung eines Wolfes zwei Reichstaler aussetzte. Regelmäßig wurde damals zur »Tilgung der Wölffe« das »Wulffsgeld« erhoben[15] und noch 1714/15 wird von »verschiedenen Leuten, welche einige Wölffe, theils in der Grube gefangen, theils erschoßen, auch theils mit Aufsuchung der Nester und Wegnehmung der jungen Wölffe sehr bemühet gewesen«, berichtet, woran die Mahnung angeschlossen war, das Wolfsgeld unverzüglich einzutreiben, um den Wolfsfängern die geforderten und auch zugesicherten Prämien zahlen zu können.[16]

Neben der Sage bewahrt auch das in 52 Strophen überlieferte »Rügianische Wolfslied« als Spottlied auf den rügenschen Landadel die Erinnerung an die Furcht vor Wölfen, das so beginnt:

Wille jy Herren uns recht verstahn
Wo idt in Rügen is thogan
Wol in den Winter-Dagen:
De Wülffe wurden verfolget sehr
Um eene kahle Acker-Mähr,
De se hadden genaget.[17]

Da die Wölfe zwar dezimiert, aber durchaus nicht ausgestorben waren und ihr Verhalten aufgrund ihres Paarungstriebes in der Zeit von Dezember bis Anfang März von einem weithin hörbaren schaurigen Wolfsgeheul begleitet war,[18] könnte dem Erzählen der Sage von der Wilden Jagd, verbunden mit dem Gebot, alles einzu-

Orakelspiele zu Silvester in Pommern: das Tellerschieben und das Pantoffelwerfen

schließen und nicht abends allein vor die Tür zu gehen, durchaus eine erzieherische Funktion beigemessen werden.

Ein weiterer Grund für das Weiterleben althergebrachter Vorstellungen in der Brauchliteratur bis in die unmittelbare Gegenwart mag u.a. auch in dem unverhohlenen Mißbrauch der Bräuche durch die Nationalsozialisten liegen sowie einer fast erdrückenden Beweislast schon der älteren Forschung[19] an einer angeblichen Kontinuität der Wirkung germanischer Mythologie. Die propagandistischen Wertungen dieser Zeit mit dem Bestreben, die altgermanische Götterwelt wieder zu beleben und ihre angeblichen Werte in den Dienst völkischer Erziehung zu stellen, haben möglicherweise ebenfalls mit dazu beigetragen, daß »die Zwölften« noch in der heutigen älteren Generation auf dem Lande, wie bei Befragungen festgestellt werden konnte, aber auch von den städtischen Lesern von heimatkundlicher Literatur des 20. Jahrhunderts vor allem als bedrohlich empfunden werden. Die Rezeption und Wirkung dieser Schriften bedürfen noch der Forschung.

Hartnäckig hielten sich nebulöse Interpretationen, obwohl bereits in den Vorbemerkungen Wossidlos zu seinen Sagensammlungen, die er zwischen 1893 und 1939 zusammenstellte, deutliche Hinweise darauf gegeben werden, daß das Sagenerzählen bereits mehr dem abendlichen Vergnügen galt:

»Heute ist der Glaube dahin: Nu is dor keen Seggen mihr von. De Waul – dat is woll ganz vörbi. – In den französchen Krieg – 1813 oder noch früher – sall de Waul oewer de Ostsee treckt sein – von de Tiet an is se nich wedderkamen.«[20]

Als einer der wenigen Kritiker einer nordisch-germanischen Wiederbelebung schrieb Johannes Gillhoff 1926 mit feiner Ironie:

»Nüchtern und platt gesagt: Mit der alten Firma Wodan und Cie. ist heute nicht mehr viel los. Die Stützungsversuche, die da unternommen werden, kommen auch zu spät. Da ist nichts mehr zu wollen. Und wenn, wie es jüngst in einem schmuck ausgestatteten Heftchen geschah, Baldur, der Lichtfrohe, der von Göttern und Menschen Geliebte, als visionärer Moralästhet im Sinne der Wiedergeburt unseres Volkes heraufbeschworen wird, dann ist es schon besser, man läßt die alten Herrschaften in ungestörtem Genuß ihres wohlverdienten Ruhestandes …«

10.2 Olljahrsabend

Der sogenannte Olljahrsabend, der Silvesterabend, der noch im 18. Jahrhundert als eines der bedeutendsten Feste unter den Jahresfesten galt, an dem auch die Geschenke verteilt wurden, hatte seine Funktion zugunsten des Weihnachtsfestes bereits eingebüßt. Geblieben war die Freude auf reichliches Essen an diesem »Vullbuuksabend« möglichst mit neun Gerichten, wozu auf dem Lande »Swienskopp mit Gräunkohl« und »Brammwienskollschal« gehörten, in der Stadt der Silvesterkarpfen. Hier freute sich der Tischgast, wenn er eine Schuppe auf seinem Teller fand, im Portemonnaie getragen, sollte sie für einen stets vollen Geldbeutel bürgen.

Da auf dem Lande angeblich »Frau Gode« in dieser Nacht ihr Unwesen trieb, wurden die oben geschilderten Vorsichtsmaßnahmen ergriffen.

Vielfach wird über das Schießen in den Sod, den Brunnen berichtet, um ihn durch Feuer zu reinigen und wieder bekömmlich

Die besten Neujahrsgrüße

Glückliches Neujahr!

zu machen für Mensch und Tier. Hier ist Gawlicks These wohl zuzustimmen, daß neben Vorstellungen des Volksglaubens sicherlich auch jugendlicher Übermut,[21] und ich setze hinzu, wohl auch ein Imponiergehabe vor den Mädchen, eine Rolle gespielt haben, wenn unter dem Deckmantel der Dämonenabwehr kräftig mit den alten Büchsen geknallt wurde. Auch in der Stadt böllerte man um Mitternacht mit Feuerwerkskörpern, und so wenig, wie hier der Gedanke an Dämonenabwehr zu erkennen ist, so wenig trifft dieser Gedanke auch für die lärmenden Bräuche auf dem Lande zu, denn die geistigen und kulturellen Verbindungen von Stadt und Land bestanden durchaus, wie u. a. am Beispiel des Pfingstmarktes gezeigt worden ist.

Und natürlich bot der Olljahrsabend Anlaß, die Zukunft mit Hilfe von Orakeln zu befragen. Die Mädchen interessierte vor allem, ob im nächsten Jahr eine neue Liebe in Aussicht stand. Diese Befragung geschah wie üblich ohne Worte: Man mußte nackt zwischen den Beinen in den Backofen sehen oder erblickte den Liebsten im Spiegel. Die Mägde warfen rücklings einen Pantoffel, um zu erfahren, ob sie im neuen Jahr in neue Dienste kämen. Wies der Pantoffel mit der Spitze zur Tür, so war das der Fall. In der Stadt gehörte das Bleigießen zu den beliebtesten Orakelspielen.

Am Neujahrstag, der erst 1691 von Papst Innozenz XII. als offizieller Jahresbeginn festgesetzt worden war und den Tag davor nach dem 335 verstorbenen Papst Silvester benannt hatte, wünschte man in Stadt und Land einander Glück für das neue Jahr. Das geschah in Form gereimter Neujahrslieder persönlich oder durch Boten. Aus den mündlich vorgetragenen Grüßen und Wünschen entwickelten sich die Neujahrsglückwunschkarten unserer Tage (deren Tage durch die neuen Medien sicherlich bereits wieder gezählt sind).

In den Städten zogen, oft zum Ärger der Hauseigentümer, ganze Scharen von Glückwünschenden von Haus zu Haus, um unter dem Schutze des Brauches um Gaben zu heischen. Dieser »Unsitte« suchten herzogliche Edikte Abhilfe zu schaffen. Zu Beginn des 19. Jahrhunderts besaßen jedoch immer noch bestimmte Berufsgruppen das Recht, das ihnen von den Bürgern zustehende Jahresentgelt einzusammeln. In Schwerin waren das 1821 noch die Chorschüler und Stadtmusikanten, in Wismar der Wasserseller, der Stadttambour, die Röhrenleger, die Nachtwächter, Stadtsoldaten, Kohlenmesser und Gassenreiniger.[22] Aus diesem Geschenktermin im Sinne von Lohn entwickelte sich die Sitte der Weihnachtsgeschenke mit.

Daß gerade das vierblättrige Kleeblatt zum Glückssymbol für das neue Jahr wurde, hängt mit seiner alles Böse abwehrenden Kreuzform zusammen. Nach altem Volksglauben wird man durch den Besitz eines solchen Kleeblattes »hellsichtig«:
Am Silvestertag kann man die Hexen erkennen, aber auch verborgene Schätze. Und natürlich bringt ein vierblättriges Kleeblatt Glück im Spiel, in der Lotterie, aber auch in der Verwendung als Liebeszauber.

Wie jedes Jahr hängt Jürgen Bobsien in Grammendorf bei Grimmen die Nachgeburt des Pferdes in einen Baum. Aufnahme: Heike Müns 1987

11. Reitet »Wode« noch heute?

Zum Wandel bäuerlicher Denkmuster in der Gegenwart oder: ein Blick hinter die Kulissen heutigen anscheinenden Aberglaubens

Bei einem Besuch in Grammendorf bei Grimmen im Winter 1987 fielen mir eigenartige vertrocknete Gebilde auf, die von einem Birnbaum auf der Hofseite des Wohnhauses herabhingen. Meine diesbezüglichen Fragen wurden äußerst zögernd beantwortet. Erst nach mehreren Besuchen erfuhr ich, daß es sich dabei um die Nachgeburten der Zuchtstute aus den vergangenen Jahren handelt und daß auch die zu erwartende Plazenta der wieder tragenden Stute dort ihren Platz erhalten werde. Und in der Tat: Am 23. Februar stellte der Besitzer des Pferdes, Jürgen Bobsien, eine Leiter an den Birnbaum, stieg hinauf und wickelte sorgfältig, um ein Abrutschen zu verhindern, die rotleuchtende, pralle, noch feuchte Plazenta um einen Ast neben die vertrockneten der Vorjahre. Für seinen vierzehnjährigen zuschauenden Sohn Heiko bedeutete das Tun seines Vaters eine selbstverständliche Handlung nach der Geburt eines Fohlens, wie sie in diesem Hause seit Generationen üblich ist. Eine solche Beobachtung fordert natürlich Nachforschungen heraus, zumal eine Brauchhandlung dieser Art auf weit zurückliegende Schichten des Volksglaubens zu weisen scheint.

So findet sich bereits in einer Straßburger Predigt von 1517 ein früher Beleg über das Vergraben einer (wohl menschlichen) Nachgeburt. Dort wird das »erste Kleid«[1] des Neugeborenen »rot wammesch«, auch »seidin

dammastin wammest« genannt, und »dasselbig vergräbt man in den Stall«.[2]

Der Brauch, an der Wurzel eines Baumes die Nabelschnur und die »placenta maternalis« einzugraben oder an den Ästen hoher Bäume aufzuhängen, war vielen nordeuropäischen Völkern bekannt. Es werden sogar anthropomorphe Handlungen beschrieben, wonach die Plazenta, als »Mütterchen« mit einem Stoffhemd bekleidet, an der Spitze eines Baumes aufgehängt worden sein soll.[3] In der Literatur wird das Aufhängen tierischer Nachgeburten in Bäumen in der Regel mit der Furcht vor dämonischen Einflüssen erklärt, die man durch Vergraben, Verbrennen, Aufhängen oder Verschwemmen in fließendem Wasser bannen müsse, wobei das Aufhängen überwiegt.[4] Der besonderen Beachtung, die der Volksglaube menschlichen und tierischen Nachgeburten schenkte, entspricht auch ihre vielseitige Verwendung in der Volksmedizin, man benutzte sie zudem für Schutz- und Schadenzauber sowie zur Weissagung.[5]

Bei der Suche nach Erklärungen des für die ratio ungewöhnlichen Brauches konzentrierte sich die Forschung vor allem auf die Handlungen, die mit dem Aufhängen von Nachgeburten in Bäumen verbunden sind. Das Handbuch des Aberglaubens bietet 1935 folgende Erklärung an: »*Dieses Aufhängen ist in der Tat bedeutsam, und wie man in der Behandlung der Nachgeburt überhaupt einen rudimentären Ersatz des Kindesopfers gesehen hat, so hat man besonders in jenem Aufhängen ›ein Opfer gesehen‹, die ›unbewußte Fortsetzung einer ursprünglich für Odins Raben bestimmtes Opfer‹ darin vermutet. Es wäre zu untersuchen, wieweit das Wesen germanischen Opfers und Gottverkehrs' solches Opfer erklärt und erlaubt.*«[6] Und wenig später heißt es: »*So liegt es nahe, die (Nachgeburt) von ihrer besonderen Bewertung als magische Kraft aus zu erklären, aus einer jener sekundärprimitiven Vorstellungen also, die die mittelalterliche Volksseele beherrschen, ohne daß sie in altem Heidentum vorhanden bzw. stärker ausgeprägt sein müssen.*«[7]

Nun hatte man es bei Erscheinen dieses Handbuches durchaus nicht mehr mit einer »mittelalterlichen Volksseele« zu tun, und die Interpretationen wirken so nebulös, daß es ratsam erschien, nach möglichen Resten des Brauches in unserem Jahrhundert zu suchen, um von dort aus einen Zugang zu den bäuerlichen Denkmustern unserer Vorfahren zu finden. Dafür bot sich – wie so oft – die Sammlung Richard Wossidlos an, die die Auskünfte der von ihm in mecklenburgischen, aber auch hin und wieder in pommerschen Dörfern befragten Gewährsleute beinhaltet.

Die äußerlich sichtbare Brauchhandlung war offenbar über lange Zeiträume hinweg unverändert geblieben: Immerhin überliefern 89 der insgesamt 148 Belege, daß die frische Plazenta nach der Geburt des Fohlens bzw. des Kalbes mit der Forke in die Spitze eines Baumes befördert wird, wo sie bis zum völligen Vertrocknen hängen bleibt. Für die Untersuchung bäuerlicher Denkmuster verdient die exakte Angabe der Baumsorten Beachtung, wie wir sehen werden: Baum (27), Obstbaum (15), Pflaumenbaum (18), Birnbaum (7), Apfelbaum (5), Steinobstbaum (3), Pappel, Lebensbaum, Vogelbeerbaum, Rosenbusch, Nußbaum, Weide (je 1). In drei Fällen wurde die Nachgeburt zum »Verdrögen« über den Zaun oder den Dachbalken gehängt und in zwei Fällen eingegraben. Einige Angaben weisen auf Reste von Dämonenfurcht oder

Hexenglauben: »*Wenn een Koh geburen hett, möt man de Nahgeburt dreemal üm de Hofstäd drägen un denn ingraben, wo nie jemand henkümmt, denn sall keener de Hofstäd behexen koennen*« (Hallalit, o. J.).[8] In Hohen Wangelin soll ein alter Mann die Nachgeburt an einem Strick um die Grenze seines Anwesens geschleift haben (o. J., o. O.). Die Nachgeburt darf nicht über die Scheide (Grundstückbegrenzung, H. M.) getragen werden (Dierhagen, 1897), »*Fru Waus treckt in den bösen Dag'… mit einem ganzen Hümpel Hunn' dörcht Land. In dei Tied dörben (se) nich in dei Ihr rümpurren. Wenn ein Kauh kalvt, dörf dei Haben nich ingravt werden … süss freten ehr Köter durvon*« (Lank bei Lübtheen, 1919). Drei Belege empfehlen die Nachgeburt, die auch als Fahlenkoken, Hamen, Haben, Havel oder Hamel bezeichnet wird, als gutes Mittel gegen Krämpfe und Koliken. Das alles sind Befunde, die einer älteren, für uns heute nicht mehr erfragbaren Schicht des Volksglaubens zuzuordnen sind. Alle übrigen diesbezüglichen Notizen Wossidlos sprechen für ein ausgeprägtes Analogiedenken der Pferdebesitzer, denn sie sind es vor allem, die den Brauch tragen: »*Denn sall dat Veh naher ok wedder Frucht dragen*«, »*Denn sall de Boom naher ok wedder dragen*«. »*De Nahgeburt von Pierd ward so hoch hängt, as man irgend ankamen kann, denn dreggt dat Pierd de Fahn* (Schwanz, H. M.) *un den Kopp gut hoch*« (Leussow, 1928), »*In Gagelow ward de Nageburt in Boom hangt, süss wüss dat Fahlen nich*« (1927).

Bei acht Belegen wird unterschieden, ob es sich um ein weibliches oder um ein männliches Fohlen handelt: Weibliche Nachgeburten werden dann auf einen Birnbaum – »*dat is jo ne se*« (die Birne, H. M.) –, männ liche hingegen auf einen Apfelbaum – »dat is jo he« (der Apfel, H. M.) – geworfen.

Für die Dorfbewohner war es im Winter offenbar ein vertrauter Anblick, wenn überall von den Obstbäumen die vertrockneten Gebilde der Vorjahre und die rot leuchtenden der Neugeborenen, die sicherlich auch mit einem gewissen Stolz aufgehängt worden waren, für jeden sichtbar herabhingen. *»In Tarnow smeet de Vörknecht de Nahgeburt in 'ne Pappel jedes Johr, de wier all ganz behängt.«*

Dieses offenbar vorherrschende Analogiedenken der Pferdebesitzer, das für andere Formen des Volksglaubens hin und wieder auch von anderen Forschern registriert[9] und gegen eine rein mythologische Interpretationsweise (etwa Mannhardts)[10] gesetzt worden ist, wird nach Wossidlos Belegen ergänzt durch eine gewisse Selbsterfahrung der Bauern, durch Empirie, die sie den Brauch weiterhin als nützlich empfinden ließ. Sie beobachteten, daß bei Verfütterung der Plazenta die Kuh erstickte, Pferde sie gar nicht erst anrührten. Blieb die Stute mit der Nachgeburt »stecken« oder »ging nicht alles ab«, so verendete das Pferd. Erklärlich also, daß verschiedene Brauchhandlungen das vollständige Lösen der Plazenta befördern sollten. Wollte sie nicht kommen, *»ward de Koh 'n Hiring henhollen, dat se denn trüggwars öwerslecht«* (Groß Welzin), *»Vadder mök nich anners: wenn een Koh kalvert hedd, würd mit 'n Bessen un mit 'ne Messfork dreemal lang sträken un dreemal langfägt, denn würden Bessen un Fark so lang henstellt, bet de Nahgeburt keem.«* (Göhren, 1924). Mehrfach hat Wossidlo dabei Sprüche mit christlicher Motivik notiert, die im Vergleich zu den oben beschriebenen Praktiken der ältesten Schicht schon »modern« anmuten wie das Anrufen von Jesus Christus oder der Mutter Maria: *»Mutter Maria, reinige dich, Mutter Maria, vergeh. Binnen 12 Stunden sall de Koh rein sien.«* (Prohn, o. J.) Eine andere Beschwörungsformel aus dem Ende des 19. Jahrhunderts lautete: *»Wasser, ick bring di de Nahgeburt, gäw Gott, dat dit dat letzte ist.«*[11] Diese Formel verrät besonders deutlich, welche Aufmerksamkeit dem völligen Lösen der Nachgeburt geschenkt wurde.

Angeregt durch die erwähnte eigene Brauchbeobachtung, verwundert über die einseitigen Interpretationsversuche im Handbuch des Aberglaubens und aufmerksam geworden durch die ganz rationalen Gründe, die sich nach der Auswertung der Wossidlo-Belege abzeichnen, habe ich Gewährsleute heute befragt. Von Interesse war, ob das bis in die dreißiger Jahre unseres Jahrhunderts vitale Brauchtum der älteren und mittleren Generation noch erinnerlich ist, ob es in Einzelfällen noch ausgeführt wird und welche Vorstellungen Bauern heute mit diesem Brauchtum verbinden. Wieviel Schwierigkeiten es bereitet, diese Reste bäuerlichen Volksglaubens zu erfragen, wie schwer zugänglich dem Städter dieses Gebiet überhaupt ist, mag die Tatsache belegen, daß keinem der von mir befragten drei amtierenden bzw. pensionierten Tierärzte der Brauch bekannt geworden ist. Meine Fragen erregten zunächst ungläubiges Kopfschütteln, dann aber rasch Interesse, so daß mir später das Gespräch mit weiteren Gestütsfachleuten durch sie erleichtert worden ist. Als wesentliches Ergebnis zeichnete sich ab, daß der älteren und mittleren Generation dieser Brauch noch aus eigenem Erleben bekannt ist. Das betrifft sowohl die pommerschen als auch die mecklenburgischen Bauern und ebenso die älteren Gestütswärter. Relativ einheitlich wurde das Aufhören des Brauches angegeben: um 1960.

Als Motive für die frühere Brauchausübung gelten allgemein Wunschvorstellungen vom besseren Aussehen des Pferdes und von edleren Charaktereigenschaften, die durch das Werfen der Nachgeburt auf einen Obstbaum positiv beeinflußt werden sollten. Vom Geschlecht des Fohlens wurde die Wahl des Obstbaumes in jüngerer Zeit nicht mehr bestimmt. Beispielsweise bevorzugten zwei Bauern aus Grammendorf, (Jahrgänge 1922 und 1932) für die Plazentas ihrer Stuten einen Apfelbaum, »damit die Pferde Äpfel ins Fell bekommen, das deutet auf einen guten Futterzustand, denn die Pferde sollten ja verkauft werden« (Grammendorf, 1988). Für einen Bauern bei Parchim (Jg. 1927) waren stets Birnbäume am geeignetsten gewesen, »weil es die höchsten Bäume sind, und die Pferde dann den Kopf hoch tragen«; für den Gestütsleiter aus Ganschow (bei Güstrow) kamen nur Pflaumenbäume in Betracht, »weil sie hartes Holz haben, und ebenso hart sollten die Fohlen auch werden«. Die Beispiele ließen sich fortsetzen. Bei allen Befragten kam eindeutig das aus den dreißiger Jahren bekannte Analogiedenken zum Ausdruck, wobei an diese Analogie wohl nicht mehr in jedem Fall geglaubt worden ist. Ein gewisses Beharren auf überlieferten Erfahrungen war dabei, und sicherlich die Gewohnheit, es ebenso zu tun, wie es alle Nachbarn und Vorfahren »schon immer« getan haben. »Wat sien möt, möt sien« – so wurde mir mehrfach versichert. »Meistens ist es ja auch Übermut über die Freude, daß alles gut gegangen ist«, meinte ein Gestütswärter, »wir waren ja für die Geburt ganz allein verantwortlich.« Es mußte also alles

richtig gemacht werden, damit Muttertier und Neugeborenes gediehen. Und dazu gehörte offenbar als wichtiger Punkt der »richtige« Umgang mit der Plazenta, die vollständig sein und unbedingt vernichtet werden mußte. Befragte Tierärzte bestätigten: Wenn die Nachgeburt sich nicht innerhalb von 24 Stunden von selbst löst, muß man sie entfernen lassen. Andernfalls treten Entzündungen der Gebärmutter bzw. bei Stuten die gefürchtete »Geburtsrehe« auf, die tödlich verlaufen kann. Das Plazentafleisch wird rasch zum Infektionsherd und darf nicht von anderen Tieren gefressen werden.

Wie also sollten die Bauern im Winter die tierischen Nachgeburten vernichten, wenn der Boden gefroren war? Selbst bei weichem Boden hatten sie bemerkt, daß das Eingraben kein völliges Verfaulen garantierte: »*Wenn se inpurrt würd, dat süll nich schön sien, bäten blifft jo von dat Geblööt hacken, dat süll denn nich verfulen un verdrögen*« (Schönberg, 1926). Der alte »heidnische« Brauch hat also durchaus rationale und empirische Wurzeln. Übrigens deutet sich eine Übereinstimmung der geographischen Grenzen von Sagen um Wotan, Wode, Odin und den Gebräuchen um die Nachgeburt an – also doch ein Hinweis auf ein Opfer für Odins Raben? Ganz sicherlich nicht, sondern eher ein Beweis dafür, daß sowohl Sagen als auch Bräuche des Volksglaubens aus ähnlichen Vorstellungen heraus entstanden sind.

Das fast abrupte Schwinden des Brauches in den sechziger Jahren erklärt sich recht natürlich. Als im Frühjahr 1960 der Übergang von der einzelbäuerlichen zur genossenschaftlichen landwirtschaftlichen Produktion erfolgt war, entfiel das Verantwortungsgefühl des einzelnen für sein Pferd,

Pferde zählten zum kostbarsten Gut auf dem Lande.

sicherlich aber auch der Zwang, eine Handlung auszuführen, an deren Wirksamkeit nicht mehr so recht geglaubt wurde. In den großen gemeinsamen Pferdeställen wurden die Nachgeburten ohnehin fachgerecht behandelt, indem man sie in Gruben warf und mit Kalk ablöschte.

In der Familie Jürgen Bobsiens ist der über drei Generationen zurückverfolgbare Brauch nicht unverändert geblieben: Seit seiner Eheschließung im Jahre 1952 mit einer Lehrerin erhalten die Plazentas der Zuchtstuten nicht mehr den traditionellen Platz im Birnbaum vor dem Wohnhaus, sondern hängen unauffälliger im Birnbaum auf der Hofseite. Die Ehefrau empfindet den Anblick als unästhetisch und möchte das Lächeln der Nachbarn vermeiden. Ob die Jungen den Brauch weiterführen werden? Damals erklärte mir der Sohn Heiko:

»Wo höhger de Nahgeburt hängt,
wo höhger dreggt dat Fahlen den
Kopp!«

12. Geburt und Taufe

12.1 Adebar als Kinderbringer

De Adebor hett Mudding in't Bein bäten …

'N Heiden nähm ick di, un 'n Christen bring ik di …

Im Vergleich zum heutigen von Apparatemedizin und Ärzten bestimmten Geburtsgeschehen und dessen Vorbereitung lag die traditionelle Geburt nahezu ausschließlich in der Hand von Frauen. Die Geburt erfolgte kaum als ein biologisch-medizinischer, sondern eher als ein kultureller und sozialer Vorgang, um den sich die entsprechenden Bräuche ausbildeten.

Im Vergleich zu der Fülle volkskundlicher Nachrichten bzw. Erhebungen über die hohen Festzeiten des Erwachsenenlebens Hochzeit und Tod, die langfristige Vorbereitungsarbeiten bei allen Familien erforderten, erscheinen die Sammelergebnisse über die Bräuche, die mit der Geburt des Kindes und seiner Taufe im Zusammenhang stehen, eher spärlich. Ihm kam eine vergleichsweise geringe Bedeutung zu, denn: »wat hett de Lütt davon« lautete die allgemeine Ansicht. Kindheit bildete noch keinen eigenen Status, sondern nur eine Übergangsphase in eine höhere Altersstufe, von der an die Kinder zu kleinen Hilfeleistungen in »Haus und Hof« herangezogen werden konnten.[1]

So richtete sich auch das volkskundliche Interesse des 19. Jahrhunderts in Mecklenburg und in Pommern eher auf die Sammlung von Kinderreimen und Kinderspielen[2] als auf die Beschreibung und Analyse etwa der »Rituale der Geburt«[3] oder gar Geschlechterbeziehungen. Das archivalische Quellenmaterial setzt gerade für diesen Bereich deutliche Grenzen[4], und sowohl in der Belletristik als auch in der Fachliteratur bilden Mitteilungen über die Gebräuche während der Geburt, wie sie beispielsweise für die Zeit um 1880 aus dem Hafenort Warnemünde beschrieben werden, eine Ausnahme:

»Für die derbe Natur der Warnemünder sprechen ihre Gebräuche bei der Entbindung. Meist nahm der Ehemann die Kreißende in den Schoß. Um die Schmerzen zu lindern, gab man der Frau reichlich Branntwein zu trinken. Nach der Entbindung erhielt sie dann Brotbrocken in Schmalz gebacken, um die Gedärme geschmeidig zu machen. Lange Wochenbetten waren unbekannt, da die Frau im Haushalt unentbehrlich war…«.[5]

In der Regel waren der Ehemann, der seine Frau hielt, neben der Hebamme, im Volksmund »Mudder Griepsch« genannt, oder erfahrene Nachbarinnnen bei der Geburt behilflich, zu Ende des 19. Jahrhunderts sollte ein Gebärstuhl den Geburtsvorgang erleichtern.[6]

Für die auch aus anderen Regionen bekannte immens hohe Kindersterblichkeit ist neben mangelnder Hygiene und Armut wohl auch der Brauch mitverantwortlich zu machen, daß man den Kindern als erste Hausmedizin ein schwefelhaltiges Getränk einflößte, damit das sogenannte »Kindspech« schneller abgehe.[7] Die Nachgeburt wurde vergraben, der Rest vom Nabel zum Vertrocknen auf den Ofen geworfen oder zu einem Pulver verbrannt, das man den Kindern bei Krankheiten eingegeben haben soll.

Vignette aus einem Münchener Bilderbogen

Adebar als Kinderbringer

Was klappert im Hause so laut?
Horch horch!
Ich glaub', ich glaube, das ist der
Storch.
Das war der Storch. Seid Kinder, nur
still
Und hört, was gern ich erzählen euch
will.
Er hat euch gebracht ein Brüderlein
Und hat gebissen die Mutter ins Bein.
Sie liegt nun krank, doch freudig
dabei;
Sie meint, der Schmerz zu ertragen sei.
Das Brüderlein hat euer gedacht
Und Zuckerwerk die Menge gebracht;
Doch nur von den süßen Sachen
erhält
Wer artig ist und still sich verhält.[8]

… Meine Schwester sagte zwar,
daß der Storch die Kinder bringt;
Wie verständig es auch klingt,
Ist es aber doch nicht wahr …

Aus dem Brunnen holt bei Nacht
Sie die weise Frau allein;
Die hat jüngst das Brüderlein
Aus dem Brunnen uns gebracht …[9]

Was der Dichter Adalbert von Chamisso in diesen Gedichten beschreibt, gehörte bis weit in das 19. Jahrhundert hinein zur Volkserzählung und zum Volkswissen auch in Mecklenburg und Vorpommern. Im mecklenburgischen Sprichwort, im Ansingelied und Kinderreim begegnet uns noch die alte Erklärung für die Fragen der Kinder nach dem Kinderbringer, die dann mit dem Hinweis auf den Adebor, der die Mutter in das Bein gebissen habe, beantwortet wurde.

Das Ansingelied:
Adebor, du Gauder,
bring mi 'n lütten Brauder,
Adebor, du Bester, bring' mi ne lütte
Schwester!

notierte R. Wossidlo mit über 50 Varianten als Ansingereim an Kinderbringer in Meck-

223

lenburg.[10] Er gehörte noch um 1950 zum aktiven Liedschatz der Kinder in Mecklenburg. Alle mündlich erhobenen Belege und auch literarische Zeugnisse favorisieren den Storch als Kinderbringer, seltener Krähe, Eule und Schwan:

»In Cammin erzählt man auch den Kindern, daß der Storch sie vom großen Steine her ihren Aeltern bringe …«[11] Ein Tagelöhner aus Wahlow berichtete Wossidlo: *» Wi vertellen de Kinner: De Adebor haalt de Kinner ut 'n Plauer See. He smitt se na 'n Schosteen rin un de Häwamm steit unner un höllt de Schört up. De Mudder steit ok up 'n Füerhierd: de bitt de Adeboor in 'n Been, dorvon licht se denn 'n poor Dag' in 't Bedd.«*[12]

» Wenn de Adeboor in de Aust (Ernte, H. M.) so dicht na de Binners rankümmt, seggen de Manns: wohrt juuch ma, süss stickt he juuch«.[13] *» Wenn de Dierns up 'n Lann toihrst 'n Adeboor sehn, hollen se sik 'ne Schört vör de Ogen, dat he ehr nicks Lütts bringt.«*[14]

Pastor Beyer versuchte in den Mecklenburgischen Jahrbüchern eine mythologische Erklärung des Phänomens:

»… Das wichtigste Geschäft des Storches aber, welches unzweideutig auf Thor, den Gott der Liebe und Ehe hinweist, ist bekanntlich nach allgemein verbreiteter Kindersage die Zutragung der Kinder, die er nach der gewöhnlichsten Vorstellung der Kinder aus dem Sumpfe holt (Kindersoll), weshalb unsere Kinder noch fleißig singen: Adebare Nester …«[15]

Der Anrufereim:

> *Adebar, Bester*
> *bring' mir eine Schwester.*
> *Adebar, Guter,*
> *bring' mir einen Bruder.*

gehörte auch noch zu meinem eigenen Kinderliedrepertoire in den 50er Jahren in Rostock.

In der Literatur gibt es zahlreiche Erklärungsversuche, wobei zwei Aspekte sicherlich bedenkenswert erscheinen:

Adebor, Glücksbringer, wird der Storch nach dem althochdeutschen »odebero« im deutschen Sprachgebrauch gern genannt. Ähnlich wie zu Ostern mit dem Osterhasen oder Weihnachten mit dem Weihnachtsmann scheint auch hier zunächst ein Geschenkbringer erfunden, um Kindern, die noch zu jung erschienen, um über Zeugung und Geburt aufgeklärt zu werden, eine eigene Vorstellung zu schaffen. Doch beruhen diese Zuweisungen nicht auf dem Versuch der schamhaften Verhüllung natürlicher Vorgänge allein, denn diese ließen sich nicht grundsätzlich verbergen, sondern auf den jahrhundertealten Fragen nach dem Zusammenhang und dem Gleichgewicht zwischen Körper und Seele.

Nach dem vorchristlichen Volksglauben konnten die Seelen von Lebewesen in Gewässern auf Bäumen oder Felsen leben, die sich erst zur Geburt mit dem Körper vereinigten und die dann beispielsweise der Storch oder ein anderer Vogel, in Pommern der Schwan, als neugeborenes Kind aus dem See holte.

Tatsächlich ähnelte das zappelnde Fröschlein im Schnabel des Sumpfgängers von weitem einem kleinen Menschlein. Und wenn der Storch die Mutter ins Bein gebissen hatte, so bedeutete das für das Verständnis der Kinder natürlich nicht das erotische Symbol des langen Schnabels, sondern, daß die damit zusammenhängenden Schmerzen der Mutter das Wochenbett erforderlich machten, um den Prozeß der Heilung zu beschleunigen.

12.2 Die Taufe als Sozialisationshandlung

»De ungedöfften Kinn swäben twischen Himmel un Ier …«

Vor der Taufe galt das Kind als ein Heide, den bösen Mächten schutzlos ausgeliefert, daher dienten zahlreiche Bräuche dem Bestreben, die gefährliche Spanne zwischen Geburt und Taufe heil zu überstehen.[16]

Aus der Fülle der regionalen Varianten können nur einige genannt werden: *»So lange ein Kind nicht getauft ist, muß ein Nachtlicht brennen, sünst kamen die Ünnerirdschen un halen dat Kind weg un leggen ein von er Kinner dorhen.«*[17] Im protestantischen Norden legten die Eltern gern Gesangbuch oder Bibel in die Wiege, in Warnemünde einen Besen aus Birkenreisern, um unheilbringende Geister vom Kinde abzuwehren. Um allen Fährnissen vorzubeugen, wurden die Säuglinge die drei Tage bis zur Taufe fest eingewickelt. Alle Brauchhandlungen verbanden Abwehr des Bösen und Vorsorge für ein auskömmliches Leben.

Aufgrund der hohen Säuglingssterblichkeit, etwa ein Drittel der Kinder erreichte nicht das zweite Lebensjahr, beeilten sich die Eltern mit dem Tauftermin, möglichst am 3. Tag nach der Geburt, und der Einladung der Paten. Denn ohne Taufe zu sterben, bedeutete im Verständnis des 19. Jahrhunderts, das Teuflische nicht abwehren zu können und das »Antlitz Gottes« nicht schauen zu dürfen. (Die Verschiebung des Tauftermins sogar um Monate seit etwa 1870 resultiert aus dem Rückgang der Säuglingssterblichkeit.)

Die Gefährdung des ungetauften Säuglings durch Hexen, Dämonen, Teufel schien groß.[18] So wird denn auch die Äußerung verständlich, mit der Hebamme bzw. Paten

den Täufling aus den Händen der Mutter für den Taufgang zur Kirche übernahmen: *»'N Heiden nähm ick di, un 'n Christen bring' ik di«* oder *»mit 'n Heiden gah ik weg, un 'n Christkind bring ik wedder«.*[19]

Durch die nonverbale Brauchsprache, die jeder Brauchteilnehmer decodieren konnte, erfuhren Nachbarn Näheres über den Status, den Wert, des Neugeborenen:

Bauernsöhne wurden mit vier Pferden zur Kirche gefahren, Töchter nur mit zweien.

Nur bei ehelich geborenen Kindern durfte die kleine Glocke geläutet werden, bei unehelichen mußte auf das Geläut verzichtet werden.

In Warnemünde verhüllte man den Kopf des unehelichen Kindes mit einer Schürze.[20]

Zur Kindstaufe beim Bauern wurden in der Regel Knechte und Mägde nicht geladen.

Wie bei allen kirchlichen Amtshandlungen waren die Gebühren für den Pastor exakt festgelegt: Neben einer Geldsumme durfte der Geistliche noch Naturalien, z.B. einen Stuten (Weizengebäck), Hafer, eine Gans oder ein Huhn erwarten.

12.3 Der Tauftag

Gevatterbitten, Einladung zur Taufe

Die Taufe mußte also spätestens am 3. Tage nach der Geburt des Kindes vorgenommen werden und fand in der Kirche oder im Pfarrhause statt. Nach der Kirchenordnung von 1708 war sie auf nachmittags drei Uhr festgelegt. Der Kindsvater lud am Abend vorher mit einem sogenannten Gevatterbrief (Gevatter = Mitvater ist der ältere Begriff für Pate) die vorgesehenen drei Paten, von denen er eine Gewähr für eine christliche Erziehung, vor allem aber die

Taufengel aus der Kirche zu Ziegendorf bei Parchim mit einer Krone in den Händen. Zur Taufe wurde er herabgelassen.

Übertragung positiver Eigenschaften vom Paten auf das Kind erwartete, persönlich ein, »zu einem Knäblein zween Männer und ein Weibsbild, zu einem Mägdlein aber zwo Weibsel und eine Mannsperson«.[21] Mit der Übergabe des Briefes, handschriftlich, aber auch vorgedruckt, war eine Einladung zum Taufessen verbunden. Das Amt des Paten, seit 813 auf dem Mainzer Konzil angeordnet, galt als große Ehre und war kaum abzulehnen, obwohl in ärmeren Familien sicherlich Sorge darüber aufkommen konnte, daß der Pate über Jahre, bis zur Konfirmation, Verpflichtungen in Form von Geld- und Sachgeschenken für sein Patenkind zu übernehmen hatte. »Pate stahn is ne Ihr vör de Welt, un ne Schann in'n Geldbütel«.[22] Geschenke wurden erwartet zu Weihnachten, etwa ein Kleidungsstück, zu Neujahr, wenn das Kind zum Neujahrsgratulieren mit einem Spruch oder schön geschriebenen Brief den Paten besuchte, Gebäck, zu Ostern Eier, zum Schulbeginn die Büchertasche, zur Konfirmation die langen Hosen oder gar eine Uhr, zur Hochzeit ein größeres Geldgeschenk. Das spätere Verhältnis zwischen Paten und Patenkindern blieb auch nach der Konfirmation meist eng, man holte sich Rat, oft auch als Zweitmeinung zum Familienrat. Und wenn ein Patenkind starb, so spendeten die Paten auch Geld für die Totenkrone und beteiligten sich am Geleit. Bei so wesentlichen Aufgaben mußten die Paten sorgfäl-

226

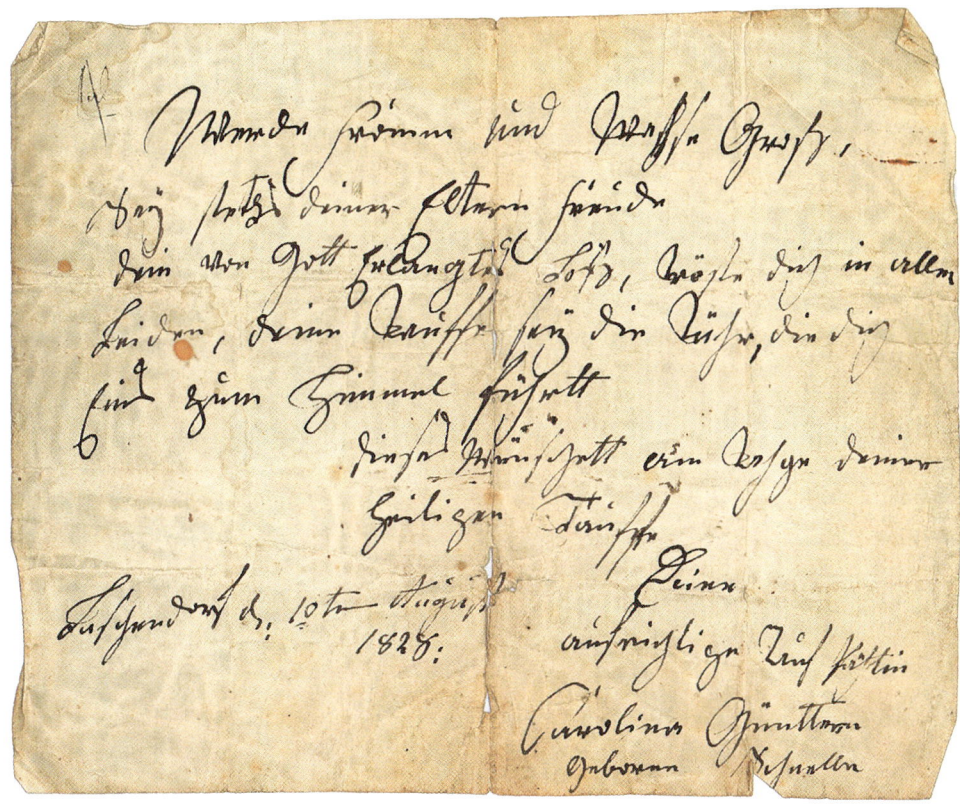

Taufzettel von 1828: »Werde fromm und werde groß, sei stets deiner Eltern Freude, dein von Gott erlangtes Los, tröste dich in allem Leide, deine Taufe sei die Tür, die dich einst zum Himmel führt …«

tig ausgewählt werden. Und so, wie jeder neue Arbeitsanfang, jeder Übergang in eine neue Lebensphase brauchtümlich gekennzeichnet wurde,[23] durften für diejenigen jungen Leute, die zum ersten Mal dieses Amt antraten, Hänselbräuche als Reinigungsbräuche nicht fehlen. Die Paten wurden in Nachahmung der Taufe kräftig mit einem Eimer Wasser begossen oder mit dem Kopf unter die Pumpe gezogen, nachdem sie hintergründig befragt worden waren: »Hest di 'n Hinnelsten verbrennt? Dat rückt jo so sengerig …, dat möten wi löschen, dorbi göten se ne Bütt vull Water öwer.«[24] Bei den Mädchen wurde »geräuchert«:

»Stück Holt wat gebrennt is ward ruthaalt un mit de Füertang festhollen un dat ward dat jung Mäten unner 'n Rock hollen, denn löppt se jo weg.«[25]

So wie in dieser Beschreibung ging es in zahlreichen Bräuchen um die Reinhaltung bzw. Reinheit von Wöchnerin, Kind und Paten, die in der älteren Literatur gern mit dem Hinweis auf altgermanische heidnische Relikte erklärt werden. Doch scheint die Zweckmäßigkeit dieser Reinigungsbräuche in erster Linie auf empirischer Erfahrung, Reinlichkeit auch als Schutz vor Krankheit, zu beruhen. Sauber, extra blankgescheuert mußte auch das Patengeld sein, der Pate durfte es nicht in seiner Tasche behalten, wenn er ein Bedürfnis verrichten mußte. Man meinte, sonst würde das Patengeld unrein und das Kind später ein Bettnässer werden.

»Wenn een inladen is to Gevadder un hengahn deiht un em dat Pissen ankamen deiht, möt he dat Padengeld wegleggen ...«[26] *»De Pät ward inremst, dat sei dat Lütt nich schüddeln, süss sitt dat so veel Tüg intwei. Wenn ick ton Pätstahn gah, darp ich nich ut de Büx gahn, süss maht dat Lütt sich alltolang natt und smutzig, ick möt dat Geld vördem ut de Tasch nähmen und keinen Schnaps drinken ...«*[27]

Und die »Gevatter« hatten reine Wäsche zu tragen und reine Hände vorzuweisen, sie durften sich vor dem Gang zum Täufling die Stiefel nicht schmieren, sondern sie trokken abwischen.

Strenge Vorschriften knüpften sich an den Tauftag für die Eltern und Paten, von ihrer Einhaltung schien abzuhängen, wie das Kind das Leben meistert. Neben Gesundheit und Reichtum zählten Klugheit und Frömmigkeit zu den Hauptwünschen für den Täufling: Ein Gesangbuch legten die Paten unter den Kopf des Kindes, *»denn süll dat Kind klook warden ...«*[28] Flüsterte der Pate während der Taufe dem Kind einen Bibelspruch ins Ohr, so sollte es gut lernen können.[29]

Nach der Taufe vereinte je nach sozialem Stand ein einfaches Mahl die Taufgesellschaft, wobei auf dem Lande selbstgebrautes Bier nicht fehlen durfte.

Taufe von Sebastian Geertz 1978. Seit Generationen wird in der Familie das alte Taufkleid von der Urgroßmutter Haase aus Diedrichshagen b. Warnemünde verwendet. Weiße Taufkleider symbolisierten Unschuld und Reinheit.

12.4 Patengeschenke

Patenbriefe

Neben Patenlöffeln, silbernen Patenbechern oder Serviettenringen, meist mit den Initialen des Beschenkten durch männliche Paten, Taufkleidchen und Taufhäubchen durch die Patinnen zählte bis etwa 1900 der »Patenbrief«[30] zu den wichtigsten Geschenken,

der das Kind an die Taufe und seinen Paten
erinnern sollte. Dieser wurde ohne Unterschied der Konfession in unterschiedlichen
Ausführungen dem Neugeborenen mit einer
in ein »Bibelblatt« eingewickelten Geldgabe, einem größeren Geldstück neben mehreren kleineren Münzen sowie einem handschriftlichen Wunsch, oft auch mit einem
Bildchen verziert, in das Wickelkissen gesteckt. Das Patengeld wurde lebenslang aufgehoben; unser Begriff des »Glückspfen-
nigs« stammt daher.

Früh hatten die Städte versucht, übermä-
ßiges Schenken von Geld durch Verordnungen zu beschränken. Nach der »Revidier-
ten Promotions- und Begräbnisordnung
Rectoris et Concilii zu Rostock 1652«[31]
durfte das Geldgeschenk einen Taler nicht
übersteigen, ein Rat, der im 19. Jahrhundert auch nur für die reicheren Bauern oder
Rittergutsbesitzer zutreffen konnte. Das
eingewickelte Geld durfte ohnehin nicht
ausgegeben werden, so genügten auch einige blankgescheuerte Pfennige im Taufbrief
als symbolische Handlung. Das Patengeschenk sollte Glück bringen und gute Eigenschaften des zukünftigen Erwachsenen
befördern. Darauf deuten die außer den
Geldstücken eingelegten weiteren Gaben
wie eine Nähnadel mit einem Faden, eine
Gänsefeder, eine Stahlfeder, Weizenkörner
und Pferdehaare hin. »*Wenn dat Kind to
Döp dragen wür, dann wür Nihnadel in't
Kissen steckt, dat dat Kind ein Og mier bi
sik har, dormit ehr nich die Hexen ankamen künn'n*«. »*In'n Stück Papier von'n
Gotts Wurt* (Bibel, H. M.) *dor wür ihr ein
Stück Stahlferrer un Stück Geld bie inn-
bunnen, datt sei gaud schrieven un gaud
bihollen kunn. Datt Geld harr sei dorüm,
datt sei riek wür. Ditt würr ihr ümmer in'n
Wickelband schauwen.*«[32] Ehe das Kind zur

Patenbriefe. Für die Vorstellung, daß die Farbe
blau einen Jungen, die Farbe rosa ein Mädchen
kennzeichnet, kann bislang keine Begründung
gegeben werden. In Spanien beispielsweise
und anderen katholischen Ländern bevorzugte man für die Mädchen die Farbe blau, um auf
den Mantel der Maria zu verweisen.

Taufe getragen wird, spricht man ihm ein
Vaterunser in den Mund, damit es fromm
werde,[33] beim Überschreiten der Schwelle
schlägt man dreimal ein Kreuz. Nicht immer werden diese Praktiken nach dem Geschmack des Pastors gewesen sein, »*doch
war der Taufritus mit seiner Beschwörung
des bösen Feindes sicherlich wesentlicher
Promotor dieser Bräuche.*«[34]

Wie kam man auf das Einwickeln des
Geldes, das Einbinden in ein Bibelblatt
oder ein hübsch geschmücktes Kästchen als
Patenbrief?

Jacob Grimm hat als erster auf den Zusammenhang der Begriffe »geben« und

»binden« verwiesen und damit auf die Beziehung zwischen Geschenk und Recht. Der Pate und das Kind werden durch das Patengeschenk aneinander »gebunden«, indem der Pate dem Kind gegenüber eine Verpflichtung einging, und dieses Recht wurde durch den Patenbrief mit seinem »Angebinde« »verbrieft«[35] und nach dem Prinzip des »do ut des« von beiden Seiten geachtet.

Aus Pommern ist zum Brauch des Patenbriefschenkens eine kurze Erzählung überliefert:

Ein Mann aus Kroßnow namens Meseck war einst zu einem in Wusseken wohnenden Verwandten zum Gevatterstehen eingeladen. Als er, den Patenbrief mit dem üblichen Patengeld in der Tasche, nach Wusseken ging, kam ihm plötzlich unterwegs – es war in einem kleinen Buchenwäldchen – ein Bedürfnis an. Er legte deshalb den Patenbrief in geringer Entfernung vor sich nieder, aber als er weitergehen wollte, war derselbe spurlos verschwunden und trotz allen Suchens nicht zu finden. Mißmutig ging er weiter und trat mit einem derben Fluch bei seinen Verwandten ein, denen er sein Mißgeschick erzählte. Mit vier Männern machte er sich gleich wieder auf den Weg, und sie fanden das Verlorene auf derselben Stelle, wo der Mann es hingelegt hatte. Der Patenbrief war vor seinen Augen unsichtbar geworden![36]

Um 1900 sind die Patenbriefe mehr oder weniger Erinnerung:

In der Rostocker Zeitung vom 27. Januar 1901 wird berichtet, daß Pastor Wilhelm aus Kotelow angeregt habe, Nachrichten über die ehemalige Verbreitung der Patenbriefe nicht nur zu sammeln, sondern diese Sitte auch wiederzubeleben. Er habe

aus etwa 200 vorliegenden Versen 40 für neue Patenbriefe ausgewählt und im Verlag Barnewitz in Neustrelitz drucken lassen.

12.5 Der erste Kirchgang der Wöchnerin

Eine eigene Mischung aus Fürsorge und Angst bestimmte auch den Umgang mit der Wöchnerin, die nach volkstümlicher Vorstellung als unrein galt. Sie durfte nur im Haus und seiner unmittelbaren Umgebung tätig sein. Ihre Isolation wurde durch den ersten Kirchgang beendet, der spätestens sechs Wochen nach der Geburt erfolgte. Beispielhaft soll dafür eine Beschreibung von der Halbinsel Mönchgut stehen: Dort ging drei Tage vorher die »Bittersch«, eine alte Frau des Dorfes, die von solchen Ämtern lebte, zu den weiblichen Paten und den Nachbarsfrauen und lud diese mit folgenden Worten ein: »*Frau x will tau Kirch gahn, ick sall di tauseggen.*« Als Zusage füllten die Geladenen ihren Korb mit Speck, Eiern und anderen Lebensmitteln. Dieser erste Kirchgang zum öffentlichen Sonntagsgottesdienst nach der Niederkunft lag ausschließlich in der Verantwortung der Frauen, deshalb wurden die männlichen Paten durch ihre Frau oder die Mutter vertreten.

Die eingeladenen Frauen versammelten sich vor dem Gottesdienst bei der jungen Mutter, um zunächst ihre Patengeschenke zu überreichen, eine Kindertracht, zu der eine »Patenmütze« gehörte. Ein solches Geschenk ist nur für Mönchgut bezeugt, denn länger als andernorts hatten sich auf dem abgelegenen Mönchgut traditionelle Lebensbräuche behaupten können.[37] Nach einem gemeinsamen Mahl, Kaffee, Kuchen und Kirschschnaps, »*begaben sich die Frau-*

en zusammen zum Pfarrhaus, die Wöchnerin in der Abendmahlstracht, die übrigen in der Kirchtracht mit der weißen Schürze ... bei dem Gang vom Pastorenhaus zur Kirche ging die Pfarrfrau mit der Wöchnerin voran, ihnen folgten zu zwei und zwei die Paten, dann die Verwandten und Nachbarsfrauen, zuletzt die ›Bittersch‹ allein. War der Zug in der Kirche angelangt, mußten alle Männer bereits in der Kirche sein, wenn sie sich nicht der Gefahr aussetzen wollten, von der ›Bittersch‹ mit einer Rute geschlagen zu werden, welche sie unter ihrer Schürze versteckt hielt. Damit sollte angedeutet werden, daß die eben Genesene allen männlichen Annäherungen abhold sei. Der Zug der Frauen betrat an diesem Tage die Kirche nicht durch den westlichen Haupteingang, sondern durch die kleine an der Seite gelegene sogenannte ›Opfertür‹ durch welche für gewöhnlich nur der Pastor die Kirche betrat. Die Frauen zogen mit der Pfarrfrau und der Wöchnerin an der Spitze zuerst um den Altar, wobei jede auf diesen ein kleines Geldstück als ›Opfer‹ niederlegte, während die Männer sich von ihren Plätzen erhoben hatten und den begonnenen Liedvers zu Ende sangen. Dann kniete die Wöchnerin vor dem Altar nieder, die Frauen standen im Halbkreis um sie, und nach Gebet und Danksagung vollzog der Pastor die Einsegnung. Es folgte der gewöhnliche Gottesdienst, bei dem während des Hauptliedes der Klingelbeutel herumging, in den die Wöchnerin ein in

Schön geschriebene Patenbriefe dienten als Wandschmuck.

Papier gewickeltes größeres Geldstück, die ›milde Gabe‹, legte. Für diese dankte nachher der Pastor öffentlich von der Kanzel unter Nennung des Betrages, aber ohne Nennung des Namens. Danach gingen die Teilnehmer sofort auseinander, ohne vorher noch zu einem gemeinsamen Mahl zusammenzukommen.«[38]

Im Gegensatz zu reicheren Bauerdörfern, etwa im Südwesten Mecklenburgs, verzichtete man hier bei den Fischerfamilien aufgrund bescheidenerer wirtschaftlicher Verhältnisse auf größere Gastereien.

Zeichnerische Vorlage für die Tracht eines Brautpaares aus Schönberg

13. Hochzeit

»Da Fiek, hest 'n Hart. Mien Hart un dien Hart sall warden een Backs.«[1]

Ebenso wie die »Hohen Zeiten« des Kalenderjahres Ostern, Pfingsten und Weihnachten mehrtägig und nach bewußter Planung gefeiert wurden, so suchten die Familien auch die zu erwartenden Höhepunkte des Lebens langfristig vorzubereiten.

Der Taufe, dem ersten größeren Fest am Beginn des Lebenskreises, kam – wie bereits dargestellt – dabei die geringste Bedeutung zu, denn: »Wat hett de Lütt dorvon?« So lautete die allgemeine Ansicht.

Auf die Hochzeit jedoch lebte jedes Mädchen hin und war bestrebt, rechtzeitig die Aussteuer fertig zu bekommen. Dazu mußten Bettbezüge, Kopfkissen, Laken, Tischwäsche und Handtücher gewebt werden. Schließlich versah man alles mit einem oftmals kunstvoll gestickten Monogramm.

Das von den jungen Leuten erstrebte höchste Fest des Lebens, die »Krönung« dieses wichtigen Lebensabschnittes, war verbunden mit einer Vielzahl von Bräuchen in unterschiedlicher regionaler Ausprägung, zu deren Kernelementen die Erstellung der Aussteuer, die Zurüstungen zu den Mahlzeiten, das Einkleiden der Braut, die Einladung durch den Hochzeitsbitter, die Fahrt der Aussteuer mit dem Kammerwagen, die Fahrt zur Kirche, Bräuche beim Eintritt in das neue Heim sowie das eigentliche Hochzeitsfest mit Festessen und Tanz zählten.

Brautkrone um 1870 aus dem Fürstentum Ratzeburg

13.1 Wer darf heiraten?

»Wenn 'n heuraten wull, denn würden nige Stäwel köfft, dee müßt man kort un klein loopen, ihrer man de Erlaubnis tom Heuraten kreeg. Früher hebben se männigmal poor Johr lopen, bet dat erlauwt würd ...«

Wenngleich das Familienfest Hochzeit auch zugleich eine öffentliche Angelegenheit war, die eine Vielzahl von Gemeinschaftsbrauchtum ermöglichte, so waren die Brauchteilnehmer doch nicht gleich in ihren Anschauungen, blieben ungeschriebene Gesetze stets gewahrt. Bei den Bauern genügten Liebe und Zuneigung beispielsweise nicht als Grundlage für ein Verlöbnis. Bei den Bauerntöchtern ging es vielmehr nach dem Wunsch der Eltern um Vermehrung des Besitzes. »*De Buerdierns würden bi'n Bullen bröcht, so würd seggt*«, d.h., für sie kam nur ein Bauernsohn als Ehemann in Betracht. Gerade auf dem Lande achtete man darauf, daß das Ererbte zusammengehalten wurde. »*Ierst de Hoff un denn de Bur*« war ein geflügeltes Wort.

Eine Ausnahme bildeten die Verhältnisse auf der Halbinsel Mönchgut. Dort konnte die Tochter eines Vollbauern ungehindert den Sohn eines Halbbauern oder Kossäten heiraten, da die Lebensbedingungen der Bewohner in dieser Region kaum Unterschiede aufwiesen.[2]

Erschwerend auf einen günstigen Heiratstermin wirkte sich dagegen aus, wenn die Eltern sich noch nicht auf das Altenteil zurückgezogen hatten, so daß dann Ehen mit großen Altersunterschieden von 20 bis 30 Jahren zustande kommen konnten, wie statistische Auswertungen von Kirchenbüchern zeigen.[3]

Am kompliziertesten gestalteten sich die Verhältnisse für die heiratswilligen Tagelöhner in den Gutsdörfern, da Heiratserlaubnis und Niederlassungsrecht vom Gutsherrn auch in seiner Eigenschaft als Ortsobrigkeit nach eigenem Ermessen erteilt wurden: »*Wenn 'n heuraten wull, denn würden niege Stäwel köfft, dee müßt man kort un klein loopen, ihrer man de Erlaubnis tom Heuraten kreeg. Früher hebben se männigmal poor Johr lopen, bet dat erlauwt würd*«, erinnert sich ein um 1820 geborener Gewährsmann Wossidlos.[4]

Die Aufhebung der Leibeigenschaft 1820, wonach vom 24. Oktober 1821 bis zum Herbst 1824 jeweils ein Viertel aller ehemals leibeigenen Tagelöhner eines Dorfes abziehen bzw. gekündigt werden konnten,[5] hatte bei der Ritterschaft zunächst zur Furcht vor einem möglichen Arbeitskräfte-

mangel geführt. Tatsächlich aber kam es durch starkes Bevölkerungswachstum zu einem Arbeitskräfteüberschuß, so daß der Bedarf an kontraktlich gebundenen Arbeitern begrenzt war. Auch die Wohnungen vergab der Gutsherr, und wer »Kein Hüsung«[6] besaß, durfte beim Pastor kein Heiratsaufgebot stellen.

Diese Zustände führten zu einer riesigen Abwanderung von Knechten aus den Gutsdörfern als Gelegenheitsarbeiter in die Städte – wobei das Landarbeitshaus in Güstrow oft genug als Zwischenstation genannt wird – vor allem aber nach Übersee.[7] Von 1853 bis 1870 wanderten aus Mecklenburg-Schwerin 63679 Personen aus, davon waren 70% Tagelöhnerfamilien.[8] Auch vor diesem Hintergrund müssen die »schönen Hochzeitsbräuche« gesehen werden.

13.2 Werbung

»Ich liebe dich von Herzen
und bleibe stets dir treu,
auch würde es mich schmerzen
wenn dein Hertz nicht mehr frei.«[9]

Daß trotz aller Schwierigkeiten Liebe und Zuneigung bei der Brautwahl durchaus eine Rolle spielten, belegen die sogenannten Minnegaben, die wir heute in den Volkskundemuseen vorfinden. Es handelt sich nicht um Luxusgegenstände, sondern in der Regel um mit Kerbschnitzerei oder Ritztechnik, Spiegeln und Ziernägeln verzierte Arbeitsgeräte, die vielleicht auch den Fleiß der jungen Frauen anregen sollten: Ernteharken, Waschhölzer, Flachsschwingen, Spinnwocken, Web- oder Bändelbretter, auf denen u.a. Bänder für die Röcke und Strumpfbänder gewebt wurden. An geschnitzten Motiven bevorzugten die Heiratswilligen Kreuze, Vögel, Bäume, sechsteilige Radspeichen, Herzen, Blumenmotive, Harken, Spaten, zueinander geneigte Pferdeköpfe, die eine Herzform ergaben sowie Initialen und Sprüche. Um die gewählten Formen und Sprüche plastischer wirken zu lassen, legte man sie mit rotem oder grünem Wachs aus.

In der Forschung wird die Ansicht vertreten, daß die Knechte die Harken als sogenannte »Brautharken« anläßlich der Getreideernte an ihre Auserwählte übergaben, wenn die Arbeitsgruppen, Binder und zwei Binderinnen, zusammengestellt wurden. Die Mädchen revanchierten sich mit Sträußen und bunten Bändern, nach gegenseitigem Überreichen wiesen sie Mäher und seine

»Aus Liebe zum Andenken« steht auf der Rückseite des mittleren Waschbrettes.

Binderin als Arbeits- und Liebespaar aus.[10] Gegen diese absolute Gleichsetzung spricht u. a., daß nicht nur die Unverheirateten das Arbeitsgerät benötigten, daß auf mecklenburgischen Gütern zwei Binderinnen und ein Mäher zusammenarbeiteten und schließlich, daß die Mäher vom Gutsherrn angewiesen wurden, Harken anzufertigen.[11]

Einige der im Mecklenburgischen Volkskundemuseum vorhandenen Brautharken weisen eine so reiche Verzierung auf, daß man sich ihren Einsatz als Arbeitsgerät kaum vorstellen kann. Eine Harke aus Bartelshagen bei Teterow von 1879 beispielsweise (Länge des Stiels 1,71 m; Länge des Kammes 0,56 cm) ziert auf dem Kamm folgende Inschrift:

Liebe wen ich dich nicht seh
Dan thut mir mein herz weh

Und auf dem Rücken des Kammes, eingerahmt von zwei eingeschnittenen Vögeln:

Liebes Kind verzage nicht
Frisch gewägt ist halb gewonnen

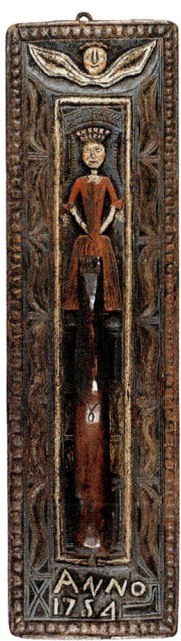

Mangelhölzer von 1765 und 1754 als Werbungsgeschenke. Das Holz mit der gekrönten Figur von 1754 stammt aus Lübeck.

Auch der Stiel trägt eine Inschrift, diesmal verziert mit einem Blumentopf, auf dem ein kleiner Vogel sitzt:

Willst du mich denn nicht mehr lieben
Ei so must du lassen sein.

Alle Inschriften faßte der Schnitzfreudige noch mit einfachen Zackenbändern und dreieckigen Kerben ein und legte sie mit rotem und grünem Wachs aus.

Der Überreichungsanlaß für eine Harke im Schweriner Volkskundemuseum ist genauer bekannt: In Loosen, Kreis Hagenow, wurde eine mit Herzen und Tulpenmotiven verzierte Harke mit eingeritzter Jahreszahl 1845 an Frau Dorothea Vonsien, geb. Tiede, von ihrem Onkel, der Tischler war, zur Hochzeit verschenkt.

Sehr beliebt als Brautgeschenke waren mit Bildern und Inschriften geschmückte Haubenschachteln, wie sie Händler aus Berchtesgaden und später seit der zweiten Hälfte des 19. Jahrunderts dann aus Thüringen an die mecklenburgischen Bauern verkauften. Während bei der Spanschachtel älteren Typs als Malerei figürliche Abbildungen, meist ein Mann und eine Frau in zeitgenössischer Kleidung, etwa mit Perücke und Reifrock, dominierten, bevorzugte man später ländliche Szenen in leuchtenden Farben, die allerdings keinerlei Bezug zu Mecklenburg aufwiesen.[12] In den jüngsten Schachteln finden sich nur noch eingeklebte Bilder. Auch diese Geschenke wiesen vielfach Sprüche auf, die, ebenso wie die Bilder oft, aber nicht grundsätzlich einen unmittelbaren Bezug zum Thema Liebe zeigen. Daher sei auch hier die Vermutung geäußert, daß nicht jede Schachtel als Brautschachtel vom Hersteller bestimmt worden ist.

13.3 Einladung zur Hochzeit

Eine Hochzeit galt nahezu als öffentliche Angelegenheit, die die Angehörigen einer Dorfgemeinschaft, Freundschaft oder Nachbarschaft – wenn auch in differenzierter Weise – zu gemeinschaftlichen Brauchhandlungen zusammenführte. Das aufwendigste Fest des Lebens dauerte mindestens drei Tage, bei wohlhabenden Bauern manchmal auch eine Woche. In den Dörfern legten die Bauern und Gutsherren den Termin möglichst in den Spätherbst, nach eingebrachter Ernte auf einen Freitag. Auf den Hofdörfern steuerten die »Herrschaften« die Hochzeit aus. Da erwies es sich als praktisch und am sparsamsten, Erntebier und Hochzeit zusammen zu geben, denn die Musiker mußten nur einmal aus der Stadt beim Stadtmusikanten bestellt werden,[13] so daß drei Hochzeiten an einem Tag im Gutsdorf keine Seltenheit darstellten.

13.4 Der Hochzeitsbitter

Äußerlich wurde das bindende Gemeinschaftsbrauchtum bereits dadurch sichtbar, daß ein Hochzeitsbitter jedes Haus betrat – wenn mit seiner Einladung auch nicht jeder Bewohner des Hauses gemeint war und auch die Häuser selbst – je nach sozialem Statuts – unterschiedliche Behandlung erfuhren. Bei »lütt Lüd« ging der Einladende zu Fuß, für große Bauernhochzeiten erschien er fein aufgeschmückt mit bebändertem Zylinder zu Pferd auf der Diele, solange wie Zeitungen und Briefverkehr auf dem Lande noch nicht die Einladungsaufgabe übernehmen konnten.

Für diese verantwortungsvolle Aufgabe mußte ein Mann bestimmt werden, der

Der Hochzeitsbitter reitet auf die Diele des Bauernhauses, um seinen Einladungsspruch aufzusagen. Zum Dank und zur Bestätigung der Einladung erhält er ein farbiges Band.

würdevoll aufzutreten wußte, nicht nur trinkfest war und gut reiten konnte, sondern vor allem in der Lage war, den ungewöhnlich langen Hochzeitsbitterspruch in allen Häusern vom Pferd aus vorzutragen. Nach vollendeter Rede hefteten ihm die Brautjungfern bzw. die Töchter des Hauses ein buntes Tuch oder Seidenband an die Schulter oder an seinen mitgeführten Stock, und nach Bewirtung mit einem Schluck Branntwein verließ er rückwärts reitend Stube und Diele.[14]

Die Sitte der feierlichen mündlichen Einladung ist über Jahrhunderte zurückzuverfolgen und wurde immer wieder behördlich reglementiert. Der früheste bisher bekannte Reim stammt von 1448 aus Wismar.[15] Mit dem Abreiten der Häuser wurde gleich nach dem kirchlichen Aufgebot begonnen, wobei in den Hofdörfern nicht der Hochzeitsbitter, sondern das Brautpaar selbst die Einladung aussprach. Und wo es keine Diele gab wie in den städtischen Häusern bzw. kein Pferd zur Verfügung stand, wurden die Anfangsreime entsprechend umgestaltet:

»Guten Tag in Euer Haus
meine Herren kommt alle raus
Ihr seid groß oder klein

Ihr sollt alle zur Hochzeit gebeten sein
Hier komm ich her
Hochzeitleut zu bitten ist mein Begehr
[...]«[16]

In der Sammlung Richard Wossidlos befinden sich 87 Belege für Hochzeitsbittersprüche, der älteste und längste stammt von 1855. In ihrer Ausführlichkeit (zwischen 25 und 80 Zeilen) und eigenen Mischung aus Schriftsprache und Mundart belegen sie schon durch den Umfang des Vortrages die hohe Wertigkeit des Festes. Für uns dokumentieren sie heute Informationen über die wesentlichsten Brauchelemente wie die Einholung der Braut durch Reiter, das Schmücken der Kranzjungfern, aber auch die Erwartungen der Gäste auf eine nahezu märchenhafte Bewirtung, Spiele und Tanz zur Begleitung geladener Musikanten, Bequemlichkeit durch Tische und Bänke.

Daß die Realität mit den in Aussicht gestellten Mengen nicht mithalten konnte, dürfte einleuchten, dennoch: »To'ne grote Hochtiet würd' all Wochen vörher torüst't. Een Oß un een Koh un'n halw Dutzend Swin un hunnert Höhner un tweehundert Botterkoken: dat will all irst trechtmakt sin.«[17]

Und die angeführten Speisen wie Hühnersuppe mit »väl Klümp«, gekochtes Rindfleisch mit Merrettich und vor allem dicker Reis werden auch in den Belegen zum Hochzeitsmahl genannt. Braten, ein heute übliches Festgericht, fehlte noch.

Erstaunen mag die Länge des Hochzeitsbitterspruches bzw. das Vermögen der vergleichsweise ungebildeten Knechte, einen so umfangreichen Spruch aufzusagen. Als Erinnerungsstütze dürften neben der langjährigen Überlieferung und der Regelmäßigkeit des Festanlasses auch textliche Gestal-

tungsmittel wie Alliteration (= die Verwendung gleicher Anfangsbuchstaben: Schemel und Schinken; Trommel und Trompeten) sowie die Übernahme von Reimmodellen aus anderen Bräuchen (Ernte) gewirkt haben.

Und zu bedenken ist sicherlich auch, daß jahrhundertelang sowohl Informationen wie Erzähl-, Sing- und Spielgut mündlich weitergegeben worden waren und wir auch vergleichsweise unter den Märchen- und Schwankerzählern Begabungen benennen können, die aus der Erinnerung ein riesiges Repertoire mündlich beherrschten.[18]

Ein Hochzeitsbitterspruch aus Glasin von 1855 beispielsweise beginnt mit einer gestelzt anmutenden, grammatisch nicht unbedingt fehlerfreien Einleitung, bevor die überlieferten Reime folgen:[19]

Machet auf meine Lieben die Thür

Der Hochzeits Bitter ist dafür und laßt ihn doch ein
desto lustiger und munter wird es sein
ist aber die Thür verschlossen
so wird er sein verdrossen und kann nicht kommen hinein
es hat ihn schon oftmals so gegangen
daß er sein Pferd muß daran hangen und so darunter springen
Nun komm ich als Hochzeitsbitter in dieses Haus
Ist nun auch der Hausherr hier zu Haus
Und die Hausfrau auch zu Haus
Sind denn auch eure geliebten Kinder
Und alle ihre jungen Dienstboten auch zu Hause
Sind sie denn alle hier ein
Es sollte mir ein großes Vergnügen sein.
Nun aber haben meine Hochzeitswirtfrau mich heute diesen Morgen gewünschet aus

Hochzeitsbitter 1927 in Rostock-Gehlsdorf

und von seiner Frau und von dem Hauswirth B. aus Garbarin. Und von seiner Frau, und von unserem Bräutigame. L. K und von seiner Frau M.R. und diese lassen auch alle bitten. Sie möchten nun auch alle so gut sein und am Freitag Sonnabend Sonntag Morgen 8 bis 9 Uhr in dem Hauswirth A. in Gallenthin zu kommen und helfen uns das alles mit Freuden verzehren, was uns der liebe Gott hat da bescheret.
Nun meine Lieben so machen Sie sich alle ganß hübsch und fein
damit Sie können auch alle lustig seyn
mit einander leben und unsern Brautleuten die Ehre geben
und mit aller Vergnügen ihren Ehrentag mit ableben.

Hier komme ich her geritten
Hab ich kein Pferd so komm ich her geschritten;
Hochzeit zu bitten ist mein Begehr,
Braut und Bräutigam zu der Ehr,
hier bin ich gekommen, ihr Mann und Gesellen,
daß sich alle recht fleißig einstellen
Schnüren Sie die Stiefel und Stürzen Sie den Huth
und haben Sie eine unverzagten Muth
Wetzen Sie euer Schwerth und satteln Sie euer Pferd
Schmieren Sie eure Stiebeln die Füße und Schuh
Gehen Sie und reiten Sie auf den Bräutigam zu
Ihr Frauens seidt wacker und stellet euch ein
ohne Sie kann auch kein Lustigkeit sein
Ihre Jungfern setzen sich auf Euren Kranz
und seid bedacht auf eine lustigen Tanz.
Kommet ihr doch alle dahin und helfet uns alles mit Freude verzehren
Was Gott der Geber hat gutes bescheret

und mich geschicket als Hochzeitsbitter in dieses Haus
Und lassen von mir untersuchen und darum bitten
Obs gefällig und erlaubt wäre
Meinen Hochzeitsbitterwunsch und Gruß hier abzugeben
Und gefällig und erlaubt sei
So bitte ich all diese Menschen
Hier in diesem ganzen Hause
Möchten sich doch alle hier bey mir versammeln
und meinen Hochzeitswunsch und Gruß mit anzuhören
Damit daß ein jeder sich dahero richten und einstellen kann.

Nun soll ich auch alle vielmal Grüßen von dem Hauswirth A. aus Gallenthin,

239

Etliche Glas Bier und Branntewein
ein recht tüchtig und gut einbagt (selbstge-
backenes) Roggenbrodt
Weitzen und Studt.[20]
Auch zwanzig fette Gänse und
Zwanzig fette Schwein und fünfzig fette
Hammel
die sollen da sein.
Die Hühner und die Gänse die sitzen überall
ganß hoch oben auf dem Wiemen und
haben keinen Tall, (keine Zahl)
der Hahn sitzt bey die Hühner hat Sporen
an Füßen
es soll auch nicht fehlen an Fiedeln und
Fläuten,
an Trummeln un Pingen, an Stühlen, Tischen und Bänken,
sollt ihr auch nicht gedenken
auf Schaffer und Schinken
auf Kannen und Krausen
Teller und Bricken
da wird sich der Hochzeitswirth
von selbsten auf schicken.
Nun aber laßen unsre beiden Brautleute
bitten, daß
Alle diese jungen Leute sich am Freitag
Morgen
7 oder 8 Uhr zu ihr in ihr Haus zu kommen
und mit ihr über
daß Feldt zu gehen und den schönen Putz
den die Frau Pastorin
oder die Putzmacherin wird machen anzusehen
und von da in dem Hause Gottes zu gehen
und daselbst ein andächtiges Gebet
von dem Herrn Pastor anzuhören.
Nun aber unsre Kökschen
die seyn noch ganß munter und wacht
die machen uns eine schöne
Suppen woll auf die Nacht.
Sie machen uns die Klümpfe groß und klein

Und schmeißen auch woll einen Scheffel
Krinten und Rosinen mit darein
Sie werden noch machen gekocht und
gebratne Fische
Die werden wir noch tragen zu Tische.
Und endlich lassen sie noch sehr die Haus-
frau in diesem Hause bitten um Butter und
Milch,
daß der Raiß (Reis) wird weiß und glatt
und die Klümpfe werden gelb und die Fische werden braun.
Und so habe ich nun meine Bitte an die
Hausfrau und die jungen Mädchen
Hier in diesem Hause haben sie Äpfeln und
Bernen
das ist des Hochzeitsbitters Begehr
Und sind denn die Äpfel so rosenroth
so bringen sies her in unsern Schoß
Sind sie noch grün oder grau braun
Bundtflächig oder blau daß schadet ihr all-
nicht
wenn sie nicht ganß schwards sin (unleser-
lich)
denn ich begehr ein gut Gelach und geh
spatzieren die ganze Nacht,
ist nun aber der Hochzeitsbitter etwas
schlecht von Worten,
so möchten sie es mir wenigstens Verden-
ken. Haben Sie denn nun gut Bier und
Branntewein in ihrem Hause so möchten
Sie so gut sein und schenken ihn auch woll
eins ein. Nun aber bitte ich noch mal sie
werden diese Bitte so von mir vorlieb nehmen und werden sich darnach richten und
einstellen es werde uns da ein großes Vergnügen seyn wenn Sie uns … da werden
alle recht fleißig bescheren?
  Nun adje meine Lieben denn ich kann
hier nicht länger bleiben denn ich muß Reiten Vor die andere Thür.
Glasin den 26ten Oktober 1855
     Dein ergebner Freund P. Theede.

Zum Vergleich ein aus mehreren Bruchstücken von R. Wossidlo zusammengestellter bzw. für eine Veröffentlichung bearbeiteter Spruch:

Hochzeitsbitterspruch

Glück ins Haus!
Ist Herr Wirt und Frau Wirtin ein oder sind sie aus?
Wie geht's, wie steht's um euer junges Leben?
Ich bin abgefertiget von Jungfer Braut un Bräutigam wegen,
Ich hab einen freundlichen Ehrengruß an den Herrn und die Frau,
Binebst ihren Kindern als Jungfern und Gesellen,
Hochzeit zu bitten ist mein Begehr,
Braut und Bräutigam zu Ehr;
Die Braut läßt bitten die ganze Woch ut un dut,
So lange die Hochzeit dauern thut.
Herr Wirt un Frau Wirtin,
Ji kant ok mitbringen 'n Hohn oder 'n Hahn,
Up 'n lütten Slach Botter kümmt 't ok nich an,
Dat de Ries goot gliden kann;
Un de Fisch mit 'n breeden Stiert is ok 'ne Stang' Maressig wiert.
Hier bin ich gekommen, ihr Mann und Gesellen,
Daß ihr euch möget recht fleißig einstellen;
Schnüret den Beutel und stürzet den Hut,
Und habt einen unverzagten Mut;
Wetzt euer Schwert, sattelt euer Pferd,
Schmieret die Stiefel, die Füße und Schuh,
Gehet und reitet nach dem Hochzeitswirt zu.
Ihr Frauen, seid wacker und stellet euch ein,
Denn ohne euch kann keine Lustigkeit sein.
Ihr Jungfern setzet euch auf euren Kranz,

Und seid bedacht auf einen fröhlichen Tanz;
Laßt fest den Kranz euch binden,
Denn es wird wohl gehen ans Tanzen und Springen,
Daß die Brotmesser vom Tisch runklingen.
Kommt alle und helft uns mit Freuden verzehren,
Was Gott, der Geber, uns will Gutes bescheren,
Zwanzig Tonnen Bier ist Hochzeitsmanier –
Zwanzig fette Ochsen und zwanzig fette Schwein,
Fünfzig fette Hammel, die sollen da sein,
Zwei Drömt Roggen zu Mehl und Brot,
Da ist doch gewiß keine Not.
Un de Hochtietswirt hett up sinen Lann'
'n Diek mit Karpen un Kruutschen gahn,
Dor kann mien Pietsch awerenn' in stahn;
De lüttste Fisch dor up den Grund,
Dee wecht noch awer hunnert Pund.
De Höhner un Gös' dee sitten in 'n Stall,
Ganz baben up 'n Wimen un hebben keen Tall;
De Hahn sitt bi de Hähn, hett Sporen an Fäuten;
Dat sall ok nich fählen an Fideln und Fläuten.
Korinten un Rosinen sünd ok nich vergäten,
Dee sünd de Kaeksch mit 'n Schäpel tomäten;
Sünd de Klümp nich to bittig un to basch,
Sünd se just äben von paß.
Un achter den Backaben steit 'n Frachtwagen,
Dee is mit Pipen un Toback beladen.
Awer wer will in 't Hochtietshuus slapen,
Dee mööt sik mitbringen Bedd un Laken,
Süß mööt he in 'n Rönnsteen slapen.
Un ungebäden Gäst kamen unner 'n Höhnerwiem.
Ich bin nicht hochgelehrt von Sachen,

Viele Komplimente kann ich nicht machen;
Drum, wenn ich meine Sache nicht gut ge-
macht,
So möchte ich bitten, daß ich werde nicht
ausgelacht.
Eine Andacht hab ich noch an die jungen
Mädchen:
Dat se moegen 'n hübschen Band an minen
Pietschenstock binnen,
Dat ik em kann recht lustig in de Luft
rümswingen.
Und haben Sie gut Bier und Branntewein,
So schenken Sie dem Hochzeitsbitter mal
was ein,
Oder auch ein Glas Wasser ganz rein,
Dann bleibet der Verstand darein.

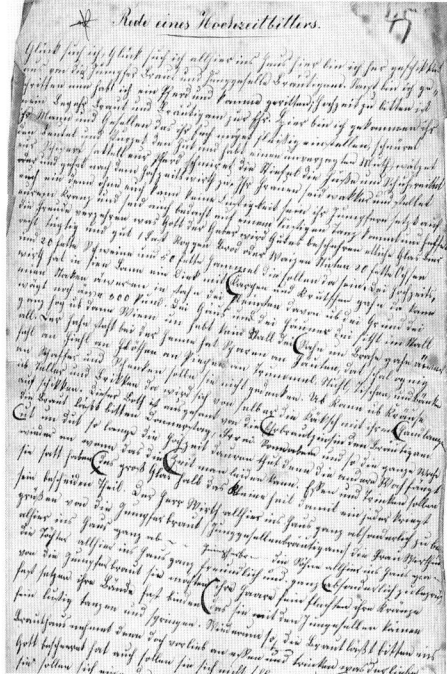

Rede eines Hochzeitsbitters, etwa 1855

13.5 Hochzeit als mehrtägiges Gemein- schaftsereignis

Eine große mehrtägige Bauernhochzeit galt als ein Ereignis, das alle Häuser des Dorfes intensiv in das Festgeschehen mit einbezog, und das wohl auch, um die erforderlichen Unkosten zu verteilen. »Bauernfeste« sind nach Beobachtung von Ernst Moritz Arndt nicht nur in Pommern »auf der Grundlage des Wohllebens im Essen und Trinken ge- gründet«[21], und er verteidigt diese Freuden:

»In Pommern werden die Hochzeiten der Bauern gewöhnlich mit zu langen und ver- schwenderischen Schmausereien gefeiert. Es sind freilich Polizeigesetze darüber. Aber wie können alle Gesetze immer bewacht werden? Überdem werden in manchen Dörfern die hohen Festtage, besonders aber die Fastnacht, das pommersche Karneval, oft acht Tage hintereinander gefeiert ... Daß man übrigens bei den Bauersleuten immer alles so genau berechnet und es hoch an- schlägt, wenn sie auch einmal im Vergnü- gen zuviel tun, entspringt wohl aus nichts anderem, als daß wir gewohnt sind, sie als Lasttiere anzusehen, die bloß arbeiten und nicht genießen sollen.«[22]

Wie zu den auf der Diele gefeierten Ka- lenderfesten schickte auch hier jedes Haus seinen Anteil je nach sozialem Status: die Bäuerinnen ließen blumengeschmückte Butter, Milch, Eier und Hühner, der Bauer eine halbe Tonne Bier im Hochzeitshaus abgeben; jede Häuslerin brachte ein Huhn unter Aufsagen eines Reimes. An einem Dienstag begannen die Vorbereitungen mit dem Schlachten, Mittwoch wurde gebak- ken, Donnerstag fuhren die Kammerwagen mit der Aussteuer in das neue Heim, wobei jedes einzelne Stück (Schrank, Bett, Leinen- zeug, Butterfaß) mit Musik abgeladen wur-

Hochzeit auf Gut Nisdorf bei Gross Mohrdorf
1903 (Heinz von Hagemeister und Elisabeth,
geb. von Zansen-Osten)

Hochzeit bei Schnittern, etwa 1925

de. Einen Polterabend kannte man noch nicht, aber auch der Tag vor der Hochzeit klang mit einer kleinen Feier aus, an der jedermann teilhaben konnte: »*De Brutwag' würd in dat nie Hus up de grot Däl rupführt. Wenn denn dat Brutbedd upmarkt wir, würd de Braden un de Win, dee dor inpackt wiren, vertehrt; toletzt würde de Wag' bedanzt.*«

Der öffentliche Charakter auch dieses Dorffestes, das Bewußtsein eines gemeinsam mitverantworteten Festes, war auch dadurch gegeben, daß in einigen Dörfern die Braut zusammen mit den Brautjungfern jedes Haus betrat und sich den Wocken mit Flachs beschenken ließ. Ärmere Mädchen sammelten außerdem Federn in einem Sieb für das neue Bett. Die Gemeinschaft der ledigen jungen Männer des Dorfes war ebenfalls nicht untätig geblieben: Sie hatten Geld zusammengelegt, um beim Drechsler ein verziertes Spinnrad zu kaufen, das sie am Tag vor der Hochzeit der Braut mit einem Übergabespruch schenkten.

Die genannte Gruppe der Unverheirateten, die sich auch als Spinnstubengemeinschaft zu gemeinsamer Arbeit traf und dabei eigene Bräuche übte, zeigte sich am Hochzeitstag verantwortlich für einen Teil der Bräuche.

13.6 Brautkronen als soziales Zeichen

»*Was die Kleidung der Braut betrifft, so ist sie die gewöhnliche, nur ein wenig zierlicher. Auf dem Kopf trägt sie einen Kranz und darüber eine Art von Krone, beide von Buchsbaum, dessen Blätter von Gold- und Silberschaum stark schimmern. Auch werden die Haare dazu besonders frisiert und mit Eiweiß geglänzt und aufgestreift. Den*

Bräutigam zeichnet nur ein großes weißes Halstuch aus, das er von seiner Braut zum Geschenk erhält und dessen Zipfel vorn lang herabhängen ...«[23]

Eine Hochzeitsgesellschaft aus der Umgebung von Greifswald um 1830:

»*Die sehr schmucke Braut war reich und modern gekleidet. Sie trug u.a. einen kostbaren Shawl und ein breites rotes Band, wovon die Enden sehr lang von der Taille herabflatterten, als Schärpe. Aber ihr Kopfputz glich einem Blumengarten und war mit Rosen, Folioblumen und bauschenden Straußenfedern sehr blank und üppig verziert ...Unter den Hochzeitsgästen prangten die Frauen in geschmackvollen seidenen, weißen und gestickten Kleidern nach der neuesten Mode. Der Aufwand an kostbaren Spitzen und weißen Aufsätzen war bei mancher Parzellenpächterin sehr groß und verdunkelte beinahe den Anzug der Honoratioren. Manche ehrwürdige Frau, welche noch ihr schwarze Mütze und Haube trägt, war um des Staates willen von der Hochzeit zurückgeblieben ...*«[24]

Die außerordentlich hohe Bedeutung des Hochzeitstages wurde etwa bis zur Mitte des 19. Jahrhunderts noch auf dem Lande für alle sichtbar durch die Bekrönung der Braut mit einer buntglänzenden Krone. Bis ins 18. Jahrhundert hinein war die mit Gold und Edelsteinen verzierte hochzeitliche Kopfbedeckung ein Privileg reicher Patriziertöchter gewesen. Sie fand Nachahmung im Volksbrauch, allerdings mit einfacheren Materialien. Während Ende des 18. Jahrhunderts u.a. wegen der Aufhebung der Kleiderordnungen und Beschwerlichkeit des Tragens die städtische Bevölkerung relativ rasch auf die Krone verzichtete und auch das bis dahin dunkle Kleid gegen das modische Weiß tauschte, hielt sich auf dem Lande und in den kleinen Städten die Krone bis etwa 1860, bis sie vom grünen Myrtenkranz abgelöst wurde, wobei dem neuen Brauchelement auch Widerstand entgegenschlug: »*Wi willen keinen Gräunkohl up'n Kopp hebben*«, wird R. Wossidlo erzählt. In Warnemünde wurde die letzte Kronenbraut 1848 getraut.

In der Regel verwahrte die Kronen die Pastorin, und sie verlieh auch das hochzeitliche Requisit in mehreren Ausführungen und Größen (as'n Vagelnest, as'n Immenrump/Bienenkorb, as'n Füeremmer) gegen einen Preis von 2–9 Mark. Der relativ hohe Preis wurde damit begründet, daß die Krone beim Tanzen, vornehmlich beim wilden »Rückelreih« leicht beschädigt werden konnte. In einigen Dörfern besaß der Dorfschulze eine Krone, die ausschließlich an Bauerntöchter gegen Entgelt ausgeliehen wurde. Bekannt und geradezu berühmt waren die Brautkronen, die der Rostocker Juwelier Kerfack in der Kröpeliner Straße neben Kränzen für die Brautjungfern in seinem Schaukasten ausstellte und die von den Bauerntöchtern aus der Gegend um Rostock und Doberan gekauft wurden. Eine seiner Kronen soll 1867 mit einer vollständigen Biestower Tracht auf der Pariser Weltausstellung viel Bewunderung erregt haben. Auf den Hofdörfern hatte die »gnädig Frau« die Krone in Verwahrung.

Das Grundgestell ruhte in der Regel auf einer Flachsunterlage bzw. einer leinenen »Wurst«, zuweilen wurde auch ein Kranz aus Rosen darum gelegt. Glasperlen und Silberfiligran bildeten die Hauptbestandteile. Die Ausschmückung variierte regional, in der Lübtheener Gegend beispielsweise

Städtische Hochzeit meiner Eltern 1928; Termin beim Fotografen in Rostock

fand man an einem seitlich angebrachten roten und grünen Federbusch Gefallen. In Warnemünde wurde der Braut an den Ohren eine dicht abschließende Bekleidung aufgesetzt, sogenannte »Pierdklappen« und vorne mit einer blanken Nadel befestigt, darauf ruhte dann die Krone, an deren Vorderseite sich ein Spiegel befand.[25] Niemals fehlen durften lange Seidenbänder, wovon vier zur Grundausstattung gehörten. Wer mehr Bänder tragen wollte, mußte sie dazukaufen, und je mehr Bänder eine Braut trug, desto reicher war sie. 15–16 Bänder galten als angemessen, 25 Bänder waren

245

keine Seltenheit. Eine arme Braut lieh sich die Bänder von ihren Freundinnen.

Es läßt sich denken, daß die Ausstattung der Krone viel Gesprächsstoff bot, denn nicht nur um der Schönheit willen trug die Braut eine Krone, sondern sie gab vor allem Auskunft über ihre Tugend und Virginität. (Die Brautkrone wird in der Forschung auch mit dem Marienkult, Maria, der reinen Magd, in Verbindung gebracht.) Der agrarischen Gesellschaft mit ihren »*moralbewußten, aber auch besitzstolzen, prunksüchtigen und standesstarren Verhaltensnormen und Ausdrucksformen*«[26] muß gerade dieses Brauchelement entgegengekommen sein.

Generell bedeutete das Tragen der Krone eine Ehre, und sie berechtigte auch zu einer Haustrauung auf der Diele denn »*'ne Brut, dee sick hadd beslapen laten, dee mußt 'n Kranz dragen, dee hinnen open wier.*«[27]

»*Wi säden Kron dorto, dat wier 'n Kranz mit groten Slier, dee sik verjungfert hadden, müßt apen sein.*«[28]

Auch in die Literatur hat gerade dieses Brauchelement Eingang gefunden:

> *Mareiken, Mareiken,*
> *Min smuck Pöppedeiken!*
> *Min Herzing, min Säuting,*
> *min Pitschepatschepäuting!*
> *Wän binnt din Hor,*
> *wän binnt din Kron?*
> *Je, dat sall Preistermudder doon*
> *Mit Gold un Sülverfaden*
> *Un blanke Bäwernadeln.*

Mit diesem mütterlichen Herzenswunsch läßt der mecklenburgische Dichter John Brinckman ein Kind singend einwiegen, und auch Fritz Reuter betont in seinem Roman »De Reis' na Belligen« die Schönheit des Brautputzes: »*Ne, kik doch de Brut an, wo smuck ehr dat lett, un wat för 'ne Kron in de Hor sei up hett.*«

Und als Heinrich Seidel nach langer Zeit von Perlin nach Berlin wieder in seinen Heimatort zurückkommt, versucht eine alte Frau, sich ihm in Erinnerung zu rufen: »*Ick wier jo de tweit, dei sei ehr Mudder dei Brutkron upsett' hett*«.

Eine Brautkrone zu tragen, scheint also auch nach der Literatur ein erstrebenswertes Ziel der jungen Frauen, obwohl das Tragen äußerst unbequem war und sicherlich mit zum Wechsel zum Kranz beitrug:

> »*Mien Großmudder hett ne dreedagsch Hochtied (as Bruut) fiert. De Kron hett se nich afnahmen dörft, wenn se to Bedd gahn is. De Band un Blomen hett se afnahmen, oewer de Kron hett se upbehollen.*«[29]

Voller Arroganz äußerte sich dagegen Wilhelm Meinhold, Doktor der Theologie und Pfarrer, während einer Reise in seinen »Humoristischen Reisebildern von der Insel Usedom« über diesen Brauch:

> »*Am Hochzeitstag stellt sich die Braut zeitig bei ihrer Frau Pastorin ein, wo sie geputzt wird, d.h. wo ihr ein Kränzlein von dem Umfange eines Teekessels auf den Kopf gesetzt und eine unzählige Menge von Zeugblumen ringsumher aufgepackt wird, so daß von den Haaren wenig mehr zu sehen bleibt als zwei lange jedoch ungeflochtene Stränge, welche auf ihrer Schulter hängen und an den Spitzen mit einem roten Bändchen versehen sind. Den Nacken bis über das Kreuz flattern seidene vielfarbige Bänder hinab, den Busen schmückt ein Strauß von Zeugblumen, und die verunstaltete, arme Dirne kömmt sich niemals schöner vor, als in diesem Putz, den sie deshalb auch schon ganz so acht Tage vorher, bei*

ihrer Abendmahlsfeier sich anlegen läßt und die Genugtuung hat, daß alsdann nicht bloß alle alten Weiber, die sie sehen, in Verwunderung geraten und in die Hände schlagen, sondern daß sich um ihretwillen auch zahlreiche Kirchgänger wie sonst einfinden.«[30]

Der eigentliche Hochzeitstag begann also mit dem Ankleiden der Braut, das schon Sachkenntnis erforderte. Die Braut trug ein schwarzes Brautkleid über mehreren unterschiedlich langen Unterröcken, deren buntfarbige Säume sichtbar sein mußten, um die Taille ein breites Seidenband, das zu einer Schleife gebunden in langen Bändern auslief. Das seidene Brusttuch und das Gesangbuch – Verlobungsgeschenke des Bräutigams – durften ebensowenig fehlen wie der Rosmarinstrauß. Zu den Grundbestandteilen der Krone zählten Silberfiligran, »Bäwernadeln« und Glasperlen.

Ein Wossidloscher Gewährsmann berichtet dazu folgendes: »*Irst kreg de Brut dat leddig Gestell mit Reifen up'n Kopp, dat würd denn upputzt. Een Federbusch kem an jede Siet. Baben wiren öfter lütt hölten Voegel anbröcht; vörn stek'n lütten Spegel. An dat Gestell wiren lütt Hoekels an. Dor würden Parlen uphackt, weck as'n Dubenei grot, dee wiren up'ne Snur treckt, dat glimmert un glummert all. Ünner dat Hoor wir Flaß leggt, dat de Kron sik hollen ded'. Dat Band an de Kron müßt so lang as dat Kleed wir. Vier Bänner gew de Preesterfru to; för de annern müßt de Brut sülben sorgen. Oft wiren dor achtteihn twintig Bänn' an ... Wenn de Brut arm wir, lihnt se sik de Bänn' von ehr Fründinnen; dee sneden sik dann weck af von ehr Strichmützen ...«*

Brautkränze aus Myrte wurden erst im letzten Drittel des 19. Jahrhunderts üblich, dann gebührte der Braut ein grüner, den Brautjungfern ein roter Kranz. Nach der Brauchliteratur ist ein rechtsgeschichtlicher Hintergrund auszumachen: Das Abbrechen, Tragen und Übergeben eines Zweiges sollte Aneignung und Besitzergreifung demonstrieren. Das Motiv ist noch in einigen Erzählliedern erhalten:

> *... Von einem Aepfelbäumelein,*
> *da brach ich mir ein Reis:*
> *aus einem wackern Mägdelein*
> *da mach ich mir ein Weib ...*[31]

Nach germanischem und römischem Recht war die Heirat verbunden mit einer Besitzübergabe der Braut, einem Rechtsvertrag zwischen zwei Familien. Seit dem Mittelalter verlor der Zweig als Symbol der Besitzergreifung seinen Sinn und wurde umfunktioniert zum Liebeszeichen. Zunächst nahm der Bräutigam dafür Rosmarin (im Hochzeitsbrauchtum der Deutschen in Ungarn beispielsweise bis heute zu beobachten), bevor das Kraut durch die Myrte, verdrängt wurde und der jungfräuliche Kranz aus Myrte zum »schönen grünen Jungfernkranz«, wie er seit Webers Freischütz volksliedhaft besungen wurde, Allgemeingültigkeit erlangte.

Es war ein erregender Moment für die Dorfbevölkerung, wenn die aufgeputzte Braut endlich aus der mit Girlanden geschmückten Tür trat. Der soziale Stand wurde wiederum ablesbar durch nonverbale Zeichen: Bei einer »Kleinen Hochzeit« mußte geleuchtet werden, damit die Braut »besehen« werden konnte. Bei einer »großen Hochzeit« auf der Diele war das nicht nötig, da sie dort jeder bewundern konnte, zumal, wenn die Braut noch auf einen Stuhl stieg.

Während des Zuges zur Kirche achteten die Verwandten und Gäste streng auf die vorgeschriebene Reihenfolge. Diese galt auch, wenn sich die Kirche in einem anderen Dorf befand und die Hochzeitsgesellschaft mit mehreren Pferdewagen kam. Unterwegs mußte der Brautwagen unbedingt von jungen Leuten oder auch von Kindern »gesnert«, d.h. mit einem Seil aufgehalten werden, bis sich das junge Paar durch eine Geldspende auslöste, sonst hatte das Paar kein Glück.

In der Kirche versuchten die Brautleute gern, durch brauchtümliche Handlungen wie z.B. dem anderen auf den Fuß zu treten, anzuzeigen, wer im Hause zukünftig das Sagen haben sollte.[32]

Nach der Trauung, die anstatt in der Kirche auch als Haustrauung auf der Diele stattfinden konnte, hatten die Frischvermählten beim Eintritt ins neue Heim je nach Dorfsitte verschiedene Brauchhandlungen auszuführen, ehe sie die Schwelle des neuen Heimes übertreten durften.

13.7 Das Hochzeitsmahl

Auf der Diele erwartete die Gäste ein Festmahl mit regional charakteristischen Hochzeitsgerichten. Das waren in Mecklenburg Hühnersuppe, gekochtes Rindfleisch und dicker Reis. Aus der Beschreibung des Hochzeitsessens auf der Halbinsel Usedom wird das bewußte Festhalten der Bauern an der Tradition deutlich, während die beweglicheren Tagelöhner offenbar begieriger den moderneren Formen gegenüber aufgeschlossen erscheinen, die für sie auch praktikabler erscheinen:

»Die nun folgende Hochzeitstafel, welche der etwa anwesende Prediger oder Schullehrer mit Gebet eröffnete, besteht bei den Bauern von echtem Schrot und Korn

ein für alle Mal aus folgenden überall gleichen Gerichten: Grütt (Grütze), die hier mit Löffeln; im Lieperwinkel jedoch, wo es noch zeremoniöser hergeht, mit Messern gegessen wird, Fisch; dat gele Essen (Gelbsauer), dat schwarte Eten (Schwarzsauer). Braten kömmt außerordentlich selten und nur bei Tagelöhnern nach der oben beschriebenen Art vor, welche ihre Bräute in der Regel auch schon moderner putzen lasen, und statt des Brautdieners per Karte einladen.«[33]

Für die Armen stand überall ein besonderer Tisch bereit.

War der erste Hunger gestillt, ging unter den Gästen ein blumengeschmückter Teller mit kleinen Stückchen von Hühner- oder Fischleber herum. Jeder Gast bediente sich davon und sagte danach einen sogenannten Leberreim auf. So konnte die Braut »beten«:

Die Leber ist braun und auserkoren,
ich habe mein Feinsliebchen
im Schnee verloren,
ich hab ihn gesucht,
hab ihn wiedergefunden,
hab ihn mit einem rotseidenen Band
gebunden.
ich will ihn in meinem Armen fassen
und nimmer aus meinem Herzen
lassen.

Oder ein Junggeselle:

De Läwer is von'n Häkt
un nich von'n Spinnwocken,
Junggesellen behangen sik
mit Bummeln un Docken.
Se gahn uppe Straten
pronkieren un prahlen.
Un wenn s' ehr eegen Herr sünd,

Bauernhochzeit um 1900 o. O.: Die Brautjungfern in weißem Kleid und Kranz

Hochzeit der Bauerntochter Anna Müns und des Fotografenmeisters Walter Kleeberg 1917. Foto vor dem Elternhaus in Neuendorf b. Grimmen. Der städtische Einfluß in der Kleidung ist spürbar.

Brautleuchter, Brauthahn, Brautapfel. Nachbildung

koenen s' ehr Frau
nich'n Poor Schoh betahlen.[34]

Zur Mahlzeit auf der Diele prangte vor dem Hochzeitspaar ein bunt aufgeputzter Brautleuchter auf dem Tisch, den die zu Seiten des Paares sitzenden Brautjungfern hergerichtet hatten. Nach einem Bericht aus Spornitz von 1754 kann man ihn sich gut vorstellen: »*Ein plattes Kreuz, sechs Zoll lang und einen Zoll breyt, ... eines Daumes dick, darin oben ein Loch etwa zwey Zoll tief gebohret, das Licht darein zu setzen. Dieses Stelle bewinden sie ... mit Buchsbaum. Wachholder, den rothen Birn vom*

Spillbaum und Hülsebusch, vergülden es hie und da mit unechtem Golde und Silber, daß es einem faustdicken grünen Busche gleich siehet ...«

Eine Vielzahl symbolischer Brauchhandlungen während und nach der Mahlzeit sollten das zukünftige Glück des jungen Paares garantieren, andere Bräuche dagegen mit Spielcharakter einen günstigen materiellen Start ermöglichen. Beim »Brauthaferspringen« (auch »Brauthahnspringen« genannt) beispielsweise traten die Brautjungfern mit einem Gefäß voll Kugeln oder Steinchen vor den Bräutigam und sprachen:

»Schönster Herr N.,
tut auf euren Schatz
und gebet unserem Brauthafen was,
hüt wat, morgen wat,
denn hett de Bruut all Dag' wat.«

Der Bräutigam steckte darauf ein Geldstück in einen Apfel oder aber in einen »Brauthahn« aus Butter oder Lehm, der ortsweise sogar mit natürlichen Hahnenfedern drapiert sein konnte. Anschließend wiederholten die jungen Leute das Brauthaferspringen bei allen Gästen, bis ein stattliches Nadelgeld für die Braut erspielt worden war.

An einigen Brauchausführungen war der soziale Status der Brauchträger deutlich ablesbar. Bei der Hochzeit gehörten dazu beispielsweise die Anzahl der Aussteuerwagen, die öffentlich durch das Dorf gefahren wurden, die Beschaffenheit der Krone, die Wahl des Brautkleides, der Ort der Feier, die Art und Weise der Brauchhandlungen. Während in den Bauernhäusern die Braut beim Einzug ins neue Heim das Hoftor mit Balken verriegelt vorfand und überhaupt erst einige Hindernisse nach altem Brauch überwunden werden mußten, konnte vor der Tür einer ärmeren Braut eine Frau stehen:

»Dee hett'n Stück drög Brot un'n Glas Water, dat is ringsüm mit Netteln bedeckt. Denn warden se fragt: ›Willn ji ofräden sin, wenn ji nicks wider hefft as Water un Brot?‹ Wenn se denn ›ja‹ seggt hebben, möt de Brut dat Brot upäten, un die Brüjam möt dat Water ut de Netteln rut utdrinken un denn dat Glas oewerkopp smiten, so dat dat intwei geiht.«[35]

13.8 Hochzeitstänze

Anläßlich einer Hochzeit genügte die sonst übliche Lehmdiele für große Bauernhochzeiten nicht, der Hochzeitsvater lieh eine »Danzbrügg« beim Dorfkrüger und ließ für die Musiker ein hohes Podest bauen. Mancherorts, beispielsweise in der Gegend um Mirow und Feldberg, wurde noch auf der Diele für das Brautpaar ein sogenannter Brautwinkel eingerichtet, mit weißen Tüchern ausgeschlagen und mit Kunstblumen verziert, in dem das Paar sich zwischen den Tänzen aufzuhalten hatte, um in all seiner Pracht bewundert werden zu können.

Zur Vorbereitung des Tanzteiles bestellten die Gastgeber für große Bauernhochzeiten beim Stadtmusikanten rechtzeitig Instrumentalisten: als »Blasmusik« Trompete, erstes und zweites Tenorhorn und Tuba oder als Streichmusik erste und zweite Geige, Baß, Flöte und Klarinette. Bei Büdnerhochzeiten mußte ein kleineres Instrumentarium und für Tagelöhnerhochzeiten, wenn sie nicht vom Gutsherrn ausgerichtet wurde, auch schon einmal eine Harmonika ausreichen.

Während bei städtischen Hochzeiten die Musiker ihr Repertoire nach eigenem Gutdünken zusammenstellen konnten, hatten die Dorfbewohner bis zur Jahrhundertwende und darüber hinaus recht festgefügte Vorstellungen von einem hochzeitlichen Tanzvergnügen. Wichtig erschien stets eine Mitgestaltung durch eigenen Gesang und verschiedene Spielformen, für die sich besonders die sogenannten »Bunten Tänze«, eine Mischform englischer Kontertänze und niederdeutscher Tänze, geradezu anboten.[36] Für einige dieser Tänze (Barbiertanz, Schimmelreitertanz u. a.) fertigten die Knechte Wochen vorher Requisiten an, so daß auch durch diese Tätigkeiten eine Festbeteiligung über das eigentliche Hochzeitshaus hinausging.

Zu Beginn des geselligen Teils waren von den Brautleuten die sogenannten Ehrentänze, Walzer und Polka mit den aktiven Helfern zu absolvieren: mit dem Trauführer, den Brautdienern, dem Hochzeitsbitter, den Fuhrleuten des Brautwagens bzw. mit den Brautjungfern und älteren Respektspersonen. Nicht eindeutig sind dabei die Aussagen zum sogenannten Brautleuchtertanz, der zwar in Wossidlos dramatisierten Bräuchen eine zentrale Rolle spielt, nach den gesammelten Belegen (8) jedoch nicht so charakteristisch gewesen zu sein scheint:

Ein vom Tischler angefertigter Brautleuchter (immerhin 44 Archivbelege) wurde mit Musik ins Hochzeitshaus gebracht und abends mit Lichtern besteckt. Nach den Ehrentänzen schlug die Braut mit einem Tuch die Lichter aus.

Von den »Bunten Tänzen« durften auf den Hochzeiten folgende nicht fehlen: Windmöller, Schüttel de Büx, Katt un Muus, Schimmelreitertanz, zuweilen noch der Siebensprung. Zu fast allen Tänzen wurde lautstark mitgesungen, und wenn es keine Tanzreime gab, so wurden Neckreime erfunden. Sie waren durchaus nicht nur »sinnig und schön«, wie sie in der Literatur in der Regel beschrieben werden,[37] sondern sollten dem Bewegungsdrang genügen, Spaß bereiten, die Anwesenden auch wohl dem gutmütigen Spott aussetzten, erotische, oft auch derbe Anspielungen ermöglichen:

»*Lustig wier ok de Gosmarsch in Ollen Goorz bi Woren. Dat wir ›ne Ort Polonäs‹: dat hinnelst Pooer (twee Mannslüd') wiren Gos'flüchten upneiht up den langen ›Dausleper‹ (d. h. Släpkittel): dee würden denn tolezt afräten.;*[38] *In Warnemünde verkeideten sich zwei Spieler auf der Hochzeit als Ziegen und tanzten zur Musik des Lichtertanzes (!): Een auf allen vieren, ein andere als Bock, will sie bespringen …*«[39]

Ausschließlich den Köchinnen und Küchengehilfen war der turbulente »Koekendanz« vorbehalten: Mit einem nassen Geschirrtuch schlugen die Köchinnen, mit Kohlstrünken die Männer auf die Gäste ein, die ihrerseits mit erreichbaren Gegenständen zurückwarfen. Ziel war es, den Köchinnen die Kellen abzujagen, um dann mit ihnen zu tanzen.

Nach der Literatur soll es sich beim Kohlstrunkwerfen um einen alten Rechtsbrauch gehandelt haben, die Aussagen der Gewährsleute deuten auf ein solches Wissen allerdings nicht mehr hin.

Niemals fehlen durfte auf den Hochzeiten, seien es große oder bescheidene Feste, der »Rückelreih«, der in unterschiedlichsten Ausführungen den Beschluß bildete und bereits im 16. Jahrhundert von Nicolaus Gryse ob seiner Wildheit gerügt wurde. Zu Wossidlos Zeiten ist er nur noch Erinne-

rung: »*Mien Öllern hebben vertellt von Rückelreih*«.[40]

In allen Belegen ist von einer Jagd durch alle Räume, durch Gärten und die umliegenden Bauernhäuser die Rede:

»*Wenn die Hochtid vorbi ist, Klock 8: Rückelreih in Quassow. De ihrst Geig moot vorutgahn, de annern in Gos'marsch achtern, so na jeden Buern hen. Wenn he in't Bett lag, würd he nackt rutsmäten, denn trock he sick an, denn gewt 'n Sluck. Ick heff oft 'n poor Eier mitnahmen. Jeder hett 'ne Widen Rod oder Knüppel: dor slogen se mit, weck reden ok: Ik müsst mi vörsehn, dat ik keen Schacht kreeg. De Musiker kreg ok weck .*«[41]

Besonders für die Braut bedeutete dieser Tanz eine Strapaze. Die Brautdiener hatten sich ein großes Handtuch über die Schultern gelegt, in die »Knuppen« mußte sich die Braut einhaken. Paarweise folgten die Gäste, und dann ging es im Galopp mit Gejuchze und Geschrei durch Haus und Hof. Mit Peitschen wurde geballert, eine unter dem Arm mitgeführte Katze wurde gekniffen, bis sie »quarrte«, in den Bauernhäusern suchte man nach Gaffel, Dreschflegeln oder Besenstielen, um darauf zu reiten, Berittene zu Pferde hatten es am leichtesten, sich eine Wurst vom Räucherboden zu langen: Kurz, alles, was zu fassen war, wurde mitgenommen, aber nach dem Fest auch wieder abgeliefert. Auf dem Rückweg mußten schließlich alle Gäste vor dem Hochzeitshaus noch über einen Sägebock oder einen Staken springen. Der im Haus zurückgebliebene Bräutigam suchte die Braut zu greifen, die von den Gästen umkreist wurde. Konnte er sie endlich bei den Haaren fassen, war der Tanz aus.

13.9 Das Abtanzen der Krone

In den Bauerndörfern traten um Mitternacht verheiratete Frauen auf die Braut zu, nahmen ihr die Krone vom Kopf und setzten ihr die Frauenhaube auf, und natürlich durfte auch dabei ein Spruch nicht fehlen:

> *Ik hüll de Brut wol unner den Boen,*
> *dat anner Johr enen lütten Soehn.*
> *Hier steiht de Mütz up 'n grönen*
> *Twig,*
> *ut 'ne jung' Frau ward 'n oll Wif.*«[42]

Auf den Hofdörfern übernahm die Gutsfrau, die »Madam«, diese Aufgabe.

13.10 Regionale Sonderbräuche – Mönchgut

»*An Tracht und Manieren unterscheidet es sich merklich von den anderen Districten. Alle Unterthanen gehen hier schwarz gekleidet, mit weißen aufgeschnittenen Hemden darüber,* berichtet der Berliner Musikkritiker J.C.F. Rellstab, als er im Jahre 1795 eine vierzehntägige »Ausflucht« nach Oranienburg, Neustrelitz, Greifswald, Stralsund, Stettin und auf die Insel Rügen unternahm. »*Sie haben alle Handwerker unter sich, so daß sie an Handarbeiten nichts in den Städten auf Rügen, oder in Stralsund brauchen machen zu lassen.*«[43]
Länger als andernorts erhielten sich auf der an der östlichen Küste Rügens gelegenen Halbinsel Mönchgut traditionelle Lebensbräuche. Begründungen bieten sich an: »Et Mönnike Gaud«, das Mönchsgut, gehörte seit 1252 zum Zisterzienserkloster Eldena bei Greifswald, und die strengen Regeln dieses Ordens engten die Verbindung mit der Außenwelt nachhaltig ein. Alles wurde möglichst ohne fremde Hilfe hergestellt, sogar das Salz: Die Mönche sammelten Kräuter und verbrannten sie, um dann das Salz aus der Asche zu laugen. Der Zuzug Fremder wurde nicht gern gesehen. Bis zur Aufhebung der Leibeigenschaft 1806 und noch teilweise bis zur Separierung 1847 verdienten sich die Mönchguter ihren Lebensunterhalt vor allem als Fischer. Eine größere Landwirtschaft hatten sie durch die Spanndienste, zu denen sie im Sommer auf der Domäne Philippshagen verpflichtet waren, nicht betreiben können. So fehlen folgerichtig Bräuche, die mit landwirtschaftlichen Tätigkeiten verbunden sind.

Um so reicher erscheinen die Lebensbräuche, wobei es unter den Hochzeitsbräuchen gegenüber anderen Landschaften ein Besonderheit gab: Witwen und elternlose Mädchen verfügten über das Recht, eine alte Jungferngerechtsame, – wenn sie eine eigene Wirtschaft hatten – sich selbst einen Mann zu suchen, »Jagd machen« bzw. »na em utstellen«. Als Zeichen ihrer Heiratslust hängten sie eine Schürze vor die Tür, so daß sich Bewerber melden konnten.

»*Trift der Fall eine Wittwe, so darf solche nicht eher wieder heyrathen, als nach vollendetem Trauerjahr. Indessen aber würde die Wirthschaft leiden. Sie geht also zum zeitigen Pächter der Herrschaft, und sagt ihm, auf wen sie ihr thränendes Auge gerichtet habe. Der Herr läßt das Ziel ihrer Wünsche zu sich kommen, sondirt ihn, ob er bey der zur gehörigen Zeit angestellten Jagd der Witwe, sich werde gern einfangen lassen. Verspricht er dies, so zieht der Erwählte sogleich ein und versieht die Wirthschaft, und muthmaßlich auch die betrübte Witwe, um wenigstens eins der von Thrä-*

Ankunft der Hochzeitsgäste auf Mönchgut. Zeichnung von O. Günther-Naumburg

nen noch trüben Augen, mit hochzeitlichem
Glanz zu füllen, bis beyde Augen mit vol-
lem Anstande von Hochzeitsfreuden zeugen
können.«[44]

Daß trotz aller Abgeschiedenheit auch
auf Mönchgut die Modernisierung nicht
halt machte, belegt die Gründung einer
»Ortsgruppe für Erhaltung der Mönchguter Tracht« im Jahre 1908.

13.11 Richard Wossidlo als »Volkserzieher«

Die zahlreichen braunen Holzkästen mit
den notizblattgroßen Zetteln Richard Wossidlos üben nach wie vor Faszination aus.
Sie nötigen Respekt ab vor der ungeheuren
Sammelintensität des Volkskundlers Wossidlo (1859–1939), der die unscheinbaren
Kästen mit dem Wertvollsten füllte, was wir
heute an Nachrichten über mecklenburgische Volkskultur besitzen: den wörtlichen
Mitschriften auf Fragen an Gewährsleute
zu Sage, Märchen, Schwank, Sitte und
Brauch, Lied und Tanz, Haus und Hof,
Arbeit und Beruf. Wossidlo schrieb das
lebendige Erinnerungsgut vor allem älterer
Gewährsleute in ihrer Sprache, dem Plattdeutschen, auf, wobei er sich vornehmlich
auf Auskünfte der ländlichen Bevölkerung
beschränkte. Und glücklicherweise archivierte er auch den Teil seiner Sammlung,
der ihm nicht in sein Bild einer »sauberen
gesunden« Volksnatur paßte, sondern legte

etwa die Belege mit erotischen Tanzreimen[45] im Kasten »obscoena« ab. Er registrierte also getreulich jede erreichbare Äußerung der Befragten und gestattet uns so als den Benutzern seines Archivs eine entromantisierte Sicht auf die Volkskultur in Mecklenburg.[46]

Die Hochzeit nimmt innerhalb der Zettelkästenabteilung zum Lebensbrauchtum den umfangreichsten Platz ein, denn so Wossidlo: »*... von allen Bräuchen der Heimat sind gerade diejenigen, die den Höhepunkt des Menschenlebens, die Hochzeit, begleiten, die schönsten, weil sich in ihnen Innigkeit und Humor in seltener Weise verbinden.*«[47]

Angesichts seiner Beobachtung, daß die Mehrzahl der Bräuche zur Befragungszeit nicht mehr ausgeübt wurde, war Wossidlo bestrebt, sie durch Vorträge, Zeitungsartikel und durch Publikationen wieder in Erinnerung zu rufen – in der Hoffnung auf Wiederbelebung.

Und dafür wählte er die schönsten und attraktivsten aus. Aber waren die Volksbräuche wirklich so unsagbar köstlich, wie er mehrfach betonte?

Gerade Wossidlo wußte aufgrund seiner exakten und minutiösen Aufzeichnungen nur zu genau, daß Bräuche hinter ihrer Schauseite auch unangenehme Funktionen verbargen, als Regularien gleichzeitig erzieherisch, disziplinierend wirkten, soziale Differenzierung festigten.

Aus diesem Teil seiner Sammlung, den Wossidlo in seinen Veröffentlichungen bewußt nicht berücksichtigte, mögen einige Beispiele die Vielfalt der Brauchfunktionen bzw. die Kehrseite der »schönen« Hochzeitsbräuche für die Betroffenen zeigen: Während der kirchlichen Trauung beispielsweise offenbarten Brauchhandlungen, ob die Braut noch Jungfer war, ohne daß dabei eine gegenseitige mündliche Information unter den Hochzeitsgästen nötig gewesen wäre. Wossidlo, der unbestechliche Dokumentarist, notierte:

In Gr. Potrems bi Herrn v. Gade würden de Dierns utrangiert, dee müssten na 'n anner God ... (Petschow, 1917); *Preester nehm de Kron af, wenn dat mit een nich richtig wier oder deckte dor 'n Dook oever, wenn een de Kron nich bedürftig wier* (Sabow, 1929); *Wenn die Brut aufgeboten (afkanzelt) würd, würd mit de groot Klock lürrt, wenn die Braut Junfer war, mit de lütt, wenn se gefallen war.*

Jochen kommt zum Pastor, der fragt ihn, wie es stehe, ob er mit der großen Klocke läuten lassen solle. Oh Herr Pastor, so bäten laten S' man mit de lütt bi bimmeln ... (Kirchdorf, 1927) *Wenn sik en hadd verjungfern laten, de müsst in'ne swart Bank sitten vor'm Altar, de Brüjam ok.*«

Soziale Differenzierungen und der jeweilige Stand der Brautleute im Dorf wurden schlaglichtartig sichtbar an der Art und Weise der Einladung durch den Hochzeitsbitter, der nur zu großen Hochzeiten beritten kam, an der Anzahl der Brautjunfern, der Zahl der Gäste, am Aufputz der Braut, der Größe der Brautkrone, der für alle sichtbaren Aussteuer, die auf dem Kammerwagen öffentlich durch das Dorf gefahren wurde, dem Vorhandensein eines Brautleuchters und anderem mehr. Und die aktiven oder passiven Teilnehmer der Hochzeit wußten als Insider diese Brauchsprache sehr wohl zu deuten, wie aus den Antworten auf Wossidlos Fragen hervorgeht:

»Up ganz lütte Hochtiden is de Brut rutgahn mit de Brutjungfern, dee hadden Lichter in de Hand; de Brut steht in de

Richard Wossidlo: »Ein Winterabend in einem mecklenburgischen Bauernhause«, Aufführung in Malchow 1920

Midd von de Däl un dreiht sik rüm. Dat wir up ne still Hochtid. Uppe grot Hochtit wier dat jo nich nödig, dor krigen se se jo to sehn in ehren Staat.« Unbestechliche Dokumentation volkskultureller Äußerungen einerseits – beschönigende Auswahl bis hin zu bewußter Verfälschung andererseits, das ist einer der Widersprüche im Lebenswerk Wossidlos, den es bei aller Achtung vor seiner einmaligen Leistung zu benennen gilt, wenn wir mit seinem Nachlaß kritisch und nutzbringend umgehen wollen. Zum Dichter war Wossidlo, so will es scheinen, durch einen Zufall geworden: Von dem Malchiner Gymnasialprofessor Hamdorf aufgefordert, auf einem Volksunter-

haltungsabend in Malchin über Volksdichtung zu referieren, »dor«, so Wossidlo in einer handschriftlichen Rückerinnerung 1927, »dor schööt mi dat as 'n Blitz dorch 'n Kopp … dat Best wier wol, den Vördrag mit den Ballast von Gelihrsamkeit ganz oewer Burd to smieten un 'n richtig lütt Bühnenstück to schrieben, wo jo in de Döns von 'n oll Buerhus all die schönen Saken un to 'n Sluss noch 'n poor von de ollen Dänz to Rum kamen künnen … as mi dit Bild hell un klor vor Ogen stünn, dor hadd ik bloot noch Obacht to gäben, dat de Riemels un Leeder an de Inwohners von dat Buerhus, de Buerslüd un de Deenstbaden richtig utdeilt würden.«*

Am 13.12.1900 wurde Wossidlos erstes Bühnenstück, »Ein Winterabend in einem mecklenburgischen Bauernhause«, uraufgeführt. Wossidlo berichtet über den Eindruck des Volksstückes: »Ja, säden de Ollen, so hett dat früher hergahn in't leiw Mäkelborger Land«, und auch der Schriftführer des Vereins für Volkskunde, der Fabrikant Sökeland, aus Berlin auf Einladung Wossidlos angereist, »hadd an dat Abbild von'n Mäkelborger Volksläben so sihr seinen Narren fräten«, daß er die Malchiner Laienspieler zum 10jährigen Stiftungsfest des Vereins für Volkskunde nach Berlin zur Aufführung des »Winterabend« einlädt.

Spieler, Zuschauer, Kritiker und Fachleute äußerten sich gleichermaßen begeistert und beeindruckt, vermeinten sie doch, ein »echtes« Abbild mecklenburgischer Kultur zu erleben, und wenn den Kennern auch nicht unbedingt alle Brauchelemente mecklenburgisch erschienen, so kamen die Bräuche und Reime doch wenigstens niederdeutsch daher. Zudem war der Boden für die Wiederaufnahme vergessen geglaubter Volkskultur längst wohl bereitet: Zum einen konnte sich Wossidlo bei der Bearbeitung seiner Sammlung für das Volk – was immer er darunter verstehen mochte – mit Jacob Grimm verbunden fühlen, denn »was könnte practischer sein als das Gefühl für das Vaterland anzufachen ... verlorne oder verlegte Schlüssel ... in die Hände zu liefern«,[48] so Jacob Grimm – und an anderer Stelle: »dasz nichts mehr auferbaue und gröszere Freude bei sich habe als das vaterländische«.[49] Volkskunde als vaterländische Aufgabe also, Volkskunde als »Vermittlungsagentur«[50] ... Zum anderen aber hatte sich um die Jahrhundertwende die Heimatkunstbewegung fest etabliert, deren Pro-

grammatik (Volk als Utopie, Großstadtfeindlichkeit, Kampf gegen undeutsche Kultureinflüsse) unmittelbar traditionsbildend auf die plattdeutsche Literatur und die »Niederdeutsche Bewegung« gewirkt hatte.[51]

Als 1924 das Heft »Von Hochtiden« erschien, das dann als Grundlage für das Bühnenstück »Buern-Hochtiet« diente, befand sich die »Niederdeutsche Bewegung« auf ihrem Höhepunkt, und so traf der Herausgeber im Vorwort exakt den erwarteten Ton: Wir zitieren aus seinen einführenden Worten zur Uraufführung, die am 17.2. 1925 im Warener Tageblatt erschienen:

»Möchte es dem kleinen Werke gelingen, niederdeutschem Volkstum neue Freunde zu gewinnen. Das Verlangen, in dieser trüben Zeit durch einen vollen Trunk aus den Quellen deutscher Kraft neuen Lebensmut zu schöpfen, wächst immer mehr ...« Auf Bitten des Hinstorff-Verlegers Peter Erichson überarbeitete Wossidlo dann seinen Zeitungsartikel als Vorwort für das Bühnenstück. Dort heißt dann die entsprechende Passage:

»Diese Bemerkungen dürften genügen, um bei all denen, die dem Volkstum entfremdet sind, ein besseres Verständnis des Spieles anzubahnen ... So mag denn das aus der Tiefe niederdeutschen Volkstums heraus geschöpfte Werk seinen Weg gehen. Möchte es ihm gelingen, in diesen trüben Zeiten die Herzen zu erfreuen und ihnen ein klein wenig von jener Zuversicht auf die Kraft deutschen Wesens zu geben, die uns so bitter not tut ...«

Da wird also der Blick deutlich über das Regionale hinausgehoben in eine neue Dimension mit nationalpolitischem Anspruch, das niederdeutsche Wesen beschworen, an dem Deutschland genesen soll.

257

Vor diesem Hintergrund wird klarer, warum der unbestechliche Sammler uns seine so realistischen Aufzeichnungen gleichsam gereinigt und aufpoliert präsentiert, uns sowohl im »Winterabend« wie in der »Buern-Hochtiet« in eine reich ausgestattete Bauernstube führt, obwohl er wußte, daß gerade die Bauernstuben in Mecklenburg als ausgesprochen möbelarm galten.[52] Gemeinschaftsbildende Bräuche versucht er vorzuführen, indem er Bauer und Bäuerin, Gesinde und Großmutter vereint in der guten Stube erzählen, singen und tanzen läßt, wohl wissend, daß mindestens seit der zweiten Hälfte des 19. Jahrhunderts durch zunehmende soziale Differenzierung und infolge veränderter Bauernhausbauweise kein Platz für das Gesinde in einem gemeinschaftlich zu nutzenden Raum blieb, Knecht und Magd in die Leutestube verwiesen waren. Selbst bei der Auswahl der Sagen, Reime, Sprüche, Tänze und Lieder in diesem zeitlos erscheinenden Stück »mogelt« Wossidlo, wählt nicht das Charakteristische, sonder das Attraktive, füttert Brauchelemente auf, wenn sie ihm zu farblos erscheinen, verändert die Reihenfolge der Dramaturgie zuliebe, kurz, stellt eine Auswahl zusammen, die nicht dokumentiert, sondern volkspädagogisch erzieherisch wirken soll. Er führt eine Idylle vor, die es so nicht gegeben hat, verwischt soziale Bezüge, ändert, fügt ein – das allerdings recht offen – mit einer fast entschuldigenden Bemerkung: »... um das für die Bühnenwirkung unbedingt erforderliche Gleichmaß der einzelnen Aufzüge zu erreichen, war es nicht zu umgehen, Anleihen aus anderen niederdeutschen Landschaften zu machen« und weiter: »Das Umgießen in andere niederdeutsche Mundarten wird ja, wie bei meinem ›Winterabend‹, der auch

immer mehr über Mecklenburg hinausdringt, keinerlei Schwierigkeiten machen.«

Ebenso offen bekennt Wossidlo schließlich auch Anleihen aus nichtniederdeutschen Landschaften wie in der Anmerkung zum »Lichtertanz«, für den er ein Stück von Walter Hensel aus den »Volkstänzen für Streichquartett«, Augsburg 1925, verwendete. Hensel wußte davon. Während einer Bahnfahrt am 7. 2. 1926 schrieb Hensel an Wossidlo eine Postkarte: »In der Sammlung von Tänzen, die ich Ihnen gleichzeitig sende, stehen 2 deutsch-böhmische Tänze aus der Zeit vor 1825, die sich beide, glaube ich, vortrefflich als Musik zum Brautleuchtertanz eignen. Sie stehen auch beide in der gleichen Tonart (B-Dur). Eine Vereinfachung zur Besetzung (Geige, Klarinette, Baß) ist leicht durchzuführen, falls sie unbedingt nötig ist.

a. Hochzeitsmarsch aus Deutschböhmen, b. Egerländer Walzer ...«

Allein die Tatsache, daß Hensel Wossidlo ohne Bedenken nicht-mecklenburgisches Tanzgut für das Stück anbot, zeigt, daß Volkskultur zum »Versatzstück« austauschbar geworden war.[53]

Diese Fülle der bewußten Veränderungen, die Wossidlo als »Volkserzieher« anbrachte, verwundert denn doch, da davon auszugehen war, daß zumindest die nicht dramatisierten veröffentlichten Teile seiner Sammlung wortgetreu mitgeteilt wurden, so wie es Wossidlo wiederholt versichert hatte. Auch das Heftchen »Von Hochtiden« begann mit einer solchen Versicherung: »Ich gebe hier die Schilderungen ... meist wortgetreu mit den Ausdrücken meiner Gewährsmänner wieder.« Wie wortgetreu Wossidlo für diese mehr populär gehaltene Ausgabe arbeitete, möge am Teilkapitel »Brautleuchter« demonstriert sein:

258

Von 44 Belegen zum Brautleuchter wählte der Sammler zwei aus, die ihm charakteristisch erschienen, mischte sie, veränderte die Reihenfolge der Aussage, ersetzte unbekannte mundartliche Begriffe durch allgemein verständliche, schmückte aus, wo ihm das Brauchelement zu karg erschien.

Ja, er geht sogar noch weiter. Ehrgeizig begleitet er jede neue Einstudierung seines Stückes, bittet Verwandte, wenn er einer Aufführung nicht beiwohnen kann, um Notizen, die späteren Einstudierungen wieder zugute kommen sollen.

– *Waren die Kannborten reich geschmückt?*
– *Die Brautkrone war doch schöner als hier?*
– *Hat irgend etwas gestört in der Tracht oder ärmlich gewirkt? – Tänze vielleicht zu wild?*
– *Das Umwandeln des Herdes? und: Lichtertanz. War die Beleuchtung dabei gut?*

Einen ganzen Fragenkatalog, aus dem einige Fragen hier zitiert sind, hatte seine Nichte zu beantworten, damit Wossidlo die Warener und die Rostocker Aufführung vergleichen konnte. Zum Lichtertanz schreibt Else: »*Nette rote Beleuchtung, Leuchter stand leider auf dem Tisch, auf der Erde wirkt besser.*«

Herd und Feuer, Lieblingskinder dieser Zeit … Wossidlo begeistert sich zunehmend für die Szene des Lichtertanzes und ändert weiter. In seinen »Bemerkungen zur B. H. aufgrund der inzwischen gesammelten Erfahrungen«, handschriftlichen Blättern, die er den Laienbühnen zur Verfügung stellt, empfiehlt er für den Lichtertanz:

»*Die Leiterin der Aufführungen in Marlow hat beim Lichtertanz statt der tiefen Verbeugung, die ihr zu theatralisch erschien (!), alle Tänzer und Tänzerinnen niederknien lassen (aufs linke Knie gestützt). Ich*

habe diese Änderung hier neulich (am 27. September vor der Siedelungs Kommission des Reichstages) in Waren erprobt und empfehle sie auf Dringendste.

Durch das Knien wird die Feierlichkeit des schönen Lichtertanzes, der überall eine tiefe Wirkung ausübt, noch erhöht.«[54]

Setzen wir nun den Anfang der Rundfunkansprache dagegen, die Wossidlo am 1.5.1929 anläßlich der Aufführung der »Buern-Hochtiet« durch die Plattdeutsche Gilde in Schwerin hielt, dann erleben wir Wossidlo in seinem Widerspruch als begeisterten Volkskundler und Sammler, wie er bis in die jüngste Zeit hinein in Mecklenburg gewürdigt worden ist,[55] aber auch als ganz bewußten Vertreter der Heimatkunstbewegung.

Aus der Rundfunkansprache:

»*Also nu sall 't losgahn. Nu soelen Se mal 'n richtig Stück ut dat oll mäkelbörger Buerläben to hüren kriegen. Vor vier Johr heff ik dit Bühnenspill in de Welt sett, dormit dat in de Ollen de Erinnerungen wedder upweckt würden an de glückliche Jugendtiet, as uns Landvolk dat noch verstahn ded, fröhliche Feste so fiern – un dat de Jungen gewohr warden süllen, wat för'n deepen schönen Sinn oft in de ollen Gebrüke von uns' Vörfohren verborgen liggt un wo arm, wo bettelarm uns Volksläben hüüt worden is.*«[56]

Prodesse et delectare soll uns die Kunst. Das Erfreuen war dem volkskundlichen Dramaturgen offenbar gelungen, wie die unzähligen Rezensionen, Briefe von Fachkollegen, Darstellern, Freunden belegen. Auch Kritik notierte er gewissenhaft, wie das Gespräch zweier Mädchen nach einer Aufführung der »Buern-Hochtiet«: »*Wenn da so viel mit vermacht ist, dann lassen wir es lieber.*« Intuitiv brachte es dieses unbekannte

Mädchen auf den Punkt: Volkskultur läßt sich nicht dadurch wiederbeleben, indem man sie aufgeputzt von der Bühne bringt – im Gegenteil! Die theatralische Darstellung hat mit dazu beigetragen, Volksbrauch zu verdrängen. Und der Nutzen? Den wissenschaftlichen Unwert hat Wossidlo nicht bestritten. Wiederholt wies er darauf hin, daß er Geld brauche, um seine aufwendigen Sammlungen fortzusetzen, um Volkskultur »zu retten«. In der Tat rettete Wossidlo durch seine Archivierung Bräuche,

Tänze und Lieder vor dem Vergessen. Zudem gelang es ihm, amtliche Stellen für seine Arbeit zu interessieren, neue Sammler und Helfer zu gewinnen.

Das Bild von »Papa Wossidlo« ist offenbar doch weit vielschichter zu zeichnen, als es bisher geschehen ist. Er gilt nach wie vor als bedeutendster Sammler mecklenburgischer Volkskultur, spielte eine nicht unwichtige Rolle innerhalb der deutschen Volkskunde, verstand sich aber auch als Volkserzieher, wie hier zu zeigen versucht worden ist.

W. Danckert & Thiele
Waren i. M.
Feine Herren-Schneiderei.

o o o o o o o o 20 bis 25 Arbeiter. o o o o o o o o

p. p.

Bezugnehmend auf vorstehende Mitteilungen beehren wir uns, hierdurch zur Kenntnis zu bringen, daß wir als Teilhaber in das Trachtenlieferungsgeschäft eingetreten sind.

Wir empfehlen uns zur Neulieferung von Volkstrachten jeder Art, die wir in eigener Werkstatt von Arbeitskräften, die auch auf Damenschneiderei eingeübt sind, jederzeit schnell und fachgemäß, zu zivilen Preisen in bekannter Güte anfertigen lassen.

Bestellungen auf solche Neuanfertigungen bitten wir an uns nach Waren zu richten, Bestellungen auf die Leibkiste für den „Winter-Abend" und auch leihweise Hergabe einzelner Trachten (für Polter-Abende usw.) oder ganzer Ausstattungen vermittelt: Heinrich Rohde, Charlottenburg-Berlin, Bleibtreustraße 55.

Hochachtungsvoll

W. Danckert & Thiele.

Waren in Meckl., Datum des Poststempels.
Fernsprecher Nr. 32.

Die »echten Trachten« für die Aufführung konnte man bei der Herren-Schneiderei W. Danckert & Thiele bestellen.

Vignette auf der gedruckten Leichenpredigt für Gottfried Kohlreif, gest. 8. Sept. 1750

14. Tod

»Sei getreu bis an den Tod, so will ich dir die Krone des Lebens geben.«

Am Ende eines Lebens folgen unabdingbar als letzter zeitlicher Übergang[1] Sterben und Tod. Und besonders bei diesem Übergang dienten Rituale dazu, die Trennung des Sterbenden vom irdischen Leben und den Übergang in ein verheißenes neues, aber doch ungewisses Sein zu bewältigen und mögliche Störungen der Sozialstruktur zu vermeiden.

»Gevatter Tod« blieb bis in das 19. Jahrhundert, bedingt durch Seuchen, eine hohe Kindersterblichkeit, u.a. wegen mangelnder Hygiene, Krankheiten, wie Diphterie und Tuberkulose, oder die ständige Bedrohung durch Kriege, öfter als heute ungebetener, aber doch vertrauter Gast im Hause. So erklärt sich der aus heutiger Sicht fast selbstverständliche Umgang mit dem Thema Tod. Lang eingeübte Rituale boten dabei Sterbenden und Trauernden Verhaltenssicherheit. Zwar gab es im protestantischen Norden kein für alle verbindliches Totenbrauchtum, doch wiederholten sich bestimmte Brauchelemente, die das Sterben gestalteten, gleichsam inszenierten in vertrauter Umgebung und im Beisein vertrauter Menschen und den Trauernden Abschied und Wiedereingliederung in den »normalen« Alltag erleichterten. Dazu gehörten erbauende Leichenpredigten in den protestantischen Kirchen ebenso wie ein ausgiebiger Leichenschmaus.

Das mit Tod und Sterben verbundene Gemeinschaftsbrauchtum ähnelte in vielen Elementen dem Hochzeitsbrauchtum als Mischung überlieferter Brauchelemente und Reglementierungen durch die Obrigkeit. Enorme soziale Differenzierungen werden sichtbar, denn trotz der verbindend erscheinenden Bräuche ist doch festzuhalten, daß im Tode eben nicht »alle gleich sind.« Zwar trifft der Tod jedermann, doch entschieden sozialer Status und wirtschaftliche Möglichkeiten über Lebenserwartung, Art und Weise der Betreuung des Sterbenden und ein standesgemäßes Begräbnis. So wurden gerade im Tod soziale Unterschiede betont, Hierarchien befestigt. Beispielsweise zeichnete das »adlige Begräbniß sich durch größere Feierlichkeit vor dem bürgerlichen aus, das Läuten mit allen Glocken und das Niedersetzen der Leiche vor der Kanzel während der Leichenpredigt gehörte zu ihm«.[2] Und auch die Kirche zog höheren Nutzen aus Begräbnissen höherstehender Personen, denn »wenn einer von Adel oder vornehmen Standesperson bey der Leichenprozession ein Freuden- und Trauerpferd nachgeleitet wird, so bleibet das Freudenpferd ungehindert denen Freunden und Erben [...]; das Trauerpferd aber, wie auch die Knappe darauf, gehöret der Kirchen [...]«[3]

Ein stilles Begräbnis ohne Rede am Grabe und das Austeilen von »Stuten« (Weißgebäck) auf dem Friedhof anstelle eines Leichenschmauses im Trauerhause dagegen galten als deutlicher Hinweis darauf, daß der Tote zu den Armen oder einer der Randgruppen der Gemeinde gehörte.

Die Gemeinschaft nahm zwar an der Verabschiedung des Toten teil, dennoch bleiben soziale Unterschiede auch nach dem Tode für jeden Friedhofsbesucher sichtbar, ohne daß man die Aufschriften über Stand und Herkommen auf den Grabsteinen aus weißem Sandstein oder Marmor bzw. auf den schmiedeeisernen Kreuzen lesen müßte.

Die Lage des Grabes, die Art und Weise der Gestaltung – beispielsweise die in der Regel in einer Reihe liegenden Erbbegräbnisse der Erbpächterfamilien mit ihren mit geistlichen Sprüchen versehenen Grabsteinen, oft eingefaßt mit guß- oder schmiedeeisernen Gittern, schwarz, gold oder silberfarben – sprachen eine beredte Sprache.[4]

Das Lebensende wurde bewußt eingeplant und möglichst finanzielle Vorsorge getroffen. In der Stadt konnten rechtschaffene Bürger, die das 40. Lebensjahr noch nicht vollendet hatten, Mitglied von »Leichengesellschaften« werden. In »Sterbekassen« zahlten die Mitglieder jährliche Beiträge. Bei der Rostocker Leichengesellschaft »Trauer der Gewerker« hatten die einzelnen Mitglieder 1879 jährlich 2 Mark, Familien 4 Mark zu entrichten, die vierteljährlich zu den Terminen Michaelis,[5] Weihnachten, Ostern und Johannis[6] mit 50 Pfennig an einen Boten zu geben waren.

Im Sterbefall wurden gezahlt:

»1. für eine alte Leiche, d.h. für die Leiche von einem selbständigen Mitgliede, einem Familienvater oder einer Familienmutter 80 Mark
2. für eine Kinderleiche über 14 Jahren 40 Mark
3. für eine Kinderleiche unter 14 Jahren 25 Mark
4. für ein todtgeborenes Kind 15 Mark«

Bis ins einzelne wurden Rechte und Pflichte geregelt.[7]

Auch auf dem Lande traf man Vorsorge, wenn etwa jedes heiratsfähige Mädchen als eigenes Aussteuerstück auch ein Totenlaken mitwebte, in das sie ein Monogramm einstickte, oder der Dorftischler nach der Hochzeit der jungen Leute für das alte Ehepaar rechtzeitig Maß für einen Sarg nahm, der von diesem Tage an aufnahmebereit oben auf der sogenannten »Hill« bzw. dem »Hahnenbalken« stand. Aus Ludwigslust wird entsprechend berichtet: »Wenn Jungen heiraten, maakten de Ollen sik ('n) Sarg, dat würd up' Hahnenbalken hensett up Slöeit. Dat wier nich sträken, bloß roh

Holt. Dor hebben se oft Backbeeren un Plummen in upbewohrt.«[8] (Hinweise auf den Sarg als Aufbewahrungsort für Backobst finden sich mehrfach, damit verbunden wurden Verwechslungsgeschichten erzählt, wonach statt des Toten das Backobst beerdigt wurde.)

Die heute übliche Verdrängung um Tod und Leben bis hin zur Tabuisierung[9] ist eine Erscheinung des 20. Jahrhunderts,[10] deren Ursache auch in veränderter Mentalität, dem Rückgang christlicher Vorstellungen, dazu in steigender Lebenserwartung zu suchen ist.

Davor gehörten die Zurschaustellung des Toten und die Teilnahme von Nachbarschaft und Gemeinde an der Trauer und Hilfe bei ihrer Überwindung zu den Erfordernissen eines rechtschaffenen Lebens.

Totenrecht und Totenfurcht, Vorstellungen, die mit dem Glauben vom Weiterleben des Toten eng verbunden sind, bestimmten den überwiegenden Teil der Bräuche um Sterben, Tod und Begräbnis mit. Berichte von Vorahnungen über das nahende Ende, das Verhalten beim unmittelbaren Eintritt des Todes, die Vorbereitung der Beisetzungsfeierlichkeiten, die Vorsorge für den Schutz der Hinterbliebenen nehmen in der volkskundlichen Literatur ähnlich breiten Raum ein wie die Brauchbeschreibungen zur Hochzeit. Eine enge Verbindung einzelner Brauchelemente von Hochzeit und Tod (Ansage, Zug durchs Dorf, Krone, Festmahl) ist augenfällig.

Das Sterben geschah nicht in der Abgelegenheit eines Krankenhauses, sondern mehr oder weniger öffentlich zu Hause, so daß Zeit blieb, sich von den Angehörigen zu verabschieden und diese wiederum bestrebt waren, das Sterben zu erleichtern. Sterbenden steckte man drei Hände voll Haferstroh oder das Sterbehemd unter das Kopf-

kissen, oder man zog ihnen das Kopfkissen fort, vor allem dann, wenn es sich um ein Kissen mit Hühnerfedern handelte, auf denen man nach dem Volksglauben nicht sterben konnte.[11] Es handelte sich um eine Art Lösezauber, denn der Sterbende war noch vielfältig an das Diesseits gebunden. Deshalb war das Verrücken und Lösen von Gegenständen in seiner Nähe erforderlich, und damit er nach volkstümlicher Vorstellung einen leichten Tod habe, sollte er auf Stroh oder bloße Erde gelegt werden.[12] Die Angst, daß der Tod, den man sich personifiziert vorstellte, jemanden »nachholen« könne, erklärt folgende Bräuche: »*Dat Gesangbook wurd unner dat Kinn lecht, dat de Mund nich apen geiht, dat de Dod' nich sehn kann*«. Auf das Totenhemd durfte keine Träne fallen, an keinem seiner Bekleidungsstücke durfte ein Monogramm der Familie zu sehen sein, sonst starb diese aus. Dem Eintritt in die neue Daseinsform sollten Lieblingsgegenstände dienlich sein, die man dem Verstorbenen mit ins Grab gab und dazu noch häufig Kamm und Seife, damit der Tote sich vor der Auferstehung säubern könne.

Ledigen steckten die Verwandten Rosmarin und Lorbeer in die Hand und legten ihnen eine Totenkrone aus Silberdraht, Glasperlen und Flitter oder aus Blumen und Immergrün auf den Sarg. Bei Kindern durften die Patenbriefe nicht fehlen. Im protestantischen Norden waren außer dem Gesangbuch keine weiteren religiösen Grabbeigaben üblich.

Wie eingeplant und erwartet der Tod im Volksleben war, belegen die zahlreichen Berichte über angebliche Todesvorzeichen oder Voraussagen eines Todesfalles und die insbesondere in der Silvesternacht praktizierten Orakel. Das Interesse der Volkskundler richtete sich vor allem auf die auf dem Lande praktizierten Bräuche, auf die zunächst eingegangen werden soll. Der pommersche Volkskundler Alfred Haas zählt einige Orakel auf:[13]

Man setzt einige Häufchen feuchten Sandes oder Salzhäufchen, soviel als Personen anwesend sind, und bestimmt für jeden Anwesenden ein Häufchen. Derjenige, dessen Häufchen am Neujahrsmorgen zerfallen ist, stirbt im folgenden Jahr.

Oder: Beim Lichtanzünden schaut man nach seinem Schatten. Hat derselbe einen Kopf, so lebt man mindestens noch ein Jahr, fehlt dem Schatten der Kopf, so stirbt man im Laufe des folgenden Jahres.

Inwieweit an diese und andere Orakel geglaubt wurde, ist nach den Quellen nicht zu beantworten. In mündlichen Berichten an Haas und Wossidlo wird aber wiederholt dargelegt, daß jemand aufgrund eines negativen Orakels vor Schreck starb, was bei der Unkenntnis physikalischer Vorgänge zur Bestätigung des Volksglaubens beitragen konnte.

Nach Eintritt des Todes handelten die nächsten Angehörigen rasch. Wie bei jahrzehntelang praktizierten Bräuchen üblich, kam jetzt ein eingespieltes Vorgehen zum Tragen, daß den Hinterbliebenen die Gewähr bot, das »Richtige« zu diesem Anlaß getan zu haben und damit wohl auch zur Bewältigung der Trauer beizutragen.

Zu diesen festgefügten Brauchelementen zählten (bis etwa 1870):

Das Herrichten des Trauerhauses, das Anlegen der Trauerkleidung, die Ansage des Todes (nonverbal durch Läuten; Rundlöpen), bei Wohlhabenden in der Stadt bzw. auf den Gütern bis in das 19. Jahrhundert hindurch der Druck von sogenannten »Leichenpredigten«.[14]

Absprachen mit dem Pastor, das Bestellen des Geläutes, bei Ledigen der Kauf einer Totenkrone durch Paten oder Angehörige bzw. die Anfertigung der Totenkrone durch die Jugend. Schließlich die umfangreiche Vorbereitung des Leichenschmauses und Vorsorgemaßnahmen, damit der Tote keinen »nachzieht«.

Da Sarg und Totenhemd längst passend bereit lagen, wurde der Tote meist von älteren Frauen sofort aus dem Bett genommen, gewaschen, angekleidet und in den Sarg gelegt, ehe er erstarrte. Die Funktion der Leichenkleiderin wird in einem im Mecklenburg des 19. Jahrhunderts spielenden Roman sehr fein beschrieben: »*Sie konnte den weiland Grimmigen ein sanftes Lächeln verpassen, die frühzeitig Vertrockneten mit später Blüte schmücken und sogar den Häßlichen ein wenig Anmut schenken, dies alles so überzeugend, daß sich die Hinterbliebenen fragten, warum sie es nicht schon immer wahrgenommen hätten.*«[15]

Über den Sarg breitete man ein großes Leinentuch, das »Dodenlaken«. Bis etwa 1840 kannte man noch keinen Kranzschmuck auf den Särgen, eine Ausnahme bildeten Kränze für Ledige, die als Kranz oder Totenkrone den Sarg schmückten. Vorher hatte man alle Fenster geöffnet, die Spiegel verhängt, die Uhr angehalten.

Die Familie legte Trauerkleidung an, je nach der Beziehung zum Verstorbenen trug man Voll-, Halb- oder Vierteltrauer, generell wurden alle farbigen Teile durch schwarze ersetzt und mit weißen Tüchern und Schürzen vervollständigt. Das weiße Trauertuch wurde um die Kopfbedeckung gebunden und konnte lang über den Rücken herabhängen.

Zu den wichtigsten Brauchelementen gehörte die Ansage des Todes an das eigene

Haus, zu dem neben den engsten Verwandten je nach sozialem Stand das Gesinde (auf dem Lande), die Bediensteten (auf den Gütern und in der Stadt), die Nachbarschaft zählten. Starb ein Bauer, so hatte der Großknecht allen Tieren, darunter auch den Bienen sowie den Obstbäumen, den Tod anzusagen. Leute für das Geläut waren zu bestimmen, eine anstrengende körperliche Tätigkeit (»Vier Lürrers for de groot Klock, twee for de lütt Klock«), die beim Bauern mit Naturallohn (Spickgans) honoriert wurde.[16]

Erklangen dann die »Scheideglocken«, so wußte jeder, daß ein Mitbewohner gestorben war, und aus der Länge des Geläutes, für einen Erwachsenen beispielsweise eine halbe Stunde, und der Art der angeschlagenen Glocke konnten Kundige auch Alter und Geschlecht heraushören.

14.1 Einladung zum Begräbnis, das »Rundlöpen«

Der Festigung sozialer Nachbarschaft dienten die Bekanntmachung des Todes und die Einladung zum Begräbnis durch das sogenannte »Rundlöpen«. Die Einladung zur Beerdigung, zum »Gräffnis« – erfolgte nach den vorliegenden Archivbelegen bis etwa 1870 durch einen Totenbitter, in der Regel durch einen Knecht. Am Tage vorher hatte die Leichenkleiderin bereits den Eintritt des Todes in der Nachbarschaft angesagt. Sie trug eine große Schürze, um die in jedem Hause an sie übergebenen Geschenke aufnehmen zu können: Brot, Speck, Backwaren, Wurst.

Beim Tode eines Bauern gehörte das »Rundlöpen« zu den Pflichten des Großknechts.

Wie zur Hochzeit ritt er zu Pferde auf die große Diele, nahm den Hut ab und sagte den Tod des Betreffenden an bzw. lud zur Leichenfolge ein: »*Ick sall Jug grüßen von … un Ji möchtet doch ook kamen un unseren Vadder de letzt Ihr geben un wat se denn dohn künnen, dat wullen se ook nich laten.*«[17]

Oder: »*Schönen Gruß von Mudder … un den de Buer het sick dat enseggt (is starben) un sall graven waren. Sei möchten em doch de Ihr andaun un mit sei ehr Fru tau de Liekenköst kamen.*«[18]

Nach einem Schluck Kaffee ritt er weiter.

Aus Kassebohm stammt der Spruch:

»*Hei süll von a grüssen und uns Herrgott hett em sin (Vadder, Mudder, Dochder, Sähn) nahmen. Sei möchten so gaud sien un daun em, oder ehr de letzte Ihre noch un laten sick beschenken mit Bier und Branntwien, Semmel und Stuten und hürr'n tau, watt de Herr Pastur seggt.*«

Eine Einladung auf der großen Diele konnte natürlich nur dort erfolgen, wo eine solche vorhanden war, etwa in einem Vollbauerndorf. Bei Häuslern oder Tagelöhnern dagegen ist anzunehmen, daß die Einladung vor dem Hause erfolgte oder durch die daneben gültige Brauchform, am Abend vorher mit dem Dreschflegel dreimal an jedes Tor zu klopfen. Dieses Rundlöpen mit dem Dreschflegel wiederholte sich kurz vor der Beerdigung. Sobald der Schlag ertönte, traten die Leute, die folgen wollten, aus dem Hause. Früher ließ sich keiner sehen, sie fragten aber wohl, falls ihnen die Zeit zu lang wurde, durchs Fenster: *ist schon rundgeklopft?* Oder: *wird bald rundgeklopft?* Der Knüppel wurde dann an einen möglichst versteckten Ort geworfen. Nicht alle Dorfbewohner wurden anschließend zum Leichenschmaus »genötigt«, so daß

Ludwig Dettmann, Landarbeiterbegräbnis bzw. der Fluch der Sünde (Mitte des religiösen Triptychons I Mose III), 1892, Leinwand 183 x 270 cm

zwar einerseits die soziale Nachbarschaft gefestigt, andererseits aber auch soziale Unterschiede betont bzw. Hierarchien befestigt wurden.

14.2 Das Tragen

Ganz deutlich wird diese soziale Differenzierung bei der Aufgabenverteilung des »Tragens«:

»De Buern drägen noch, wenn Buer starben is, de Bäudners den Bäudner, een jeder bliff in sein Stand«;[19] oder: »Wenn een Buer doot bleef in Bartenshagen, denn drögen acht Buern (von 14 im Dorf ansässigen H. M.) de Liek rund um de Kirche up de Bör uppe Schuller, de Köster mit de Jungens Vorup, ick heff mit sungen, ick weet noch, wo de dicken Buern sweeten un puusten deden«,[20] erinnert sich ein Gewährsmann Wossidlos 1921.

Das dreimalige Tragen des Sarges um die Kirche unter dem Gesang von Schülern war bis in die dreißiger Jahre noch vielerorts üblich, wobei die Träger ein weißes Tuch über der Schulter trugen. Nach der kirchlichen Feier ging es gemeinsam auf den Kirchhof.

Während das Singen von Schülern am Grabe für geringen Lohn und eine Semmel bis um 1900 noch zu beobachten war (»Wi Jungen hadden Mantels, dee hungen in Schapp in de Klosterschul, vör 20 Johr wol

266

Leichenwagen aus Eldena. Er war noch bis 1994 in Gebrauch.

ist vörbikamen, geef 'n Schilling un vor Schilling Semmel«)[21] treffen Beschreibungen auf das standesgemäße Tragen auf die Zeit vor der Vererbpachtung zu, danach hatten die Bauern, die nun als »hochsnutiger« empfunden wurden, jeweils einen Knecht zum Tragen, ebenso Wagen und Pferde zu stellen, diese Aufgabe ging »reihum«. Vier Knechte hatten die Pflichten des »Kuhlengrabens« zu übernehmen.

In Stadt und Land ließen die Angehörigen den Verstorbenen noch bis in die ersten Jahrzehnte des 20. Jahrhunderts mit einem dunklen Leichenwagen, möglichst von Rappen gezogen, transportieren. Für Eldena (Mecklenburg) ist diese Sitte noch bis 1994 belegt. Der Schwund dieses Brauches ist in Zusammenhang mit der Aufgabe der Pferdehaltung und neuer hygienischer Vorschriften (Kühlung) zu sehen. Selbst dort, wo noch einzelne Pferde und ein Wagen vorhanden waren, konnte man sie nicht immer für diese Aufgabe einsetzen, denn die Tiere mußten für diese Aufgabe trainiert werden, sonst scheuten sie vor dem ungewohnten Geruch.

14.3 Begräbnisstätten

Welch hohen Stellenwert Tod und Begräbnis einnahmen, belegen die noch heute sichtbaren Zeugnisse auf den Friedhöfen und in den älteren Dorf- und Stadtkirchen.

Bis zum Beginn des 20. Jahrhunderts dienten fast alle Kirchen auch als Begräbnisstätten[22] etwa für Geistliche und ausgewählte weltliche Personen wie Kirchengründer, Angehörige von Fürstenhäusern, Sponsoren. Die Gestaltung ihrer Grabmäler besonders in der Stadt weist vielfältige Formen auf: Es finden sich in den Fußboden eingelassene Grabplatten aus Kalkstein, der während des Mittelalters als Schiffsballast aus Skandinavien mitgebracht worden war, zunächst mit lateinischen, später deutschen Inschriften, mit Wappen und Symbolen verziert. An den Kirchenwänden Totengedenken in Form von Epitaphien aus Holz, Stein, Alabaster oder Metall, auf denen die angenommenen oder wirklichen Verdienste der Verstorbenen nachzulesen sind. Sie wurden in die Kirchen aufgenommen, nachdem durch das Anwachsen der Städte die Friedhöfe an die Peripherie der Ansiedlungen gelegt worden waren und man vor allem seitens der Adligen nach Ersatzdenkmälern suchte. In den Seitengängen dagegen dominieren für die Toten zum Gedenken reich verzierte Gruftkapellen, Sarkophage, figürliche Darstellungen. Zu den auffallendsten Zeugnissen zählen beispielsweise im Doberaner Münster das Grabdenkmal der Margaretha von Dänemark (gest. 1282 in Rostock) als erstes plastisch-figürliches Grabmal in Mecklenburg, das Grabmahl des Samuel von Behr, gest. 1621, ein hölzernes Pferd mit der Figur des Toten in prachtvoller Rüstung auf sarkophagartigem Sockel unter einem von sechs Säulen getragenen Baldachin, oder im Güstrower Dom das von Philipp Brandin in Marmor gehauene imponierende Wandgrab des Herzog Ulrich (1527–1603) und seiner beiden Gemahlinnen. Das Gedächtnis an diesen Herzog, der in Güstrow die Reformation einführte und das Schloß durch Francius Parr bauen ließ, erscheint

durch die drei lebensgroß in Marmor vor einer Schauwand mit Stammbäumen Knienden gleichsam mit Selbstbewußtsein fest gemauert. Das »memento mori«, die Mahnung, den Tod mitten im Leben einzuplanen, symbolisiert dagegen die Gruftkapelle der Familie von Heinen in der Rostocker Marienkirche, auf der ein Skelett als Sinnbild des Todes über der Mitteltür auf einem Sargdeckel ruht, über den sich eine Bekrönung erhebt, verziert von den Wappen der Familie und gehalten von kleinen Putten. Die Inschrift weist auf den 1712 verstorbenen Albrecht Christopher von Heinen »*Exc. Ihrer Majestäten zu Dänemark und Norwegen kommandierender Generalmajor der Infanterie, Obrist des bergenhüsischen Regiments, Kommandant von Stadt und Festung Bergen und Erbherr auf Gottin und Tellau*«.

Nach der Reformation war es eine Frage des Geldbeutels, wer sich eine solche Begräbnisstätte leisten konnte. Aufgrund strengerer Hygienevorschriften fand diese Sitte zwar ihr Ende, aber die Grabmale mit ihren Bildprogrammen sind als stumme Zeugen für die Ideen- und Lebenswelt vergangener Geschlechter noch präsent.

Weit bescheidener erscheinen die Grabmäler auf den Dorffriedhöfen. Zuweilen kann man dort noch Reste schmiedeeiserner Kreuze finden, wie sie bis etwa 1900 als Grabschmuck charakteristisch waren, oft einstielig, eingelassen in einen Granitfindling, die Kreuzseiten verziert mit Ranken oder Blattwerk, die ältesten mit blumenkelchartigen Lichthaltern geschmückt. Für die Beschriftung wurde eine Blechtafel angebracht.[23] Völlig verschwunden sind dagegen leicht verderblichere Andenken an die Toten, die besonders Unverheirateten zur Ehre gereichen sollte: die sogenannten Totenkronen.

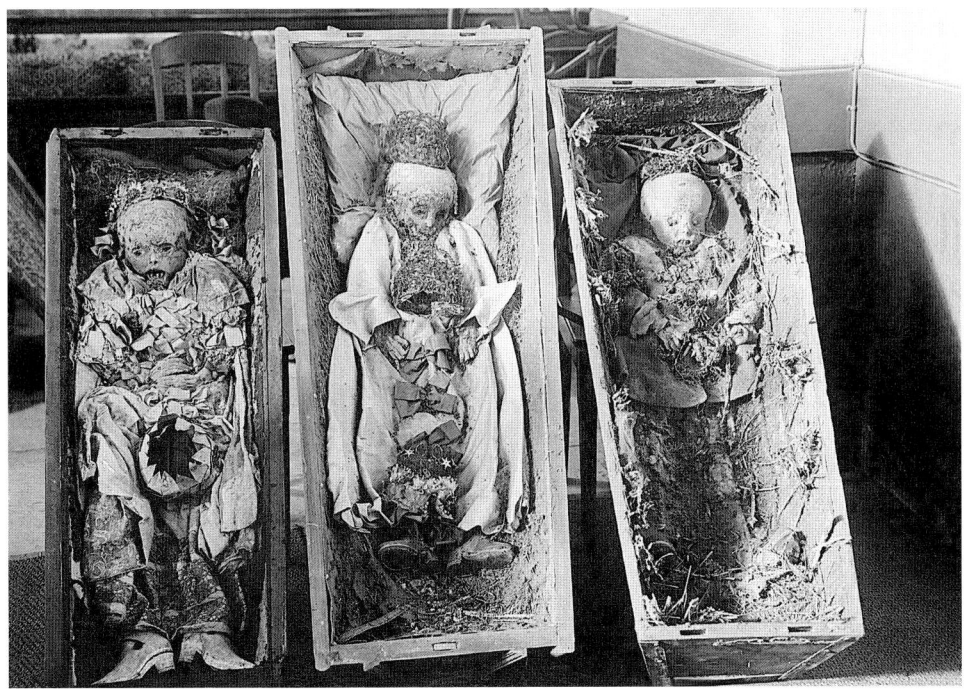

Klostergruft zu Riesa, Nonnen mit Totenkronen

14.4 Totenkronen als soziales Zeichen

Am 7.6.1906 erreichte Richard Wossidlo ein Brief mit einer Anfrage über einen seltsamen Fund in der Kirche zu Suckow (Ostpriegnitz): ... *»Was die kleinen ringförmigen Kronen, die in sehr großer Menge vorhanden sind, zu bedeuten haben, weiß ich nicht. Von den Konsolen habe ich nur zwei vorgefunden, leider jetzt nur die Untergestelle, die Glaskästen sind zertrümmert. Außerdem fand ich 4 Holzkästen mit Glasdeckeln, unter denen Kränze liegen ...«*

Um 1900 ist die Erinnerung an den einst in Deutschland bis etwa 1870 weit verbreiteten Brauch verblaßt, und wenn heutzutage bei Grabungen oder Restaurierungen von Kirchen Totenkronen zutage kommen, wie jüngst in Dresden oder Uslar, so sind die Funde erklärungsbedürftig.

Aus der Literatur jedoch sind wir über die Verbreitung und Funktion von Totenkronen relativ gut informiert durch Umfrageergebnisse für den Atlas der deutschen Volkskunde in den 30er Jahren und eine Dissertation von 1975 über »Totenkranz und Totenkrone im Ledigenbegräbnis.«[24]

»Jünglingen und Jungfrauen, die der Schnitter Tod noch vor des Lebens schönster Feier in seinen Erntekranz eingetan hat, wird eine Krone aufs Grab gelegt.«[25]

Ehe und Nachkommenschaft hatte man jahrhundertelang als elementare Rechte aufgefaßt, und was im Leben nicht verwirklicht werden konnte, sollte dann we-

269

nigstens als Totenhochzeit vollzogen werden können.

Auf die Heirat lebte jedes Mädchen hin, und die Gesellschaft beförderte dieses angestrebte Ziel weiblicher Sozialisation, die Vorbereitung auf das Erwachsenenleben, durch erzieherische Bräuche für die Jugendlichen. Konnte dieses von allen erstrebte Lebensziel nicht erreicht werden, so sollte doch wenigstens der Tote mit einer Krone, wie sie bei Hochzeiten üblich war, geehrt werden. Sie gebührte Ledigen beiderlei Geschlechts, Jüngeren wie Älteren. Unverheiratete Mädchen oder Knaben wie Braut oder Bräutigam geschmückt ins Grab zu legen, wie es im gesamten deutschen Sprachraum üblich war, erscheint als ein deutliches Zeichen für die gültige Vorstellung vom ungebrochenen Lebensbogen: hatte der junge Mensch den Zenit mit der eigenen Hochzeit noch nicht erreicht, so sollte dieser Mangel wenigstens symbolisch nachgeholt werden.[26]

»*Wie konsequent eine Beziehung zwischen Ehelosigkeit und Ersatzhochzeit hergestellt und zugleich der Begriff der Jungfräulichkeit ausgelegt wird, zeigt die Bestimmung, daß eine Jungfrau wie eine Braut mit Kranz, Schleier und Myrte geschmückt werde, ›auch wenn sie ganz alt ist‹*«.[27]

Starb ein Kind bis zum 14. Lebensjahr, so wanden ihm Paten, Eltern oder Altersgenossen eine bunten Blumenkranz, starb ein junger Mann, so fertigten die Mädchen einen Totenkranz aus Immergrün, Tannenzweigen, Wacholder und Blumen, im umgekehrten Fall die jungen Männer. Für die Mädchen setzte sich zu Ende des Jahrhunderts zunehmend Myrte als Kopfkranz mit einem Schleier durch. Während die Bekränzung auf das östliche Mecklenburg

Die Totenkronen wurden in den Kirchen auf Konsolenbrettern aufbewahrt, die mit einfachen Strophen versehen sein konnten, wie:

Ein Kindlein war ich, fein und zart,
War meiner Eltern Freude,
Dieweil mir Gott das Leben gab,
Die Welt war nicht lange mein,
Gott nahm mich sehr bald aus der Welt,
Nur dieser Kranz mein Denkmal hält.

und Vorpommern beschränkt ist, ist parallel zur unteren Elbe und in der äußersten Nordwestecke Mecklenburgs endend ein schmaler Streifen für Kronenbelege zu verzeichnen.

In Mecklenburg-Vorpommern waren diese Totenkronen, von denen nur noch vereinzelte Exemplare in Museen anzutreffen sind, aus künstlichen Blumen gefertigt, bestehend aus Perlen, Glasschmuck, Flitter, Gold- und Silberdraht. Sie ähnelten damit den zum Hochzeitsschmuck gehörenden Brautkronen, vor allem, wenn neben kleinen Kreuzen auch Herzen als Schmuckelement dienten. Die paarigen seidenen Bänder als übriggebliebene Merkmale bräutlichen

Schmucks scheinen oft auch Geschenke des Bräutigams an die Braut zu sein.

In Buchholz schmückte man die jungen Mädchen dagegen nur mit einem reinen Perlenkranz.

Material und Ausführung der Kronen variierten nach sozialem Stand und Vermögen. *»De Dodenkronen künn man ok bi Kerfack köpen«* [28] (Juwelier in Rostock, H. Müns.) Noch im 17. und 18. Jahrhundert regelten Verordnungen Größe und Ausstattung der Kronen, die man, meist als Metallkronen, auch von der Kirche in verschiedenen Größen ausleihen konnte.

Beschrieben werden auch Kinderkronen aus Pappe, mit einem hochragenden Kreuz aus »Knisterblank« versehen und mit Schleifen geschmückt.

Die Krone wurde vor dem Sarg hergetragen oder auf das den Sarg bedeckende Leichentuch gesetzt. Die uns heute vertrauten Kränze kamen erst ab 1837 auf, kurz vor dem Bedecken mit Erde durch ein kleines Kästchen geschützt und so mit in das Grab gegeben. Andernorts erhielt die Totenkrone einen Ehrenplatz unter einem Glassturz auf einer in der Kirche angebrachten kleinen Konsole. Häufig diente ein kleines mit Buchweizen gefülltes Samtkissen, in das die Initialen eingestickt sein konnten, als Unterlage. In anderen Dörfern war es üblich, daß jedes Mädchen als »Kranzjungfer« (wie beim Hochzeitsbrauch) mit einem grünen Kränzchen in der Hand den Sarg begleitete und diesen nach der Verabschiedung durch die Angehörigen am Grab in die Grube warf.

Nach dem Binden der Krone wurden die Jugendlichen mit Butter, Käse und Kaffee bewirtet.

Dieser Ledigenbrauch, der meist mit dem Anlegen der Brauttracht einherging, beweist nicht nur die Solidarität der Altersgruppe, Zeichen einer über den Tod hinausgehenden Freundschaft, sondern auch *»die übereinstimmende Überzeugung von der überragenden Bedeutsamkeit des Heiratsgeschehens.«* [29] Wossidlo notierte folgende Angaben:

» Weck setten se in de Kirch, weck smäten se ok mit in dat Graff. Krone für Kinder kostete 3–4 Mark: Kron up Papp un Kruz ower Knisterblank as Gold grot Sleuf an.« [30] In Lübtheen begleiteten 12 Kranzjungfern den Wagen ihres Altersgenossen, jede mit einem Kranz in der Hand. Ein Damastkissen mit einem Lorbeerkranz wurde vor dem Sarg hergetragen und anschließend auf das Grab gestellt.[31] Ein weiterer Beleg bestätigt die 12 Kranzjungfern für einen Jüngling, die Geld gesammelt hatten für eine Krone mit künstlichen Blumen, die, in einen Kasten mit weißer Seide ausgepolstert, gelegt wurde, der nach der Feier auf einer vom Tischler gefertigten Konsole im Kirchenraum an den Verstorbenen erinnerte.

Die Funktion von Kranz und Krone wird unterschiedlich bewertet.

In der jüngeren Forschung dominiert die Vorstellung einer Ersatzhochzeit. So wird in den Antworten auf Fragen nach der Funktion von Kranz und Krone für den Atlas der deutschen Volkskunde deutlich: *»Er soll der Brautkranz sein«* [32]; *»wird den Toten zur Hochzeit aufgesetzt«*.[33]

Anderen symbolisierte die Krone vor allem Jungfräulichkeit, die Virginität, ein Aspekt, der Bedeutung erlangt, wenn man die Krone bzw. den Kranz als Zeichen für Virginität in eine Reihe mit der Krone der Brautjungfern, dem Kommunions- oder Konfirmationskranz stellt. Auch das Motiv der »Himmelsbraut« als alte christliche Sinngebung wird genannt, der Brautkranz als

271

Symbol der »himmlischen Hochzeit«, mit der ein jungfräuliches, tugendhaftes Leben belohnt wurde.

Wenn auf älteren Grabsteinen eine Krone eingemeißelt wurde mit dem Spruch: »*Sei getreu bis in den Tod, so will ich dir die Krone des Lebens geben*« (Offenbarung, 2), so kann hier die Krone auf diese ältere christliche Bedeutungsebene hinweisen. Bei Grimm heißt es unter dem Schlagwort »Krone«: »*Es wird bei den Totenkronen, Totenkränzen in Form einer oben geschlossenen Krone, ursprünglich an die Krone des ewigen Lebens gedacht sein, die man damit dem Geschiedenen vorgreifend und andeutend verlieh.*«[34]

Als Rudiment des Brauches ist der bräutliche Myrtenkranz geblieben, auch noch der Blumenstrauß – ursprünglich der Hochzeitsstrauß – oder die einzelne Blume, die man dem Kind in die Hand gibt. Die Bedeutung der Grabbeigaben ist in Vergessenheit geraten.[35]

In Mecklenburg-Vorpommern waren allerdings zu Wossidlos Befragungszeit alte christliche Sinngebungen von Totenkronen und -kränzen als Siegeskränze der Keuschheit längst übergegangen in die Vorstellungswelt mit der Hochzeit als Höhepunkt des Lebenslaufes. Um 1900 ist die Erinnerung an den Brauch so gut wie verblaßt. »*Der Staub des Alters liegt jetzt meist auf diesen Zeichen der übers Grab hinaus dauernden Freundschaft. Wieviele mögen wohl auf den Müllhaufen gewandert oder bei einer Renovation oder Generalreinigung der Kirche verworfen sein. Die ländliche Bevölkerung weiß nichts mehr von der Bedeutung der Totenkronen, und man kann ihr solch Nichtachten der Kronen kaum als Pietätlosigkeit auslegen*«, heißt es in der Rostocker Zeitung im November 1909.

14.5 Gedruckte Leichenpredigten

Als es noch keine Zeitungen gab, wußten sich Wohlhabendere anderer schriftlicher Mittel zu bedienen, um den Tod bekannt zu machen bzw. die Erinnerung an den Verstorbenen in schriftlicher Form wach zu halten.

Ein Mittel waren Leichenpredigten, die überwiegend für Adlige und wohlhabende Bürger verfaßt und gedruckt wurden. Sie gehören zur Gattung der Personalschriften, wie sie auch zu hohen Geburtstagen, Taufen und Hochzeiten geschrieben wurden. Vor allem nach der Reformation scheint es ein Bedürfnis der lutherischen Kirche gewesen zu sein, zu zeigen, daß auch bei Protestanten ein »seliges« Sterben möglich war, wenn die letzten Tage ausführlich mit dem begleitenden geistlichen Beistand geschildert werden. So nimmt es nicht wunder, daß oft Pastoren als Verfasser von Leichenpredigten anzutreffen sind.

Zwar galten sie nach ihrem Ursprung und ihrer Zielrichtung als kirchliche Angelegenheit, jedoch wurden sie durch ihre Publikation auch ein beliebtes Selbstdarstellungsmittel von adligen oder bürgerlichen Familien. (Daß sie bei den Bauern, die sich aus finanzieller Sicht durchaus auch hätten eine Leichenpredigt leisten können, nicht anzutreffen ist, mag daran liegen, daß die Bauern sich eher über ihren Besitz definierten und nicht in erster Linie über eine Geschlechterfolge.)

Im deutschsprachigen Raum sind etwa 250 000 Leichenpredigten überliefert,[36] davon allein in Rostock über 200, in der Greifswalder Universitätsbibliothek 132 Bände. Sie werden heute als aussagekräftige Quellen von verschiedenen Wissenschaften, beispielsweise von der Theologie, der Genealogie, der Musikgeschichte, der Medizingeschichte, der Sozialgeschichte, der Volkskunde, genutzt. Zur sogenannten »Funeralienliteratur« gehören vier Gruppen: Leichenpredigten, Einladungsprogramme, die von der Universität ausgingen, akademische Gedächtnisreden und Trauergedichte. Ihre Gestaltung war kostspielig, Holzschnitte mit symbolischen Darstellungen des Todes oder einem Porträt des Verstorbenen, Texte und Noten von Trauerkompositionen zierten die in der Regel etwa 20–100 Seiten, die in einer Auflagenhöhe von 100–300 Exemplaren in deutscher Sprache, nur bei dem Tod von Gelehrten in lateinischer Sprache, erschienen. Bis etwa 1629 sind auch plattdeutsche Texte überliefert. Stets sind auf diesem Wege stereotype Darstellungsformen von Sterben und Tod, Betrachtungen über die Vergänglichkeit und über die Herrlichkeit des jenseitigen Lebens als Lehrmeinungen der Kirche transportiert worden. Widergespiegelt werden aber auch reale Umstände des Sterbens, und wir erhalten so einen Eindruck von der zeitgenössischen kollektiven Einstellung zum Tod mit vorgeschriebenen Handlungsmustern.

Eine charakteristische Leichenpredigt sei vorgestellt:

»Er hat also einen guten Kampf gekämpfet. Er hat den Lauf vollendet. Er hat Glauben gehalten. Hinfort ist ihm beigelegt die Krone der Gerechtigkeit« heißt es zum Beschluß der Leichenpredigt für den Hofrat Dietrich Samuel Wolfraths, der am 28. Oktober 1753 *»seine irdische Hülle abgelegt hatte«*, wie der Verfasser, ein Enkel des Verstorbenen, der Rektor der Rostocker Akademie und Pastor an der Johannis-Kirche zu Rostock, Joachim Henrich Pries, auf dem Titelblatt der zu Rostock gedruckten Leichenpredigt vermerkte.[37]

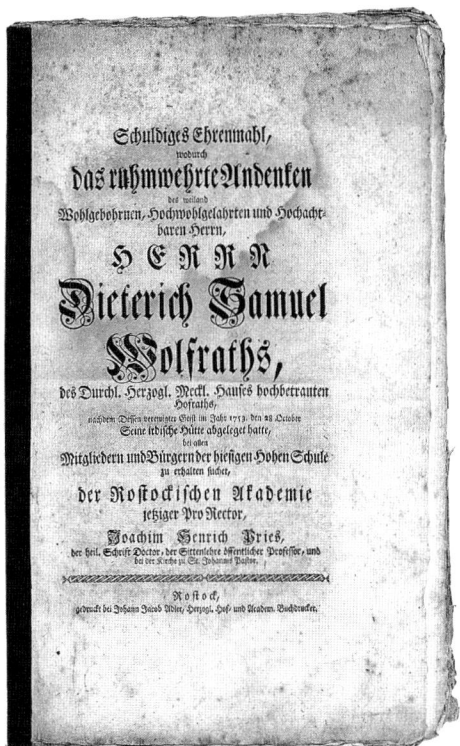

Titelseite einer Leichenpredigt für Dietrich Samuel Wolfraths, Rostock 1753

Wie in Rostock üblich, hatte es auch in diesem Fall der Rektor für seine Pflicht gehalten, eine Predigt zu schreiben, um damit alle Universitätsangehörigen zum Leichenbegängnis einzuladen. Bei der Beerdigung erhielt das Trauergefolge ein Exemplar, und die Leidtragenden bekamen die von Berufsgenossen, Freunden und Verwandten abgefaßten Beileidsgedichte. Unter Reden des Pastors im Sterbehause, vor dem Altar in der Kirche und am Grabe wurde der Verstorbene begleitet. Auf Wunsch des Verstorbenen wurde die Predigt dann gedruckt und diese wiederum an Freunde gegeben.[38] Die 28 Seiten umfassende Predigt folgt dem

273

bewährten Schema: Sie beginnt mit ausführlichen Betrachtungen auf zwölf Seiten über den Tod, seine Schrecken, aber auch über die Annehmlichkeiten eines »erwünschten« Todes, auf den man sich vorbereitet hat, indem man die Vorboten der Krankheit ernst nimmt, sein »Haus bestellt«, die Seinigen abschiednehmend segnet und, nachdem man über mehrere Tage durch geistlichen Beistand die Todesfurcht besiegt hat, (ein Arzt wurde dann nicht mehr gewünscht), einen »seligen« Tod sterben darf. Der zweite Hauptteil widmet sich dem Lebenslauf und den Familenverhältnissen des Verstorbenen.

Der Verfasser betont, daß sein Großvater ihm seinen Segen im Tode gab (wir dürfen also davon ausgehen, daß Wolfraths traditionsgemäß im Kreise seiner Familie, also öffentlich starb), und ihn beauftragt habe, die Predigt zu schreiben als »ruhmvolles Andenken« für alle Mitglieder der Akademie. Und damit ist wiederum eine klare Richtung vorgegeben: Wir werden keine realistische Lebensbeschreibung erwarten dürfen. Aus einzelnen Angaben in der Predigt ist zu vermuten, daß Inhalte mit dem Schreiber von dem Sterbenden abgesprochen worden sind.

Wie üblich beginnt die Beschreibung seines Lebenslaufes mit Angaben über Ort, Jahr und Stunde der Geburt (hier: Rostock, 1612, zu Mittage 12 Uhr) und der Erwähnung der Taufe. Die Erwähnung der Taufe wurde für äußerst wichtig gehalten, denn sie galt als Voraussetzung dafür, daß aus dem Neugeborenen ein soziales Wesen, ein Mitglied der Gemeinschaft wurde, daß es einen Namen in der familiären und sozialen Kontinuität erhielt.[39] (Ungetauften Kindern wurde in der evangelischen Kirche keine Leichenpredigt gewährt, und diese wurden denn auch »in aller Stille«, oft am Rande des Friedhofs, beerdigt. Nach katholischer Lehre war ihnen die Auferstehung verwehrt.) In der Predigt folgen nach dem vorgegebenen Lebenslaufschema die Betonung einer christlichen Erziehung durch die Eltern als »Pflicht und Schuldigkeit«, sodann die typischen Stationen als Sohn und Ehemann, Witwer, seine Ausbildung mit Erwähnung der akademischen Lehrer, Wolfraths' Ämter, Berufungen und Verdienste. Breiten Raum nahmen Heirat und Eheleben ein im Hinblick auf die Idealvorstellungen der lutherischen Kirche von der Famililie. (Bei Frauen fiel die Aufzählung magerer aus: Für beschreibenswert hielt man nur die Stationen Tochter, Ehefrau und Mutter, Matrone, Witwe.)

Wolfraths scheint diese Idealvorstellungen in jeder Hinsicht erfüllt zu haben:

Seine Vorfahren waren angesehen, sein Vater Kaufmann und Erbherr auf Groß Stove (bei Rostock), der Großvater Ratsmitglied, mütterlicherseits werden ein Hofjuwelier und ein Kaufmann genannt. Als prägende Kindheitserinnerung wird ein Stadtbrand von Rostock 1677 erwähnt. Nach dem Unterricht durch Privatlehrer besucht er die Stadtschule und beginnt achtzehnjährig an der Rostocker Universität ein Jurastudium, 1691 wechselt er nach Frankfurt/Oder, wo neben dem Besuch der Fachvorlesungen seine »Leibesübungen« hervorgehoben werden. Reiten, Fechten, Tanzen gehörten damals zur Ausbildung, vielleicht ist dort die Quelle für »eine ihm zugestoßenen Krankheit« zu suchen. Er kehrt 1693 in das Elternhaus zurück, »in welchem er aller Vorzüge genoß, die ein einziger Sohn in dem Hause seiner ihn zärtlich liebenden Eltern nur immermehr erwarten kann«.

Seine Eltern überlassen ihm das Landgut Groß Stove. »Seine keusche Neigung« fiel 1694 sinnigerweise auf eine standesgemäße Frau, die Bürgermeisterstochter Margaratha Elisabeth Stolten, mit der er sieben Jahre verheiratet war. Nach ihrem Tode raten die Seinigen zu neuer Heirat (eine wiederum übliche Aufforderung), und »so ist unser Wohlseeliger Herr Hofrath, zu einem gewiß in Rostock höchstseltenen Exempel, ein gesegneter Vater von 32 Kindern und Schwiegerkindern, von 39 Enkeln Großvater, und von 20 Urenkeln Elternvater in seinem Leben gewesen, und hat also seinen Stammbaum in 91 Zweige ausgebreitet gesehen, hat auch dabei die besondere Glückseligkeit erlebt, die Seinen von der Güte Gottes glücklich und seinem Wunsche gemäß versorget zu sehen, und in einem blühenden Wohlstande in der Welt zurück zu lassen.«[40]

Alle Familienmitglieder werden auf sechs Seiten namentlich mit ihren Tätigkeiten aufgeführt. Die weiteren Lebensumstände nehmen vergleichsweise wenig Platz ein: Wenn es die Zeit auf dem Landgut erlaubt, liest er »nützliche Bücher, die den Geschmack reinigen, und das Herz mit edlen Trieben erfüllen«,[41] nach einem Zwischenaufenthalt in Rostock kauft er das Landgut Groß Schwaß bei Rostock 1728, das er bis 1733 bewirtschaftet, als Altersitz wählt er wieder Rostock. 1748 stirbt nach 46jähriger Ehe seine Frau, Wolfraths lebt dann die letzten fünf Jahre im Hause seines Schwiegersohnes. Angeblich hat er nach öffentlichen Ämtern zeitlebens nicht getrachtet, nimmt aber den Titel eines mecklenburgischen »Hofraths« mit »untertänigstem Dank« an.

Im Juni 1753 erkrankt der 81jährige und, wie in den Predigten üblich, schließt sich für die Beschreibung dieser Phase ein kurzer medizinischer Krankenbericht an, hier von dem berühmten Detharding. An Krankheitszeichen führte er auf: Abmagerung, Appetitlosigkeit, Schlaflosigkeit, Entkräftung, »so daß endlich der Wohlselige das Lager zu suchen gezwungen ward«.[42] Breiteren Raum nimmt erwartungsgemäß die abschließende Beschreibung über die Haltung des Verstorbenen zum Christentum und seinen seelischen Zustand durch einen Pastor ein, hier Professor Kämpfer, der anstelle des gerade verstorbenen vorherigen Beichtvaters Pastor Lehmann die letzten Tage des Kranken seelsorgerisch begleitet. Der Übergang in eine andere Welt sollte in aktiver Weise erfolgen, und so wird es in den Leichenpredigten mit besonderer Genugtuung vermerkt, wenn ein Sterbender sein Leben unter Singen und Beten endigte. Oft reichte die eigene Kraft nicht mehr, und die Umstehenden sangen und beteten für ihn. So sind hier die Ausführungen von Pastor Kämpfer, daß der Sterbende ein Verzeichnis geistlicher Sterbegesänge und gedruckte Andachten verlangt hätte, wiederum charakteristisch und entsprechen den Idealvorstellungen der Kirche für ein »seliges Sterben«. Der Berichtende kann also beruhigt die Leichenpredigt mit den Worten schließen: »Es hat öfters an Betrübniß und Hertzens Angst nicht gefehlet. Aber die Tröstungen, welche aus dem Verdienste Jesu herfliessen, haben auch Seine Seele reichlich erquicket. Er hat also einen guten Kampf gekämpfet. Er hat Glauben gehalten. Hinfort ist ihm beigeleget die Krone der Gerechtigkeit.«[43]

»Sterben vollzog sich so wie auf einer Bühne und unter sozialer Kontrolle, was jedoch nicht nur Rollenzwang, sondern auch Verhaltenshilfe in einer jedem Lebenden zuvor unbekannten Grenzsituation bedeutete.«[44]

Befolgten der Sterbende und die Trauernden alle Regeln, so blieb kein Raum für Verzweiflung, etwa über ein falsch gelebtes Leben oder über ein zu frühes Ende. Vielmehr wurde der Sterbende in einen Erwartungszustand auf ein tröstliches seliges Ende versetzt. Und stellten sich Ängste ein, so bewirkte die gewährte Sterbehilfe, auch diese Prüfung zu bestehen.

Man darf also von einer recht hochentwickelten Sterbekultur sprechen, die auch Vorbildfunktion für die unteren Sozialschichten besaß. Zwar wird über geistlichen Beistand bei Bauern, Handwerkern und Tagelöhnern weit weniger berichtet, wohl aber über ähnliche Szenen öffentlichen Sterbens in Anwesenheit der Familie.

14.6 Der Leichenschmaus/Leichenköst

»Dat wier gor nich, as wenn een doot wier, dat wier as 'ne lütt Köst.«

Eine gemeinsame Mahlzeit mit den am Begräbnis Beteiligten beschloß die Feierlichkeiten als Abschied von dem Toten, wobei die Betonung der Gemeinschaft über den Tod hinaus eine wesentliche Rolle spielte, aber auch Absichten, sich gegen den möglichen Einfluß des Toten, für den auch ein Stuhl am Tisch bereit stand oder der in Gedanken mit zu Tische saß, zu schützen.

Neben der Sitte, nach der Beerdigung im Sterbehaus oder im Wirtshaus zum Leichenschmaus zusammenzukommen, war es vielerorts noch üblich, auch vor der Beerdigung vor allem an die Träger Semmeln zu verteilen: »Dodenfru hadd se in de witt Schört, dee güng denn rum un fróg denn: Hest du all?«;[45] »Ihr de Likenzug weggahn ded, de Manns drogen ja all lang Röck mit widen Schort, dee Taschen wiren ut gries Linnen … In de een Tasch hadden se Piep un Taback, in de anner steckten de Semmel, dee se kregen. Wi Gören passten all up, dat een rutfallen ded.«[46]

In Groß Schwaß teilte die Totenfrau aus ihrer weißen Schürze (daher auch der Name »Wittingsmudder«) »hölten Kringel un Koem« aus, das waren mit Kümmel bestreute Hörnchen.

Zu Ende des Jahrhunderts verringerte sich die Anzahl der Mahlzeiten. Nach alter Tradition hatte man zunächst »die Toten besehn«, verbunden mit einem kleinen Frühstück, nach der Beerdigung schlossen sich Mittagessen und Kaffeetrinken an.

Nach der Beerdigung standen bei den Bauern vor dem Hoftor des Trauerhauses Frauen und überreichten jedem, der eintrat, einen Stuten, ein Weißgebäck, verziert an den Ecken mit Rosinen. Auf der Diele standen lange Tische aus rohen Brettern bereit. Bei der nun folgenden Hauptmahlzeit durften dicke Erbsen und Hering nicht fehlen. Für die Fische wird als Begründung genannt: »weil die Seele noch nicht der Erde entrückt ist«, dicke Erbsen sollten bewirken, daß die Folge groß sei.[47]

In den Schilderungen von Wossidlos Gewährsleuten ist noch die Begeisterung über das reichliche Essen herauszuhören:

»De nahsten Verwandten würden inladen, dee krägen to äten, dat wier as ne Hochtiet. Ihrst gef dick Arften un Hiring, nahst dikken Ries un Plummen, dee wieren so upleggt up den Ries un Zucker öwerstreut, denn geef't Koken un Semmel. Nahst geef Abendbrot un Wust un Brammwien und Bier, väl späten noch Korten. Dat wier gor

nich, as wenn een dot wier, dat wier as 'ne lütt Köst.«[48]

An charakteristischen Beerdigungsspeisen wird neben Reis, Fisch häufig die »Klappsuppe« genannt, eine lautmalerische Bezeichnung, die damit begründet wird, daß in braunes Bier Eier aufgeschlagen und darin noch Weizenbrot eingekrümelt wurde, sicherlich ein rasch stärkendes und wärmendes Mahl. Bei den Bauern war es allgemein üblich, daß jeder, der »genötigt« worden war, ein Stück Butter, auch Milch und seinen eigenen Teller mitbrachte, nicht etwa, um das Trauerhaus finanziell zu entlasten, sondern wohl mehr aus Furcht vor der Unreinheit des Hauses, in dem während dieser Zeit auch kein Brot gebacken werden durfte.

Nach dem ersten Weltkrieg gab es nur noch Kaffee und Kuchen: »*Dat wieren mitunner 200 Mann, 10–20 Platenkoken wurden dorbi von Bäcker köfft*«.

Das gemeinsame »Fell versaufen« diente ebenso der Bewältigung von Trauer wie reichliches Trinken, Tanz und Kartenspiel, Erzählen von »Spukgeschichten«.

Die Redewendung das »Fell versaufen« als Ausdruck für den Leichenschmaus kennt man im gesamten niederdeutschen Spachraum. 1604 ist in der zu Rostock erschienenen »Laienbibel« des Nikolaus Gryse nachzulesen: »*Ethlike ghan van dem grave in de badstave, onde baden sick binnen vnde buten, edder verfoegen sick in de wyn- vnd beerkroege vnde spreken, se willen de hudt vorsupen vnde de sorgen vordrincken.*«

Über den Ursprung dieser Redensart ist viel gerätselt worden.[49] Am einleuchtendsten erscheint die Begründung, wonach es sich um eine volksethymologische Entstel-

lung aus den »Gefällen«, den ursprünglichen Abgaben an den Lehnsherrn oder an die Vertreter der Kirche handelte, die von diesen Abgaben lebten, später könnte der Ausdruck auf die Leichenfeier übertragen worden sein. Gerade im protestantischen Norden wird die Reformation prägend gewesen sein, da sie einen großen Teil der Sterbeabgaben aufgab und diese nun den Überlebenden zugute kamen. Gebühren in Form von Naturalien waren zwar noch zu leisten, aber diese gingen jetzt an das Sterbehaus, in dem das Mahl ausgerichtet wurde.

Und eben diese Beköstigungen erregten regelmäßig behördliches Ärgernis.

Am 16. November 1749 erschien in Rostock eine Trauer-Ordnung, in der der Rat der Stadt die offensichtlichen Ausschweifungen einzudämmen suchte:

»*So hat Derselbe zuforderts, die bey Sterb-Fällen übliche Trauer, nach darüber genommenen Bedencken der Ehrliebenden Bürgerschafft hiedurch, der Stadt Gelegenheit nach, einzuschränken, und dadurch allen bis daher in dieser Stadt eingerissenen, mit Kosten und Ungemach verknüpfften üblen Gewohnheiten publice abhelffen wollen.*«

Das große Trauermahl erregte vor allem Ärgernis:

»*... daß am Tage der Beerdigung mehrentheils gewöhnliche, oft grosse Trauer= Mahl, ganz und gar abgeschaffet seyn; nur, daß die Freundinnen, welche zur Regulierung der Leichenfolge, sodann nicht entbehrlich sind, zu Mittage mit einer ordentlichen Mahlzeit mögen bewirthet werden.*«

»*... Bey Einkleidung der Leichen, denen dabey assistierenden Personen keine Mahlzeit, sondern nur, eines jeden Umständen nach, Wein und Zuckerplättchen oder Bier*

277

und Zucker=Kringel gereicht werden solle, nur daß gleichwohl Eltern und Kindern, oder Geschwistern, sodann zum Essen, ohne einigen Aufschlag, zusammen zu bleiben, unbenommen ist«.

Mit Leseunkundigkeit konnte sich niemand herausreden:

»Und damit keiner sich mit der Unwissenheit zu entschuldiegn Uhrsache habe, ist dieses gewöhnlich von denen Canzeln verlesen, hiernechst affigieret, und zu Jedermanns besserer Nachachtung zum Druck befordert worden.«

Wie üppig die Begräbniskosten ausgesehen haben konnten, belegt eine Rechnung über die Kosten bei dem Begräbnis des Rittmeisters Ulrich von Schwerin, begraben auf Putzar am 25. Oktober 1632. Die Gesamtkosten beliefen sich auf 1743 »Floren« (Gulden) und 9 Schillinge.

Darunter:

64 Gulden für den Sarg, 26 Gulden für 48 $^1/_2$ Pfund Wachs, 28 Gulden für den Maler, der das Wappen zu gestalten und die Fahne, die vorangetragen werden sollte, 191 Gulden für »dazu« eingekauftes Vieh (1 Kuh, 23 Schafe, 7 Schweine, 30 Gänse, 36 Hühner), 367 Gulden für Getreide, darunter 144 Gulden für Gerste zum Bierbrauen, 203 Gulden für »Küchenware« (Salz, Speck, eingelegte Heringe, Stockfisch, getrocknete Schollen, frische Fische, holländ. Käse, Gänsegrütze, Merrettich, Rüben, Mehl, Gewürze, Konfekt, Wein.) Benötigt wurden laut Rechnung aber auch Holz und Kohle, hölzerne Teller und Schüsseln, hölzerne Kannen und Trinkbecher. Einen größeren Betrag machte die Trauerkleidung aus: 282 Gulden und 6 Schillinge *»für allerhand Gewandt aus Anclam laut des Herrn Peter Kegebeins eingeschickter Rechnung«.*

»Kramware« für 175 Gulden kam ebenfalls aus Anklam (vermutlich Bänder, Tücher, Garne u.s.w.).

Vergleichsweise gering fiel dagegen die Bezahlung für Pastoren und Schuldiener aus, denn:

»Leib ging wohl vor Seele«.

14 Floren den beiden Pastoren

4 Floren zweien Schulgesellen

9 Floren 8 Sch. lüb. den Schulen und Küsterei

18 Floren dem Küchenmeister aus Wolgast

10 Floren dem Koche aus Wolgast

15 Floren 16 Sch. lüb. dem Schneider für allerhandt Arbeit laut seiner übergebenen Rechnung

12 Floren für 3 Gesindehuette

5 Floren fürr 3 par Schue denselben

7 Floren 12 Sch. lüb. für 15 Pfund Zin zu Erstatung allerhandt zinnern Gerethe, so auf der Begrebnuß veräusert worden[50]

Trotz aller einschränkender Verordnungen hielt sich die Sitte des üppigen Leichenschmauses, der noch im 19. Jahrhundert gern mit den Aufwendungen zum Hochzeitsmahl verglichen wurde: *»Nu würd tokakt, as wenn Hochtied wier«;*[51] *»Dat wier gor nich, as wenn een doot wier, dat wier as ne lütt Köst«.*[52]

Um sich ein würdiges Mahl leisten zu können, sparten manche ihr Leben lang; und natürlich werden gerade in der Art und Weise des Leichenschmauses soziale Unterschiede deutlich.

Mit dem Tode schließt sich der Lebenskreis. Die letzten Worte soll Fritz Reuter haben:

»*Ick gung den Gürlitzer Kirchstig entlang un lat mi dat dorch den Kopp gahn,*
wat ik hürt hadd, un dat was All so, as't ümmer op dese Ird begäng is:
Freud un Leid, Geburt un Dod.«

Anmerkungen

Einleitung

1 Bentzien/Neumann 1988.
2 Brückner, 1998, S. 107–138.
3 Bourdieu, 1983; 1993; vgl. auch Fröhlich 1994 und zur kritischen Diskussion: Gute 1995, S. 77–89.
4 Lenz: Sehnsucht nach Dauer. In: Ders.:
   Über das Gedächtnis Reden und Aufsätze, München 1996,
   S. 148–158, hier S.150.
5 Assmann 1992.
6 Weber-Kellermann, 1973, S. III.
7 WA CVIII 09/7 Blücherhof.
8 Puchner 1977, S. 23.
9 Greverus 1978, S. 262.
10 WA CVII 12/4, Bartelshagen.
11 Wendt 1991, Neumann 1996, 1997.
12 Allgemeines zum Archiv vgl.: Bentzien
   1959, Neumann 1994; 1996; Müns
   1991 b, S. 443–551.

1. Von den schönen Bräuchen und ihren
   Trägern

1 Gemeint ist König Friedrich II., der die
   Entwässerung der Gebiete Gartz, Grei-
   fenhagen, Stettin, Damm und Gollnow
   angeordnet hatte. Vgl. Heitz/Rischer
   1995.
2 Weber 1828, S. 603; 605.
3 Bentzien 1980.
4 Arndt, 1803, S.159.
5 Kliesow, 1993, S. 34–36.
6 Zur Machtaufteilung seit dem »Landesgrundgesetzlichen Erbvergleich« von
   1755 vgl. Bentzien 1988, S. 20–29.
7 Raabe 1857, Theil 1, S. 508–513.
8 Raabe/Quade 1894, Bd.1, S. 636 ff.

9 Ebenda, S. 1030 ff.
10 Berg, 1999, S. 39.
11 Siuts 1968, S. 44 und S. 57.
12 Bentzien 1983, S. 45–49.
13 Arndt 1817, (Hrsg. Von Terstegen
   1942), S. 247.
14 Mager 1955, S. 349.
15 Schmaltz 1952, Bd. 3, S. 308.
16 Wossidlo-Archiv (im folgenden: WA),
   CVIII 09/2, Gewährsmann Loitz,
   Rumpshagen, Kreis Waren.
17 Vgl. Mager, S. 358.
18 Ihrke 1956, 1, S. 82, ebenso schemati-
   siert dargestellt von Mischke. 1979/2
   und 1980/1, S. 163 ff.
19 Vgl. Jacob Grimm 1876/2, S. 656;
   Mannhardt 1858, S. 4 ff.; ders. 1875,
   S. 392.
20 Mager 1955, S. 360.
21 Baumgarten 1965/61, S. 84. Hier
   wurde erstmals der Zusammenhang
   zwischen Bautyp des Hauses und Erntefestform dargelegt.
22 Wossidlo 1927, S. 45; vgl. auch Müns:
   1984, S. 3 ff.
23 WA C VIII 09/4, Volkenshagen.
24 WA C VIII 08/2, Bernitt, ebenso in
   Öttelin, Böken, Spornitz.
25 Ebenda.
26 WA C VIII 08/10 Userin, Niendorf b.
   Schönberg, Kirchdorf, Falkenhagen.
27 Ebenda, z. B. Jabel, Picher, Kuhstorf,
   Karenz.
28 Baumgarten 1965, S. 85.
29 Zu Festen auf der Diele vgl. auch
   Müns 1988: In: Bentzien/Neumann
   1988, S. 492 ff.
30 WA ch Volksspiele, Schönberg.
31 Nach einer mündlichen Information
   meiner Schwiegermutter Friedchen
   Müns (Jg. 1906), ehem. Bäuerin in
   Neuendorf bei Grimmen.

32 Bausinger 1961, S. 540.

33 Bentzien 1983, S. 68.

34 WA CVII 02/1, Malzow.

35 Bartsch 1880/2, S. 164.

36 WA CVIII 02 Konvolut Kartoffel.

37 WA CVIII 09/2 Gewährsmann Loitz, Rumpshagen.

38 WA CVIII 09/2 Neubrandenburg.

39 Bentzien, S. 138 und 146.

40 Gewährsfrau Ilse von Zansen-Osten, Jg. 1910. Erinnerung aus Nisdorf bei Stralsund.

41 Weber-Kellermann 1965, S. 365.

42 Mecklenburgische Dorfzeitung 1849, Nr. 21, S. 84.

43 Burckhardt-Seebass 77/1981, S. 209–226; Peters, 1985, S. 77–106.

44 Lubinski 1992; Mager, S. 390 f.

45 Wolfram, 1972, S. 49.

46 Rehbein, 1955, S. 100.

47 WA CVII 05/14 Granzin.

48 § 6 der Gesindeordnung Dömitz, 1861 (nahezu gleichlautend in allen mecklenburgischen Gesindeordnungen).

49 Mezger, 1980, S. 207; Mezger 1999.

50 H. Dankwardt, 1852, S. 34.

51 Mager1955, S. 395.

52 Schildt 1907, S. 110, für die Zeit um 1855.

53 Raabe, 1845, S. 263.

54 WA CVII 12/2 Conow.

55 WA CVII 12 Gallentin, Schwarstorf.

56 WA CVII 12/1 Rövershagen.

57 WA CVII 05/15 Basedow, Liepen.

58 Weber-Kellermann 1965, S. 360 ff.

59 WA CVII 07/19.

60 Richard Wossidlo, 1931, S. 272.

61 WA CVII 13/8 Fährdorf.

62 WA CVII 13/8 Kirchdorf.

63 WA CVII 13 Poel.

64 WA CVII 07/19.

2. Dreikönigstag

1 Brückner 1999, S. 165.

2 Ebda, S. 184.

3 Sauermann 1996, S. 190.

4 Gryse 1593, I, p. 4a.

5 Zitiert nach: Stein, 1988, S. 114, die Hildesheim als frühesten norddeutschen Beleg angibt.

6 Gemeinnütz. Aufs. 1769, 50. Stück, S. 202; Gosselck 1926, S. 664.

7 Gesetz-Sammlung Parchim 1835, Bd. 5, S. 73 f.

8 Ebenda, Bd. 2, S. 199.

9 Gemeinnütz. Aufs. 1769, 50. Stück, S. 206.

10 Wetter 1933, S. 68.

11 Ebenda.

12 Ebenda.

13 Ebenda.

14 WA C IX 13/6.

15 Wetter 1933, Karte IV.

16 WA C IX 13/6.

17 Ebenda, »de oll August«, 1820 in Kirchdorf auf Poel.

18 Vgl. Röhrich/Brednich Bd. 2, 1967, S. 29 ff und Siuts 1968, S. 175.

19 WA C IX 13/6.

20 Ebenda.

21 Ebenda.

22 Strobach 1980, S. 53.

23 WA C IX 13/6 Lärz, Mirowdorf, Rosenberg.

24 WA C VII 09/1.

25 Vgl. Kramer, Karl S. 1968.

26 Vgl. Vilkuna 1969, S. 63.

27 MWB Bd. 3, Sp. 60 f.; MWB Bd. 2, Sp. 962, vgl. auch Kap. Die Zwölften.

28 Schwebe 1960, S. 64 f.; Schlomka 1964, S. 10; v. Gynz-Rekowski 1981, S. 66 f.; vgl. Kap. Die Zwölften.

3. Fastnacht

1 Schmidt 1742, S. 41.
2 Ebenda, S. 43 f.
3 Vgl. Sund (Hrsg. 1984).
4 Meisen 1966, S. 46.
5 Mezger 1999, S. 8.
6 Sehling 1984, S. 14.
7 Ebenda S. 537–538.
8 MUB 14, S. 33 (für 1356); 24, S. 33 (für 1400); vgl. auch Bär., Ges. Samml. 3, 1, S. 111 für 1773.
9 MWB Bd. 2, Sp. 806; Beyer 1855, S. 200; Wossidlo, MVÜ Bd. 4, 1931 S. 272.
10 Groth 1892, S. 172 ff.
11 Meisen 1966, S. 76.
12 Köstlin 1978, S. 8.
13 Ebenda.
14 Mezger 1980, S. 207.
15 Bausinger 1980, s. 23.
16 Ihrke 1960, S. 456.
17 Krüger 1918, S. 140; Brinckman, Werke Bd. 6, S. 92 ff.
18 Groth 1892, S. 172.
19 Ebenda.
20 Groth 1852, S. 190 und 159.
21 Ebenda, S. 191.
22 Deecke, 1845, S. 50 ff.
23 Ebenda, S. 72.
24 Ebenda, S. 82 f.
25 Lisch 1862, S. 282.
26 Bär. Ges. Samml. 4, 1, S. 31.
27 Dragendorff 1907, S. 57.
28 Ebenda.
29 Schmaltz 1952, Bd. 3, S. 62; Horn 1924, Bd. 2, S. 82.
30 Beyer 1903, Bd. 2, S. 57 ff.
31 So der bei Schmidt zitierte Prediger Lübbert aus Böhlendorf bei Sülze.
32 Vgl. Schmidt 1742, S. 136.
33 Ihrke 1960, S. 457.
34 MWB Bd. 2, Sp. 806.
35 Wossidlo, MVÜ, Bd. 4, 1931, S. 272.
36 Rostocker Anzeiger 21.1.1939.
37 Schmidt 1742, S. 85.
38 Ebenda, S. 139.
39 Ebenda und Deeke 1845, S. 200.
40 Wossidlo 1925, S. 202 und Vitense 1936, S. 57.
41 WA C VII 12/9.
42 Buddin 1910, S. 14; Krüger 1918/19, S. 140; Brinckman Werke Bd. 6, S. 92 ff.
43 Warener Tageblatt 1.3.1909.
44 Gesetz-Samml. Parchim, Bd. V, S. 36.
45 Schmaltz 1952, Bd. 3, S. 62; Franck 1756, Bd. 14, S. 148.
46 Wossidlo 1925, S. 202.
47 Buddin 1910, S. 9.
48 Vitense 1936, S. 56 f.
49 MWB Bd. 2, Sp. 807.
50 Z.B. WA C VII 12/5 Göllin (DA Bützow), Rövershagen b. Rostock.
51 WA C VII 12/5 Gülzow, DA Stavenhagen.
52 WA Busch, Niendorf.
53 WA C VII 12/4 Rosenberg, Teschow.
54 WA C VII 12/4 Rosenberg.
55 WA C VII 12/4 Teschow.
56 WA C VII 12/4 Spornitz.
57 WA C VII 12/4 Sabow.
58 MWB Bd. 2, Sp. 807.
59 Norddeutscher Korrespondent 1859, Nr. 39.
60 MWB Bd. 2, Sp. 807.
61 Buddin 1927, S. 145 und Buddin 1910, S. 10.
62 Barnewitz 1925, S. 267.
63 Horn 1924 Bd. 2, S. 86 und Ihrke 1960, S. 459.
64 Vgl. Nordd. Korrespondent 1859, Nr. 39.
65 Ebenda.

66 Vitense 1936, S. 57.
67 Wossidlo 1927, S. 47.
68 Ihrke 1960, S. 461.
69 Wossidlo 1925, S. 202.
70 Ihrke 1960, S. 458.
71 WA C VII 12/21 Kritzkow (b. Güstrow).
72 WA ebenda Rövershagen (b. Rostock).
73 Rostocker Anzeiger Nr. 50, 1938.
74 WA C VII 12/21 Sabow.
75 Wossidlo, MVÜ Bd. 4, 1931, S. 123 Nr. 779.
76 WA C VII 12/21 Neuhof.
77 WA C VII 12/9.
78 WA C VII 12/21 Renzow; vgl. auch Moser 1967, S. 1724.
79 WA C VII 12/9 Heiligendamm; vgl. auch Vilkuna 1969, S. 66.
80 WA C VII 12/9 Banzkow.
81 WA C VII 12/2 Lübtheen; vgl. auch Humburg 1976, S. 22.
82 WA C VII 12/2 Teewswoos, ähnlich in Eldena, Wöbbelin, Conow, Neujabel, Ramm.
83 Ebenda, S. 459; Norddeutscher Korrespondent 1859, Nr. 39.
84 Ihrke 1960, S. 459.
85 WA C VII 12/5 Wismar, Horst.
86 WA C VII 12/4 Bartelshagen.
87 WA C VII 13/21 Elmenhorst, Neukalen, Sülze.
88 WA C VII 12/21 Sülze und Petschow.
89 Mussäus 1837, S. 120.
90 Peters 1927, S. 90.
91 WA C VII 13/21 Kraak.
92 MWB Bd. 6, Sp. 491.
93 Plog 1930, S. 36.
94 WA C VII 13/7.
95 Ihrke 1960, S. 461.
96 Schmidt 1742, S. 139.
97 WA C VII/11 Grubenhagen, Steinhagen.
98 WA C VII 11.
99 Vgl. Schmidt 1742, S. 138 f.
100 Kube 1963, S. 65 ff.
101 WA C VII 11/1.
102 Reuter, Werke, Bd. 6, S. 90.
103 WA Beitr. Barnewitz, Bü 27, 22.
104 WA C VII 12/2 Gr. Laasch.
105 Ebenda; vgl. auch Musiat 1963, S. 55 ff. und Tumova 1971, S. 134.
106 Ebenda.
107 WA C VII 12/2 Vipperow.
108 Ebenda.
109 WA C VII 12/1 Teschow.
110 WA C VII 12/2 Vipperow.
111 WA C VII 12/1 Doberan.
112 WA C VII 12/1 Elmenhorst.
113 WA, Beitr. Barnewitz, Bü 27, 20.
114 WA C VII 12/9 Neu Krenzlin.
115 Wossidlo 1925, S. 202, Ihrke 1960, S. 461.
116 WA C VII 12/2 Conow, Neujabel, Woosmer, Picher.
117 WA C VII 12/1 Rövershagen.
118 WA C VII 12/4 Gresenhorst, Rövershagen, Moraas, Schwarzenpfost, Sarmstorf.
119 WA C VII 12/8 Sarmstorf und Rogeez.
120 Brinckman, Werke, Bd. 6, S. 94.
121 Raabe 1857, S. 571.
122 Ebenda.
123 WA C VII 12/21 Graal.
124 Ebenda.
125 WA C VII 12/21.
126 Wossidlo 1952, S. 194.
127 Ebenda, S. 193, Brinckman, Werke, Bd. 6, S. 92 ff.
128 Ebenda, S. 195.
129 Staatskalender 1912, S. 221.
130 WA C VII 12/8.
131 Brinckman, Werke, Bd. VI, S. 93.
132 Wossidlo 1952, S. 194.
133 Wossidlo, MVÜ Bd. 4, 1931, Nr. 782.

134 WA C VII 13/8.
135 Ebenda.
136 Ebenda.
137 WA C VII 13/8.
138 Beyer 1903, Bd. 2, S. 57.
139 MWB, Bd. II, Sp. 811.
140 Wossidlo, MVÜ, Bd. 4, 1931, S. 123.
141 Ebenda, S. 274.

4. Ostern

 1 Vgl. Boll 1855/56 Bd. 1, S. 180; Raabe
   1894, S. 1401.
 2 Burmeister 1838, S. 156; Titel des
   Buches: Registrum parochie Mariane.
 3 Kuhn, Schwartz, 1848, S. 372.
 4 Ges.-Samml. 1, 2, S. 244 bzw. MWB
   Bd. 5, Sp. 225.
 5 Bartsch Bd. II, 1880, S. 256.
 6 Versuch einer Zeittafel des kirchlichen
   Mecklenburg seit der Reformation,
   1822, S. 68.
 7 Grundsätzliches Vgl: Dröge 1985.
 8 WA-Beitr. Barnewitz 27,2.
 9 Dröge wie Anm. 7; Pieske: 1976,
   S. 180–220 und dieselbe 1977,
   S. 160–210.
10 Franck 1753, Bd. I, S. 59; Beyer 1903,
   Bd. 2, S. 53.
11 Barnewitz 1930, S. 58; Schweriner Zeitung vom 22.3.1932; Christian 1931,
   S. 49 f.
12 MWB Bd. 2, Sp. 578 und Beyer 1855,
   S. 185.
13 Franck, Altes und Neues Mecklenburg
   I, 58.
14 Vgl. MWB Bd. 2, Sp. 576 und 578;
   Bartsch II, S. 257.
15 MWB Bd. 6, Sp. 698.
16 WA C VI 20/6.
17 Bartsch II, S. 258.
18 Weitere mit dem Volksglauben verbundene Handlungen s. MWB, Bd. 2,
   Sp. 578 und WA C VI 20/6.
19 Barnewitz 1930, S. 58 und WA C VI
   20/6.
20 Franck 1753, Bd. 1, S. 59.
21 WA C VI 20/5.
22 Ebenda Campow, Altkrenzlin, Wendorf, Friedland, Lübtheen.
23 WA C VI 20/5 Conow; Bartsch Bd. 2,
   1880, S. 259.
24 Wossidlo 1939 , 181–183.
25 WA C VI 20/15 Dierhagen.
26 Udolph 1999.
27 MWB Bd. 5, Sp. 224.
28 Vgl. auch: Grambow 1999, S. 15–23.
29 Prolog des Redentiner Osterspiels in
   einer Übersetzung von Hans Joachim
   Gernentz In: Gernentz, 1964, S. 374.
30 Koch-Gotha 1924.
31 Ihde 1913, weitere Literatur s. MWB
   Bd. 2, Sp. 670 und MWB Bd. 5,
   Sp. 225.
32 Vgl. auch Moser 1957, S. 83.
33 MWB Bd. 5, Sp. 225.
34 Buddin 1917, S. 14.
35 Henggeler 1957, S. 67.
36 Gryse 1593 (nach MWB Bd. 5, S. 224).
37 v. Gynz-Rekowski 1981, S. 110.
38 Wildhaber 1957, S. 111; Moser 1957,
   S. 81.
39 Kretzenbacher 1957, S. 105.
40 Hain 1957, S. 70, nach »Denkwürdig-
   keiten aus der Lebensgeschichte des
   Kaiserlich Russischen Etatsrath Adam
   Melchior Weikard« (Frankfurt/Leipzig
   1802).
41 Wildhaber 1957, S. 111.
42 Ebenda; vgl. auch Weber-Kellermann
   1979, S. 49 f.
43 WA C VI 20/1, Burow.
44 WA C VI 20/1 Loitz, Penzlin, Tressow u. a.

45 WA C VI 20/1 Penzlin.

46 WA C VI 20/1 Bukow b. Meyenburg, Feldberg.

47 Ilg 1957, S. 93; Kretzenbacher 1957, S. 107.

48 Ränk 1957, S. 139.

49 Meertens 1957, S. 125 ff.

50 z.B. noch v. Gynz-Rekowski 1981, S. 126.

51 WA C VI 20/1, z.B. Mirowdorf, Rahden, Godern.

52 Hungerland 1920/21, S. 276; vgl. auch Kretzenbacher 1957, S. 108.

53 Großherzoglich Mecklenburg-Schwerinscher und Mecklenburg-Strelitzscher Kalender, Wismar 1930.

54 Großherzoglich Mecklenburgisch-Schwerinscher Kalender 1906 (»Vagel-Griep«-Kalender).

55 Eine schöne Sammlung präsentiert das »Erste Osterhasen-Museum der Welt« in München.

56 Wildhaber 1957, S. 110.

57 Buske 2001, S. 22–27.

58 WA C VI 20/1 Gr. Laasch, Röbel, Besitz, Campow.

59 WA C VI 20/1 Besitz.

60 Sandor 1957, S. 175.

61 Ränk 1957, S. 139.

62 WA C VI 20/3 Kuhlrade.

63 WA C VI 20/3 Gr. Nemerow, Kirchdorf, Bresegard, Poel.

64 WA C VI 20/3.

65 WA C VI 20/3 Woldegk; Barnewitz 1930, S. 58.

66 WA C VI 20/3 Friedland.

67 Montanus 1854, S. 29.

68 WA C VI 20/3 Friedland.

69 Ebenda Woldegk.

70 WA C VI 20/3 Röbel, Friedland, Marxhagen, Rostock.

71 WA Beitr. Pegel 3,7.

72 WA C VI 20/4 Lärz.

73 WA C VI 20/4 Feldberg, Kahlenberg.

74 Lauremberg, Acerra philologica (nach Walther 1908, S. 38).

75 MWB Bd. 5, Sp. 226 (Gryse, Paw. L I 1a).

76 Meertens 1959, S. 127.

77 Kleinschmidt 1977, S. 114.

78 Vgl. Sartori Bd. 3, 1914, S. 161 ff.; Kuhn 1848, S. 372 ff.; Kuhn 1843, S. 313; Kück u. Sohnrey 1909, S. 872 f.; Dömötör 1977, S. 40; Schlomka 1964, S. 48 ff.; Liebl 1957, S. 61 ff.; Kretzenbacher 1957, S. 108.

79 WA C VI 20/9.

80 Alle Spiele in WA C VI 20/9, z.B. Brahlsdorf, Laupin, Röbel, Warlow.

81 WA C VI 20/9 Laupin; MWB Bd. 2, Sp. 226.

82 WA C VI 20/8 Damm.

83 WA C VI 20/8 Wittenburg.

84 WA C VI 20/9.

85 Dömötör 1977, S. 40.

86 Nork 1847, S. 254.

87 Warener Tageblatt Nr. 33, S. 125.

88 WA C VI 20/2, Bredenfelde.

89 Wossidlo, MVÜ Bd. 4, Nr. 809–812.

90 WA C VI 20.

91 Sartori Bd. 3, 1914, S. 155.

92 Schmidt 1975, S. 40.

93 MUB Bd. 9, S. 709.

5. Pfingsten

1 Bär. Ges. Samml. 1, 2, S. 244.

2 Ebenda, 1, 4, S. 34.

3 Gesetzessammlung Parchim Bd. 5, S. 35 und S. 78; weitere Literaturangaben zu Gilden und Verboten s. MWB Bd. 5, Sp. 416.

4 Vgl. auch Köstlin 1973, S. 135–145.

5 WA ch Hirten 1 und 2; Mussäus 1837, S. 121; Beyer 1903, Bd. 2, S. 67; Schildt 1907, S. 102.

6 WA C VII 01/6 Zernin b. Bützow.

7 Ebenda.

8 Schlüter 1932, S. 207.

9 Ratsakten Parchim in Auszügen durch Einsender Augustin in WA C VII 02/7 (Brief vom 16.2.19129).

10 Ebenda.

11 WA C VII 06/1.

12 Ebenda, weitere Sprüche bei Bartsch 1880, Bd. 2, S. 275 ff.; Wossidlo, MVÜ, Bd. 4, S. 140.

13 WA C VII 01/3.

14 MWB Bd. 5, Sp. 415.

15 WA C VII 01/2 Gewährsmann Meyer für die Dörfer um Stargard.

16 Schlüter 1932, S. 207.

17 Schwebe 1960, S. 74.

18 WA Cn 1 Zernin.

19 Mussäus 1837, S. 123.

20 Bartsch 1880, Bd. 2, S. 280; dazu 10 Belege WA C VII 01/1.

21 WA C VII 02/5 Neukalen.

22 WA C VII 02/5 Neukalen.

23 WA C VII 02/5 Teterow.

24 Warener Tageblatt Nr. 36, 31.5.1925.

25 Ebenda.

26 Ebenda Malk.

27 WA Beitr. Schwarz aus Tessin durch Frau Kahms, ebenso in Groß Schwaß und Karft (C VII 02/7).

28 WA C VII 02/7 Gr. Krams.

29 C VII 02/13.

30 C VII 02/2; vgl. auch Sauermann 1968, S. 230 ff. und S. 237.

31 C VII 02/2 Eldena.

32 Vgl. auch Sauermann 1968, S. 234 ff. und S. 240.

33 Kuhn 1843, S. 316; Mensing Bd. 1, Sp. 779; Mannhardt 1858, S. 5; Bartsch 1880, Bd. 2, S. 271; Schlomka 1964, S. 72 f.; Sauermann 1968, S. 228 ff.

34 Mannhardt 1858, S. 4 ff.; ders. 1875, Bd. 1, S. 392.

35 WA Ch Hirte 1–57 b) WA C VII 01/8 Alt Jabel.

36 Wossidlo 1925, S. 206; Spamer o.J., S. 85.

37 WA Ch Hirte 1.

38 Vielzahl von Belegen in WA Ch Hirte 1.

39 WA C VII 01/8 Leussow.

40 WA C VII 01/19 Boizenburg; Beyer 1903, Bd. 2, S. 60.

41 Schwebe 1960, S. 86.

42 WA C VII 01/2 Bretzin; MWB Bd. 2, Sp. 1146.

43 WA C VII 01/8 Warlow.

44 Sauermann 1968, S. 242.

45 Ebenda, S. 242 f.

46 Ebenda, S. 244 nach Schmidt 1966, S. 10.

47 WA C VII 01/13 Poppentin.

48 C VII 02/8 Teewswoos.

49 C VII 02/08 Lübtheen, Altjabel.

50 WA C VII 02/8 Teewswoos.

51 Lisch 1846, S. 495.

52 WA C VII 02/1 Conow.

53 Ebenda Göhren, Eldena.

54 C VII 02/1 Klinken.

55 WA C VII 02/1 Malk, ebenso in Conow und Göhren.

56 Ebenda Gr. Laasch.

57 Ebenda Conow.

58 C VII 02/1 Wendorf.

59 WA C VII 01/17 Wittenburg, Wredenhagen, Tarnow, Buchholz.

60 WA C VII 01/17 Brahlsdorf.

61 WA C VII 01/9 Sandhagen, Goldberg.

62 Ebenda Wanzlitz.

63 WA C VII 01/10 Neukalen.

64 Der Brauch ist ausführlich auch für

die jüngeren Ausformungen von Gunther Lübbe und Dieter Pötschke beschrieben worden, im Rahmen dieser Darstellung kann nur auf einige Aspekte eingegangen werden: Pötschke 1982, S. 242–263; Lübbe 1982, S. 77–94; Ders. 1987.

65 Mecklenburgische Monatshefte 3 (1927), S. 306–307, hier S. 306.
66 Ebenda. S. 107.
67 Rudolph 1983, S. 130.
68 Weber-Kellermann 1985, S. 76.
69 Vgl. zur Diskussion: Borchers 1935, S. 86–105, bes. S. 90.
70 Arndt: 1804, Vierther Theil, S. 239.
71 Stadtarchiv Barth, Ratsprotokolle der Stadt Barth, Rep. 3, VIII, Bd. 16 (1774–1775).
72 v. Reichenbach 1785, S. 58 f.
73 Arndt 1803, S. 227.
74 Freimüthiges Abendblatt (Schwerin), Jg. 14, Nr. 730. S. 1027–1028 (28. 12. 1832).
75 LHA Schwerin, Kabinett I, Vol. 139a »Beitrag zur Aufrechterhaltung des sogenannten Tonnenfestes auf dem Fischland«.
76 Raabe 1857, S. 567.
77 Staatsarchiv Greifswald, Rep. 40/III, Nr. 132.
78 Dolberg 1885, S. 207, vgl. auch: Borchers: (1935), S. 88, 89, 93, hier S. 89.
79 Vgl. Lübbe 1987, S. 15.
80 Borchers wie Anm. 134, S. 92.
81 Lübbe 1987, S. 18.
82 Vgl. MWB Bd. 5, Sp. 917; Schröder 1743.
83 WA C VII 01/1 Schlagsdorf um 1850; vgl. auch Mussäus 1837, S. 123.
84 WA C VII 01/1 Ziethen, vgl. auch Schlomka 1964, S. 84.
85 Ebenda.
86 WA Beitr. Vogt, G. Berngerstorf (durch Frau Kahns-Hinselmann in C VII 01/1).
87 WA C VII 01/1 Ziethen.
88 WA C VII 01/1 Schlagsdorf.
89 WA C IX 12/4 Aufz. Wossidlos undatiert, unlokalisiert.
90 WA C IX 12/4 Aufz. Wossidlos (älterer Beleg, da noch in deutscher Schrift notiert, aber ohne Zeit und Ort).
91 WA C IX 12/4.
92 WA C VII 01/1 Ziethen.
93 WA C VII 01/1 Schlagsdorf.
94 WA C VII 01/1 Schlagsdorf um 1850.
95 WA C IX 12/4 Pogeez.
96 WA C IX 12/4 Zernin, Buchholz.
97 WA C IX 12/4 Pogeez.
98 WA C IX 12/4 Selmsdorf.
99 Mensing Bd. 2, Sp. 2, 1056.
100 WA C IX 12/1 Malzow; vgl. auch MWB Bd. 3, Sp. 1123; Horn 1924, Bd. 2, S. 95.
101 WA C IX 12/1 Malzow.
102 Ebenda.
103 Schildt 1907, S. 127.
104 Ebenda.
105 WA C VII 02/11 Gielow.
106 WA C VII 02/1 Upahl.
107 Alle Spiele in WA C IX 12
108 WA C IX 12/1 Bellin (Dubenbosseln auch in Brahlsdorf, Bengelsdorf, Cammin, Sülze, Besitz, Bandekow, Schönberg, Teschow).
109 Ebenda Pogeez.
110 WA C IX 12/1 Schönberg.
111 WA C IX 12 Beitr. Pegel (Belsch).
112 Groth 1892, S. 190 ff.
113 Ebenda.
114 Ebenda.
115 Vgl. Richter Ms., S. 24.
116 Groth 1892, S. 189, 194, 240, 242.

117 Koppmann 1906, S. 59.

118 Ebenda, S. 62; Lisch 1842, S. 209.

119 Schröder 1743, S. 134 ff.; zum Vogelschuß in Rostock vgl. Lisch 1842, S.
204 ff.

120 Zum Maigrafen: Gryse 1596, C 3b
(nach MWB Bd. 4, Sp. 1071); Lisch
1842, S. 230.

121 MWB Bd. 4, Sp. 531.

122 MWB Bd. 4, Sp. 531 ff.

123 Gesetzessammlung Parchim, Bd. 5,
S. 175 ff.

124 Koppmann 1906, S. 65.

125 MWB Bd. 5, Sp. 418.

126 Koppmann 1897, S. 72.

127 MWB Bd. 2, Sp. 451; Stender 1904,
S. 281 f.

128 v. Buchwald 1786, S. 2.

129 Vgl. Lisch 1842, S. 209.

130 MWB Bd. 5, Sp. 418.

131 Rostocker Anzeiger Nr. 135 vom
11.6.1916.

132 Freimüthiges Abendblatt vom
29.5.1826.

133 Vgl. Koppmann 1897, S. 272.

134 Schacht 1911, S. 222.

135 Ebenda S. 217.

136 Vgl. Brinckman Werke Bd., 2,
S. 121 ff.; Stender 1904, S. 27 ff.

137 WA ch Märkte 1.

138 Ebenda, Grensin.

139 Müns: 1989, S. 130–143; Dies.1992;
Dies.1999, S. 58–77.

140 Glagla 1982.

141 Zum »Kasper Putschenelle« vgl. auch
Rabe 1912.

142 WA C IX 13/5 Zernin.

143 Ebenda (Niekrenz?).

144 WA ch Märkte 1 unlokalisiert.

145 Ebenda unlokalisiert.

146 Ebenda unlokalisiert.

147 Ebenda Scharpzow (1849).

148 Vgl. auch Schildt 1907, S. 129.

149 WA ch Märkte 1 Lichtenhagen.

150 Ebenda Tarnow.

151 Ebenda Stäbelow, Teterow.

152 Ebenda Gutow.

153 Ebenda Riekhof.

154 Ebenda Krakow.

155 Ebenda vielfach.

156 Ebenda Ribnitz.

157 Ebenda Buchholz.

158 Schildt 1907, S. 189 und WA ch
Märkte 1.

159 WA ch Märkte 1 Niederhagen.

160 Crain 1842, S. 182.

161 Vgl. Moser 1961, S. 148.

162 Koppmann 1905, S. 112.

163 Dragendorff 1913, S. 122.

164 Beyer 1855, S. 199; WA C VII 02/9.

165 WA Beitr. H. Augustin, Parchim 1919.

166 Carte von denen zur Stadt Parchim
gehörigen Großen Felde von J.H.
Wippert, s. Beilage zur Zeitschrift
Mecklenburg 5 (1910) Heft 3;
Gehler 1996, S. 30–34.

6. Ernte

1 WA CVIII, mehrfach.

2 Wossidlo, 1927.

3 MWB Bd. 1, Sp. 491.

4 WA Beiträger Sager XXX, II.

5 Wossidlo 1927, S. 14; Bartsch Bd. 2,
1880, S. 294.

6 WA Beiträger Sager XXX, II.

7 Bartsch Bd. 2, 1880, S. 295; Wossidlo
1927, S. 14 f.

8 Ebenda, S. 7.

9 Wossidlo 1927, S. 15; WA C VIII 03
Carwitz, Triepkendorf, Vipperow,
Mistorf.

10 Wossidlo 1927, S. 15.

11 Ebenda, S. 16.
12 Weber-Kellermann, S. 297.
13 WA CVIII/03.
14 Weber-Kellermann 1965.
15 Weber-Kellermann 1965, S. 332.
16 MWB Bd. 1, Sp. 862, 1838.
17 Wossidlo 1927, S. 20.
18 WA C VIII 03.
19 WA C VIII 03/5 Warlow.
20 Ebenda Neu Schlagsdorf; zur kontraktlichen Regelung s.a. MWB Bd. 1, Sp. 493.
21 Alle in C VII 03/5.
22 WA C VIII 03/5; vgl. auch Wossidlo 1927, S. 19 f.
23 Endler 1937, S. 563.
24 C VIII 03/4 Priborn.
25 WA C VIII 03/5 Tramm.
26 Ebenda.
27 WA CVIII 04/6.
28 Ebenda.
29 WA, Beiträger Jost, undatiert.
30 Wossidlo 1927, S. 24.
31 Bartsch Bd. 2, 1880, S. 486; Wossidlo 1927, S. 24.
32 Kägebein 1906, S. 466.
33 Wie Anm. 29.
34 Mannhardt 1884, S. 32; Ders. 1868, S. 34.
35 Pfannschmid 1878, S. 93–95.
36 Spamer o. J., S. 107.
37 Jarosch 1939, S. 23.
38 Schmidt 1950, S. 43 (zitiert von Weber-Kellermann 1965, S. 292).
39 Weber-Kellermann 1965, S. 129.
40 Ebenda, S. 130.
41 Ebenda, S. 128.
42 WA C VIII 04/3 Wilsen, Eldena, Gr. Schwaas.
43 Weber-Kellermann 1965, S. 129.
44 Weber-Kellermann 1973, S. III.
45 WA C VIII 04/6 Horst.

46 WA C VIII 04.
47 Wossidlo 1927, S. 24.
48 Schulzenordnung 1799 in: Die Heimat 1908/09, S. 364–366, § 23.
49 WA C VIII 04/6 Satow so auch Bartelshagen, Waren, Wolde, Poel.
50 WA C VIII 04/3 Stollnitz, Satow.
51 Ebenda Satow.
52 Ebenda Rogeez.
53 Ebenda Poserin b. Rosenow.
54 Mannhardt sieht eine Analogie zu einem bulgarischen Brauch, nämlich »das Regenmädchen mit einem Kübel Wasser zu begießen, in welchem Blumen schwimmen«. Mannhardt 1884, S. 148.
55 Weber-Kellermann 1965, S. 333.
56 Kaiser 1939.
57 Ebenda, S. 70.
58 Bartsch Bd. 2, 1880, S. 297 f.; Kaiser 1939, S. 70 ff.; Jarosch 1939, S. 51 ff.; Weber-Kellermann 1965, S. 333.
59 Kaiser 1939, S. 70 nach Edmund Hoefer »Pap Kuhn«.
60 Wossidlo 1927, S. 17.
61 Mannhardt 1884, S. 147 f.; Wossidlo 1927, S. 17 ff.; Weber-Kellermann 1965, S. 333.
62 WA C VIII 06/3 Triepkendorf, ebenso in Dolgen, Trebbow, Leussow, Zirtow, Grunow u.a.
63 Ebenda Penzlin.
64 Oetke 1982.
65 Bartsch Nr. 1491.
66 WA C VIII 06/2 Dummersdorf.
67 Ebenda Damshagen.
68 Ebenda Strameuss; ähnliche Belege aus Wokuhl, Riepke, Röbel, Jesar, Drüsewitz, Neukaliß u.a.
69 vgl. Strobach 1980, S. 47 f.
70 WA C VIII 06/2 Ballwitz.
71 WA C VII 06/2 Moltow.

72 s. auch Schildt 1907, S. 128.

73 »Es steht ein Lind« s. Röhrich/Bred-
nich 1965 Bd. 1, S. 233.

74 WA C VII 06/2 Niendorf, Gr. Schwa-
se.

75 MWB Bd. 1, Sp. 499 und Karte.

76 Vgl. Kramer/Wilkens 1979, S. 350 ff.

77 Gesetz Sammlung Parchim, Bd. 2, S.
241 f.; Bär Ges. Samml. 3, 2, S. 15.

78 Bär. Ges. Samml. 3, 1, S. 113.

79 LHA Schwerin, Bestand Kabinettsak-
ten, Vol. 50, darin »Acta das den
Hofdienst-Knechten zu vergütende
Erndte Bier betreffend«.

80 Ebenda.

81 Bär. Ges. Samml. 3, 1, S. 118.

82 Baumgarten 1965, S. 83.

83 Weber-Kellermann 1965, S. 146.

84 Wossidlo 1927, S. 50 ff.; Bartsch
1880, Bd. 2, S. 302.

85 WA C VIII 07.

86 WA C VIII 07/4 Strameuss.

87 WA C VIII 07/4 Lübberstorf.

88 Brückner 1937, S. 84.

89 Raabe 1857, S. 1012.

90 Weber-Kellermann 1965, S. 152.

91 Wossidlo 1901, S. 33–36.

92 C VIII 07/1a.

93 WA C VIII 07/1c Vipperow, Ludorf.

94 Ebenda Eichhorst, Vipperow, Woldegk.

95 Ebenda Kalsow.

96 WA C VIII 08/4 Dussin.

97 Ebenda Dreilützow.

98 WA C VIII 08/4 Woldegk.

99 WA C VIII 08/4 Löwitz.

100 WA Beitr. Hillmann, Klütz.

101 WA C VIII 08/4 Klinken.

102 Wossidlo 1927, S. 42.

103 Müller 1977, S. 89.

104 Ebenda.

105 WA C VIII 08/4a Kalsow.

106 Alle in WA C VIII 08/4a; Einwohner-
zahlen und Angaben nach Raabe
1857 und Staatskalender 1912.

107 WA C VIII 08/12 Schönwolde, ebenso
in Damshagen, Renzow, Ludorf u.a.;
vgl. auch Bartsch 1880, Bd. 2, S. 304.

108 Horn 1924, Bd. 2, S. 86.

109 Baumgarten 1965, S. 83 f.

110 WA C VIII 08/1 Elmenhorst, Gr.
Schwass, Schutow u.a.

111 Ebenda Kroepelin, Kl. Schwass.

112 Schildt 1907, S. 122 ff.

113 Baumgarten 1965, S. 83 ff.

114 WA C VIII 08/15 Kl. Schwass.

115 Ebenda.

116 Ebenda.

117 WA C VIII 08/2 Wilsen.

118 WA C VIII 08/2 Börzow, Peckstel,
Besitz, Tassin u.a.

119 Wossidlo 1927, S. 45; Volkenshagen.

120 Spamer o. J., S. 107

7. Tanz

1 Peters 1934, S. 86 f.

2 Fornaschon 1935, S. 83.

3 Petermann 1980, S. 39.

4 Zum Thema Ausbildung vgl. besonders: Müns. 1987, auf die sich hier
bezogen wird.

5 Daul, 1569. (=Documenta choreologica, Studienbibliothek zur Geschichte
der Tanzkunst Band VIII, Leipzig
1984) S. 28 und 40.

6 Neue vollständige Gesetz-Sammlung
für die Mecklenburg-Schwerinischen
Lande, Bd. 4, Parchim 1840, S. 29, 35.

7 WA C IX 14/8 Glave.

8 Ebenda.

9 WA C IX 14/8.

10 WA C IX 14/7 Krusenhagen, Waren.

11 WA C IX 14.

12 Mussäus (1837) S. 129.

13 Ebenda.

14 Baumgarten (1965) S. 83.

15 WA C IX 14/8.

16 WA C IX 14/8 Granzin.

17 Ebenda.

18 WA C IX 14/8 Granzin.

19 Oetke, Der deutsche Volkstanz, 1982, S. 344.

20 Vgl. zum Häker: Bentzien 1986, S. 37–57.

21 WA B IVO 3 Mirow, Brüz, Zidderich, Goldberg.

22 WA C IX 14/7 Lüdersdorf.

23 Alle in WA B IV 04. Zu »Franzos« s. Mecklenburgisches Wörterbuch Bd. 2, Sp. 106 f. (Franzosenbüdel = syphilitischer Hodensack; Perlsucht = tuberkulöse Erkrankung des Rindviehs).

24 Petermann, wie Anm. 3, S. 37.

25 Schacht 1911 H.2, S. 223. Zu Tanzlehrern vgl. auch Kohfeldt (1918/1919), S. 68–73.

26 wie Anm. 3, S. 36.

27 Konzilakten der Universität Rostock (Universitätsarchiv), Akte C R VIII A 15.

28 STA Wismar, Tit. II Nr. 2 vol. ac, 1854.

29 Kohfeldt und W. Ahrens 1919, S. 6.

30 Original in der Königl. Bibliothek Kopenhagen, vgl: Wohlfahrt.

31 Original in der Königl. Bibliothek Stockholm, Jahrhundert.

32 Universitätsbibliothek Rostock, Familienpapiere Scheffel.

33 Universitätsarchiv Rostock Akte CR VIII A 15.

34 Vgl. Braun 1984.

35 Beyer 1903, S. 71.

36 Wossidlo 1910, S. 40f.

37 WA C IX 14.

38 Müns, wie Anm. 4.

8. Martinstag

1 Pfannschmidt 1878, S. 501.

2 Gynz-Rekowsky 1981, S. 216 .

3 Sauermann 1973, S. 391–417.

4 Bartsch 2, 221.

5 MWB 4, Sp. 1125.

6 Die Arbeit von Lüders, Schwerin 2001, konnte hier noch nicht mitberücksichtigt werden.

7 Graßmann 1993, S.108.

8 Mecklenburgisches Urkundenbuch I, 1863, Nr. 291.

9 Mecklenburgisches Urkundenbuch I,1863, Nr. 345.

10 Johannes Sibrand »Dissertatioo de capite«, Rostochii 1683, S. 35.

11 Deecke 1852, S. 86.

12 Vaterstädtische Blätter 1,1898, S. 17.

13 Ebenda, nach einer in Schwerin erschienenen Beschreibung von 1797.

14 Graßmann, 1993, S. 111.

15 Nugent 1766, 1936, S. 148. Zu den Ursachen des Brauches vgl. auch: Sibrand 1683; Treuer 1733; 1753, Kap. XI.; Klüvern 1737, Lisch, Jb 23, S. 173–176.

16 Z.B. bei Deecke wie Anm.10, S. 89–91.

17 Hofmarschallamt im MLHA; Wiederabgedruckt in Mecklenburg Magazin 1992, Nr. 22, Regionalbeilage durch Ralf Wendt.

18 Warncke 1916, Nr. 7.

19 Deecke wie Anm.10, S.94.

20 Warncke wie Anm. 17.

21 Zur Mecklenburgischen Küche vgl- neben den Ausführungen in der MVK

Müns, W. 1990.

22 Lisch 1858, S. 81–90.

23 Ausführlich bei Graßmann, 1993, bes. S. 119–121.

24 Lanzius 1988.

9. Weihnachten

1 Reuter 1971, S. 119.

2 Ebenda S. 124.

3 WA CVII 0 14 Ribnitz.

4 Fritz Reuter: Gesammelte Werke und Briefe VIII, Rostock 1967, S. 188.

5 Kreisarchiv Hagenow: Tagebücher der Lotte Brüning. Bd. I (1822–1826; Bd. II (1827–1848).Hier nach Gawlick, S. 89.

6 Vgl. Weber-Kellermann 1978, bes. S. 7; Sauermann 1979.

7 Schildt 1907, S. 93.

8 Weber-Kellermann 1978, S. 42 ff.

9 Daxelmüller 1992.

10 Vgl. auch die ausführliche Darstellung der Weihnachtsbräuche bei Gawlick 1998.

11 Gryse 1543, Mm 1a; vgl. auch Witte 1913, Bd. 2, S. 41.

12 Vgl. Kohlmann 1968, S. 119 ff.; Brockpähler 1978, S. 30 ff.; Sauermann 1979, S. 19.

13 Mantzel 1763, Bd. 9, S. 55 f.

14 Sie werden Heiligabend allgemein als »de Tuters« bezeichnet – s. WA C VII 07/14.

15 WA C VII 07/14 Warlow.

16 WA C VII 07/14 Leussow.

17 Vgl. Barnewitz 1925, S. 212 f. und Huhnhäuser 1917, S. 57.

18 So bei Kohlmann 1968, s. 120; HdA Bd. 1. Sp. 198.

19 WA C VII 07/14 Eldena.

20 Ebenda Grabow.

21 Ebenda Menckendorf.

22 Ebenda Spornitz.

23 Ebenda Barkow.

24 Ebenda unlokalisiert.

25 Ebenda Campow.

26 Ebenda Suckow.

27 Magistratsakten Röbel, zitiert in Meckl. Zeitung 1, 1920, S. 8.

28 Ebenda.

29 Ebenda.

30 s. Wetter 1933, S. 67.

31 Wossidlo MVÜ IV, S. 266.

32 Gesetz-Sammlung Parchim, Bd. 5, S. 73, 1682.

33 Ebenda.

34 Ebenda; Franck 1753, Bd. 1, Kap. 10, S. 55; Hinweise in Wossidlo-Belegen in C VII 05/2.

35 Aus dem Weihnachtsprogramm des Prof. Herm. Christ Engelken in Rostock 1727; vgl. auch Bartsch II 1880, S. 223.

36 Spamer 1937, S. 48 ff.; ders. o.J., S. 119 ff.; Weber-Kellermann 1978, S. 28 f. und 98 f.; Sauermann 1979, S. 21 ff.; Kube 1938, S. 237 ff.

37 Helchrist s. MWB Bd. 3, Sp. 570; Kinnjes MWB Bd. 4, Sp. 266; Kling-Klaas MWB Bd. 4, Sp. 352; Rug' Klaas MWB, Bd. 5, Sp. 1035.

38 Beyer 1855, S. 192; Franck 1753, Bd. 1, Kap. 10, S. 55.

39 WA VII 06/1 Kreien.

40 MWB, Bd. 5, Sp. 1035; Beyer 1855, S. 153.

41 WA C VII 05/8 Spornitz und Althagen b. Wustrow.

42 Vgl. Meisen 1931, Karte 2; Wossidlo 1925, S. 197.

43 WA C VII 06/1 Kreien.

44 Spamer hält solche Tiermasken für

die ältesten; Spamer o.J., S. 120 f.

45 WA C VII 06/1 Kreien.

46 Ebenda Zahrensdorf.

47 WA C VII 05/1 Basedow; Gallin.

48 WA C VII 06/23, Wredenhagen.

49 WA VII 06/22.

50 WA C VII 05/2 Schwichtenberg.

51 Ebenda Dorf Mecklenburg, Biendorf.

52 WA C VII 05/15.

53 WA C VII 06/1 Rogeez.

54 Constantin Liebich: Roman Im Abgrund, Berlin 1897, S. 175.

55 Wossidlo, MVÜ IV, S 268.

56 Dieser und alle anderen Reime in Wossidlo, MVÜ IV S. 109–122.

57 Sauermann 1979, S. 25.

58 Wossidlo MVÜ 717.

59 Anfangszeile der 2. Strophe des Liedes »Der Tag, der ist so freudenreich«, deutsche Fassung des lateinischen Liedes »Dies est laetitia« aus vorreformatorischer Zeit, das Luther oft in seinen Predigten zitiert haben soll.

60 Vgl. auch: Nagy 1998, S. 23.

61 WA C VII 09/7 Altheide.

62 WA C VII 07/11 Oberklütz.

63 WA C VII 07/10 Questin; Abb. einer »Stallweihnacht« in Berlin. In: »Die Gartenlaube« 1873, S. 830.

64 WA C VII 07/7 Altheide, Gr. Schwass u. a.

65 WA C VII 07 Dorf Mecklenburg.

66 s. MWB Bd. 4, Sp. 905 ff.; Horn 1909, Bd. 1, S. 267.

67 WA C VII 09/7 Altheide.

68 Ebenda Bölkow.

69 Schildt 1907, S. 93.

70 Weber-Kellermann 1979, S. 24.

71 Piper o.J. (1942) S. 24.

72 WA C VII 07/9 Doberan, Gehlsdorf.

73 Wossidlo, MVÜ Bd. 3, Nr. 1809.

74 Paragraph 7 der Gesindeordnung Gnoien (in den anderen Gesindeordnungen ebenso).

75 Alle in C VII 07/9 z.B. Gr. Laasch, Zernin.

76 Entsprechender Paragraph in allen Gesindeordnungen.

77 Nebelkappe.

78 Cammin 1902.

79 Alle in WA C VII 07/6.

80 Ebenda.

81 Mitgeteilt durch Erika Dunkelmann 1987, nach der Erinnerung etwa 1930 von ihren Eltern gesungen. (Vollst. Text in Müns 1998, 2. Aufl. S. 139.)

82 Bringemeier 1980, S. 256.

83 Daxelmüller 1993, S. 17.

84 Spamer 1937, S. 86.

85 Ariès, S. 224.

86 Stille, S. 44.

87 Weber-Kellermann 1978, S. 130.

88 Beltz 1929, S. 36.

89 vgl. Anm. 68.

90 Alle in WA C VII 08.

91 Vgl. zuletzt Nagy 2000, S. 11–50.

92 WA C VII 08/6 Granzin, Malsow, Gr. Bölkow.

93 Ebenda.

94 WA B V 04 Warnemünde.

95 Vgl. Stille 1993.

96 Pfitzner 1938.

97 Endler, MHH 1929, S. 655–657.

98 Sauermann 1973, S. 111.

99 WA C VII 08/5.

100 Bringemeier 1980, S. 65.

101 Ebenda und Spamer 1937, S. 48 f.

102 WA C VII 08/4 Dömitz, Neukloster, Güstrow, Gr. Klein.

103 Dörries 1995, S. 124–127.

104 Arndt 1818, s. 355, hier nach Gawlick 1998, S. 80.

105 Reuter I, 437.

106 Reuter I, 121.

107 MWB Sp. 118–120.
108 Gawlick 1998, S. 87.

10. Die »Zwölften« – Zwischen den Jahren

 1 Z.B.H Lehmann 1964, S. 151 ff.;
   Gynz-Rekowsky 1981, S. 53.
 2 Kröpelin und Schmidt, 1932, S. 3f.
 3 Lemke 1936, S. 686–688, hier S. 688.
 4 Bartsch I 1978 (Reprint) 1879, Nr. 26.
 5 Bartsch1879/80; Richard Wossidlo
   1939; Weiteres Neumann: Volksdichtung in MVK, 402–422.
 6 WA Kasten Zwölften.
 7 H. Lehmann 1964, S. 151ff.
 8 van Gennep 1981, hier Übersetzung
   1986.
 9 WA Kasten Zwölften.
10 Wossilo 1939, S. 33, Nr. 98.
11 Ebda, Nr. 99.
12 Ebda, S. 2.
13 Ebda, S. 77 Nr. 207.
14 Ebda. S.77.
15 Stadtarchiv Stralsund Rep. I L 13, 35
   (1683).
16 Ebenda, Rep. I W 24,1, Bentzien
   1957/58, H 1, 167–178.
17 Text bei Bentzien wie Anm. 15; Text
   mit Melodie bei Müns 1998, 2. Aufl.
   S. 377–380.
18 Voß 1994, Nr.1, S. 3.
19 Vgl. z.B. Reinsberg-Düringsfeld 1863.
20 Wossidlo 1939, S.1f.
21 Gawlick 1998, S. 141.
22 MWB 38. Lieferung (V,1), Sp. 105.

11. Reitet »Wode« noch heute?

 1 von Kaisersberg, Evangelienbuch, Bl.
   90b, hier nach dem Handwörterbuch
   des deutschen Aberglaubens, Bd. VI,
   Berlin/Leipzig 1934/35.
 2 Handwörterbuch, wie 1.
 3 Ebenda.
 4 Beitl, 1955 Kück 1906; Staak 1931.
 5 Bartsch 1880.
 6 wie 2.
 7 wie 2.
 8 Alle in Anführungen gesetzten Zitate
   ohne Kennzeichnung: Belege aus dem
   Wossidlo-Archiv, Kästen »Brauchtum«.
 9 Harmenig, Superstition – »Aberlaube«,
   1987; Lévy-Bruhl 1921 Übersetzung
   1959 v. M. Hamburger.
10 Mannhardt 1884.
11 Staak, wie Anm. 4.

12. Geburt und Taufe

 1 Weber Kellermann 1979, S. 41; Göttsch
   1987, S. 77–84.
 2 U. a. Wossidlo 1906; Ders.1931; Drosihn 1872; Lucht 1937.
 3 Schlumbohm 1998.
 4 Vgl. Dröge 1999, 97–112.
 5 Barnewitz: Nachdruck 1992, S. 254.
 6 Adler 1931, S. 146–164, hier S. 147.
 7 Ebda, S. 147., bisher nur für Mönchgut belegt.
 8 von Chamisso o.J,. S. 33.
 9 Ders.: Die kleine Liese am Brunnen,
   ebda, S. 34 f.
10 Wossidlo II, 1899,1244.
11 Kuhn und Schwartz 1848, Sagen
   Nr. 13.
12 Wossidlo 1899, S. 405.
13 Ebenda Redefin.

14 Ebenda Jabel.

15 Beyer, Meckl. Jahrbücher 20, S. 180.

16 Solche Riten, die räumliche, soziale und zeitliche Übergänge begleiten, gewährleisten und kontrollieren, werden nach dem 1909 erschienenen Hauptwerk des französischen Ethnologen Arnold von Gennep als Übergangsriten, Les rites de passage, bezeichnet.

17 Bartsch 1878, Nr. 65.

18 Hartinger 1992, S.132.

19 WA al Taufe, Neukloster 1915.

20 Barnewitz wie Anm. 5, S. 254.

21 Bär. Ges.,4,1,105.

22 Adler 1931, S. 148.

23 Vgl. z.B. Kramer 1965 S. 354–363.

24 WA al Taufe, Frau Heuer, (Schwichtenberg), Friedland 1923.

25 WA al Taufe, F Vorbeck (Sulten) 1933.

26 WA al Taufe, Wredenhagen, Ganzlin, Schönberg, allgemein.

27 WA al Taufe v. Levtzow, Sadelkow: zahlreiche Belege.

28 WA Taufe, F Oldorf, Hanshagen, 1935.

29 WA al Taufe, F Käter, Wredenhagen, 1934.

30 vgl. z.B. Pieske 1958, S. 85–121.

31 J. H. Zedler, Universallexikon, Halle und Leipzig 1740,»Patengeld«, hier zitiert nach Pieske, wie Anm.30, S. 86.

32 WA al Taufe Conow, Grittmann 18.5. 1929.

33 Bartsch 2, 46.

34 Hartinger 1992, S. 133.

35 Jacob Grimm, 1865, p.173, 210.

36 Knoop 1886, S. 18.

37 Näheres vgl. Kapitel Hochzeit.

38 Adler 1931, S. 150f.

13. Hochzeit

1 WA, Pfingsten. Dem auserwählten Mädchen soll auf dem Rostocker Pfingstmarkt ein Lebkuchenherz mit diesen Worten überreicht worden sein.

2 Adler 1931, S. 151.

3 Ebda, S. 152.

4 Vgl. Bentzien 1988, S. 152.

5 Scharenberg 1860, S. 5–8.

6 Fritz Reuter hat diese aussichtslose Situation literarisch eindrucksvoll verarbeitet in seinem Versepos »Kein Hüsung«.

7 Vgl. Lubinski 1997. Zur Situation für die kleinbürgerlichen Familien vgl. u.a.: Held 1992, bes. S. 39–64.

8 Wiegandt 1938, S. 255, 247.

9 Spruchschmuck auf einer Brautschachtel im MLHA.

10 Weber-Kellermann 1965, S. 332.

11 Vgl. Kapitel Ernte.

12 Endler 1940, S. 27–30.; Allgemein zu Spanschachtel: Dröge 1986 (gemeinsam mit Lothar Pretzel).

13 Vgl Müns 1987.

14 Einen Hochzeitsbitterspruch hat Richard Wossidlo in seinem Bühnenstück »Ein Winterabend in einem mecklenburgischen Bauernhause. Nach mecklenburgischen Volksüberlieferungen« zusammengestellt von Richard Wossidlo. Wismar 1901, S.19–21 abgedruckt. Er fügte ihn aus mehreren Bruchstücken zusammen.

15 Jahrbuch des Vereins für mecklenburgische Geschichte und Alterthumskunde 1857, 22, S. 270 f. und 1862, S. 275 f. Vgl. auch Mitt. Des Heimatbundes für das Fürstentum Ratzeburg 15 Nr. 2, März 1933, S. 20–21.

16 WA, CVI 10, Arbeiter Heinrich Hoh

aus Grabow, Jg. 1852.

17 WA.

18 Vgl. z.B. Neumann (Hrsg.) 1968 oder: Ders. 1974.

19 Die Rechtschreibung wurde behutsam angeglichen.

20 Stuten: Weißgebäck aus Weizenmehl, Milch, Hefe und Zucker.

21 Arndt 1803 (Terstegen 1942), S. 159.

22 Ebenda, S. 159 f.

23 Grümbke 1803.

24 »Sundine« 1831.

25 Ahrens 1926, S. 145–146.

26 Kellermann 1987, S. 237.

27 WA Hochzeit, Niendorf, Poel.

28 Ebenda.

29 WA ch Hochzeit Wöbbelin, etwa 1855.

30 Meinhold 1837, S. 119.

31 Strophe 7 des Liedes: Des Abends wenn ich schlafen geh. Erk-Böhme Nr. 527 e.

32 Schürmann 1997, S. 272–306.

33 Meinhold 1837, S. 121.

34 WA mehrfach.

35 WA ch Hochzeit.

36 Vgl. Müns 1987 und 1989.

37 z.B. Peters 1909; 1934; Fornaschon 1930.

38 WA Hochzeit/Tänze.

39 WA gb Tänze Harms, 28.6.1925.

40 WA HZ Rück Frau Ladendorf, Wredenhagen 1933.

41 WA al hz rük Grimm, Neustrelitz, 3.8.1928.

42 Hier nach Richard Wossidlo: 1924, S. 29 (Von Hochtiden …).

43 Johann Carl Friedrich Rellstab 1797, S. 51.

44 Ebenda, S. 52f.

45 Vgl. Müns 1987.

46 Müns 1991, S. 544–551.

47 Warener Zeitung vom 17.11.1925, Nr. 269.

48 Jacob 1864–1890, S. 551.

49 Ebenda, S. 18.

50 Bausinger 1987, S. 131.

51 Vgl. Lesle,. 1986. Zur Niederdeutschen Bewegung besonders auch Schuppenhauer 1990, S. 539–567.

52 Baumgarten 1988. S. 257 ff.

53 Göttsch 1991, S. 17.

54 Handschriftlich im WA.

55 Neumann 1986, S. 477–484.

56 Handschriftlich im WA.

14. Tod

1 »Übergang« im Sinne des französischen Ethnologen Arnold van Gennep: Übergangsriten (Les rites de passage), aus dem Franz. von Klaus Schomburg u. a., Frankfurt /M. 1986.

2 Archiv Landesk. 14, 273.

3 Bär. Ges. 1, 3, 94.

4 Vgl. auch Nieske 1997, bes. S. 49.

5 Michaelis: 29. September.

6 Johannis: 24. Juni.

7 Revidierte Artikel der Leichengesellschaft »Trauer der Gewerker« zu Rostock, Rostock 1879.

8 WA Ch Tod, Ludwigslust 1928.

9 Elias: 1982.

10 Die benannte Tabuisierung betrifft nicht das wissenschaftliche Interesse, das seit den 60er Jahren geradezu einen Boom in der Literatur auslöste seit Gorer 1965. Es folgten Ariès 1995; von Barloewen 1996; Bowker 1997; Daxelmüller 1996.

11 MWB, Sp 347, Neumünster 1955; Haas 1898, S. 1–25; Kuhn/Schwarz 1848, S. 435–437.

12 Vgl Berger 1966; Assion 1984, S. 277–248.
13 Haas 1898, S. 5.
14 Kohfeldt 1911, S. 283–294.; Düselder 1999, S. 156–312. Lenz 1980; Ders. 1984.
15 Hegewisch 2000, S. 25.
16 WA ch Tod, Wismar, 4.6.1925.
17 WA, ebda, Jabel , 1925.
18 WA, ebda, Hohenfelde Lange, 1932.
19 WA ebda, Dutschow 1910.
20 WA ebda, Vick, Goldenring 1921.
21 WA, ebda, Remer, Dargun, 1920.
22 Vgl Ende 1992, Nr. 23, S. 5.
23 Arthur Pries hat 1931 noch 150 Tuschzeichnungen von schmiedeeisernen Grabdenkmalen auf mecklenburgischen Dorffriedhöfen angefertigt, die sich im Volkskundemuseum in Schwerin-Mueß befinden. Vgl. Pries 1931.
24 Grundsätzliches dazu bei: Segschneider 1976.
25 Lauffer 1916, S.225–246, hier S. 226.
26 Vgl. Weber-Kellermann 1987, S. 231.
27 Ebenda, Beleg aus Parchim in Mecklenburg.
28 WA Gewährsmann Ahrens, Biestow 4.7.1928.
29 Weber-Kellermann 1987, S. 235.
30 WA ch Tod , F. Rechlin. Lärz, Mirowdorf 1924.
31 WA ebda, Puls, Lübtheen 1927.
32 Kölln/Demmin 44–13–21a.
33 Kogel/Hagenow 58-4-4al.).

34 J. und W. Grimm, Dt. Wörterbuch 5, Sp. 2357, 2 b.
35 Zender ADV N.F. S. 289.
36 Eine umfangreiche Sammlung legte die Reichsgräfin Sophie Eleonore von Stolberg-Stolberg (1669–1745) an, die von 1927 bis 1935 durch die Zentralstelle für Genealogie Leipzig katalogisiert wurde und sich heute in der Herzog August Bibliothek in Wolfenbüttel befindet mit 45 000 Drucken.
37 Leichenpredigt für Dietrich Samuel Wolfraths von Joachim Henrich Pries, gedr. bei Adler, Rostock 1753. Orig. im Volkskundemuseum Schwerin Mueß o. Sign.
38 Kohfeldt 1911, S. 293.
39 Vgl. Düselder 1999, S. 233.
40 Wie Anm. 37, S. 16.
41 wie Anm 37, S. 22.
42 Ebda, S. 24.
43 Ebda, S. 27.
44 Assion 1984, wie Anm. 14, S. 239.
45 WA, Techentin, 1928.
46 WA, Ebda.
47 HdA 1985, Sp. 1087.
48 WA, C VI Zander (Brenz) Ludwigslust, 1926.
49 Vgl. Röhrich 1973, Artikel »Fell«, S. 264–266.
50 WA C VI Crivitz 1922.
51 WA ebda, Zander, Brenz, 1926.
52 WA ebda.

Quellen- und Literaturverzeichnis

Adler, Fritz: Geburt, Hochzeit und Tod im alten Mönchgut. In: Baltische Studien NF XXXIII, H 1, Stettin 1931, S. 145–164.

Ahrens, Adolf: Mecklenburgische Brautkronen. In: Mecklenburgische Monatshefte, Rostock 1926, S. 145– 146.

Ariès, Philippe und Georges Duby (Hg.): Geschichte des privaten Lebens. Bd. 4 »Von der Revolution zum Großen Krieg.« Hrsg. Von Michelle Perrot, Frankfurt/M. 1992.

Ariès, Philippe: Geschichte des Todes. 9. Aufl., München 1995.

Arndt, Ernst Moritz: Versuch einer Geschichte der Leibeigenschaft in Pommern und in Rügen (1803). In: Arndt, Ernst Moritz: Agrarpolitische Schriften. Hrsg. von W.O.W. Terstegen, 2. Aufl. Goslar 1942.

Arndt, Ernst Moritz: Geschichte der Veränderung der bäuerlichen und herrschaftlichen Verhältnisse in dem vormaligen Schwedisch-Pommern und Rügen von dem Jahre 1806 bis zum Jahre 1816 (1817). In: Arndt, Ernst Moritz: Agrarpolitische Schriften. Hrsg. von W.O.W. Terstegen, 2. Aufl. Goslar 1942.

Assion, Peter: Sterben nach tradierten Mustern. Leichenpredigten als Quelle für die volkskundliche Brauchforschung. In: Rudolf Lenz (Hrsg.): Leichenpredigten als Quelle historischer Wissenschaften 3, Marburg 1984, S. 248–277.

Assmann, Jan: Das kulturelle Gedächtnis. Schrift, Erinnerung und politische Identität in frühen Hochkulturen, München 1992.

Bär: Ges. Samml. Neue Sammlung Mekklenburgischer Landesgesetze, Ordnungen und Constitutionen, hrsg. v. Wilhelm Bärensprung, Th. 1 ff., Schwerin 1769–1781.

Balck, C. W. A.: Domaniale Verhältnisse in Mecklenburg-Schwerin, Bd. 1–2, Wismar-Rostock-Ludwigslust 1864–1866.

Barloewen, Constantin von (Hrsg.): Der Tod in den Weltkulturen und Weltreligionen, München 1996.

Barnewitz, Friedrich: Geschichte des Hafenorts Warnemünde unter besonderer Berücksichtigung der Volks- und Bodenkunde, Rostock 1925.

Barnewitz, Hans: Die stille Woche und das Osterfest in Volksglauben und Volksbrauch. Ostmecklb. Heimat 3, 1930, S. 57–60.

Bartsch, Karl: Sagen, Märchen und Gebräuche aus Meklenburg, Bd. 1–2, Wien 1880.

Baumgarten, Karl: Erntefest und Hallenhaus. ZfVk 61, 1965, S. 74 ff.

Bausinger, Hermann: Volkskultur in der technischen Welt, Stuttgart 1961.

Bausinger, Hermann: Abschied vom Volksleben, Tübingen 1970.

Bayr. JbfVk. Bayerisches Jahrbuch für Volkskunde, München.

298

Beitl, Erich. Beitl, Richard und Oswald Erich: Wörterbuch der deutschen Volkskunde, 2. Aufl., Stuttgart 1955.

Beitl, Richard: Der Kinderbaum, Berlin 1942.

Beitl, Klaus, Sund, Horst (Hrsg.): Fas(t)-nacht in Geschichte, Kunst und Literatur, Konstanz 1984.

Beltz, Robert: Der Weihnachtsbaum. Meckl. 24, 1929, S. 36.

Benthien, Bruno: Die historischen Flurformen des südwestlichen Mecklenburg, Schwerin 1960.

Bentzien, Ulrich: Richard Wossidlo. Verzeichnis seiner Schriften. In: Deutsches Jahrbuch für Volkskunde 5, 1959, S. 153–163.

Bentzien, Ulrich: Geschichten, Riemels un Lüüd'snack. Mecklenburgische Volksüberlieferungen, gesammelt v. Richard Wossidlo, 2. Aufl. Rostock 1978 (Nachwort).

Bentzien, Ulrich: Mecklenburg, Ein Gästebuch, Rostock 1980.

Bentzien, Ulrich: Landbevölkerung und agrartechnischer Fortschritt in Mecklenburg vom Ende des 18. bis zum Anfang des 20. Jahrhunderts, Berlin 1983.

Bentzien, Ulrich/Siegfried Neumann (Hrsg.): Mecklenburgische Volkskunde, Rostock 1989.

Berg, Gustav: Beiträge zur Geschichte des Darßes und des Zingstes. Schriftenreihe des Vereins zur Förderung der Heimatpflege und des Darß-Museums e. V. Nr. 1, 1999.

Berger, Peter: Religiöses Brauchtum im Umkreis der Sterbeliturgie in Deutschland, Münster 1966 (=Forschungen zur Volkskunde 41).

Beyer, Carl: Kulturgeschichtliche Bilder aus Mecklenburg, Teil 1–2, Berlin 1903.

Beyer, W. G.: Erinnerungen an die nordische Mythologie in Volkssagen und Aberglauben Meklenburgs. Jb. Meckl. 20, 1855, S. 140–207.

Boll, Ernst: Geschichte Meklenburgs mit besonderer Berücksichtigung der Culturgeschichte, Bd. 1–2, Neubrandenburg 1855–1856.

Bourdieu, Pierre: Ökonomisches Kapital, kulturelles Kapital, soziales Kapital. In: Reinhard Kreckel (Hrsg.), Soziale Ungleichheiten, Göttingen 1983, S. 183–198.

Bourdieu, Pierre: Sozialer Sinn. Kritik der kritischen Vernunft, Frankfurt/M. 1993.

Borchers, Walter: Gemeinschaftsfeste und Gemeinschaftsbräuche einst und jetzt in Pommern. In: Ostdeutsche Monatshefte 15 1934/35, H. 2, Mai 1934, S. 93–102.

Borchers, Walter: Tiermasken und Tiervermummungen in Pommern. In: Monatsblätter der Gesellschaft für pommersche Geschichte und Altertumskunde. 47. Jg. Nr. 12, Stettin 1933, S. 181–188.

Borchers, Walter: Tonnenreiten, Tonnenabschlagen, ein vorpommesch-mecklenburgischer Brauch. Niederdeutsche Zeitschrift für Volkskunde 13 (1935), S. 88–93.

Braun, Hartmut: Tänze und Gebrauchsmusik in Musizierhandschriften des 18. und frühen 19. Jahrhunderts aus dem Artland. Cloppenburg 1984.

Brednich, Rolf Wilhelm: Hamburg als Innovationszentrum populärer Lieder. In: Gerhard Kaufmann (Hrsg.): Stadt-Land Beziehungen. Verhandlungen des 19. Deutschen Volkskundekongresses in Hamburg vom 1. bis 7. Oktober 1973. Göttingen 1975, S. 115–130.

Brinckman, John: Plattdeutsche Werke, Bd. 1–7, Wolgast (Greifswald) 1924–1934.

Brinckman, John: Kasper-Ohm un ick. Nachdruck Rostock 1978.

Bringemeier, Martha: Baumschmuck im Gotteshaus. RhWZfVk 24/25, 1979/80, S. 255–258.

Bringéus, Nils-Arvid: Bitte keine Feier … oder Das Fest als Trauma. Hessische Blätter für Volks- und Kulturforschung N.F. 7/8, 1978, S. 35–49.

Brockpähler, Renate: Signalhorn, »Riete«, Adventshorn. Volkstümliche Blasinstrumente in Westfalen. RhWZfVk 24, 1978, S. 30 ff.–77.

Brückner, Anna: Erntezeit im Lande Stargard vor 75 Jahren. Meckl. 32, 1937, S. 83–86.

Brückner, Annemarie: Die Heiligen drei Könige und ihr Stern. Biblische Novelle-legendarische Ausdeutung-Verehrungsformen. In: Jahrbuch für Volkskunde NF 22, Würzburg 1999, S.165–202.

Brückner, Wolfgang: Brauchforschung tut not. In: Jahrbuch für Volkskunde NF 21, Würzburg 1998, S. 107–138.

Buchholz, Werner (Hrsg.): Kindheit und Jugend in der Neuzeit 1500–1900: interdisziplinäre Annäherungen an die Instanzen sozialer und mentaler Prägung in der Agrargesellschaft und während der Industrialisierung. Stuttgart 2000.

Buchwald, Friedrich von: Oeconomische und Statistische Reise durch Mecklenburg, Kopenhagen 1786.

Buddin, Friedrich: Fastnachtsbräuche im Ratzeburgischen. Meckl. 5, 1910, S. 9–16.

Buddin, Friedrich: Die Osterfladenlieferung in Schönberg. Meckl. 12, 1917, S. 14–20.

Buddin, Friedrich: Faslam im Ratzeburgischen. Meckl. Monh. 3, 1927, S. 144–148.

Burckhardt-Seebass, Christine: Von der kulturellen Natur der Geburt. In: Burkhard Pöttler (Hrsg.): Innovation und Wandel. Festschrift für Oscar Moser zum 80. Geburtstag. Graz 1994, S. 67–78.

Burmeister, –: Beiträge zur Geschichte der Sitten und des Kultus. a) Die Eselsprozession am Palmsonntage. Jb. Meckl. 3, 1838, S. 156–157.

Buske, Norbert: Osterhasen, Fastnacht-spiele, wilde Männer. In: Pommern, Zeitschrift für Kultur und Geschichte, Heft 1, Schwerin 2001, S. 22–27.

Cammin, Friedrich: Ut dei Bilad, Gr. Lantow 1902.

Christian, Johann: Die Karwoche im alten Niederdeutschland. Ostmecklenb. Heimat 4, 1931, S. 49–50.

Crain, –: Über das mittelalterliche Vogelschießen, namentlich in Wismar. Jb. Meckl. 7, 1842, S. 179– 187.

Dankwardt, H.: Das Mecklenburg-Schwerinsche Gesinderecht, Rostock 1852.

Daul, Florian: Das ist wider den leichtfertigen/un-verschempten Welt tantz … Franckfurt am Mayn, 1569 (=Documenta choreologica, Studienbibliothek zur Geschichte der Tanzkunst Bd. VIII, Leipzig 1984, hrsg. von Kurt Petermann.

Daxelmüller, Christoph (Hrsg.): Weihnachten in Deutschland-Spiegel eines Festes. Führer zur Ausstellung im Diözösanmuseum Obermünster Regensburg 28. Nov. 1992 – 10. Januar 1993, Regensburg 1993.

Daxelmüller, Christoph (Hrsg.): Tod und Gesellschaft – Tod im Wandel.(Begleitbuch zur Ausstellung im Diözösanmuseum Obermünster, Regensburg, 8.11.–22.12. 1996).

Deeke, E.: Historische Nachrichten von dem lübeckischen Patriziat. Jb. Meckl. 10, 1845, S. 50–63.

DJbfVk. Deutsches Jahrbuch für Volkskunde, 1 ff., Berlin 1955 ff.

Dolberg, Ludwig: Eine Küstenwanderung von der Warnow bis Wustrow, Ribnitz 1885.

Dragendorff, Ernst: Die Rostocker Burspraken. Rost. Beitr. 4/2, 1907, S. 45–60.

Dragendorff, Ernst: Pfingst-Maibüsche in den Kirchen. Rost. Beitr. 7, 1913, S. 122.

Dröge, Kurt: Sprüche zur Konfirmation – Bilder zur Erstkommunion, Detmold 1985.

Dröge, Kurt: Bemalte Spanschachteln – Geschichte, Herstellung, Bedeutung, München 1986 (mit Lothar Pretzel).

Dröge, Kurt/Imke Tappe (Hrsg.): Festkultur in Lippe, Münster 1994.

Dröge, Kurt: Ländliche und kleinstädtische Kinderkultur in Pommern. Ein Abriß volkskundlicher Forderungen und Möglichkeiten. In: Werner Buchholz (Hg.): Kindheit und Jugend in der Neuzeit 1500–1900: interdisziplinäre Annäherungen an die Instanzen sozialer und mentaler Prägung in der Agrargesellschaft und während der Industrialisierung; Stuttgart 2000, S. 97–112.

Drosihn, Friedrich: Deutsche Kinderreime und Verwandtes aus dem Munde des Volkes, vornehmlich in Pommern gesammelt. Nach seinem Tode hrsg. von Carl Bolle und Friedrich Polle, Leipzig 1872.

Duden, Barbara: Die Geheimnisse der Schwangeren und das Öffentlichkeitsinteresse der Medizin. Zur sozialen Bedeutung der Kindsregung. In: Karin Hausen, Heike Wunder (Hrsg.): Frauengeschichte – Geschlechtergeschichte. Frankfurt a. M. 1992, S. 117–130.

Dülmen, Richard van: Kultur und Alltag in der Frühen Neuzeit. Band 3 Religion, Magie, Aufklärung 16.–18. Jahrhundert. München 1994.

Dünninger, Josef: Brauchtum. In: Deutsche Philologie im Aufriß, Bd. 3, Berlin (W) 1962, Sp. 2575 ff.

Dünninger, Josef: Volkskultur zwischen Beharrung und Wandel in Franken, hrsg. von Dieter Harmenig und Erich Wimmer, Dettelbach 1994.

Dünninger, Josef: Tradition und Geschichte. In: Bausinger, Hermann und Brückner, Wolfgang (Hrsg.), Kontinuität? Geschichtlichkeit und Dauer als volkskundliches Problem, Berlin (W) 1969, S. 57–66.

Düselder, Heike (Hrsg.): Der Tod in Oldenburg. Sozial- und kulturgeschichtliche Untersuchungen zu Lebenswelten im 17. und 18. Jahrhundert, Hannover 1999.

Düselder, Heike: Leben und Sterben im Spiegel von Leichenpredigten. In: Dies.: Der Tod in Oldenburg. Sozial- und kulturgeschichtliche Untersuchungen zu Lebenswelten im 17. Und 18. Jahrhundert, Hannover 1999, S. 156–312.

Elias, Norbert: Über die Einsamkeit des Sterbenden in unseren Tagen. Frankfurt/M. 1982.

Endler, Carl August: Geschichte des Landes Mecklenburg-Strelitz (1701–1933), Hamburg 1935.

Endler, Carl August: Erntezeit und Erntebrauch. Meckl. Monh. 13, 1937, S. 562– 65.

Erdmann, Hans: Zur musikalischen Praxis des mecklenburgischen Volkstanzes. DJbfVk 2, 1956, S. 212–225.

Fornaschon, Hermann: Von Tänzen und vom Tanzen. Meckl. 30, 1935, S. 83–85.

Franck, David: Altes und Neues Mecklenburg, Bd. 1–20, Güstrow-Leipzig 1753–1758.

Fröhlich, Gerhard: Kapital, Habitus, Feld, Symbol. Grundbegriffe der Kulturtheorie bei Pierre Bourdieu. In: Ingo Mörth und Gerhard Fröhlich (Hrsg.), Das symbolische Kapital der Lebensstile. Zur Kultursoziologie der Moderne nach Pierre Bourdieu, Frankfurt/M. 1934, S. 31–34.

Fuhrmann, Manfred: Fastnacht als Utopie. Vom Saturnalienfest im alten Rom. In: Narrenfreiheit. Beiträge zur Fastnachtsforschung, Tübingen 1980, S. 29–42.

Gawlick, Henry: Schimmelreiter, Knapperdachs und Weihnachtsmann. Weihnachtsbräuche in Mecklenburg und Vorpommern, Rostock 1998.

Gehler, Ralf: Die springenden Affen des Johann Hinrich Wippert. Betrachtungen zur Migration populärer Bildmotive in der frühen Neuzeit. In: Stier und Greif Blätter zur

Kultur- und Landesgeschichte in Mecklenburg-Vorpommern 6. Jg., Schwerin 1996, S. 35–38.

Gennep, Arnold van: Les rites de passage. Etudes systématiques des rites de la porte et du seuil, de L'hospitalité, de l'adoption, Paris 1909 (Reprint New York 1969); hier nach der Übersetzung aus dem Französischen von Klaus Schomburg und Sylvia M. Schomburg-Scherff. Frankfurt 1986.

Gemeinn. Aufs.: Gemeinnützige Aufsätze aus den Wissenschaften für alle Stände zu den Rostockischen Nachrichten, Rostock 1765–1816.

Gerndt, Helge: Kultur als Forschungsfeld. Über volkskundliches Denken und Arbeiten, München 1986. (Münchener Beiträge zur Volkskunde 5).

Gernentz, Hans Joachim: Religiöse deutsche Dichtung des Mittelalters, Berlin 1964.

Gesetzsammlung Parchim. Neue vollständige Gesetz-Sammlung für die Mecklenburg-Schwerinschen Lande, Bd. 1–5, Parchim 1875.

Glagla, Helmut: Das plattdeutsche Liederbuch. Anthologie und Kulturgeschichte des niederdeutschen Volksliedes, München 1980.

Glöckler, A. F. W.: Die Straßengerechtigkeit in Meklenburg. Jb. Meckl. 10, 1845, S. 386–416.

Gorer, Geofry: Dath, Grief and Mourning in contemporary Britain. New York 1965.

Göttsch, Silke: Kinder als Arbeitskräfte in Landwirtschaft und Industrie. In: Kinderkultur. 25. Deutscher Volkskundekongreß in Bremen vom 7. Bis 12. Oktober 1985, Bremen 1987, S. 77–84.

Götz, Franz: Die Welt der Fasnachtsnarren. In: Narrenfreiheit. Beiträge zur Fastnachtsforschung, Tübingen 1980, S. 89–109.

Goldschmidt, Aenne: Handbuch des deutschen Volkstanzes, Berlin 1981.

Gosselck, Johannes: Verbot alter Weihnachtsgebräuche. Meckl. Monh. 2, 1926, S. 664.

Grambow, Jürgen: Die literarische Entwicklung bis um das Jahr 1800. Diesseits und jenseits der Trebel. Literarische Spuren von den Anfängen bis zum Beginn des 16. Jahrhunderts. In: Müller Waldeck (Hrsg.): Pegasus am Ostseestrand. Literatur und Literaturgeschichte in Mecklenburg-Vorpommern. Rostock 1999, S. 15–23.

Graßmann, Antjekathrin: Aus nachbarlicher Freundschaft und guter Affektion-Die Martensmanntradition zwischen Lübeck und Mecklenburg in der letzten Phase ihres Bestehens. In: Mecklenburgische Jahrbücher 109, 1993, S. 107–121.

Greverus, Ina-Maria: Brauchen wir Feste. In: Hess. BllfVk N.F.4, 1977, S. 1–9.

Greverus, Ina-Maria: Kultur und Alltagswelt, Eine Einführung in Fragen der Kulturanthropologie, München 1978.

Grimm, Jacob: Deutsche Mythologie, Bd. 1–3, Berlin 1875–1878.

Grimm, Jacob, Kleinere Schriften, 8 Bde. Hrsg. von K. Müllenhoff und E. Ippel. Berlin und Gütersloh 1864–1890.

Groth, P.: Die Entstehung der mecklenburgischen Polizeiordnung vom Jahre 1516. Jb. Meckl. 57, 1892, S. 151–321.

Grümbke, Johann Jacob: Streifzüge durch das Rügenland (Klassische Reisen) Nachdruck, Hrsg. von Albert Burkhardt, Leipzig 1988.

Gundlach, Jürgen: Das Mecklenburgische Wörterbuch von Richard Wossidlo und Hermann Teuchert. In: Jahrbuch des Vereins für niederdeutsche Sprachforschung 115, 1992, S. 145–158.

Gute, Herbert: Von Neujahr bis Silvester. Die Fest-, Feier- und Gedenktage im Ablauf des Jahres, Rudolstadt 1959.

Guth, Klaus: Vom Umgang mit dem Leben. Bräuche im Umkreis von Geburt und Tod. In: Schweizerisches Archiv für Volkskunde 91, Basel 1995, H1, S. 77–90.

Grimm, Jacob: Kleinere Schriften, Bd.2, Berlin 1865, p. 173, 210.

Gryse, Nikolaus: Spegel des Antichristlichen Pawestdomes und lutherischen Christendoms, Rostock 1593.

Gynz-Rekowski, Georg von: Der Festkreis des Jahres, Berlin 1981.

Haas, Alfred: Ein Kapitel aus dem Volksglauben und Volksbrauch in Pommern. In: Beiträge zur Geschichte und Althertumskunde Pommerns Stettin 1898, Sonderdruck, S. 1–25.

Haas, Alfred: Rügensche Volkskunde, Stettin 1920.

Hain, Mathilde: Bemalte Ostereier in Hessen. SAVk 53, 1957, S. 70–74.

Hartinger, Walter: Religion und Brauch. Darmstadt 1992.

Hausen, Karin, Heide Wunder(Hrsg.): Frauengeschichte – Geschlechtergeschichte, Frankfurt a. M. 1992.

HDA. Handwörterbuch des deutschen Aberglaubens, Bd. 1 ff., Berlin-Leipzig 1927 ff.

Heckscher, Kurt: Die Volkskunde des germanischen Kulturkreises, Hamburg 1925.

Heckscher, Kurt: Die Volkskunde der Provinz Hannover, Bd. 1, Hamburg 1930.

Hegewisch, Helga: Die Totenwäscherin, München 2000.

Heitz, Gerhard, Rischer, Henning: Geschichte in Daten. Mecklenburg/Vorpommern. München, Berlin 1995.

Held, Claudia: Familienglück auf Bilderbogen. Die bürgerliche Familie des 19. Jahrhunderts im Spiegel der Neuruppiner Druckgraphik, Bonn 1992.

Helms-Blasche: Bunte Tänze, wie wir sie suchten und fanden, Leipzig 1957.

Henggeler, Rudolf: Ostern und der klösterliche Küchenzettel. SAVk 53, 1957, S. 67 ff.

Hess. BLfVk. Hessische Blätter für Volkskunde, 1 ff., Gießen 1902 ff.

Hinrichsen, Torkild: Weihnachten in Norddeutschland. Ein Bild-abc zu alten lieben Geheimnissen. Mit einem Vorwort von Gerhard Kaufmann, Husum 1999.

Horn, Alfred: Geschichte des Kirchspiels Selmsdorf im Fürstentum Ratzeburg, Bd. 1–3, Schönberg i.M. 1909–1934.

Huhnhäuser, Alfred (Übers.): Reiseeindrücke aus Warnemünde, Rostock, Stralsund und Rügen zur Franzosenzeit. Rost. Beitr. 10, 1917, S. 35–57.

Humburg, Norbert: Städtisches Fastnachtsbrauchtum in West- und Ostfalen. Die Entwicklung vom Mittelalter bis ins 19. Jahrhundert, Münster 1976.

Hungerland, Heinz: Osterhase und Osterei. Nds. 26, 1920/21, S. 276–278.

Ihde, Rudolf: Amt Schwerin. Geschichte seiner Steuern, Abgaben und Verwaltung bis 1655, Schwerin 1913 (= Jb. Meckl. 77, Sonderbd.).

Ihrke, Walter: Pfingstbräuche der mecklenburgischen Hirten. Neue Meckl. Monh. 1, 1956, S. 82–84.

Ihrke, Walter: Mecklenburgische Fastnachtsbräuche. Nach älteren Schilderungen zusammengestellt. DJbfVk 6, 1960, S. 453–465.

Ilg, Karl: Sitte und Brauch um Osterei und Osterbrot in Tirol. SAVk 53, 1957, S. 93– 97.

Jacobeit, Wolfgang: Schafhaltung und Schäfer in Zentraleuropa bis zum Beginn des 20. Jahrhunderts, Berlin 1961.

Jarosch, Günther: Erntebrauch und Erntedank, Leipzig 1939.

Jb. Meckl. Jahrbücher des Vereins für meklenburgische Geschichte und Altertumskunde, 1 ff., Schwerin 1836 ff.

Jeggle, Utz: Spiel und Gesetz. Zum Regelwerk dörflicher Fastnacht. In: Sund, Horst (Hrsg.): Fas(t)nacht in Geschichte, Kunst und Literatur. Konstanz 1984, S. 188–198.

Kaden, Christian: Hirtensignale. Musikalische Syntax und kommunikative Praxis, Leipzig 1977.

Kägebein, K. Alb.: Binden und Schnüren. Nds. 11, 1905/06, S. 466, 467.

Kaiser, Karl: »Bunt Water«. Ein Brauch der Erntezeit in Mecklenburg und Pommern. Beiträge zur Volkskunde Pommerns, Greifswald 1939, S. 69 ff.

Klauda, Manfred: Erstes Osterhasen-Museum der Welt (Katalog), München o.J. (etwa 1990).

Kleinschmidt, Wolfgang: Der Wandel des Festlebens bei Arbeitern und Landwirten im 20. Jahrhundert, Neisenheim 1977.

Kliesow, Ulrich: Wer war Emil Steurich? In: Rügener Heimatkalender NF 1993, S. 34–37.

Knoop, Otto: Volkssagen, Erzählungen, Aberglauben, Gebräuche und Märchen aus dem östlichen Hinterpommern, Posen 1886.

Köstlin, Konrad: Fastnacht und Volkskunde. Bemerkungen zum Verhältnis eines Fachs zu seinem Gegenstand. RhJbfVk 23, 1978, S. 7 ff.

Köstlin, Konrad: Schleswig-Holsteinische Gilden im 19.Jahrhundert. In: Günter Wiegelmann (Hrsg.): Kultureller Wandel im 19. Jahrhundert. Verhandlungen des 18. Deutschen Volkskunde-Kongresses in Trier vom 13. bis 18. September 1971, Weimar 1973, S.135–145.

Kohfeldt, Gustav: Zur Literatur- und Sittengeschichte der mecklenburgischen Leichenprogramme und Toten – Gedenkschriften. In: Beiträge zur Geschichte der Stadt Rostock 5, Rostock 1911, S. 283– 294.

Kohfeldt, Gustav: Von akademischen Fecht- und Tanzmeistern des 17. und 18. Jahrhunderts. In: Rostocker Beiträge 11 (1918/1919), S. 68–73.

Kohlmann, Theodor: Das Adventsblasen im nördlichen Westfalen. RhWZfVk 15, 1968, S. 11–124.

Koppmann, Karl: Die Einrichtung des Rostocker Pfingstmarktes. Beiträge zur Geschichte der Stadt Rostock. 2/2, 1897, S. 71–73.

Koppmann, Karl: Abschaffung der Pfingst-Maibüsche in den Kirchen. Rost. Beitr. 4/2, 1905, S. 112.

Koppmann, Karl: Die Rostocker Schützengesellschaften. Rost. Beitr. 4/3, 1906, S. 59–74.

Kramer, Karl S.: Arbeitsanfang und -abschluß als Kernelement des Brauchtums. In: Arbeit und Volksleben. Deutscher Volkskundekongreß 1965 in Marburg, Göttingen 1967, S. 354–361.

Kramer, Karl S. u. Wilkens, Ulrich: Volksleben in einem holsteinischen Gutsbezirk, Neumünster 1979.

Kretzenbacher, Leopold: Vom roten Osterei in der grünen Steiermark. SAVk 53, 1957, S. 104–109.

Kretzenbacher, Leopold: Ringreiten, Rolandspiel und Kufenstechen. Sportliches Reiterbrauchtum von heute als Erbe aus abendländischer Kulturgeschichte, Klagenfurt 1966.

Kröpelin, Otto/Schmidt,Otto (Hrsg.): Beiträge zur Heimatkunde. Nr. 2. Altmecklenburgische Sitten und Volksbräuche in den Zwölften, zu Weihnachten, Silvester und Neujahr. Nach Aufzeichnungen von Richard Wossidlo bearbeitet von den Herausgebern. Wismar 1936.

Krüger, C.: Eine Mecklenburgische Maskeraden-Verordnung aus dem Jahre 1750. Nds. 24, 1918/19, S. 140.

Kube, Siegfried: Die Lausitzen zwischen Stiep-Rute und Schmeckoster. Ltopis C 6/7, 1964, S. 65–76.

Kück, Eduard u. Sohnrey, Heinrich: Feste und Spiele des deutschen Landvolks, Berlin 1909.

Kühl, Paul: Geschichte der Stadt und des Klosters Ribnitz, Neubrandenburg 1933.

Kuhn, Adalbert: Märkische Sagen und Märchen …, Berlin 1843.

Kuhn, A. u. Schwartz, W.: Norddeutsche Sagen, Märchen und Gebräuche …, Leipzig 1848.

Lanzius, Hans: Zur Geschichte des Lübekker Martensmannes Dokumentarische Quellensammlung, 4 Bde, Ratzeburg 1988.

Lauffer, Otto: Der volkstümliche Gebrauch der Totenkronen in Deutschland. In: Zeitschrift des Vereins für Volkskunde 26, Berlin 1916, S. 225–246.

Lehmann, Heidi: Volksbrauch im Jahreslauf, München 1964.

Lembke, Friedrich: Buntes Dorfleben. Feste und Feiern deutscher Art, Hamburg 1935.

Lenz, Rudolf: Leichenpredigten. Eine Bestandsaufnahme. Bibliographie und Ergebnisse einer Umfrage. Marburg 1980.

Lenz, Rudolf: Leichenpredigten als Quelle historischer Wissenschaften, Marburg 1984.

Lenz, Siegfried: Sehnsucht nach Dauer. In: Ders.: Über das Gedächtnis Reden und Aufsätze, München 1996, S. 148–158, hier S. 150.

Lesle, Ulf-Thomas: Das niederdeutsche Theater. Von »völkischer Not« zum Literaturtrost, Hamburg 1986.

Lexikon für Theologie und Kirche, 1 ff., Freiburg 1958 ff.

Liebl, Elsbeth: Ostereierspiele im Atlas der schweizerischen Volkskunde. SAVk 53, 1957, S. 61–67.

Liebich, Constantin Roman: Im Abgrund, Berlin 1897.

Lisch, G. C. F.: Die Landfahrer-Krämer-Compagnie zu Rostock und das Papagoien-Schießen dieser Compagnie. Jb. Meckl. 7, 1842, S. 188–210.

Lisch, G. C. F.: Alte Ceremonien bei Erhebung von Abgaben und Ausübung von Gerechtigkeiten. Jb. Meckl. 11, 1846, S. 492 f.

Lisch, G. C. F.: Plattdeutsches Volksgedicht aus dem ersten Viertel des 16. Jahrhunderts. Jb. Meckl. 27, 1862, S. 279 ff.

Lorenz, Christa: Berliner Weihnachtsmarkt. Bilder und Geschichten aus 5 Jahrhunderten. Berlin o. J. (1987).

Lübbe, Gunther: Das Tonnenabschlagen auf dem Fischland. JbfVkKg 25, N.F. 10, 1982, S. 76 ff.

Lübbe, Gunther: Das Tonnenabschlagen. Ein Volksfest an unserer Küste, Rostock 1987.

Lubinski, Axel: Entlassen aus dem Untertanenverband. Die Amerikaauswanderung aus Mecklenburg-Strelitz im 19. Jahrhundert, Osnabrück 1997.

Lucht, Alfred: Aus dem Spielschatz des pommerschen Kindes. In: Pommernforschung, Reihe 2, Veröffentlichungen des Volkskundlichen Archivs für Pommern, Bd. 6, Greifswald 1937.

Lüders, Klaus: Der Lübecker Martensmann, Schwerin 2001.

Mack, Fritz: Evangelische Stimmen zur Fastnacht. In: Masken zwischen Spiel und Ernst, Tübingen 1967, S. 35–49.

Mager, Friedrich: Geschichte des Bauerntums und der Bodenkultur im Lande Mekklenburg, Berlin 1955.

Mannhardt, Wilhelm: Germanische Mythen, Berlin 1858.

Mannhardt, Wilhelm: Die Korndämonen, Berlin 1868.

Mannhardt, Wilhelm: Der Baumkultus der Germanen und ihrer Nachbarstämme, Berlin 1875.

Mannhardt, Wilhelm: Mythologische Forschungen, Straßburg 1884.

Mantzel, Ernst Johann Friedrich: Bützowsche Ruhestunden, Theil 1 ff., Bützow 1761–1767.

Meckl.: Mecklenburg. Zeitschrift des Heimatbundes Mecklenburg, 1 ff., Schwerin 1906 ff.

Meckl.: Monh. Mecklenburgische Monatshefte, 1 ff., Rostock 1925 ff.

Meertens, P. J.: Ostereier und Ostergebäcke in den Niederlanden. SAVk 53, 1957, S. 125–129.

Meinhold, Wilhelm: Humoristische Reisebilder von der Insel Usedom. Beschrieben von Wilhelm Meinhold 1837. In einer Neubearbeitung von Heinz Jüpner, Berlin 1998.

Meisen, Karl: Nikolauskult und Nikolausbrauch im Abendlande, Düsseldorf 1931.
Meisen, Karl: Namen und Ursprung der Fastnacht. RhJbfVk 17/18, 1966/67, S. 7– 47.

Mensing, Otto: Schleswig-Holsteinisches Wörterbuch, Bd. 1–5, Neumünster 1927–1935.

Mezger, Werner: Bemerkungen zum mittelalterlichen Narrentum. In: Narrenfreiheit. Beiträge zur Fastnachtsforschung, Tübingen 1980, S. 43–87.

Mezger, Werner: Narrenidee und Fastnachtsbrauch: Studien zum Fortleben des Mittelalters in der europäischen Festkultur, Konstanz 1991.

Mezger, Werner: Das große Buch der schwäbisch-alemannischen Fasnet: Ursprünge, Entwicklungen und Erscheinungsformen organisierter Narretei in Südwestdeutschland, Stuttgart 1999.

Mitteilungen des Heimatbundes für das Fürstentum Ratzeburg 1857 ff.

Mörth, Ingo/Fröhlich, Gerd: (Hrsg.): Das symbolische Kapital der Lebensstile. Zur

Kultursoziologie der Moderne nach Pierre Bourdieu, Frankfurt/M. 1994.

Moll, Georg: Die kapitalistische Bauernbefreiung im Klosteramt Dobbertin (Mecklenburg), Rostock 1968.

Mone, Franz Joseph: Schauspiele des Mittelalters, Karlsruhe 1846.

Monatsblätter. Herausgegeben von der Gesellschaft für pommersche Geschichte und Alterthumskunde 43, Stettin 1929, S. 29–27.

Monschr.: Meckl. Monatsschrift von und für Mecklenburg, 1 ff., Schwerin 1788 ff.

Montanus: Die deutschen Volksfeste, Iserlohn-Elberfeld 1854.

Moser, Dietz-Rüdiger: Ein Babylon der verkehrten Welt. Über Idee, System und Gestaltung der Fastnachtsbräuche. In: Sund, Horst (Hrsg.): Fas(t)nacht in Geschichte, Kunst und Literatur. Konstanz 1984.

Moser, Hans: Brauchgeschichtliches zum Osterei und Osterbrot in Bayern. SAVk 53, 1957, S. 78–84.

Moser, Hans: Maibaum und Maienbrauch. Bayr. JbfVk 1961, S. 115–159.

Moser, Hans: Städtische Fasnacht des Mittelalters. In: Masken zwischen Spiel und Ernst, Tübingen 1967, S. 135–202.

MUB. Mecklenburgisches Urkundenbuch, 1 ff., Schwerin 1863 ff.

Müller, Ingeborg: Damshagen – Aus dem Alltagsleben der Tagelöhnerfrauen. JbfVkKg 5, 1977, S. 85 ff.

Müns, Heike: Niederdeutsches Liederbuch. Volkstümliche Lieder aus fünf Jahrhunderten, Rostock 1981.

Müns, Heike: Jahresbrauchtum im mecklenburgischen Dorf der Übergangsperiode vom Feudalismus zum Kapitalismus. Eine volkskundliche Untersuchung. Diss (MS), Berlin 1983.

Müns, Heike: Volksbrauch. In: Bentzien, Ulrich/Siegfried Neumann: Mecklenburgische Volkskunde, Rostock 1989, S. 349–366.

Müns, Heike: Volksmusik. In: Bentzien, Ulrich/Siegfried Neumann: Mecklenburgische Volkskunde, Rostock 1989, S. 376–359.

Müns, Heike: Tanzmusikanten in Mecklenburg, Rostock 1987.

Müns, Heike: Tänze, Stücke und Lieder. Aus Musizierhandschriften in Mecklenburg, Rostock 1987.

Müns, Heike: Sozialökonomische Entwicklung und Brauchwandel. Untersucht an den Jahresbräuchen des mecklenburgischen Dorfes im 19. Jahrhundert. In: Jahrbuch für Volkskunde und Kulturgeschichte 31, NF 16, Berlin 1988.

Müns, Heike: Ausländische Musikanten in Mecklenburg im 18. und 19. Jahrhundert. Nach archivalischen Quellen. In: Jahrbuch für Volkskunde und Kulturgeschichte 32, NF 17, Berlin 1989, S. 129–143.

Müns, Heike: »Wo höhger de Nahgeburt hängt, wo höhger dreggt dat Fahlen den Kopp!« Zum Wandel bäuerlicher Denkmuster in der Gegenwart.« In: Beiträge zur Volkskunde Vorpommerns, hrsg. Vom mecklenburgischen Folklorezentrum, Rostock 1989.

Müns, Heike (Hg.): Richard Wossidlo: Von Hochtiden (und) Buern-Hochtiet. Volksstück in 6 Biller. Nachwort S. 131–140.

Müns, Heike: Erinnern und Vergessen in der Volksmusik. Exemplifiziert an Sammlung und Forschung des Rostocker Wossidlo-Archivs. In: Brigitte Bönisch-Brednich, Rolf W. Brednich, Helge Gerndt (Hg): Vorträge des 27. Deutschen Volkskundekongresses in Göttingen 1989, Göttingen 1991, S. 443–551.

Müns, Heike: To Pingst'n, ach wie scheun … Plattdeutsche Lieder von norddeutschen Märkten zu Pfingsten, Antoni und Weihnachten, Rostock 1992.

Müns, Heike: Aus Böhmen kommt (wieder) die Musik. Zum Gebrauch eines Stereotyps. In: Jahrbuch für deutsche und osteuropäische Volkskunde 42, Marburg 1999, S. 58–77.

Müns, Wolfgang: Das handschriftliche Kochbuch der Lisette Reuter von 1827, Rostock 1990.

Mussäus, –: Ueber die niedern Stände auf dem flachen Lande in Meklenburg-Schwerin. Jb. Meckl. 2, 1837, S. 107–140.

MVA. Mecklenburgisches Volkslied-Archiv, Im Wossidlo-Archiv in Rostock.

MWB. Wossidlo, Richard u. Teuchert, Hermann: Mecklenburgisches Wörterbuch, 1 ff., Neumünster (2: und Berlin) 1942 ff.

Nagy, Sigrid: Der Adventsbaum, Würzburg 1998.

Nagy, Sigrid: Wie Luther im 19. Jahrhundert zum Weihnachtsbaum kam. In: JBFVK, NF 23, Würzburg 2000, S. 11–50.

Neumann, Siegfried (Hrsg.): Ein mecklenburgischer Volkserzähler. Die Geschichten des August Rust, Berlin 1968.
Neumann, Siegfried: Eine mecklenburgische Märchenfrau. Bertha Peters erzählt Märchen, Schwänke, Geschichten, Berlin 1974.

Neumann, Siegfried: Richard Wossidlo und das Wossidlo-Archiv in Rostock. Von der volkskundlichen Sammlung des Privatgelehrten zum Institut für Volkskunde in Mecklenburg-Vorpommern, Rostock 1994.

Neumann, Siegfried: Richard Wossidlo, der Volksprofessor. In: Stier und Greif 6, Schwerin 1996, S. 20–25.

Nd. Kbl. Korrespondenzblatt des Vereins für niederdeutsche Sprachforschung, 1 ff., Hamburg 1876 ff.

Nieske, Christian: Vom Land und seinen Leuten. Leben in einem Mecklenburger Bauerndorf 1750– 1953, Schwerin 1997.

Nds.: Niedersachsen. Halbmonatsschrift für Geschichte, Landes- und Volkskunde, Sprache, Kunst und Literatur Niedersachsens, 1 ff., Bremen 1895 ff.

Nork, F.: Der Festkalender, enthaltend: Die Sinndeute der Monatszeichen, die Entstehungs- und Umbildungsgeschichte von Naturfesten in Kirchenfeste ..., Stuttgart 1847.

Ostmeckl. Heimat. Ostmecklenburgische Heimat. Halbmonatsschrift, 1 ff., Teterow 1928 ff.

Paulsen, Gundel (hg.): Schleswig-Holsteinisches Weihnachtsbuch. Geschichten, Gedichte, Bilder aus der Zeit zwischen Advent und Dreikönigsfest, Husum 1996.

Petermann, Kurt: Die deutschsprachigen Tanzlehrbücher des 18. und 19. Jahrhunderts als Quelle für den Volkstanz. In: Festschrift Karl Horak, Innsbruck 1980.

Peters, Marie: Mecklenburgische Bauerntänze, Schwerin 1909.

Peters, Marie: Mecklenburgische Bauerntänze. Meckl. Monh. 2, 1926, S. 532–536.

Peters, Marie: Fastelawend. Uns' plattdütsch Heimat 2, 1927, S. 90.

Peters, Marie: Mecklenburgische Bauerntänze. Meckl. 29, 1934, S. 86–92.

Peters/Ilmbrecht: Alte Tänze aus Mecklenburg, Schwerin 1927.

Pfannenschmidt, Heino: Germanische Erntefeste im heidnischen und christlichen Cultus, Hannover 1878.

Pfitzner, Martin: Das alte und das neue Strelitz, Strelitz 1938.

Piper, Otto: Jugend und Heimat. München o. Jg.

Pieske, Christa: Über den Patenbrief. In: Beiträge zur deutschen Volks- und Altertumskunde 2/3, 1958, S. 85–121.

Pieske, Christa: Wandschmuck des 19. und 20. Jahrhunderts. Andenken an Kommunion und Konfirmation. In: Rheinischwestfälische Zeitschrift für Volkskunde 22 (1976), S. 181–220 und 23 (1977), S. 160–210.

Plog, Wilhelm: Fastelawend. Ostmeckl. Heimat 3, 1930, S. 35–37.

Pötschke, Dieter: Das Tonnenabschlagen und verwandte Reiterspiele. In: Greifswald – Stralsunder Jahrbuch 13/14, Weimar 1982, S. 242–263.

Puchner, Walter: Brauchtumserscheinungen im griechischen Jahreslauf und ihre Beziehungen zum Volkstheater, Wien 1977.

Raabe, Wilhelm: Meklenburgische Vaterlandskunde, Wismar 1857.

Raabe, Wilhelm u. Quade, Gustav: Mecklenburgische Vaterlandskunde, 2. Aufl., Bd. 1–3, Wismar 1894–1896.
Rabe, Joh.: Kasper Putschenelle, Hamburg 1912.

Rach, Hans-Jürgen: Zur Lebensweise und Kultur der Bauern unter den Bedingungen des Kapitalismus der freien Konkurrenz (etwa 1830–1900). In: Bauer und Landarbeiter im Kapitalismus in der Magdeburger Börde, Berlin 1982, S. 43–77.

Ränk, Gustav: Ostereier in Estland. SAVk 53, 1957, S., 138–143.

Rehbein, Franz: Gesinde und Gesindel. Aus dem Leben eines Landarbeiters im wilhelminischen Deutschland, Berlin 1955.

Reichenbach, Johann David von: Patriotische Beyträge zur Kenntniß und Aufnahme des Schwedischen Pommerns. Drittes Stück, Greifswald 1785, S. 58/59.

Reinsberg-Düringsfeld, O. von: Festkalender aus Böhmen, Wien-Prag 1861.

Reinsberg-Düringsfeld, O. von: Das festliche Jahr. In Sitten, Gebräuchen und Festen der Germanischen Völker, Leipzig 1898.

Rellstab, Johann Carl Friedrich: Ausflucht nach der Insel Rügen durch Mecklenburg und Pommern. Hrsg. von Wolfgang Griep. Nach der Ausgabe Berlin 1797, Bremen 1993.

Reuter, Fritz: Gesammelte Werke und Briefe. Bd. I–VII, hrsg. von Kurt Batt, Rostock 1967.

RGG: Die Religion in Geschichte und Gegenwart, Tübingen 1960.

RhWZfVk: Rheinisch-Westfälische Zeitschrift für Volkskunde, 1 ff., Bonn-Münster 1954 ff.

RhJbfVk: Rheinisches Jahrbuch für Volkskunde, 1 ff., Bonn.

Richter, Jochen: Bauerngilden in Mecklenburg. Manuskript, 1981 (für Jahrbuch für Wirtschaftsgeschichte).

Röhrich, Lutz u. Brednich, Rolf (Hrsg.): Deutsche Volkslieder, Bd. 1–2, Düsseldorf 1965, 1967.

Röhrich, Lutz: Lexikon der sprichwörtlichen Redensarten Bd. 1, Freiburg, Basel, Wien 1973, S. 264–266.

Rost. Beitr. Beiträge zur Geschichte der Stadt Rostock, 1/1 ff., Rostock 1890 ff.

Rudolph, Wolfgang: Schutenschiffer als Mediatoren des internationalen maritimen Kulturaustausches im südlichen Ostseeraum. In: JBFVKKG, 29, NF 14, Berlin 1986, S. 1130–134.

Sándor, István: Ostereier in Ungar. SAVk 53, 1957, S. 175–179.

Sartori, Paul: Sitte und Brauch, Bd. 1–3, Leipzig 1910–1914.

Sauermann, Dietmar: Der Letzte im Pfingstbrauch. ZfVk 64, 1968, S. 228–247.

Sauermann, Dietmar: Zur Diffusion des Weihnachtsbaumes in Westfalen. RhWZfVk 20, 1973, S. 105–112.

Sauermann, Dietmar: Weihnachten in Westfalen um 1900, Münster 1976.

Sauermann, Dietmar: Von Advent bis Dreikönige. Weihnachten in Westfalen, Münster 1996.

SAVk: Schweizerisches Archiv für Volkskunde, 1 ff., Zürich (usw.) 1897 ff.

Schacht, Wilhelm: Zur Geschichte des Rostocker Theaters. Rost. Beitr. 5, 1911, S. 203 ff.

Scharfe, Martin: Zum Rügebrauch. Hess. Bll. f. Vk. 61, 1970, S. 45–68.
Scharfe, Martin: Brauchforschung. (=Wege der Forschung Band 627), Darmstadt 1991.

Scharfe, Martin: Doktor Luther: Heiliger oder Held? Zur Kulturgeschichte der Luther-»Verehrung«. Eine Nachlese zum Luther-Jahr 1983. In: Zeitschrift für Volkskunde 80 (1984), S. 40–57.

Schauerte, Heinrich: Volkskundliches zur Taufe. In: Europäische Kulturverflechtungen im Bereich der volkstümlichen Überlieferung. Festschrift für Bruno Schier, hg. von Gerhard Heilfurth und H. Siuts, Göttingen 1967, S.41–61.

Schildt, Franz: Ein Bauerndorf im Großherzogtum Mecklenburg-Schwerin vor fünfzig Jahren, Schwerin 1907.

Schlomka, Hildegard: Das Brauchtum der Jahresfeste in der Altmark, Köln-Graz 1964.

Schlumbohm, Jürgen, Barbara Duden u.a. (Hrsg.): Rituale der Geburt, München 1998.
Schlüter, Ernst: Ein alter Pfingstbrauch aus Rostock. Meckl. Monh. 8, 1932, S. 207–209.

Schmalz, Karl: Kirchengeschichte Mecklenburgs, Bd. 1–3, Schwerin 1935–1952.

Schmidt, E.: Bunte sorbische Ostereier, 4. Aufl., Bautzen 1975.

Schmidt, Johann Peter: Fastel-Abends-Sammlungen oder Geschichtsmäßige Untersuchung der Fastel-Abends-Gebräuche in Mecklenburg, Rostock 1742.

Schmidt, Leopold: Volksglaube und Volksbrauch, Berlin (W) 1966.

Schmidt, Otto: Mecklenburg. Ein Heimatbuch, Wismar 1925.

Schmitt, Christoph (Hrsg.): Homo narrans. Studien zur populären Erzählkultur, Münster 1999.

Schröder, Dietrich: Beschreibung der Stadt und Herrschaft Wismar, Wismar 1743.

Schuppenhauer, Claus: Von den Niederdeutschen Studienwochen der Universität Hamburg und von niederdeutsch-flämisch-niederländischer Verbrüderung überhaupt. Rückblicke auf Geschichte und Funktion der Niederdeutschen Bewegung im 20. Jahrhundert. In: Münsterische Studien zur niederländischen und niederdeutschen Philologie. Neumünster 1990, S. 539–567.

Schwebe, Joachim: Volksglaube und Volksbrauch im hannoverschen Wendland, Köln-Graz 1960.

Schürmann, Thomas: »In der Ehe hat der das Wort, der am wenigsten liebt«. Machtproben bei der Hochzeit am Beispiel pommerscher Quellen. In: Jahrbuch für deutsche und osteuropäische Volkskunde 40, 1997, S. 272–306.

Segschneider, Ernst Helmut: Totenkranz und Totenkrone im Ledigenbegräbnis nach einer Dokumentation des Atlas der deutschen Volkskunde, Köln 1976.

Sehling, E.: Die evangelischen Kirchenordnungen des 16. Jahrhunderts, Bd. 4, Leipzig 1911.

Seidenspinner, Wolfgang: Narrenreich und Mohrenkopf. Zu Perspektiven und Aufgaben der Brauchforschung am Beispiel des Hemsbacher Pfingstritts. In: Jahrbuch für Volkskunde NF 21, Würzburg 1998, S. 139–156.

Sieber, Friedrich: Aspekte der Brauchforschung. Wissenschaftliche Annalen 5, 1956, S. 497–503.

Sieber, Friedrich: Beziehungen zwischen Arbeit und Brauchtum. In: Arbeit und Volksleben, Göttingen 1967, S. 348–353.

Sieber, Friedrich: Deutsch-westslawische Beziehungen in Frühlingsbräuchen, Berlin 1968.

Siuts, Heinrich: Die Ansingelieder zu den Kalenderfesten, Göttingen 1968.

Spamer, Adolf: Weihnachten in alter und neuer Zeit, Leipzig 1937.

Spamer, Adolf: Sitte und Brauch. In: Hrsg: Wilhelm Peßler. Handbuch der Deutschen Volkskunde, Bd. 2, Potsdam o.J., S. 33–236.

Staatskalender: Großherzoglich Mecklenburg-Schwerinscher Staatskalender, Schwerin 1912.

Stahl, Wilhelm: Niederdeutsche Volkstänze, Hamburg 1921.

Stein, Helga: Die heiligen drei Weisen in Hildesheim. In: Walter Deutsch und Wilhelm Schepping (Hrsg.): Musik im Brauch der Gegenwart. Wien, 1986, S. 113–152.

Stender, Henriette: Vör hunnert Johr. Biller ut Meckelborg, Rostock 1904.

Steusloff, Wolfgang: In der Ferne und daheim. Seefahrer-Souvenirs in Mecklenburg-Vorpommern Ende des 20. Jahrhunderts, Rostock 1998.

Stille, Eva: Christbaumschmuck des 20. Jahrhunderts. Kunst, Kitsch und Kuriositäten. München 1993.

Strobach, Hermann: Zur Rolle und Bedeutung überlieferter Volkskultur in der Gegenwart. JbfVkKg 18, N.F. 3, 1975, S. 155–164.

Strobach, Hermann: Deutsches Volkslied in Geschichte und Gegenwart, Berlin 1980.

Strobach, Hermann: Folklore – Folklorepflege – Folklorismus. JbfVkKg 25, N.F. 10, 1982, S. 9–52.

Strobach, Hermann: Mündlichkeit und Schriftlichkeit in der Volksüberlieferung. In: Christoph Schmitt, Homo narrans. Studien zur populären Erzählkultur, Münster 1999.

Taylor, Archer: Die Sonne tanzt am Ostermorgen. Hess. BllfVk 41, 1950, S. 195.

Tegtmeier-Breit: Ernte- und Erntedankfeste – eine Tradition im Wandel. In: Kurt Dröge und Imke Tappe (Hrsg.): Festkultur in Lippe. Beiträge zum öffentlichen Festwesen im 19. und 20. Jahrhundert. Münster 1994, S. 253–336.

Udolph, Jürgen: Ostern. Geschichte eines Wortes, Heidelberg 1999.

Uns' plattdütsch Heimat. Nahrichtenblatt von den plattdütschen Landsverband Mekkelborg, 1 ff., Rostock 1925 ff.

Vilkuna, Kustaa: Finnisches Brauchtum im Jahreslauf, Helsinki 1969.

Vitense, Otto: Geschichte von Mecklenburg, Gotha 1920.

Vitense, Otto: Altmecklenburgische Fastnacht. Meck. Monh. 12, 1936, S. 57 ff.

WA: Wossidlo-Archiv, Rostock. Jetzt: Institut für Volkskunde (Wossidlo-Archiv) an der Universität Rostock. (Standortangaben in den jeweiligen Anmerkungen).

Wähler, Martin: Thüringische Volkskunde, Jena 1940.

Walther, C.: Der Volksglaube von der Sonne am Ostertage. Nd. Kbl. 29, 1908, S. 38.

Warener Zeitung vom 17.11. 1925.

Weber-Kellermann, Ingeborg: Erntebrauch in der ländlichen Arbeitswelt des 19. Jahrhunderts, Marburg 1965.

Weber-Kellermann, Ingeborg: Arbeitsbräuche und Arbeitsfeste der Drescher. In: Arbeit und Volksleben, Göttingen 1967, S. 362–372.

Weber-Kellermann, Ingeborg: Über den Brauch des Schenkens. In: Volksüberlieferung. Festschrift für Kurt Ranke, hg. Von Fritz Harkort u.a., Göttingen 1968, S. 1–8.

Weber-Kellermann, Ingeborg: Brauch und seine Rolle im Verhaltenscode sozialer Gruppen, Marburg 1973.

Weber-Kellermann, Ingeborg: Das Weihnachtsfest. Eine Kultur- und Sozialgeschichte, Frankfurt a.M. 1978.

Weber-Kellermann, Ingeborg: Bäume leuchtend, Bäume blendend. Zur Sozialgeschichte eines Festsymbols. In: Brauch, Familie, Arbeitsleben, Marburg 1978, S. 135–141.

Weber-Kellermann, Ingeborg: Die Kindheit. Kleidung und Wohnen, Arbeit und Spiel. Eine Kulturgeschichte, Frankfurt a.M. 1979.

Weber-Kellermann, Ingeborg: Saure Wochen – Frohe Feste. Fest und Alltag in der Sprache der Bräuche. München und Luzern 1985.

Weber-Kellermann, Ingeborg: Landleben im 19. Jahrhundert. München 1987.

Weinhold, Karl: Weihnacht-Spiele und -Lieder aus Süddeutschland und Schlesien, neue Ausg., Wien 1875.

Wellmann, Fr.: Deutsche Tänze. Nds. 26, 1921, S. 232.

Wendt, Ralf: Der Lübecker Martensmann. In: Mecklenburg Magazin Nr. 22, Schwerin 30. Oktober 1992.

Wendt, Ralf: »Arbeit im Dienst der geliebten Heimat«. Der Briefwechsel Richard Wossidlos mit dem Plauer Goldschmied Ludwig Düwahl. In: Christoph Schmitt (Hrsg.): Homo narrans Studien zur populären Erzählkultur. Festschrift für Siegfried Neumann zum 65. Geburtstag, Münster 1999, S. 345– 357.

Wetter, Herbert: Heischebrauch und Dreikönigsumzug im deutschen Raum, Wiesbaden 1933.

Wiegelmann, Günter (hrsg.): Kultureller Wandel im 19. Jahrhundert. In: Verhandlungen des 18. Deutschen Volkskunde-Kongresses in Trier vom 13. Bis 18. September 1971.

Wiegandt, Max: Die Auswanderung aus Mecklenburg nach Übersee. In: R. Crull (Hrsg.): Mecklenburg Bielfeld/Leipzig 1938, S. 255.

Wildhaber, Robert: Der Osterhase und andere Eierbringer. SAVk 53, 1957, S. 110–116.

Witte, Hans: Mecklenburgische Geschichte in Anknüpfung an Ernst Boll, Bd. 1–2, Wismar 1909– 1913.

Wolfram, Richard: Prinzipien und Probleme der Brauchtumsforschung, Wien 1972.

Wollgast, Siegfried: Tradition und Philosophie. Über die Tradition in Vergangenheit und Zukunft, Berlin 1975.

Wollgast, Siegfried: Bemerkungen zu Sitten und Bräuchen. Dt. Zeitschr. f. Philosophie 5, 1978, S. 616 ff.

Mecklenburgische Volksüberlieferungen, Bd. 1–4, Wismar (Rostock) 1897–1931 (abgek. Wossidlo, MVÜ).

Wossidlo, Richard (Hrsg.): Mecklenburgische Volksüberlieferungen. Im Auftrage des Vereins für mecklenburgische Geschichte und Altertumskunde gesammelt und herausgegeben von Richard Wossidlo Band 3: Kinderwartung und Kinderzucht, Wismar 1906.

Wossidlo, Richard (Hrsg.): Mecklenburgische Volksüberlieferungen, Band 4: Kinderreime, Rostock 1931.

Wossidlo, Richard, Aus dem Lande Fritz Reuters, Leipzig 1910.

Wossidlo, Richard: Altmecklenburgische Sitten und Bräuche. In: Mecklenburg. Ein Heimatbuch, hrsg. v. Otto Schmidt, Wismar 1925, S. 197–219.

Wossidlo, Richard: Erntebräuche in Mecklenburg, Hamburg 1927.

Wossidlo, Richard: Die Arbeit der mecklenburgischen Landfrau in älterer Zeit. Warener Tageblatt v. 6. 7. 1932.

Wossidlo, Richard: Ein Winterabend in einem mecklenburgischen Bauernhause. Nach mecklenburgischen Volksüberlieferungen zusammengestellt, Wismar 1901.

Wossidlo, Richard: Reise, Quartier in Gottesnaam. Das Seemannsleben auf den alten

Segelschiffen im Munde alter Fahrensleute, 4. Aufl., Rostock 1952.

Württ. JbfVk: Württembergisches Jahrbuch für Volkskunde, 1 ff., Stuttgart 1955 ff.

Zachow, W.: Mitteilungen. Zum Weihnachtsbaum. Meckl. 24, 1929, S. 111.

ZfVk: Zeitschrift (des Vereins) für Volkskunde, 1 ff., Berlin (Stuttgart) 1891 ff.

Bildnachweis:

Mecklenburgisches Volkskundemuseum Schwerin-Mueß:
(= MVKM)

Rücktitel, S. 21, 27, 32, 40, 75, 82, 84, 85, 91, 92, 110, 113, 114, 119, 122, 124, 126, 128, 135, 166, 167, 170, 178, 179, 183, 185, 188, 189, 195, 208, 212, 214, 215, 229, 231, 233, 235, 237, 250, 254, 261, 269, 270. 273, 279 (Fotos und Reproduktionen: Volker Janke)

Insitut für Volkskunde:
(Wossidlo-Archiv=WA)

S.2 (Foto: Karl Eschenburg), 16, 17, 18 (Foto: Karl Eschenburg), 19, 24, 25, 37, 45, 46 oben, 52, 57, 62, 150, 151, 153, 154, 155, 156, 158, 162, 172, 227, 239, 242, 256, 260

Germanisches Nationalmuseum Nürnberg: S.194 (beide)

Staatliches Museum Schwerin: S. 266

Kulturhistorisches Museum der Hansestadt Rostock: S.47 (Foto: Thomas Helms)

Fritz-Reuter-Literaturmuseum Stavenhagen: S.33

Stadtmuseum Oldenburg: S. 199

Archiv der Hansestadt Rostock: 105, 116, 117

Heimatmuseum Schönberg: S. 232

Fotoarchiv Wolfhard Eschenburg, Warnemünde: S. 141, 149 (Fotos: Karl Eschenburg)

Archiv Kuno Karls, Hagenow: S. 60, 70, 100, 102

Fotoarchiv Gunther Lübbe, Wustrow: S. 106, 221

Albert Sixtus: Die Häschenschule, erschienen im Alfred Hahn's Verlag, Esslinger Verlag, Illustration von Fritz Koch-Gotha: S. 80

Albert Becker: Osterei und Osterhase, Jena 1937, S. 40: S.71

Paul Drechsler: Sitte, Brauch und Volksglaube in Schlesien, Leipzig 1903, S. 100, Illustration von M. Wislicenius: S. 90

O. Frh. von Reinsberg-Düringsfeld: Das festliche Jahr, Leipzig 1863, S. 225, Illustration zum Monat August: S. 121

Ebenda, S. 384: S. 205

Ebenda, S. V: S. 206

Adolf Spamer: Sitte und Brauch. In: Hrsg. Wilhelm Peßler: Handbuch der Deutschen Volkskunde, Bd. 2, Potsdam o.J., S. 248: S. 148

Illustration von C. Beckmann 1879, Fritz-Reuter-Galerie: S. 200

Michael Voß, Rostocker Wulfshagen: S 49

Christiane Daewel, Schwerin: S.72

E. Fiedler, Klütz: S. 146

Sabine Geertz, Wolfsburg: S. 228

Pastor Karl Martin Schabow, Eldena: S. 267

Pastor Klaus Labesius: S. 226

Alle anderen Abbildungen stammen aus dem Privatbesitz von Heike und Wolfgang Müns. (Fotos und Reproduktionen: Idis Hartmann)

Autorin und Verlag danken allen Bildgebern, die auf so unkomplizierte Weise das Zustandekommen des Bandes unterstützten.

Die Deutsche Bibliothek - Cip-Einheitsaufnahme
Müns, Heike:
Von Brautkrone bis Erntekranz : Jahres- und Lebensbräuche in
Mecklenburg-Vorpommern ; ein Handbuch / Heike Müns. –
1. Aufl.. – Rostock : Hinstorff, 2002
ISBN 3-356-00913-3

© Hinstorff Verlag GmbH, Rostock 2002
1. Auflage 2002
Druck und Bindung: Westermann Druck Zwickau GmbH
Printed in Germany
ISBN 3-356-00913-3